Leonhard Kern (1588–1662)

Meisterwerke der Bildhauerei für die Kunstkammern Europas

Hällisch-Fränkisches
Museum Schwäbisch Hall

22. Oktober 1988 bis 15. Januar 1989

Kataloge des Hällisch-Fränkischen Museums
Schwäbisch Hall, Band 2

herausgegeben von Harald Siebenmorgen

HFM

Hällisch-
Fränkisches
Museum

Schwäbisch
Hall

Leonhard Kern
(1588–1662)

Meisterwerke der Bildhauerei für die Kunstkammern Europas

herausgegeben von Harald Siebenmorgen

mit Aufsatzbeiträgen von

Manfred Akermann, Herta Beutter, Fritz Fischer,
Tilman Kossatz, Lise Lotte Möller,
Johannes Zahlten und Claus Zoege von Manteuffel

Katalog der Werke Leonhard Kerns und seines Umkreises
von Elisabeth Grünenwald

Jan Thorbecke Verlag Sigmaringen

CIP-Titelaufnahme der Deutschen Bibliothek

Leonhard Kern (fünfzehnhundertachtundachtzig bis sechzehnhundertzweiundzwanzig):

Leonhard Kern (1588–1622): Meisterwerke d. Bildhauerei für d. Kunstkammern Europas / hg. von Harald Siebenmorgen. Mit Aufsatzbeitr. von Manfred Akermann ... Katalog d. Werke Leonhard Kerns u. seines Umkreises von Elisabeth Grünenwald. – Sigmaringen: Thorbecke 1988

Ausstellungskatalog
(Kataloge des Hällisch-Fränkischen Museums Schwäbisch Hall; 2)
ISBN 3-7995-3301-X

NE: Kern, Leonhard [Ill.]; Siebenmorgen, Harald [Hrsg.]; Grünenwald, Elisabeth [Bearb.]; Hällisch-Fränkisches Museum in der Keckenburg; Kataloge des Hällisch-Fränkischen ...

Gesamtherstellung: M. Liehners Hofbuchdruckerei GmbH & Co., Sigmaringen
Printed in Germany · ISBN 3-7995-3301-X

Inhaltsverzeichnis

Vorbereitungsgremium	Dr. Elisabeth Grünenwald, Nördlingen Dr. Harald Siebenmorgen, Schwäbisch Hall Dr. Gerd Wunder (†), Schwäbisch Hall Prof. Dr. Johannes Zahlten, Braunschweig Prof. Dr. Claus Zoege von Manteuffel, Stuttgart
Ausstellungskonzeption	Dr. Harald Siebenmorgen
Aufbau	Elmar Hahn, Hermann Stumm, Oliver Wisotzki
Restauratorische Betreuung	Anna Barbara Lorenzer, Markus Heberle
Ausstellungsbüro und -organisation	Elfriede Aller, Renate Kaiser, Georgine Stumm
Öffentlichkeitsarbeit	Elisabeth Schraut M. A.
Transporte	Schenker art trans, Düsseldorf und Stuttgart
Museumspädagogisches Begleitprogramm	Dr. Hermann Kilgus
Autoren	Manfred Akermann (M. A.) Herta Beutter (H. B.) Dr. Elisabeth Grünenwald Dr. Fritz Fischer (F. F.) Elmar Hahn (E. H.) Monika Joggerst M. A. (M. J.) Dr. Tilman Kossatz Prof. Dr. Lise Lotte Möller Dr. Harald Siebenmorgen (H. S.) Prof. Dr. Johannes Zahlten (J. Z.) Prof. Dr. Claus Zoege von Manteuffel (Z. v. M.)

Vorwort des Oberbürgermeisters der Stadt Schwäbisch Hall

Der Bildhauer Leonhard Kern (1588–1662) darf als der bedeutendste Künstler gelten, der in unserer Stadt ansässig war. Als der in Forchtenberg am Kocher Geborene sich 1620 in der angesehenen damaligen Reichsstadt Schwäbisch Hall niederließ, versprach er sich davon Schutz und ein gesichertes Auskommen, die ihm mit dem Beginn des Dreißigjährigen Krieges an anderem Ort viel ungewisser erschienen.

Tatsächlich konnte Leonhard Kern in Hall, nur von einem zeitweiligen Altersaufenthalt in dem benachbarten Schlößchen Tullau unterbrochen, in mehr als vier Jahrzehnten ein erstaunliches Werk schaffen, das ihm schon zu Lebzeiten und danach europäischen Ruf eintrug.

Der besondere, ja für unsere Stadt einzigartige Rang dieses Künstlers legte es nahe, daß unser Museum zur Würdigung Leonhard Kerns, aus Anlaß seines 400. Geburtstages, eine außergewöhnliche Anstrengung unternahm, ihm und seinem Werk in einer Ausstellung gerecht zu werden. Bislang war sein Schaffen noch nie in einer umfassenden Ausstellung gezeigt worden.

Da viele Forschungsfragen zum Werk des Künstlers noch ungeklärt und vor allem die Zuschreibung vieler Arbeiten an ihn umstritten sind, bot der Jubiläumsanlaß die einmalige Chance, eine große Anzahl seiner wichtigen Werke aus vielen europäischen Museen zu versammeln, um durch den unmittelbaren Vergleich der Originale zu entscheidenden neuen Erkenntnissen zu kommen.

Dabei kam uns das Glück zustatten, daß eine Reihe führender Wissenschaftler, die in zweijähriger Arbeit und mehreren Gremiensitzungen diese Ausstellung vorbereiten halfen, bereit zur Mitwirkung an diesem Vorhaben war. Wir haben insbesondere Frau Dr. Elisabeth Grünenwald, der führenden Spezialistin für das Werk Leonhard Kerns, herzlich dafür zu danken, daß sie die gewaltige Aufgabe der Katalogbearbeitung der Werke Kerns in unserem Ausstellungskatalog übernahm und hier, über ihre bereits 1969 vorgelegte Monographie hinaus, zu zahlreichen neuen wissenschaftlichen Ergebnissen kam. Auch den anderen Aufsatz- und Katalogautoren gilt mein herzlicher Dank.

Mit großer Freude haben wir feststellen dürfen, daß zahlreiche große Museen nicht nur in der Bundesrepublik Deutschland, sondern in ganz Europa unserem Vorhaben so viel Vertrauen entgegenbrachten, daß sie uns mit der Zusage vieler kostbarer Leihgaben aus ihren Häusern unterstützen. Im Zeichen zunehmender Ausleihmüdigkeit darf dies als Ausdruck davon gewertet werden, daß diese Ausstellung eine hohe Erwartung auf echte weiterführende Erkenntnisse geweckt hat. Ein zum Schluß der Laufzeit in Schwäbisch Hall veranstaltetes wissenschaftliches Kolloquium soll die Ergebnisse der Ausstellung diskutieren und weiter vertiefen.

Ich danke allen Leihgebern, den Museen, Galerien und privaten Eigentümern, herzlich dafür, daß sie sich auf Zeit von ihren kostbaren Stücken getrennt und sie uns als Leihgaben zur Verfügung gestellt haben.

Leonhard Kerns Werk, das in dieser Ausstellung auf dem Hintergrund von Geschichte und Kultur seiner Zeit ausgebreitet wird, beschäftigt nicht nur den Kenner, sondern bietet auch ein faszinierendes Bild für jeden Besucher, der diesen virtuosen Kunstwerken gegenübertritt.

Trotz des schönen Kataloges, den wir hier vorlegen, kann nur die Betrachtung des Originals die künstlerische Kraft von Leonhard Kerns Kleinplastiken voll erschließen. Die einmalige und leider befristete Chance, die unsere Ausstellung hierfür bietet, empfehle ich viel und intensiv zu nutzen.

Karl Fr. Binder

Karl Friedrich Binder

Verzeichnis der Leihgeber

Augsburg, Staats- und Stadtbibliothek
Babenhausen, Fugger-Museum
Berlin, Staatliche Museen zu Berlin/DDR, Kunstgewerbemuseum, Schloß Köpenick
Berlin, Staatliche Museen zu Berlin/DDR, Skulpturensammlung
Berlin, Staatliche Museen Preußischer Kulturbesitz, Kunstgewerbemuseum
Berlin, Staatliche Museen Preußischer Kulturbesitz, Skulpturengalerie
Braunschweig, Herzog Anton Ulrich-Museum
Bremen, Galerie Neuse
Bremen, Privatbesitz
Budapest, Szépmüvészeti Múzeum
Darmstadt, Hessisches Landesmuseum
Düsseldorf, Kunstmuseum
Donaueschingen, S. D. Joachim Fürst zu Fürstenberg
Erbach, Deutsches Elfenbeinmuseum
Frankfurt, Städtische Galerie Liebieghaus
Hamburg, Museum für Kunst und Gewerbe
Harburg, Fürstlich Oettingen-Wallersteinsche Sammlungen, Schloß Harburg
Kassel, Staatliche Kunstsammlungen
Klosterneuburg, Stiftsmuseum
Künzelsau, Hohenlohekreis
Künzelsau, Sammlung Würth
London, Victoria & Albert-Museum
Maribor, Pokrajinski Muzej
München, Bayerisches Nationalmuseum
München, Staatliche Graphische Sammlung
Neuenstein, Hohenlohe-Zentralarchiv
Nürnberg, Stadtgeschichtliche Museen
Nürnberg, Germanisches Nationalmuseum
Oxford, The Ashmolean Museum
Paris, Musée du Louvre
Prag, Národní galerie v Praze
Pforzheim, Kunsthandel Krings
Regensburg, Museen der Stadt Regensburg
Schwäbisch Gmünd, Städtisches Museum im Prediger
Schwäbisch Hall, Historischer Verein für Württembergisch Franken
Schwäbisch Hall, Stadtarchiv
Schwäbisch Hall, Haalamt, Verein der Siedensrentenberechtigten
Stuttgart, Württembergisches Landesmuseum
Trier, Städtisches Museum
Ulm, Städtisches Museum
Weimar, Nationale Forschungs- und Gedenkstätten der klassischen deutschen Literatur
Wien, Kunsthistorisches Museum
Wien, Privatbesitz
sowie ungenannter Privatbesitz

Zur Ausstellung

Es erschien überfällig, diese Ausstellung zu veranstalten, und die Wiederkehr des 400. Geburtstages von Leonhard Kern am 22. November 1988 war dafür eigentlich nicht mehr als der willkommene Anlaß.
Obwohl Leonhard Kern als einer der wichtigsten deutschen Bildhauer des 17. Jahrhunderts gilt, wurde sein Werk bislang noch nie in einer umfassenden, wissenschaftlich wertenden Ausstellung zusammengeführt. Die Forschung zu seinem Schaffen ist spärlicher als zu vergleichbaren anderen Künstlern dieses Ranges wie z. B. Georg Petel oder Adam Elsheimer, wenn auch durch einige hervorstechende wissenschaftliche Leistungen geprägt.
Nach den Angaben bei Sandrart (1675) und Doppelmayr (1730) begann sich erst das ausgehende 19. Jahrhundert mit Leonhard Kern zu beschäftigen. Eine erste ausführliche Untersuchung legte Gertrud Gradmann 1917 über die Bildhauerfamilie Kern vor. Damals begann auch der Haller Stadthistoriker Wilhelm German mit einer Materialsammlung über Leonhard Kern, die unveröffentlicht blieb, aber späteren Forschungen zur Verfügung stand. Erst nach 1945 erschien eine Reihe wichtiger Forschungsbeiträge in Aufsatzform, von denen bis in die jüngste Gegenwart besonders die von Chr. Theuerkauff, J. Rasmussen, Lise Lotte Möller, F. A. Dreier, H. Fillitz und C. Zoege von Manteuffel hervorgehoben seien. Insbesondere Elisabeth Grünenwald nahm sich in Beiträgen seit 1956 dem Werk des Künstlers an und legte 1969 die erste umfassende Monografie über Leonhard Kern vor, der insbesondere 1986 wichtige Nachträge folgten.
Das Bild, das Elisabeth Grünenwald von Leonhard Kerns Werk, insbesondere durch ihre Zuschreibungen und Datierungen, entwarf, gab zu lebhaften Diskussionen Anlaß und hat die Auseinandersetzung mit dem Künstler vielfach stimuliert.
Die Ausstellung des Hällisch-Fränkischen Museums will freilich über die Klärung des Werkes von Leonhard Kern, die einschlägigen Fragen der Zuordnung und Datierung hinaus, ein vertieftes Bild des Künstlers bieten.
Eine erste Abteilung der Ausstellung beschäftigt sich mit den Lebenszeugnissen zu Leonhard Kern. Betrüblicherweise existiert kein Porträt des Künstlers, nachdem ein noch 1838 in der Königlichen Kunstkammer in Berlin vorhandenes Selbstbildnis im Alter von 55 Jahren seit vielen Jahrzehnten als verschollen gelten muß. Damals wurde es von F. Kugler beschrieben: *Nacktes Brustbild eines bärtigen Mannes, welcher die Arme über die Brust gelegt hat und den rechten Zeigefinger wie im ernsten Gespräche erhebt.* Versuche, in anderen Werken Kerns verborgene Selbstbildnisse zu identifizieren, haben sich nicht durchsetzen können. So müssen sonstige Lebenszeugnisse wie handschriftliche Aufzeichnungen, Bilder von verschiedenen Lebensstationen und weitere Dokumente zur Biographie ersatzweise etwas über die Person des Künstlers aussagen. Herta Beutter hat dabei in einem umfassenden biographischen Beitrag, der alle bekannten und viele bislang unbekannte Quellen auswertet, eine neue Grundlage zur Beschäftigung mit dem Leben des Künstlers geschaffen.
Darüber hinaus möchte die Ausstellung jedoch auch Stichworte zu einer breiteren Einordnung von Leonhard Kern in seine historische und kunsthistorische Umwelt liefern.

... hat sich lange in Italien aufgehalten und sowolen in der Bildhauer-Kunst darinn er bekannter maßen excellirt...

Joachim von Sandrarts biografische Bemerkungen über Leonhard Kern von 1675 weisen besonders auf den ungewöhnlichen Italien-Aufenthalt hin, den der Künstler 1609 antrat und der bis 1614 dauerte. Anders als in den Generationen danach war für einen Maler oder Bildhauer aus den deutschsprachigen Ländern zu Beginn des 17. Jahrhunderts eine Reise nach Italien noch etwas Ungewöhnliches; dies gilt um so mehr für den Abstecher nach Nordafrika, den Kern von Neapel aus durchführte. Gewiß gehörten auch Spranger, Elsheimer, Hans von Aachen und andere bereits um 1600 zu den romreisenden Künstlern; aber die »Schilderbent«, der Zusammenschluß der Deutschen in Rom, wurde erst nach Kerns Aufenthalt, um 1625, gegründet. Sandrart selbst kam 1628 in der Papststadt an. Leonhard Kern besuchte in Rom eine Kunstakademie; ob es jedoch, wie bislang angenommen, die Accademia San Luca war, läßt sich nach dem Beitrag von Fritz Fischer (hier S. 55) nicht belegen. Auf jeden Fall beschäftigte er sich in Rom intensiv mit der italienischen Skulptur des 16. Jahrhunderts, insbesondere mit Michelangelo und Giambologna. Eine Auswahl erlesener Kleinplastiken – u. a. von Conrad Meit, Giambologna und Adriaen de Vries – will in der Ausstellung (Kat. Nr. 39–42) das Spektrum der kunstgeschichtlichen Voraussetzungen zeigen, die Leonhard Kern um 1610 vorfand, als er seinen Stil in der Auseinandersetzung mit Vorbildern entwickelte. Grafische Vorlagen, Kupferstiche und Holzschnitte, dienten ihm dagegen mehr zur Präzisierung einzelner Figurenmotive (Kat. Nr. 45–53).

...als auch in der Architectur geübet

Über diese Seite des Schaffens von Leonhard Kern wissen wir bis heute besonders wenig. Sandrarts Bemerkung bezieht sich zwar auf den Italien-Aufenthalt, aber in der Regel hat im 17. Jahrhundert ein in der Architektur ausgebildeter Künstler später, in der Vielfalt seiner Aufgaben, auch in diesem Metier gearbeitet. Außer einem zugeschriebenen Entwurf für einen Orgelprospekt, der freilich umstritten ist (Kat. Nr. 11), ist nichts über vergleichbare Tätigkeiten Kerns bekannt.

...hernach aber in Teutschland in währender Kriegsunruh viel ausgestanden...

Die Betonung dieser Tatsache in Sandrarts verhältnismäßig kurzer Kern-Biographie ist bislang nie sonderlich gewürdigt worden. Als Leonhard Kern 1620 nach Schwäbisch Hall übersiedelte, war der Dreißigjährige Krieg bereits zwei Jahre im Gang; er dürfte ein wesentlicher Grund für ihn gewesen sein, sich vom Heidelberger Hof abzuwenden und in die vergleichsweise sichere Reichsstadt umzuziehen (vgl. hier Beitrag Beutter S. 17). Auch Schwäbisch Hall war freilich vielfach von dem jahrzehntelangen Kriegsgeschehen betroffen (vgl. hier Beitrag Akermann S. 31 ff. sowie Kat. Nr. 20); wenngleich der Rat der Stadt eine förmliche Truppenbesetzung stets durch Verhandlungen und Abgabezahlungen vermeiden konnte. Dagegen war das zum Reichsstadtgebiet gehörende Haller Umland, in dem auch Leonhard Kern Landgüter besaß, von mehrfachen Plünderungen und schließlicher Verwüstung betroffen (Kat. Nr. 20 e, f). Insbesondere im letzten Kriegsjahrzehnt vor 1648 waren Vermögens- und Auftragslage Kerns durch die Zeitereignisse vielfach erschüttert.
Mehr als in der Vergangenheit gesehen, hat sich Leonhard Kern auch in seinem Schaffen mit den kriegerischen Zeitereignissen auseinandergesetzt. So legt die Ausstellung einen deutlichen Akzent auf diese unmittelbare Wirklichkeitserfahrung, die sich in Leonhard Kerns Werken niederschlug. Daß hier die wichtige Neuzuschreibung der Wiener Gruppe »Soldat und Mädchen« vorgestellt werden kann, darf dafür als besonderer Glücksfall gelten (Kat. Nr. 106). Aber auch der »Tote Mann« (Kat. Nr. 107) und die verschiedenen, hier komplett versammelten Versionen der »Menschenfresserin« (Kat. Nr. 79–82) – wie immer ihre symbolische Deutung sein mag – sind nur auf dem Hintergrund der Schrecknisse des Dreißigjährigen Krieges zu verstehen.
Ähnlich, wie es Grimmelshausen im »Simplicissimus« tat, haben sich auch bildende Künstler mit der Darstellung der Kriegsgreuel beschäftigt, neben Jaques Callot etwa auch der Augsburger Hans Ulrich Franck (1590/95 –1675) in einer radierten Folge über den Dreißigjährigen Krieg, deren letzte Blätter 1656 veröffentlicht wurden. Elisabeth Grünenwald stellt den direkten Bezug von zwei Darstellungen Francks (Abb. 1,2) zu den Skulpturen Leonhard Kerns her (vgl. Kat. Nr. 106, 107).
Neben den idealen, mythologischen und biblischen Themen zeigt sich jedenfalls in diesen Werken eine neue, bislang kaum beachtete Seite in Leonhard Kerns Schaffen.
Gleichwohl bleibt das Werk von Leonhard Kern, wie es diese Ausstellung in teilweise neu gezogenen Konturen deutlich werden läßt, eine faszinierende und irritierende artifizielle Schöpfung, bedenkt man die Umstände, unter denen es entstand: nicht nur der Krieg, die Nöte der Stadt, in der er wohnte, Pest, Hunger und Verwüstung; auch die vergleichsweise ackerbürgerlich-bieder anmutenden Lebensumstände mit der Kuh im Haus, der Streit mit den Nachbarn wegen der Jauche, die bürgerlichen Wohnverhältnisse lassen keine Illusion über den im Vergleich zu den höfischen Künstlerfürsten eingeschränkten Lebensstil Leonhard Kerns zu.
Ein Laden mit Verkaufsregalen im Haus Leonhard Kerns erlaubt den Schluß, daß der Künstler auch einen Teil seiner Werke im freien Verkauf an Ladenkunden – seien es Haller Bürger oder auswärtige Besucher – vertrieb. Vielleicht ist in seinem Schaffen noch stärker zwischen solch wohlfeiler Verkaufsware und den für anspruchsvolle Sammler in ganz Europa geschaffenen Spitzenstücken zu unterscheiden. Viele der besten Arbeiten Kerns gelangten zu seinen Lebzeiten – sei es durch direkte Beziehungen, sei es durch prominente Kunsthändler – in den Besitz großer und bedeutender Kunstsammler und in deren Kunst- und Wunderkammern.
Kleinplastiken des 17. Jahrhunderts sind in der Regel Virtuosenstücke. Sie bestachen durch die hohe handwerkliche Meisterschaft und das artifizielle Geschick. Viele von ihnen wurden von – fürstlichen oder begüterten bürgerlichen – Liebhabern in den Kunstkabinetten jener Zeit gesammelt (vgl. hier den Beitrag von Johannes Zahlten) und entsprachen einem profanisierten, vor-

1 Hans Ulrich Franck,
Der unerwartete Überfall, 1656.
Augsburg, Städtische Kunstsammlungen

2 Hans Ulrich Franck,
Des Reiters Ende, um 1656.
Augsburg, Städtische Kunstsammlungen

zugsweise an der ästhetisch-formalen Qualität denn an der dargestellten Thematik orientierten Geschmack. Diese neue Kunstauffassung – im Unterschied zur traditionellen – ist treffend in einer Begebenheit des »Simplicissimus« Grimmelshausens geschildert: *Ich kam einsmals mit einem vornehmen Herrn in eine Antiquitäten- und Kunstkammer, darin schöne Raritäten waren. Unter den Gemälden gefiel mir nichts besser als ein Ecce Homo wegen seiner erbärmlichen Darstellung, mit welcher es die Anschauer gleichsam zum Mitleiden verzuckte. Darneben hing eine papierne Karte, in China gemalt; darauf stunden der Chineser Abgötter in ihrer Majestät sitzend, deren teils wie die Teufel gestaltet waren. Der Herr im Haus fragte mich, welches Stück in seiner Kunstkammer mir am besten gefiele. Ich deutete auf besagtes Ecce Homo; er aber sagte, ich irre mich; das Chinesergemäld wäre rarer und dahero auch köstlicher; er wolle es nicht um zehen solcher Ecce Homo mangeln. Ich antwortete: »Herr, ist euer Herz wie euer Mund?« Er sagte: »Ich versehe michs«. Darauf sagte ich: »So ist auch euers Herzens Gott derjenige, dessen Conterfait ihr mit dem Munde bekennt, das köstlichste zu sein.« »Phantast,« sagte jener, »ich ästimiere die Rarität!« Ich antwortete: »Was ist seltener und verwunderns-würdiger, als daß Gottes Sohn selbst unsertwegen gelitten, wie uns dies Bildnus vorstellt?«*

Die kennerschaftliche, ästhetische Betrachtungsweise jenes »vornehmen Herrn« setzt andere Kriterien voraus als die einer auftragsgebundenen, zweckbestimmten Skulptur. Diese im 17. Jahrhundert zeitbedingte, neue Sehweise der Kleinplastik rechtfertigt auch heute eine – mehr als für andere Epochen sinnvolle – betont formale Sicht der Werke, deren Lohn in unserem Katalog eine geschärfte Wahrnehmung für Stil-, Zuschreibungs- und Datierungsfragen ist.

Die Beziehungen Leonhard Kerns zur Kunst Italiens (Fritz Fischer), sein Anteil an den zu seiner Zeit geschaffenen Epitaphien in Schwäbisch Hall (Tilman Kossatz) können so in präziserer Weise erschlossen werden. Dabei kommt der Neudatierung eines Hauptwerkes von Leonhard Kern, dem Ezechiel-Relief in der Haller Michaelskirche auf 1655ff., die Herta Beutter und Tilman Kossatz unabhängig voneinander erarbeiteten, eine besondere Bedeutung zu. Lise Lotte Möllers Beitrag über die Humpenwandungen verändert das Bild vom Œuvre des Künstlers grundlegend, indem sie es um viele ihm gemeinhin zugerechnete Arbeiten reduziert; er läßt dafür aber verschiedene Schüler und Nachfolger des Meisters erstmals ein präziseres Gesicht gewinnen.

Die gewichtigste Leistung kommt beim Entwurf dieses streckenweise revidierten Bildes von Leonhard Kern jedoch Elisabeth Grünenwald zu. Sie hat für diesen Katalog die Werke Kerns und seines Umkreises umfassend neu bearbeitet und in einer außerordentlichen Arbeitsleistung viele neue Beobachtungen, die weit über ihre eigene Monografie aus dem Jahre 1969 hinausgehen, zu diesem verbesserten Bild zusammengefügt.

Claus Zoege von Manteuffel hat zu diesem Katalog nicht nur einen grundlegenden Essay über die kunstgeschichtliche Bedeutung von Leonhard Kern beigetragen, sondern auch die zweijährigen Vorbereitungen der Ausstellung mit vielerlei Rat und Hilfe unterstützt. Ihm, allen anderen Mitgliedern des Vorbereitungsgremiums und den weiteren Autoren an diesem Katalog gilt der besondere Dank. Hier ist auch Herrn Dr. Gerd Wunder, des großen Haller Sozial- und Stadthistorikers, zu gedenken, der die Planung der Ausstellung bis zu seinem Tod im Mai 1988 lebhaft unterstützte. Sein geplanter Beitrag über die Sozialgeschichte Halls zu Lebzeiten Kerns kam leider nicht mehr zustande.

Die Durchführung der Ausstellung wäre nicht ohne die große Hilfsbereitschaft vieler Kollegen in auswärtigen Museen, von denen insbesondere Dr. Christian Theuerkauff (Berlin) und Dr. Manfred Leithe-Jasper (Wien) genannt seien, und die verständnisvolle Leihbereitschaft dieser Institutionen möglich gewesen. Ein großer Teil der erbetenen Leihgaben konnte uns dank dieser Großzügigkeit zur Verfügung gestellt werden; die wenigen Absagen waren fast alle konservatorisch gut begründet.

Erst die Beschäftigung mit den in einer Ausstellung zusammengeführten Originalen vermag aber wohl viele offene Fragen der Zuschreibung und Datierung zu klären. Wenn in unserer Ausstellung manches bislang in der Literatur aufgeführte Werk fehlt, so ist dies nicht unbedingt auf abgeschlagene Leihersuchen zurückzuführen, sondern auch darauf, daß das Vorbereitungsgremium absichtsvoll auf Arbeiten, die es aus dem Werk Leonhard Kerns und seines Kreises ausschied, verzichtete; ein Beispiel dafür ist etwa die »Äneas und Anchises«-Gruppe aus Wien (Grünenwald 1969, Nr. 105, Taf. 13).

Ein Ausstellungskatalog bringt es mit sich, daß in der aktuellen Momentaufnahme die ausgestellten und besprochenen Werke die übrigen ein gutes Stück in den Hintergrund drängen. Weitere Forschungen werden zweifellos wieder solche Ponderationen ausgleichen. Bei dem vielfach schwankenden Grund, auf dem unsere Kenntnisse von Leonhard Kern durchaus in mancher Hinsicht auch weiter noch stehen, wäre die Anregung zu weiterer wissenschaftlicher Forschung gewiß der attraktivste Gewinn unseres Unternehmens.

Harald Siebenmorgen

AUFSÄTZE

»Ein kunstlicher geschwinder Bildhauer, alles Lobs und Ehren werth«

Biographische Notizen zu Leonhard und Amalia Kern

Von Herta Beutter

Joachim von Sandrart, Maler, Radierer, Kunstschriftsteller, Sammler und Zeitgenosse Leonhard Kerns, und, wie die Notizen über vier der Kern-Söhne in der Sandrartschen »Teutschen Academie«, der ersten deutschen Kunstgeschichte, vermuten lassen, persönlich mit der Familie bekannt, hat seinen Künstlerkollegen ausführlich als einen der berühmtesten deutschen Künstler gewürdigt (Abb. 1)[1].

Wer war nun dieser virtuose Meister, dessen Arbeiten zu den bedeutenden Kunstwerken der Frühbarockzeit zählen?

Leonhard Kern wurde am 22. November 1588 in dem kleinen hohenlohischen Städtchen Forchtenberg am Kocher geboren[2]. Die Eltern, Michael Kern d. Ä. und Apollonia geborene Hartmann, hatten außer Leonhard noch sechs weitere Kinder. Der Vater war als Steinmetz und Werkmeister in Forchtenberg tätig. Ob das Wohnhaus der Familie zur Zeit der Geburt Leonhards in der Form bestand, wie sich der stattliche Fachwerkbau heute präsentiert (= heute Hafenmarktgasse 29, Abb. 2), ist nicht sicher. Zwei an dem Gebäude erhaltene Jahreszahlen weisen jedenfalls auf bauliche Veränderungen in den beiden letzten Dezennien des 16. Jahrhunderts hin. Im Gewölbescheitel des Kellereingangs sind die Initialen MK und die Jahreszahl 1584 eingemeißelt; ein Kragstein unter dem Obergeschoß trägt die Inschrift: *Das Haus sted in Gotes Hand, Michel Kern, B*[ürger] + *G*[erichtsmann]. *1593.*

Die frühe Kindheit und die ersten Schuljahre verbrachte Leonhard in seiner Vaterstadt. Als einziges Kind der Familie durfte er später das hohenlohische Landesgymnasium in Öhringen besuchen, was für eine überdurchschnittliche Begabung des Knaben spricht. Der Nekrolog berichtet dazu, daß Leonhard sich in der Schule *fleißig erzeiget, u*(nd) *sonderlich zu Öhringau das Rechnen wol ergriffen.* Hier hat er zumindest auch die Grundkenntnisse in der lateinischen Sprache erworben, eine unabdingbare Voraussetzung für seinen späteren Italienaufenthalt. Wahrscheinlich planten die Eltern, ihren Sohn einer akademischen oder einer Beamtenlaufbahn zuzuführen.

1603, im Alter von 14 Jahren, trat er jedoch in die Werkstatt seines älteren Bruders Michael d. J. ein, um dort das Bildhauerhandwerk zu erlernen. Zusammen mit

LEonhard Kern ist aus einem Ort im Otten- VII. Leon-
wald gelegen/ bürtig gewesen/ hat sich lange in hart Kern/
Italien aufgehalten / und sowolen in der Bild- Bildhauer.
hauer-Kunst / darinn er bekannter maßen excel-
lirt / als auch in der Architectur geübet/ hernach
aber in Teutschland in währender Kriegs-Unruh
viel ausgestanden. Er hat sehr viele Bilder-Arbeit Seine Wer-
in Stein und Holz/ theils Lebens-groß/ theils klei- ke.
ner/ verfärtiget/ wie fast durch ganz Teutschland/
sonderlich auch zu Nürnberg/ da er die 4. Monar-
chien auf selbiger Stadt weitberühmten Raht-
hauses Portal in Stein gehauen / welche allein ver-
dienen/ daß er unter die berühmtiste teutsche Künst-
lere gerechnet werde. Ist endlich sehr alt/ und mei-
nes Wißens über 80. Jahr gestorben. Sein älti- Seine Söh-
ster Sohn Constantinus Kern/ so sich auf die Mah- ne/ Constan-
lerey begeben / war eine schöne / verständige und tinus/
moderate Person / ist / nachdeme er aus Italien
krank kommen/ zum theil wieder restituirt / fol-
gends durch einen unglücklichen Fall zu Würzburg/
wieder Bettlägerig worden / und nach lang ausge-
standener Schwachheit endlich in seinem Vatter-
land in der bästen Blühe seines Alters gestorben.
Sein anderer Sohn Jacob Kern / ein gleichfalls Jacob/
schöner/ verständiger und höflicher Mensch/ hat sich
auf seines Vatters Kunst/ das Bildhauen/ begeben/
hierinn sehr / sonderlich in Italien zugenommen/
auch darbey einer mehrern Freyheit/ als sein Vat-
ter sich gebrauchet/ hat sich zu Nürnberg mit Georg
Schwanhards Tochter Maria verehlichet / und
nach deru noch im ersten Jahr an einem Kind er-
folgten Todesfall/ sich in Holland/ (allwo er zu
Amsterdam in dem neuen Rahthaus viel schöne
Werke gemacht) folgends in Engeland begeben/
allda abermal vor den König / und andere fürneh-
me Liebhaber viel schöne Arbeit verfärtiget / und
endlich zu Londen/ als er eben wiederum anheim zu
reisen wegfärtig gewesen / gehling erkranket / und
ungefehr im 36. Jahr seines Alters verschieden/
da er dann mit einem rühmlichen monument be-
graben worden. Noch ein Sohn / Namens Chri-
stof Kern/ dem vorigen Jacob in Gestalt allerdings Christoph.
ähnlich / hat sich ins Soldaten-Leben begeben / ist
noch letzlich ein Leutenant gewesen. Ein anderer/
Namens Heinrich Kern hat studirt / und meines
Wißens endlich doctorirt.

1 Joachim von Sandrart, Teutsche Academie..., 1675, S. 343: Lebensgeschichte Leonhard Kerns

Michael hielt er sich später auch längere Zeit in Würzburg auf. Unter der Regierung des sehr baufreudigen Fürstbischofs Julius Echter von Mespelbrunn, der während seiner Regierungszeit (1573–1617) mehr als 300 Kirchen errichten und renovieren ließ, war die Stadt am Main Treffpunkt namhafter Kunstschaffender aus aller Herren Länder. Hier eröffneten sich Leonhard die Möglichkeiten, die er für die Übung und Entfaltung seiner künstlerischen Begabung brauchte. Der Kontakt mit den weitgereisten Künstlern ließ vermutlich auch den Plan zu seiner Studienreise nach Italien reifen.
Er beendete die Bildhauerlehre, die bei Fehlen einer Ausbildung als Steinmetz gewöhnlich fünf bis sieben Jahre dauerte[3], und trat 1609, in dem Jahr, als Michael sein bekanntestes Werk, die Kanzel im Würzburger Dom, schuf, seine Reise in den Süden an. Welch ungeheuere Unternehmungslust, welcher Wagemut und welch eminente Wißbegierde mögen Leonhard in das nicht ungefährliche Abenteuer getrieben haben, Italien mit seinem unermeßlichen Kunstreichtum für sich zu entdecken, zumal bei Bildhauern seiner Generation solche zeitlich wie auch räumlich ausgedehnten Wanderjahre durchaus nicht üblich waren (vgl. Kat. Nr. 2).
Von Rom, der ersten Station seiner Reise, begab er sich *stracks nacher Neapolis,* wo er neun Monate verbrachte. Das Flair der Weltstadt Neapel weckte in ihm die Neugierde; er wollte noch mehr sehen und noch mehr erleben. Und so unternahm er auf einer florentinischen Galeere eine Reise nach Mauretanien, an die westliche Nordküste Afrikas. Für den jungen Mann aus dem kleinen, dörflich geprägten Städtchen Forchtenberg waren die Fahrt und die Begegnung mit der orientalisch-islamisch geprägten Kultur eines Landes auf dem schwarzen Kontinent sicher unwahrscheinlich packende und beeindruckende Erlebnisse.
Über Neapel kehrte er dann wieder nach Rom zurück. Hier besuchte er jetzt die Kunstakademie und übte die *Kunst nach lebendigen Menschen zu bilden*; darüber hinaus studierte er *auch die Civilarchitectur nach alt heydnischen u*(nd) *neuen Gebäuen wol*, wie der Nekrolog überliefert. Die Ewige Stadt mit ihren reichen Kunstschätzen aller Epochen und Stilrichtungen von der Antike bis zu den Anfängen des Barocks vermittelte Leonhard eine Fülle von Anregungen, die ihn nachhaltig beeinflußte. Zwei Jahre lang dauerte sein Aufenthalt in Rom, bis er vermutlich im Frühjahr 1612 die Heimreise über Venedig antrat. Auf seinem Weg zurück nach Norden lernte er neues Land, neue Leute und wahrscheinlich auch die Kunstmetropolen Florenz, Mantua und Padua kennen. Vielleicht ist sein späterer Wunsch, ein Landhaus in der Art der italienischen Villen zu besitzen, auf diese an Erlebnissen und Eindrücken so reiche Zeit zurückzuführen.
Der nächste Ort seiner Wanderschaft, an dem er nachweislich wieder länger verweilte, war Laibach (Ljubljana). Er erreichte die Stadt im Laibacher Becken, indem er sich von Venedig aus wieder nach Süden wandte, mit dem Schiff über das Adriatische Meer setzte und anschließend Dalmatien, Slavonien und die Windische Mark (Krain) durchquerte. Hier erhielt er von Bischof Thomas Chrön einen Auftrag. Er schuf in mehrmonatiger Arbeit den Hochaltar für die ehemalige Stiftskirche in Oberburg (Kat.Nr. 54, 55). Die beiden heute noch erhaltenen Altartafeln sind das bisher älteste gesicherte Werk des Künstlers[4]. Und obwohl der Bischof Leonhard gerne weiter beschäftigt hätte, schlug er das Angebot *der Religion halben* aus und begab sich auf die letzte Etappe seiner nun schon fast fünf Jahre währenden Reise. Vielleicht bewogen ihn auch eine gewisse Wandermüdigkeit und der Wunsch, die Familie wieder zu sehen, zur endgültigen Rückkehr in die Hohenloher Heimat.
Nach Forchtenberg zurückgekehrt, gründete er hier 1614 seinen eigenen Hausstand. Auf Anraten seiner Eltern heiratete er am 19. Juni 1614[5] Amalia, die damals 18jährige Tochter des hohenlohischen Amtsschreibers Georg Zöllner und seiner Ehefrau Margareta geborene Seybold. Dem Paar, das über 47 Jahre miteinander verbunden bleiben sollte, wurden mindestens 14 Kinder geboren[6]. In Forchtenberg erblickten Victoria (1615), Georg Leonhard (1616) und Constantin (1618) das Licht der Welt, während Katharina Patientia (1622), Katharina

2 Leonhard Kerns Geburtshaus in Forchtenberg (Hafenmarktgasse 29)

Victoria (1632) wie auch alle anderen in Hall geboren wurden. Die Wahl der unkonventionellen Vornamen Victoria, Constantin und Patientia für einige seiner Kinder deutet Elisabeth Grünenwald als Ausdruck der persönlichen Einstellung des Künstlers zu seiner Umwelt[7].
Zunächst scheint Leonhard in der Werkstatt seines älteren Bruders tätig gewesen zu sein. Michael d. J. hatte sich 1610 endgültig in Forchtenberg niedergelassen. Dafür erhielt er von Graf Wolfgang von Hohenlohe-Neuenstein am 22. Februar 1610 umfangreiche finanzielle Zugeständnisse und die Ernennung zum Hohenlohischen Hofbildhauer: *Dieweil er daß Bildthauen und waß also einem Bildthauer ferners gebüert, gelehrnent, were er* [Michael] *bedacht, wofern wir ihne von wegen seiner Kunst ein sonderliche Gnad, auff daß er bei seiner Arbeit desto bestendiger zu verpleiben, erzaigen würden, sich in unßerer Gravschafft heüßlichen niderzulaßen, und da wir od*(er) *die wolgeborne ... Söhn in Werckhstein, Alebaster, Gibs od*(er) *Erden waß poßiren od*(er) *auch Schaueßen von Wax machen laßen wolten, unß und den unßern jederzeit solche Arbeit mit Fleis vor andern umb ein billig und leidenlich Gelt nach seinem besten Verstand zue fertigen*[8]. In Zukunft war also Michael d. J. für alle Bildhauerarbeiten der gräflichen Höfe in Neuenstein, Weikersheim und Langenburg zuständig, nachdem die Söhne Graf Wolfgangs in die Regentschaft eingetreten waren. Darüber hinaus sollte er bei Bedarf auch, wie die Urkunde ausdrücklich erwähnt, mit der Herstellung von Schauessen aus Wachs (bei Hoffesten neben den Speisen auf die Tafel gesetzte Landschaften und Figuren teils biblischen, teils mythologisch-allegorischen, bisweilen auch genrehaften Inhalts), also Kleinplastiken, betraut werden. Unter diesen Voraussetzungen gab es für Leonhard in Forchtenberg natürlich kaum mehr eine ersprießliche Entfaltungsmöglichkeit. Wollte er eine eigene Werkstatt gründen, mußte er sich nach auswärts begeben. Das tat er dann auch bald. Er wandte sich an den kurfürstlichen Hof in Heidelberg. Dort, wo gerade der »Englische Bau« errichtet wurde (1612–1619), hoffte er auf eine großzügige Förderung seiner Kunst.
Obwohl sich Leonhard in Heidelberg keine bestimmten Werke zuschreiben lassen, muß er dort eine längerfristige Anstellung gefunden haben. 1617 nämlich forderte der Nürnberger Rat den aus der Reichsstadt stammenden Baumeister Peter Carl in Heidelberg auf, zu berichten, *was es mit dem Bildhauer daselbs für eine Gelegenheit hab, ob er ein künstlicher Arbeiter & ob er auch mit großer Arbeit bestehe*[9]. Offenbar hatte Meister Carl, der für Kurfürst Friedrich V. von der Pfalz am Heidelberger Schloß arbeitete, den jungen Künstler seiner Vaterstadt empfohlen. In Nürnberg gab es damals große Probleme wegen der Ausführung des von Goldschmied Christoph Jamnitzer entworfenen plastischen Schmucks für das neue Rathaus. Joachim Toppmann, der mit den Arbeiten betraut worden war, erfüllte die in ihn gesetzten Erwartungen nicht. So berief der Rat den von Carl und Jamnitzer so gerühmten Bildhauer aus Heidelberg nach Nürnberg. Leonhard wohnte bei Christoph Jamnitzer in der »Zisselgasse« und bezahlte ihm für sich und seinen Jungen, seinen aus Heilbronn kommenden Schüler Konrad Schmidt, wöchentlich 5 Gulden Kostgeld. Er bot dem Nürnberger Rat an, zum Preis von 100 Gulden zunächst *ein Bild über das Portal des Rathhaus* zu fertigen. Würde dieses nicht zur Zufriedenheit der Sachverständigen ausfallen, wolle er auf seinen Lohn verzichten. Gegen Ersatz der Zehrungskosten wurde ihm dann am 17. April 1617 aufgetragen, in der Steinhütte bei der Karthause *ein Prob mit einem Bild* zu machen. Diese Probearbeit muß die sachverständigen Meister von den Fähigkeiten des Künstlers überzeugt haben, denn Mitte Mai begann Leonhard dann mit der eigentlichen Arbeit, der Gestaltung der vier Kolossalbilder Ninus, Cyrus, Alexander und Julius Caesar (vgl. Kat. Nr. 3). Die Repräsentanten der vier Weltreiche waren ihm *gar zierlich auß einem groben Stein in ubermenschlicher Grösse, einen jeden mit seinem Thier und Scepter*, gelungen. Anfang August 1617 kehrte er mit 400 Gulden Lohn und einer zusätzlichen *Verehrung* in der Tasche wieder nach Heidelberg zurück. Friedrich von der Pfalz hatte ihn ja nur für einige Wochen nach Nürnberg *geliehen*, also beurlaubt.
Die Nürnberger Figuren waren eine vorzügliche Referenz für Leonhard. Mit ihnen hatte er sich in der damaligen »Kunstszene« einen Namen gemacht. Als meisterhaft ausgewiesener *Iconoplastiker* beabsichtigte er nun, sich in der Residenzstadt Heidelberg eine Existenz aufzubauen. Im Oktober 1618 gab er das Forchtenberger Bürgerrecht auf, gleichzeitig wurden alle Familienmitglieder aus der Leibeigenschaft entlassen. Die Herrschaft verzichtete auf das Leibeigenengeld und ermäßigte außerdem die zu entrichtende Abzugssteuer auf 60 Gulden, was einem Mindestvermögen von 600 Gulden entsprach[10]. Schon bei der Niederlassung seines Bruders Michael d. J. hatte sich der damalige Regent als sehr mäzenatisch erwiesen, möglicherweise wurde nun auch Leonhard *von wegen seiner Kunst* so großzügig behandelt.
Doch die allgemeine politische Entwicklung ließ den Aufenthalt der Familie in Heidelberg nur zu einem Interim werden. Im August 1619 wurde Friedrich von der Pfalz anstelle des abgesetzten Königs Ferdinand zum König von Böhmen erwählt, womit sich seine Interessen nun von Heidelberg nach Prag verlagerten. Da aber Friedrichs Wahl umstritten und schon sehr bald erkennbar war, daß die Pfalz im Widerspiel der politischen Kräfte zum Spannungsfeld werden würde, kehrte auch Leonhard seiner neuen Heimat rasch den Rücken.

3 In dem Gebäude Gelbinger Gasse 47, dem die Häuserzeile beherrschenden Fachwerkhaus, lebte Leonhard Kern von 1621 bis 1628

Als Bleibe wählte er jetzt die Reichsstadt Hall. Die Stadt, die er sicher von früheren Besuchen aus Forchtenberg her kannte, war wohlhabend, hatte weitreichende diplomatische Verbindungen und lag in unmittelbarer Nähe einer großen Fernstraße. Sie bot ideale Voraussetzungen für die Niederlassung eines freischaffenden Künstlers. Und daß Leonhard hier für immer blieb, ist wahrscheinlich auch nicht nur auf die widrigen Zeitläufte zurückzuführen.

1620 siedelte er nach Hall über. Im Januar stellte er den Antrag zur Aufnahme in das hiesige Bürgerrecht, dem der Rat am 24. März entsprach[11]. Doch es dauerte noch fast sieben Monate, bis Leonhard am 6. Oktober 1620 den Bürgereid schwor und die 18 Goldgulden Bürgergeld für sich und seine Frau erlegte[12]. Die Gebühr, die die Einbeziehung seiner beiden Söhne in das Bürgerrecht gekostet hätte, blieb der Künstler allerdings schuldig. Als Wehr für den Tor- und nächtlichen Wachdienst, zu dem jeder Bürger der Reichsstadt verpflichtet war, ordnete ihm der Rat den Unterhalt einer Muskete an.

Ob Leonhard gleich von Anfang an und mit der ganzen Familie bei der Gerberwitwe Katharina Gräter in der Gelbinger Gasse logierte, ist nicht belegt. 1621 erwarb er jedenfalls um 700 Gulden ihr Haus[13], das sie und ihr verstorbener Ehemann Hans sich im Jahr 1605 in aufwendigem Sichtfachwerk hatten errichten lassen (= heute Gelbinger Gasse 47, Abb. 3). Das Gebäude, das durch seine architektonische Schönheit besticht, gehörte sicher schon damals zu den imposantesten Häusern in der Gelbinger Vorstadt. Zudem hatte es eine sehr gute Geschäftslage. Die Gelbinger Gasse war eine wichtige Ausfallstraße, und außerdem befanden sich die Poststation sowie das nachweislich von vielen vornehmen Reisenden als Herberge benützte Gasthaus »Zur Sonne« ganz in der Nähe. Ein Atelier in diesem Haus lenkte zwingend die Aufmerksamkeit sowohl der ankommenden wie auch der die Stadt verlassenden Fremden auf sich.

Aber schon nach drei Jahren veräußerte er das Anwesen an Georg Blatz[14] und erwarb dafür von Hans Heinrich Greter ein Haus in der Pfaffengasse (= heute Pfarrgasse 16, Abb. 4)[15]. Möglicherweise hat ihn die vom benachbarten Gerbereibetrieb des Georg Gräter (ein Sohn der oben genannten Katharina Gräter) ausgehende Geruchsbelästigung zur Aufgabe der Wohnung in der Gelbinger Vorstadt bewogen. Greter und Kern schlossen am 27. Oktober 1624 einen Vorvertrag. Der in mehreren Raten bis Martini (11. November) 1626 zu zahlende Kaufpreis betrug 900 Gulden. Aber erst am 15. November 1628 war er bis auf den letzten Heller beglichen. Der Käufer mußte dem Verkäufer ein Vorkaufsrecht einräumen und die Ableitung von Abluft aus dem Nachbarhaus sowie das Ausgießen von nachbarlichem Nachtwasser in seinen Hof dulden. Der Umzug erfolgte um den 12. November 1628. Leonhard entschuldigte sich an diesem Tag in einem Schreiben an den gräflich oettingenschen Rat und Kammersekretär, eine bestellte Arbeit noch nicht geliefert zu haben, u.a.

damit, daß er *vor 14 Tagen ein anderes Hauß kaufft, der Zeit mit dem Einfahren und des gleichen zu thun gehabt*[16].

Auch im neuen Haus richtete er sich, wie aus dem Nachlaßinventar der Witwe hervorgeht[17], einen *Crahmladen*, ein Verkaufsatelier, ein. Zur Präsentation seiner Kunstwerke dienten hier mindestens zwei noch 1670 vorhandene Gestelle, wovon das eine gläserne Schiebefenster besaß.

Warum Leonhard die vereinbarten Zahlungsziele ab Martini 1625 nicht mehr einhielt, ist unergründbar. Er scheint über genügend Aufträge verfügt zu haben, denn kurz zuvor nahm er einen Jungen an. Bernhard Zweifel (wahrscheinlich der am 31. Dezember 1609 getaufte Sohn des Gerbers Bernhard Zweifel aus der Vorstadt jenseits Kochens) sollte fünf Jahre bei ihm lernen. Der Rat übernahm am 30. Mai 1625 die Kosten für die Ausbildung des offenbar mittellosen Knaben in Höhe von 50 Gulden[18]. Die erste Rate (25 Gulden) wurde am 3. Dezember 1625 bezahlt[19]. 1626 und 1627 stand Leonhard außerdem nachweislich – ebenso wie auch 1621 – mit dem Haus Oettingen in geschäftlicher Verbindung, und ebenfalls 1626 lieferte er persönlich zehn *Bilder* nach Nürnberg, die ein Kardinal am kaiserlichen Hof vor etwa einem Jahr über einen Kaufmann bei ihm hatte in Auftrag geben lassen. Allerdings hoffte er 1627 auch, bei einem künftigen Treffen der Reichsfürsten einen größeren Geschäftsabschluß tätigen zu können; er beabsichtigte dort, mittels eines Ansichtsstückes von einem *vornemen Herr Gnade* ... [zu] *erwerben*[20].

4 Das Haus Pfarrgasse 16 bewohnte die Familie Kern ab 1628

Ein Blick auf die Entwicklung seiner Vermögenslage liefert gleichfalls keine Anhaltspunkte. Bis 1628 stieg das von ihm versteuerte Vermögen kontinuierlich: 1623/1624 entrichtete Leonhard 6 Gulden Beet (Vermögenssteuer in Höhe von einem Viertel Prozent aller liegenden und fahrenden Habe eines jeden Stadthaushalts), was einem Vermögen von 2400 Gulden entsprach, 1625/1626 waren es 7 Gulden (2800 Gulden Vermögen) und 1627/1628 8 Gulden (3200 Gulden Vermögen). Erst danach ist ein Einbruch festzustellen. 1630–1632 gab er von 1400 Gulden Beet. Dieser Vermögensrückgang könnte unter Umständen auf einen umfangreichen Gütererwerb auf dem Land zurückzuführen sein, zumal der Rat Leonhard 1629 eine hospitalische Forderung stundete[21]. Welcher Art die Forderung allerdings war und in welcher Höhe sie sich belief, ist nicht bekannt. Die im Haller Land liegenden Güter der Stadtbürger wurden nämlich separat veranlagt, und die davon abzuführende Steuer, die sogenannte Schatzung, wurde getrennt erhoben. Da die entsprechenden Schatzungs- und Kaufbücher fehlen, läßt sich diese Hypothese nicht belegen. Bis 1633/1634, es ist die letzte aus der Zeit des Dreißigjährigen Krieges erhaltene Beetliste, wuchs sein Vermögen in der Stadt wieder auf 2600 Gulden an.

In die ersten Jahre seiner Haller Zeit fiel ein Hexereiprozeß, in dem auch Leonhard Kern dieses Lasters bezichtigt wurde. Lukretia, die Ehefrau des Forchtenberger Kellers Philipp Schüler, hatte Leonhard, aber nicht nur ihn, sondern ebenfalls den Vater Michael d. Ä., die Mutter Apollonia, die Brüder Michael d. J., Georg und Peter der Hexerei beschuldigt. *Lauttprechtig mit großem Geschrey* äußerte sie diesen Verdacht während eines Besuches im Haus des Kannengießers Jeremias Pfeffer zu Forchtenberg, als man *ein zimblichen Trunckh ... gethan*. Mag die Kellerin auch *überweint*, also betrunken gewesen sein, so waren die ausgestoßenen Beschimpfungen doch recht bedrohlich: *... sein doch solche Leütt ... Unholden und zauberische Hexenleütt, stehen im Unholdenbuch. Sie wölle in kurtzem erleben, das dero Gebein zu Äschen verbrendt werden. Ob sie auch allhie ... erlaßen, ... wölle sie sich doch auff einer Gutschen von andern Orten alhero, solche Leütt Gebein zu Äschen verbrennen sehen, führen laßen.* Dem ebenfalls anwesenden Pfarrer Elias Hofmann warf sie vor, er reiche unwürdigen Leuten das Abendmahl, sie *wölle auch ihren Kopff verloren haben, wan ... Leonhart zu S*[chwäbisch] *Halle solches recht empfangen habe.*

Michael d. J. wußte um die Gefährlichkeit solcher Bezichtigungen und zeigte den Vorfall am 4. Juni 1621 seinem Bruder Georg, der das Amt des Burgvogts in Neuenstein innehatte, an[22]. In dem anschließenden Verfahren nahm Lukretia die Beschuldigungen zwar

wieder zurück, ihr Mann betonte den Richtern gegenüber aber ausdrücklich, daß sowohl der Vater als auch die Mutter Kern von einer zum Tode verurteilten »Hexe« als Unholde angegeben worden seien.
Was steckte nun wirklich hinter der ganzen Geschichte? Der Hexenwahn, der in der zweiten Hälfte des 16. Jahrhunderts ganz Süddeutschland wie eine Seuche überfiel, fand auch im hohenlohischen Kochertal seine Opfer[23]. Während der ersten Welle der Hexenverfolgung um 1592/1593 häuften sich die Prozesse in den beiden Städtchen Ingelfingen und Niedernhall. Von den 36 damals als »Hexen« angeklagten Menschen – wie überall waren es auch hier in der Mehrzahl Frauen – mußten 20 ihr Leben lassen. Rund zwei Jahrzehnte später nahm Forchtenberg diese »führende« Stellung ein. Zwar endeten jetzt die wenigsten Verfahren mit der Todesstrafe, es ist aber auffällig, daß die Konzentration der Prozesse in Forchtenberg mit dem zunehmenden wirtschaftlichen Aufstieg der dort ansässigen renommierten Künstlerfamilie Kern zusammenfiel. Allein für die Zeit von 1616 bis 1639 sind neben dem oben erwähnten weitere vier Prozesse überliefert, die Mitglieder der Familie Kern betreffen: 1616 ermittelte das Gericht gegen die Schwester Barbara Leuz wegen Anzauberung einer Krankheit; 1616–1620 lief ein Verfahren gegen den Vater sowie die Brüder Michael d. J. und Georg, sie waren im Verlauf eines Streits von Schreiner Sebastian Schrot der Hexerei bezichtigt worden. 1627 mußte der Behauptung des Spielmanns Bernhard Schmötzer nachgegangen werden, Michael d. Ä. wäre ein »Unhold«; 1637–1639 beschuldigte die Witwe des Seilers Michael Kolb Michael d. J. in einer wegen seiner Tochter entstandenen handgreiflichen Auseinandersetzung der Hexerei[24]. Der Prozeß von 1621 war also nicht der erste und auch nicht der letzte, in dem die Richter über solche verleumderischen Äußerungen befinden mußten.
Die eigentlichen Gründe für diese üblen Nachreden – einige Jahre zuvor hätten sie durchaus genügt, um die Beklagten auf den Scheiterhaufen zu bringen – waren Neid und Mißgunst. In dem agrarisch strukturierten Städtchen nahm die Künstlerfamilie, die es im Verlauf der Zeit mit einer so »eigenartigen« Beschäftigung wie der Bildhauerei zu großem Reichtum gebracht hatte, eine besondere Position ein. Michael d. J. war z. B. 1634 mit 1800 Gulden Vermögen der reichste Mann im Ort[25], zudem räumte ihm die Herrschaft seit ungefähr 25 Jahren *von wegen seiner Kunst* für Güter im Wert von 1000 Gulden weitgehende Abgabefreiheit ein. Im Haus der Familie verkehrten viele hochgestellte Persönlichkeiten. Michael d. J. unterhielt geschäftliche Verbindungen zu vielen europäischen Fürstenhöfen, ja selbst zum Kaiser, wie er in einem Schreiben vom 16. Januar 1636 anführte (*weilen dann seithero bey dero zu Hungarn und Böheimb Kön*[i]*g*[licher] *May*[es]*t*[ä]*t ich und mein Sohn wegen unßer Arbeit allergn*[ä]*digst in Kundschafft komen, und von ihrer Kön*[i]*g*[lichen] *May*[es]*t*[ä]*t Schutz- und Befreiungßbrief sambt allem dem Meinigen wegen noch viel bestelter Arbeit ertheilt...*[26]). Hinzu kam, daß die Familie ihren gesellschaftlichen Rang gerne offen zur Schau stellte. So berichtete z. B. 1616 der oben erwähnte Sebastian Schrot, *zudem sie ... inn dieser gantzen Handlung auf ihre grose Reichthumb, Gellt und Guet hochmütiglich trotzen und pochen*[27]. Das Zusammenwirken all dieser Fakten erzeugte natürlich Spannungen unter der Bevölkerung, die sich in den Hexenprozessen entluden. Für Leonhard blieb es allerdings bei dieser einen Bezichtigung.
Durch den Wechsel von der Gelbinger in die Pfaffengasse hat sich der Künstler jedenfalls nicht verschlechtert. Die Pfaffengasse war, wie schon ihr Name besagt, von mehreren Pfarrern und einigen Lehrern, Beamten und Handwerkern bewohnt; sie zählte zu den bevorzugten Wohngebieten in der Stadt. Und kurze Zeit später entstand hier sogar eine kleine Künstlerkolonie. Sowohl der Maler Hans Schreyer als auch der Maler Hans Georg Rappold ließen sich in der Gasse nieder. Bei einem annähernd gleichen Kundenkreis konnte man so voneinander profitieren.
Ärger mit der Nachbarschaft, der in den amtlichen Quellen seinen Niederschlag gefunden hat, gab es offenbar nur einmal, und zwar wegen der Kernschen Stallung, aus der die Jauche ganz einfach auf die Straße lief und alles verunreinigte (Leonhard hielt zur Versorgung seiner Familie im Haus mindestens eine, wenn nicht gar mehrere Milchkühe). Eine solche Entsorgung verstieß gegen die städtischen Hygienevorschriften, und die Nachbarn beschwerten sich darüber beim Rat. Daraufhin erbot sich Leonhard am 26. August 1629, seine *Khüestrüz*(en) in einen Stein richten und fassen zu lassen[28]. Aber bei dem Angebot scheint es geblieben zu sein, der Mißstand war 1670 noch nicht behoben. Per Dekret wies der Rat am 30. März 1670 die Kernschen Erben unter gleichzeitiger Androhung möglicher Schadenersatzforderungen an, dafür Sorge zu tragen, daß die austretende Jauche die benachbarte, erst vor kurzem mit einem erheblichen Kostenaufwand wiederhergestellte Staffel nicht verunreinige und schädige[29].
Die dreißiger wie die beginnenden vierziger Jahre zeichneten sich durch hohe Investitionen aus. Leonhard erwarb umfangreichen Landbesitz. 1631 überließ ihm der Haller Hospital um 590 Gulden einen Baum- und Grasgarten an der Hessentaler Steige vor dem Langenfelder Tor[30]. 1633 errichtete er mit Genehmigung der reichsstädtischen Baubehörde ein *Wonheusle* auf seinem Gartengrundstück in Unterlimpurg beim Salpetergarten[31]. Der Rat untersagte ihm aber ausdrücklich, in das neue Gebäude einen Hausgenossen, also einen Mieter, aufzunehmen. Es kann sich demnach nicht nur

um ein kleines Gartenhäuschen gehandelt haben. 1636, als Hall einen großen Teil seiner Domänen veräußerte, um mit dem Erlös die anderweitig nicht mehr finanzierbaren Kontributionen begleichen zu können, übernahm er von der Reichsstadt zum Preis von 1100 Gulden ein Sechstel des großen Fruchtzehnten zu Ilshofen[32]. Um diese Feldfrüchte einbringen zu können, mußte er sich drei Jahre später am Bau der Ilshofener Zehntscheuer beteiligen[33]. Außerdem besaß er ein Gut in Wolpertsdorf. 1637 gab es zwischen Leonhard und den übrigen Gemeinsleuten zu Wolpertsdorf Auseinandersetzungen wegen der ungleichen Veranlagung zur Kontribution[34]. 1641 kamen die Fischereigerechtigkeit in der Bühler vom Cröffelbacher bis zum Hopfacher Mühlgraben[35] und das Schlößlein Tullau[36] (Abb. 5, 6) dazu. Das Schloßgut Tullau befand sich vorher im Besitz des Hospitals, der es 1618 um 2503 Gulden von der Reichsstadt Hall erworben hatte. Es bestand aus dem neuen und dem alten Haus, einer Scheuer, einer Hofreite samt dem das Schlößlein umgebenden, eingezäunten Garten und Acker und elf Tagwerk Wiesen[37]. Ob Leonhard damals auch schon das Gütlein in Hopfach gehörte, das er 1655 von dem eingenommenen Bestandsgeld (Pacht) reparieren lassen sollte, und ob er noch weitere Ländereien sein eigen nannte, muß aufgrund der Überlieferungslage dahingestellt bleiben[38]. Zur Bewirtschaftung des umfangreichen Landbesitzes beschäftigte er vermutlich eine Reihe von Mägden und Knechten.

Die erwähnten Käufe belegen, daß Leonhard in diesen Jahren über sehr viel Geld verfügte, das er weitblickend in Grundbesitz anlegte. Seine Werkstatt muß demnach sehr gut floriert haben und der Gewinn zufriedenstellend gewesen sein. Eine Quelle aus seinen letzten Lebensjahren bestätigt aber auch, daß Leonhard wie die meisten der begüterten Haller Bürger nicht nur mit dem Gewerbe, sondern auch mit dem Handel, und zwar mit den auf den Ländereien erwirtschafteten Überschüssen, Geld machte: 1661 verkaufte er an die Stadt Heu und bekam dafür 22 Gulden ausbezahlt[39].

Leonhard war zu einem allseits geachteten und hochgeschätzten Bürger der Reichsstadt geworden. Ratsherren und Pfarrer, ein Lehrer, ein Apotheker sowie der Ratsschreiber hatten für seine Kinder die Patenschaft übernommen. Und im Sommer 1640 wurde er dann schließlich in den Äußeren Rat berufen[40]. Er gehörte dem Gremium bis zu seinem Lebensende an[41]. Wenngleich es sich dabei um ein nicht dotiertes Ehrenamt handelte und mit ihm die Verpflichtung zur Übernahme weiterer öffentlicher Aufgaben verbunden war, bedeutete die Ernennung zum Mitglied des Äußeren Rats eine Anerkennung und Würdigung des weithin bekannten Künstlers durch die Verwaltungsspitze.

In der Folgezeit setzte ihn der Rat mehrmals als Vormund ein: um 1643 für die Erben des verstorbenen Krämers Daniel Mohr[42] und um 1648 für die Hinterbliebenen des verstorbenen Metzgers Michael Stigler[43]. Hier galt es

5 Das Schlößlein Tullau von Norden. Unmittelbar neben dem Torbogen steht das »Neue Haus«

6 Das »Alte Haus« des Tullauer Adelssitzes, eine ehemalige Wasserburg, wurde um 1690 zu einem Lustschlößchen umgebaut

manches Wortgefecht zu schlagen, wenn die Interessen der Mohrschen Erben mit denen der Vormünder kollidierten. Erfreulicher war sicherlich die Pflegschaft für den jungen Stigler, der das Bäckerhandwerk erlernte und sich später in Straßburg niederließ. Zu ihm unterhielt Leonhard noch Mitte der fünfziger Jahre Kontakte, als das Mündel schon längst aus der Vormundschaft entlassen war.

Weiter wurde er gelegentlich als Unterhändler für Verhandlungen mit den Besatzungstruppen eingesetzt[44], zur Rechnungsprüfung herangezogen[45] und 1651 zum Bierschätzer bestellt[46]. Zum ersten Mal hatte die Stadt 1622, als der Wein sich sehr verteuerte, das Bierbrauen in größerem Umfang zugelassen. Vorher gab es zwar schon einige Nebenerwerbsbrauer, doch das Hauptgetränk der Bevölkerung bildete der Wein. Infolge der Kriegsauswirkungen kam der hiesige Weinbau völlig zum Erliegen, so daß das Bier zwangsläufig eine große Verbreitung fand und als Haustrunk sich zunehmender Beliebtheit erfreute. Im Zuge der Verwaltungsreorganisation in den ersten Nachkriegsjahren erließ der Rat auch eine neue Bierbrauerordnung (1651) und führte das Amt der Bierschätzer ein. Die Deputierten hatten Qualitätskontrollen durchzuführen und die Tax, die Biersteuer, zu erheben. Obwohl Leonhard dem Rat zu bedenken gab, daß er sich nicht sehr auf die *Prob deß Bierß* verstehe, hat er doch mindestens ein Jahr lang das Amt zusammen mit Jakob Hoffmann versehen[47]. Und offenbar zur Zufriedenheit der Verwaltung, denn am 5. August 1651 erhielten die beiden eine *Verehrung* von 5 Gulden, weil sie den Bierbrauer Hans Bauer einer Ordnungswidrigkeit überführt hatten[48].

Die einzige bekannte Arbeit, die Leonhard für die Reichsstadt schuf, übergab er am 9. Dezember 1640: eine *in Grund gelegte Landtschafft*; wohl die Vorzeichnung zu der Haller Stadtansicht, die Matthäus Merian dem 1643 erschienenen Band »Schwaben« seiner berühmten Topographie als Kupferstich beigab. Zum Lohn erbat sich der Künstler die Ermäßigung seiner monatlichen Kontributionszahlungen, die ihm der Rat dann auch gewährte[49]. Die reich illustrierten Werke des Frankfurter Kupferstechers und Verlegers waren hier wohlbekannt, hatte doch Leonhard bereits 1633/1634 der Ratsbibliothek *die Merianische 2 Thomos vo*(n) *8 Bücher*(n) *uber die 4 Monarchie*(n) überstellt. Er bekam dafür und für die einige Wochen zuvor übergebenen *Heßische facinora mit Kupfferstuke*(n) von der Stadtkasse 21 Gulden bezahlt[50].

In diese Zeit fällt auch eine nicht genehmigte gutachterliche Tätigkeit für St. Michael. Offenbar auf Bitten der Geistlichen hatte Leonhard in St. Michael den Entwurf für einen neuen Schalldeckel zur Kanzel in Augenschein genommen. Er verwarf das Projekt, weil er das Modell für unproportioniert hielt. Als dies dem Rat zur Kenntnis gelangte, wies er den Künstler am 4. Mai 1640 auf das schärfste zurecht: Nachdem er (Leonhard) vernommen habe, daß der alte Deckel nicht erneuert werde, soll er sich nichts weiter anmaßen[51].

Wem die in der Rechnung der Geistlichen Pfründen von St. Michael 1625/1626[52] verzeichneten Bildhauerarbeiten an *d*(er) *Cantzelschneckh*(en) zuzuschreiben sind, muß offenbleiben. In der fraglichen Zeit war hier neben Leonhard auch Jakob Betzoldt als Bildschnitzer tätig. Der nicht einmal 2 Gulden betragende Lohn, den sich Bildhauer und Maler teilten, läßt zwar nur auf geringfügige Ausbesserungsarbeiten schließen, aber dennoch wäre die Urheberschaft interessant. Auf jeden Fall bestätigt diese Notiz, daß damals z. B. den künstlerisch tätigen Bildhauern und Malern auch einfachste Arbeiten übertragen wurden.

War zu Ende der dreißiger Jahre die Reichsstadt durch die ständig in wachsender Höhe zu leistenden Zahlungen an die Truppen der kriegführenden Mächte finanziell schon so ausgeblutet, daß sie sich von Güterbesitz und Wertsachen trennen mußte (z. B. dem Ratssilber; 1651 wurden davon bei dem Juden Mayer wieder zwei Stubenbecher ausgelöst[53]), scheint die Finanzlage Leonhards erst ab 1643 angespannt gewesen zu sein. Klagen über mangelnde Aufträge führte er erstmals 1643 an, als er sich wegen der ungerechten Kontributionsanlage beschwerte[54]. Um Ermäßigung dieser regelmäßig abzuliefernden Beträge hatte er bereits 1640 nachgesucht. Schon damals muß es zu Protesten der Bevölkerung gegen die Beitreibung der Kriegssteuer gekommen sein. Zusammen mit Hans Reiz, dem Wortführer der Bürgerbewegung, hatte sich Leonhard nämlich 1641 vor dem Rat *derenthalben gefallener* Reden zu verantworten[55]. Leonhard wurde 1641 eine Recompens, eine Wiedergutmachung, in Höhe von 50 Gulden gewährt; möglicherweise stand diese in Zusammenhang mit seinem Gesuch auf Steuernachlaß. 1645, als es abermals zu Aufruhr unter der Bürgerschaft wegen der erpreßten Kontributionszahlungen kam, muß Leonhard ebenfalls beteiligt gewesen sein, denn am 2. Juli 1645 rechtfertigte er sich vor dem Rat, daß diese Reden zu keiner Rachgier gemeint und er niemals so gesinnt gewesen, auch weise er seine Kinder dahin nicht an[56]. Eine Seuche, der viele Menschen zum Opfer fielen und die im Oktober zum Abzug des damals hier einquartierten kaiserlichen Generalstabs führte, verhinderte jedoch den Ausbruch der offenen »Rebellion« gegen das Regiment des Rats[57].

Dieses Jahr 1645 brachte der Familie übrigens sehr viel Unglück. Im Januar waren »die vom Stockhaus« zu Unterlimpurg über den Gartenzaun des Kernschen Baum- und Grasgartens in der Vorstadt unterm Berg hergefallen und hatten das Holz in Ermangelung geeigneten Brennmaterials verheizt[58]. Vermutlich im September wurde Tullau von mordbrennenden französischen Soldaten, die unter dem Kommando des Herzogs von Enghien standen und bei Rieden im Quartier lagen, heimgesucht. Ob dabei das Schlößlein selbst auch größeren Schaden genommen hat, ist nicht überliefert, jedenfalls verwüstete das Kriegsvolk die dazugehörigen Ländereien sowie die Kirche im Ort[59]. Wahrscheinlich waren damals auch Leonhards Güter in Ilshofen Ziel der plündernden Soldateska.

1646 beklagte er sich wieder bitter über die Kontributionsanlage. Der Rat möge ihn nicht über seine Substanz belegen, da er *kein Gewerb* habe. 1647 begründete er erstmals den Antrag auf Steuersenkung mit der Vernichtung seiner Güter auf dem Land und damit, daß er mit seiner Gewerbschaft nimmer fortkommen möge, die Profession ganz erliege, die Feldgüter nichts ertrügen und die beiden sich im Ausland aufhaltenden Söhne seiner Unterstützung bedürften[60]. Der Rat gewährte ihm immer wieder einige Gulden Nachlaß und Stundung der Steuerrückstände.

Ein Versuch, sein Gewerbe neu zu beleben, sollte vielleicht Leonhards Reise nach Cleve (1648) sein. Leonhard war damals schon fast 60 Jahre alt, und eine solche weite Reise stellte in diesen ungewissen Zeiten sicher ein Risiko dar. *Weiln ich Kern ein ferne Rayß in frembde Land obhanden, daß der Außgang von Hauß zwar gewiß, aber die Ruekkunfft bey so gefährlichen Zeitten undt Läufften bey manchem ungewiß*, beschloß das Ehepaar, vor der Abreise Leonhards sein Testament zu errichten. Am 19. Juni 1648 gab es dem Notar Jonas Widmann, Kanzlist zu Schwäbisch Hall, im Beisein der Zeugen M. Johann Christoph Gräter, Pfarrer zu St. Michael, und Johann Wolfgang Weidner, Spitalpfarrer, seinen letzten Willen zu Protokoll[61]. Der Hauptgrund für die Erstellung dieses Dokuments war wohl die Sorge, die sich das Paar wegen der unglücklich verheirateten Tochter Katharina Patientia machte. Katharina Patientia war einem Taugenichts aufgesessen. Ihr zweiter Mann Jakob Friedrich Becher, ein Trinker und Spieler, vergeudete das Geld mit vollen Händen. Leonhard bangte, Becher würde seine Tochter nach dem Ableben der Eltern in völlige Armut stürzen. Offenbar hatte sich der sehr redegewandte und mit Raffinement auftretende Becher das Vertrauen Leonhards erschlichen, indem er ihm vorgaukelte, er besäße ein großes Vermögen. In Wirklichkeit verfügte er aber über keinen roten Heller. In der Sorge um das Wohlergehen der Enkel verlangten Leonhard und Amalia, daß bei ihrem Ableben das Erbe weder an Becher noch an ihre Tochter ausgefolgt, sondern von Vormündern verwaltet wird, bis die Enkel die Geschäftsfähigkeit erlangt haben. Aber auch mit seinen Söhnen Constantin, Hans Jakob und David Bernhard, die, obwohl schon alle erwachsen, dem Vater immer wieder auf der Tasche lagen, rechnete Leonhard im Testament sozusagen ab. Constantin, für den er damals bereits 300 Gulden aufgewendet hatte, sollte vom Erbe 100 Gulden seiner Ausbildungskosten erstatten, es sei denn, er würde seinen offenbar trotz seiner 20 Jahre immer noch berufslosen Bruder David Bernhard zwei Jahre in der Malkunst unterrichten. Hans Jakob sollte später ebenfalls die ihm zugeschossenen Reisekosten ersetzen. Für die übrigen vier damals noch unmündigen Kinder wollte das Paar die Unterhalts- und Ausbildungskosten sichergestellt wissen.

Dem eigentlichen Testament fügte Leonhard noch zwei eigenhändig geschriebene Dokumente bei, in welchen er mit bewegten Worten die Werbung Bechers um seine Tochter und dessen Umtriebe schildert. Die beiden Schreiben sprechen Bände über die große Enttäuschung, die der Schwiegersohn ihm durch sein unlauteres Wesen bereitet hat.

Vermutlich unternahm Leonhard damals von Cleve aus einen Abstecher nach Holland, um dort neue Geschäftsverbindungen anzubahnen. Im Nekrolog werden die Beziehungen zu holländischen Sammlern ausdrücklich erwähnt. Eine Bestätigung dafür ist vielleicht auch die Tatsache, daß Leonhard Kontakte zu dem in *Hollandt zu Amsterdam* lebenden Joß Stadtmann unterhielt. Am 15. Mai 1650 bat er den Rat um finanzielle Unterstützung dieses Mannes. Stadtmann, Kandidat der Medizin, hatte auf seinen Reisen zu Wasser und zu Land etwas *Anstoß* erlitten. Aus einem Haller Stipendium und einer Erbschaft standen ihm noch verschiedene Geldmittel zu. Der Rat wies die Ausgeber an, die 50 ererbten Taler auf irgendeine Weise zu beschaffen, notfalls durch die Aufnahme eines Darlehens, und Stadtmann diese zu übereignen[62].

Leonhard kehrte in den ersten Oktobertagen 1648 nach über dreimonatiger Abwesenheit wieder heim, denn bereits am 4. Oktober nahm der Rat von seiner Rückkunft Kenntnis und forderte ihn zur Bezahlung der noch ausstehenden Kontribution auf[63]. Markgraf Friedrich Wilhelm von Brandenburg hatte ihn in Cleve am 1. September 1648 für die Dauer eines Jahres zum kurfürstlichen Hofbildhauer ernannt. Gewöhnlich setzte eine solche Berufung einen dauernden Aufenthalt am Hofe voraus. »Doch engagierte er sich auf diese weite Entfernung nicht stärker, sondern begnügte sich mit einer einjährigen Bestallung und dem damit verbundenen Jahresgehalt unter Voraussetzung der zu liefernden Werke ... Trotz dieses Erfolges bei dem Kurfürsten von Brandenburg, dem – laut Nekrolog – daraufhin ein zweiter bei dem pfälzischen Kurfürsten folgen sollte, *hatt ihme iedoch beliebet, biß an sein Todt allhie* [in Hall] *zu verbleiben*«[64].

Außer dieser Geschäftsreise sind in den Quellen nur noch zwei nach Nürnberg (1617, 1626) verbürgt. Eine Notiz aus dem Jahr 1645 belegt außerdem gelegentliche Besuche der Messestadt Frankfurt. Ein Herr Arnold beauftragte Leonhard wohl damit, seine Gelder, die er in Hall zu fordern hatte, einzuziehen und sie ihm in Frankfurt auszuhändigen. Offenbar kam Leonhard dem aber nicht nach, so daß der Rat intervenieren mußte; er wies den Künstler an, seine Verpflichtungen Arnold gegenüber zu erfüllen[65]. Mit Sicherheit hat Leonhard auch in anderen Städten Kundschaft besucht. Wie der Nekrolog berichtet, verkaufte er seine Werke *mehrern Theils in Frembde Ort*. Solche Verbindungen konnten nur durch persönliche Kontakte und Mittelsleute intensiviert und ausgeweitet werden. Und mit großer Wahrscheinlichkeit ließ er nichts unversucht, um zahlungskräftige Besucher der Reichsstadt wie auch die während des Dreißigjährigen Krieges hier einquartierten hohen Offiziere für seine Arbeiten zu interessieren, wie dies z. B. von seinem Bruder Michael d. J. in Forchtenberg überliefert ist.

Das Friedensfest, das 1650, zwei Jahre nach dem eigentlichen Friedensschluß in Münster, im ganzen Land gefeiert wurde, beendete die über 30 Jahre währenden Kriegsunruhen und gab Hoffnung auf ein künftiges Leben in geordneten Verhältnissen. Nun konnte es sich die Familie endlich erlauben, ihren Hauptwohnsitz auf dem idyllisch gelegenen Schloßgut zu Tullau zu nehmen. Daß damals der Werkstattbetrieb in Hall gänzlich eingestellt wurde, ist unwahrscheinlich, zumal Leonhard selbst bis fast an sein Lebensende produzierte. Das Verkaufsatelier in der Stadt war ein gutes Aushängeschild und die beste Werbung für den Künstler. Denkbar wäre, daß er seinen Schüler Johann Jakob Betzoldt, den offenbar ein sehr enges Vertrauensverhältnis mit dem Meister verband, hier weiterbeschäftigte. Betzoldt heiratete nämlich erst im Alter von 41 Jahren, und, was besonders überrascht, wenige Tage nach dem Tod von Leonhard (15. April 1662). Unter Umständen könnte dies ein Hinweis darauf sein, daß er erst danach ein eigenes Atelier eröffnete[66].

In den folgenden Jahren verkaufte Leonhard den Garten vor dem Langenfelder Tor (1652) und das Fischwasser in Hopfach (1660)[67]. Den Zehntanteil in Ilshofen wie auch das Tullauer Schlößlein veräußerte die Witwe erst 1668 bzw. 1670[68]. Wegen des Gartens in Unterlimpurg hatte er seit 1654 permanenten Streit mit den Salpeterleuten, einmal weil das neue Salpeterhaus auf dem Nachbargrundstück so errichtet worden war, daß der Kernsche Garten nun im Schatten lag[69], zum anderen weil die Hühner und Gänse der Salpeterleute auf seinem Grund und Boden alles verwüsteten und das vom Salpetergarten eingeleitete Wasser großen Schaden verursachte[70]. Der Rat strebte einen Vergleich zwischen den beiden Parteien an. Ein Ergebnis ist jedoch nicht überliefert.

Über die Vermögensentwicklung der Familie lassen sich erst wieder von 1651 bis 1663 konkrete Angaben machen. Für diesen Zeitraum sind die Beetlisten erhalten. Leonhard zahlte 1651 8 Gulden und 15 Schillinge Beet, er verfügte also über 3300 Gulden Vermögen in der Stadt, im folgenden Jahr erhöhte es sich um ca. 500 Gulden und blieb dann konstant bis zu seinem Tod.

Seine Witwe versteuerte 1663 ein Vermögen von 2500 Gulden. Im Vergleich mit den Vermögensverhältnissen der zwanziger Jahre gab es keinen sehr großen Zuwachs zu verzeichnen.
Eine Episode ist aus den letzten Lebensjahren Leonhards überliefert. Zu Beginn des Jahres 1660 beschwerte sich die Gemeinde Tullau, daß er ihre Uhr und ihre Glocke verkauft habe. Friedrich Mosellanus, der das Schloß von 1583 bis 1601 besaß, hätte ihr die Glocke und die Uhr gegen die eingeräumte Befreiung eines Ackers von Hut und Trieb *verordnet*. Leonhard ließ daraufhin die Gemeinde wissen, daß sie keinerlei Rechtstitel besitze; die Uhr sei aber noch vorhanden, das Glöcklein dagegen für 12 Gulden verkauft. Im übrigen wundere er sich, warum die Gemeinde nicht früher an ihn herangetreten sei. Auf den Rat der Deputierten erklärte er sich dann trotz der fehlenden Besitztitel bereit, der Gemeinde aus Gutwilligkeit, nicht aus Schuldigkeit, die Uhr zurückzugeben und für das Glöckchen 8 Gulden zu erstatten[71].
Im November 1661 (um Martini = 11. November), als Leonhard schon etwas kränkelte und seine Kräfte schwinden spürte, kehrte er wieder in sein Haus in der Pfaffengasse zurück. Eine gute ärztliche Versorgung war nur in den Mauern der Reichsstadt gewährleistet. Aber all die verordneten Arzneien, die er *fleißig gebrauchet*, vermochten *wegen hohen Alters nichts ... verfangen.* Sein Zustand (*Baufälligkeit*, Engbrüstigkeit, Husten, Anschwellen der Beine) verschlechterte sich zusehends, und am 4. April 1662 verstarb er morgens zwischen 5 und 6 Uhr, *fast biß in sein Ende redend*, also bei vollem Bewußtsein. Zwei Tage danach, am 6. April, wurde er auf dem Nikolaifriedhof zu Grabe getragen.

Mit ihren Kindern hatten Leonhard und Amalia nur wenig Glück. Die meisten starben im Kindesalter.
Der älteste Sohn Constantin (geb. 1618) war Maler. Zunächst Autodidakt, bildete er sich später (um 1638) bei einem Kunstmaler in Nürnberg weiter. Danach lebte er bei wechselnden Herren und in verschiedenen Stellungen in Wien, lange Zeit in Italien, München, Salzburg und Nürnberg. Todkrank kehrte er 1650 zu seinen Eltern zurück. Fast ein halbes Jahr bedurfte er der Pflege durch die Mutter. Als er *wider etwas erstarcket*, fand er beim Abt des Prämonstratenserstifts in Oberzell bei Würzburg Beschäftigung. Dort zog er sich bei einem Sturz von einer *Schnecken* (einer Wendeltreppe) eine schwere Verletzung zu. Auf Bitten der Eltern kam er wieder nach Hall (oder Tullau), wo ihn die Mutter abermals mehrere Wochen pflegte, bis er schließlich am 28. Juli 1651 an den Folgen des Unfalls verstarb[72].
Sein sieben Jahre jüngerer Bruder Hans Jakob (geb. 1625) ging beim Vater in die Lehre und bildete sich ebenfalls durch einen längeren Italienaufenthalt fort, *dabey* [in der Bildhauerkunst] *einer mehrern Freyheit als sein Vatter sich gebrauchet.* Danach ließ er sich in Nürnberg nieder (1656) und heiratete dort die Glasschneiderin Maria Schwanhard. Maria starb 1658 an der Geburt ihres ersten Kindes. Hans Jakob wanderte daraufhin nach Holland aus. 1656 hatte er jedoch hier in Hall eine Liebschaft mit der Tochter des Bildhauers Jakob Betzoldt. Aus der unehelichen Verbindung ging ein Kind hervor, das die Geburt allerdings nicht lange überlebte. Betzoldt verklagte Hans Jakob im Februar 1657 beim Rat und forderte Schadenersatz. Leonhard bedauerte das Verhalten seines Sohnes sehr. Auf mehrmalige Aufforderung verantwortete sich Hans Jakob schließlich im Juli 1657 vor dem hiesigen Gericht. Er leugnete aber jegliche Mittäter- und Mitwisserschaft. Dennoch erkannte ihn der Rat für mitschuldig und verurteilte ihn am 22. September 1657 zu einer Geldstrafe von 18 Gulden. In Amsterdam soll Hans Jakob *in dem neuen Rahthaus viel schöne Werke* geschaffen haben. Von Holland wandte er sich nach England, *allda abermal vor den König und andere fürnehme Liebhaber viel schöne Arbeit verfärtiget.* Dort erkrankte er und verschied wahrscheinlich Anfang 1663. Zur Regelung der Nachlaßangelegenheit begab sich sein jüngster Bruder, Heinrich, über Holland nach London. Zu diesem Zweck ersuchte er am 11. Mai 1663 den reichsstädtischen Rat um ein Empfehlungsschreiben[73].
Nicht genug des Ärgers mit den beiden Auslandsreisenden, sollte der Vater auch noch für ihre Schulden aufkommen. 1652 forderte ihn der Sieder Johann Babst auf, die 50 venezianischen Silberkronen, die seine Söhne Constantin und Hans Jakob in Venedig geliehen hatten, zu begleichen. Ezechiel, der in Frankfurt lebende Sohn Johann Babsts, habe ihren Schuldschein von Major Biller erhalten. Leonhard übergab aus freien Stücken, wie er wohlweislich bemerkte, 20 Taler und ein Kleid seines Sohnes im Wert von 24 Gulden (wahrscheinlich von Constantin, der damals schon tot war). Er weigerte sich aber, ganz für die Schuld seiner Söhne einzustehen, da er in sie schon genug investiert habe[74].
David Bernhard (geb. 1628) begab sich, ohne einen Beruf erlernt zu haben, in Kriegsdienste. Im Testament der Eltern (1648) setzte der Vater seinem Sohn Constantin einen Betrag aus, wenn dieser seinen damals bereits 20jährigen Bruder zwei Jahre zu sich nähme und in der Malerei unterrichtete. Offenbar hatte sich David Bernhard später doch in diesem Kunstzweig geübt, denn bei der Erbauseinandersetzung 1670 ist von fünf Gemälden die Rede, die von ihm stammten. Seine Frau Anna Maria wohnte 1670 in Augsburg. Aus der Ehe ging eine Tochter hervor. Irgendwann quittierte David Bernhard den Militärdienst und vagierte danach unter Hinterlassung größerer Schulden durch die Lande. Der Mutter konnte er bis kurz vor ihrem Tod dieses unstete Leben verbergen. Als ihr aber seine Untaten dann doch zu Ohren kamen,

löste sie das ihm gegebene Versprechen, ihn mit zusätzlichen 100 Gulden Heiratsgut auszustatten, weil er sich seinem akademisch gebildeten Bruder Heinrich gegenüber benachteiligt fühlte. Beim Tod der Mutter wußte nicht einmal seine Frau, wo er abgeblieben war, er wurde als verschollen geführt[75].

Den größten Kummer dürfte den Eltern wohl die Tochter Katharina Patientia (geb. 1622) bereitet haben. Nach dem frühen Tod ihres ersten Mannes David Feierabend im Oktober 1645 heiratete sie den aus Alerheim im Ries stammenden Pfarrerssohn Jakob Friedrich Becher (1646). Doch schon bald nach der Hochzeit stellte sich heraus, daß der Schwiegersohn dem Trunk und Spiel ergeben, ein Nichtsnutz war. Bereits 1648, in seinem Testament, beklagt Leonhard mit großer Bitterkeit, daß Becher seine Tochter und vor allem ihn belogen und hinters Licht geführt hat.

1649 kündigte Becher dem Rat seine Niederlassung in Künzelsau an und bat, vorläufig das hiesige Bürgerrecht beibehalten zu dürfen. Er beabsichtigte in Künzelsau *ein kleines Apoteckhlein, so gueth es die Zeiten erleiden mögen, zu formieren*[76]. Auch Leonhard setzte sich beim Rat für ihn ein, insbesondere wegen seiner Tochter und der Enkelin aus der Feierabendschen Ehe. Aber es dauerte noch 21 Jahre, bis Jakob Friedrich Becher 1670 endgültig aus dem Haller Bürgerrecht entlassen wurde. Außer Schulden scheint Becher wenig gemacht zu haben. War bereits 1648 von hohen Zahlungsverpflichtungen die Rede, so änderte sich dies in der Folgezeit nicht sehr. Seit 1657 versuchte Leonhard verzweifelt, den Becherischen Kindern ihr Vermögen zu sichern. Er war in großer Sorge, daß sein Schwiegersohn auch noch diese Gelder vertue, und bat den Rat um Hilfe. Der Rat sollte das Vermögen der Kinder gesondert verwalten lassen, damit wenigstens sie ihr leidliches Auskommen hätten.

Leonhard schrieb in einem seinem Testament beigegebenen Bericht, daß bei Becher *die Lügen der Deckel auf dem Hafen* wären, und 1660 bekam die Stadt dies gleichfalls zu spüren. Becher hatte in und um Künzelsau verbreitet, daß in den Haller Salzbrunnen ein Mann gefallen und ertrunken wäre, und nun sei die Leiche ganz vermodert und verfault aus dem Brunnenschacht gezogen worden[77]. Dieses Geschwätz verursachte bei der dortigen Bevölkerung eine solche Abscheu gegen das hällische Salz, daß in der Region binnen kurzer Zeit über 1000 Meß weniger Salz verkauft wurden. Und was bei der Verwaltung die höchste Alarmstufe auslöste, war die Mitteilung der Salzkasse, das bayerische Salz würde jetzt in diesem Gebiet vordringen. War man doch gerade jetzt aufs höchste darum bemüht, den infolge der Kriegsauswirkungen darniederliegenden Salzhandel wieder in Schwung zu bringen. Da auch die Familie Kern mit einer empfindlichen Bestrafung Bechers rechnete, bat Leonhard um Nachsicht für seine Tochter und die Enkel, sie seien an der ganzen Sache nicht beteiligt. Einig war sich der Rat darüber, daß Becher für den verursachten Schaden aufzukommen habe und streng bestraft werden müsse, doch Unsicherheit herrschte über das Ausmaß der Strafe. Hier wird einmal mehr die Schwerfälligkeit der Verwaltung offenkundig, denn immer wieder wurde beraten, wurden Akten studiert, doch zu einer Verurteilung kam es erst zehn Jahre später, als Becher 1670 für seine inzwischen verstorbene Frau den um die Schadenersatzforderung geminderten Erbteil aus dem Kernschen Nachlaß ausgefolgt erhielt.

Katharina Patientia, die zwischen 1665 und 1668 verstorben ist, hinterließ vier Kinder.

Der einzige Sohn, der der alternden Mutter dann schließlich auch zur Stütze wurde, war Heinrich (geb. 1639). Mit elf Jahren (1650), als er noch Bubenstreiche im Kopf hatte, passierte ihm folgendes. Er wurde am Fasnachtsabend von den Siedersburschen Hans Jörg Schübelin und Georg Röhler im Haal mit dem Degen traktiert und bedroht. Leonhard beschwerte sich darüber beim Rat. Doch die beiden Burschen wollten das nicht getan haben. Sie brachten aber gleichzeitig vor, daß Heinrich am Sonntag zuvor in Frauenkleider vermummt mit des Brunnenmeisters Sohn während der Vesperpredigt herumvagiert sei. Der Ausgang des Streits ist nicht überliefert[78]. Später wandte sich Heinrich dem Theologiestudium zu. Bereits am 19. September 1657 fragte Leonhard bei der reichsstädtischen Verwaltung an, ob ein Stipendium für seinen Sohn zur Verfügung stünde, falls er studieren wolle. 1659 wiederholte er seine Bitte, aber es war immer noch nichts vakant. Am 10. Februar 1660 erhielt Heinrich dann – schon in Straßburg studierend – das inzwischen erledigte Krausische Stipendium von der Eginstiftung zugesprochen. Leonhard hatte in seinem Antrag betont, daß es ihm dabei nicht so sehr um das Geld als um die Anerkennung und den Anreiz für seinen Sohn ginge, auf den er alle Hoffnungen stellte[79]. Nach Abschluß des Studiums wurde Heinrich 1663 Vikar in Rieden und Lorenzenzimmern, 1666 Pfarrer in Geislingen am Kocher. 1670 wechselte er an die Hauptkirche St. Michael über und stieg bis in das höchste Kirchenamt auf. Seit 1710 war er Prediger und Dekan. 1666 schloß er die Ehe mit Anna Maria Müller. Dem Paar wurden 13 Kinder geboren. Heinrich starb hochangesehen 1716 fast 77jährig[80].

Die Witwe Amalia überlebte Leonhard um etwa acht Jahre. Es ist nicht überliefert, ob sie Tullau als Hauptwohnsitz beibehalten hat oder ob sie später wieder überwiegend in der Stadt wohnte. Das Schlößlein gehörte ihr weiterhin, wahrscheinlich veräußerte sie es erst unmittelbar vor ihrem Tod.

Die Nachrichten über Amalia fließen insbesondere zu den Lebzeiten ihres Mannes nicht sehr reichlich. Dennoch sind sie aussagekräftig genug, um das Bild einer Frau zu zeichnen, die sehr bescheiden und selbstlos war, die ihre Entscheidungen selbständig und selbstsicher traf und die ihr Leben, das ihr viele Kümmernisse aufbürdete und große Geduld abverlangte, ganz in den Dienst der Familie stellte. Ihr Nachruf bezeichnet sie etwas pathetisch als eine *grose* + [= christliche] *Schwester*, aber zweifellos war sie eine sehr beeindruckende Persönlichkeit.

Amalia war am 7. März 1596 in Forchtenberg zur Welt gekommen. Mit 18 Jahren heiratete sie den gerade von seiner langen Wanderschaft heimgekehrten Leonhard. Dem weitgereisten jungen Mann brachten die Forchtenberger sicher große Bewunderung entgegen, die sich wahrscheinlich auch mit Neid paarte, denn eine solch aufwendige Bildungsreise konnte damals nur unternehmen, wer finanziell unabhängig war. Und auch die junge Frau dürfte wegen dieser Partie gleichzeitig bewundert und beneidet worden sein. In den folgenden 30 Jahren gebar sie 17 Kinder. Obwohl sich in den Taufbüchern Forchtenbergs und Halls nur 14 Geburten nachweisen lassen, ist den Angaben im Nekrolog Leonhards eine größere Beweiskraft zuzubilligen, weil die Informationen dazu mit Sicherheit von Amalia selbst stammten. Vielleicht hatte Amalia einige Fehlgeburten; in Hall ist jedenfalls eine Totgeburt bezeugt.

Die einige Jahre nach der Eheschließung erfolgten Umzüge mit zwei kleinen Kindern zuerst nach Heidelberg und dann nach Hall verlangten Flexibilität, und sie stellten unter den damaligen Verhältnissen sicher eine große Belastung für die junge Frau dar. Die sich ständig vergrößernde Familie erforderte eine umsichtige Haushaltsführung. Neben Mann und Kindern hatte sie außerdem das Personal – die Mitarbeiter aus der Werkstatt, Haushaltshilfen – und sicher auch viele Gäste aus der Kundschaft ihres Mannes zu betreuen und zu verköstigen. Die Bestellung des Hauses sowie der nahe der Stadt liegenden Gärten, die Versorgung des Viehs gehörten mit zu ihrem Aufgabengebiet. Unterstützung fand sie dabei zumindest in den letzten Lebensjahren von der Magd Margareta Dürr und ihrer Enkelin Apollonia Becher[81].

Während der Abwesenheit Leonhards auf längeren Geschäftsreisen oblag Amalia die Aufsicht über die Werkstatt und die Sorge für die vertragsmäßige Ausführung der Arbeiten. Ein indirektes Beispiel dafür ist ein aus dem Jahr 1655 überlieferter Kontrakt mit dem Grafen von Oettingen über die »Prophet: Historia«. Der Graf machte darin zur Bedingung, daß, sollte Leonhard vor der Fertigstellung des Epitaphs sterben (er war bei Vertragsabschluß bereits 67 Jahre alt), die Witwe in die Verpflichtungen, die sich aus dem Vertrag ergeben, eintritt[82]. Und nach dem Tod von Leonhard (1662) wurde sie dann auch zur treuen Sachwalterin seines Erbes. Gerade das oben besagte Relief, das Leonhard noch zu Lebzeiten den Wünschen des Hauses Oettingen entsprechend gestaltet hatte, verwahrte sie sorgfältig, bis der ehemalige Mitarbeiter Kerns, Johann Jakob Betzoldt, vermutlich 1667 von Oettingen den Auftrag zur Fertigung des Rahmens (der Mensa, der Pilaster und der begleitenden Figuren) erhielt (Abb. S. 65, 101)[83].

Unter den beschwerlichen Kriegslasten und -folgen, den hohen Kontributionszahlungen, der Verwüstung von Hab und Gut auf den Landgütern, dem Rückgang der Aufträge, hatte sie natürlich genauso zu leiden wie die ganze Familie. Schmerzlich war für sie sicherlich auch, daß bis zu ihrem Lebensende fast alle ihre Kinder zu Grabe getragen waren. Nur die beiden Söhne Heinrich, Pfarrer in Geislingen, und David Bernhard, der auf die schiefe Bahn geriet und, ohne sich um seine Familie zu kümmern, durch die Lande streifte, überlebten Amalia.

Und noch kurz vor ihrem Tod mußte sie sich ihrer unmündigen Becherischen Enkel annehmen. Nachdem deren Mutter gestorben war und der Vater alles Geld zu vergeuden drohte, bekam sie auf ihren Antrag die Vermögensverwaltung übertragen[84], und sie gab den Kindern sogar in ihrem Haus eine neue Heimat. Auch den Sohn David Bernhard, der Amalia ein Jahr vor ihrem Tod besuchte und sie sehr bedrängte, hoffte sie durch die Zusage, ihn bei ihrem Ableben großzügiger als die anderen Erben zu bedenken, wieder einem geordneten Lebenswandel zuführen zu können. Doch es kam anders. Der Mutter gingen von ihm *aigenhändig geschriben vergifft*[ete] und auch sonstige gar übel klingende Berichte über ihn zu. Unter Aufbietung aller Kräfte traf sie am 13. August 1669 ihre letztwillige Verfügung, einen Zusatz zu dem bereits 1648 verfaßten Testament. Vor Schwäche und Schmerz war sie aber nicht einmal mehr in der Lage, das Dokument eigenhändig zu unterzeichnen. Sie löste das David Bernhard gegebene Versprechen und bedachte drei ihrer Enkel, die ihr besonders nahestanden, mit einem Legat[85]. 74jährig schloß Amalia am 6. Februar 1670 für immer die Augen.

30 Tage nach ihrem Tod, dem frühesten Termin für die Erstellung des Nachlaßinventars, beantragte die Erbengemeinschaft am 4. März 1670 die Teilung der Kernschen Hinterlassenschaft[86]. Amalias Nachlaß wurde mit 1415 Gulden bewertet. Noch 1663, im ersten Jahr ihres Witwenstandes, besaß sie ein Vermögen von 2500 Gulden. Bemerkenswert unter der zurückgelassenen Habe ist neben dem umfangreichen Hausrat, worunter alleine 21 Tischdecken verzeichnet sind – für die damalige Zeit eine außergewöhnlich reiche Ausstattung für einen Bürgerhaushalt –, die kleine Bibliothek, die die Teilungsherren mit 9 Gulden bewerteten. U. a. befanden sich darun-

ter: *1 Buch vonn guetem unnd bösem Glückh Peterarcha, 1 Buch Novella Joh. Boccacii, 1 Buch Neüe Weltbeschreibung, aber a*[nn]*o 1534 getruckt, Defension der Herrn Marggraven zu Brandenburg gegen Herrn Bischoffen zu Bamberg unndt Würzburg, Baukunst Gualtherii Rivii, Heinrich Müllers Türckh*[ische] *Cronick, Sebastiani Franckhen Keysers Cronick, Die Reisen zum Heyligen Landt, Albrecht Dürmers* [= Dürers] *Unnderweisung mit dem Zirckhel, Jorg Lautterbachs Peinliche Frag*(en)*, Albrecht Thürrers Reißbuch, Sebastian Franckh*(en) *Guldin Arch, Reichsabschiedt.*

Sehr bescheiden nimmt sich dagegen die persönliche Habe Amalias aus. Sie war so gering, daß sie von den Teilungsherren nicht einmal taxiert wurde: ein schwarzer halbseidener Rock mit einer Schürze, ein schwarzer baumwollener Rock mit einer Schürze, ein *gahr alten* Rock und Schürze, eine tuchene Jacke, vier gute flächserne Hemden, fünf alte flächserne Hemden, vier Brusttücher, zwei Halskrausen, etliche alte weiße Hauben und *Bindtlin.* Außer zwei guten *Agsteiner* (Gagat), billigen Schmucksteinen, die meistens als Trauerschmuck dienten, besaß sie nicht ein einziges Juwel. Und wohl weil dieses selbst die Räte eigenartig anmutete, vermerkten sie im Inventar ausdrücklich, daß Amalias hinterlassene Kleidung *sehr wenig* war.

Doch kaum hatte die Teilungsbehörde am 9. März 1670 ihre Arbeit beendet, kam es zu Zwistigkeiten zwischen den Hinterbliebenen, insbesonders mit Anna Maria, der in Augsburg lebenden Ehefrau des verschollenen David Bernhard Kern. Sie focht die von ihrer Schwiegermutter in dem Zusatztestament vom 13. August 1669 verfügte Enterbung von David Bernhard an[87]. Anna Maria hatte in ihrer Ehe so viel Kreuz, Trübsal, Elend und Herzeleid erdulden und *zu Errettung seines* [ihres Mannes] *ehrlichen Nahmens, Leibs- und Lebensgefahr* so viel Geld aufwenden müssen (die Addition der in einer Liste zusammengestellten Beträge ergab die Summe von 514 Gulden 55 Kreuzern), daß sie nun für sich und ihr Kind zu retten suchte, was zu retten war. Außerdem bestand sie auf der Bezahlung von fünf Gemälden ihres Mannes, die die Schwiegermutter verwahrt hatte. Die Erben einigten sich schließlich und ließen ihr die umstrittenen 100 Gulden Heiratsgut zukommen unter der Bedingung, daß sie für einen Betrag aufkam, den ihr Mann seinem inzwischen verstorbenen Bruder Hans Jakob schuldete. Anna Maria willigte ein und bekam die ihr zustehende Erbsportion ausgefolgt[88].

Und auch Jakob Friedrich Becher trat nun wieder auf den Plan. Aber auch seine Hoffnungen erfüllten sich nur zum Teil. Er mußte jetzt endlich für den Schaden haften, den er der Salzkasse durch sein 1660 verbreitetes Geschwätz über den verunreinigten Salzbrunnen zugefügt hatte. Mit dem restlichen Erbe zog er ab und gab gleichzeitig auch das Haller Bürgerrecht auf[89].

Einmütigkeit zeigten die Erben dagegen, als die Teilungsherren sie um eine Stiftung aus der Erbschaft für das hiesige Gymnasium baten, wie es damals anscheinend üblich war. Weil ihr Erbe so gering sei, ersuchten sie den Rat, von einer solchen Stiftung abzusehen, was dieser schließlich auch genehmigte[90].

Doch ein Posten blieb noch offen, und die Erbengemeinschaft bemühte sich nun um eine möglichst rasche Bereinigung der Angelegenheit. Leonhard hatte im September 1655 den Auftrag erhalten, für ein noch unbekanntes Mitglied des Hauses Oettingen ein Epitaph zu gestalten, das in der Schloßkirche in Harburg aufgerichtet werden sollte. Bei seinem Tod 1662 war jedoch nur das Herzstück der Arbeit, das Relief mit der Vision des Propheten Ezechiel, vollendet. Einige Jahre später (vermutlich 1667) bekam Johann Jakob Betzoldt, ein ehemaliger Mitarbeiter Leonhards, die Fertigstellung des Grabmals übertragen. Da sich die Auftraggeber danach offenbar nicht mehr um das Epitaph kümmerten, beantragten die Kernschen Erben schließlich im Dezember 1670, der reichsstädtische Rat möge für sie in Öttingen die Abholung der inzwischen fertiggestellten Arbeit und die Bezahlung Betzoldts erbitten. Für den Fall, daß Oettingen an dem Monument nicht mehr interessiert sei, boten die Erben an, die 100 Gulden, die Leonhard 1655 als Vorschuß erhalten hatte, zurückzuzahlen. Gegebenenfalls sollte ihnen der Rat erlauben, das Epitaph zu verkaufen und die 100 Gulden *zu deponieren*[91]. Am 16. Januar 1671 wurde dann im Rat das Antwortschreiben der gräflich oettingenschen Kammerräte publiziert. Sie teilten mit, daß *hoher Orten* die angebotene Verfertigung angenommen werde, weil Herr Betzoldt dieses Epitaph um den Kernschen Akkord und die noch ausstehenden 200 Gulden gänzlich fertigen und liefern wolle. Für den Rat war der Vorgang mit der Unterrichtung der Petenten abgeschlossen[92].

Aus Gründen, die bis jetzt noch unbekannt sind, scheint die Arbeit aber dann doch nicht ins Ries geliefert, sondern in Hall verkauft worden zu sein, wo es als Grabmal für den Stättmeister Christoph David Stellwag (1652–1721) Verwendung fand (Abb. S. 65). Die spätere Weiterveräußerung an einen Dritten könnte auch die Erklärung für den auf so ungewöhnliche Art angebrachten Urhebernachweis auf dem Ezechielrelief sein. (Vgl. dazu auch die Ausführungen von Tilman Kossatz in diesem Katalog S. 64 ff.)

Die letzten uns zu Leonhard und seinem Werk überlieferten Zeilen sind bezeichnend für das Leben dieses bedeutenden Künstlers der frühen Barockzeit, das mehr die Zufälligkeiten als gezielte Planung prägten. Und obwohl er so viele Widerwärtigkeiten zu erdulden hatte, gab er nicht auf. Zielstrebig arbeitete er, wie es im Nekrolog heißt, fast bis an sein Lebensende und schuf eine große Zahl trefflicher, schöner Stücke aus Elfenbein, sonderbaren Steinen und gutem Holz, die er zumeist nach auswärts, u.a. nach Holland, mit gutem Nutzen verkaufte. Und trotz der Berühmtheit, die er schon zu Lebzeiten erlangte, befleißigte er sich allzeit eines stillen, einsamen und mäßigen, auch verträglichen Lebens und Wandels. Leonhards Werk birgt – für uns heute nur mehr an einigen Stücken wahrnehmbar und nachvollziehbar – Erinnerungen an persönliche Begegnungen, Erlebnisse und an seine Mitmenschen (manche Stücke gestaltete er nach lebenden Modellen, so daß uns sicher in manchen seiner Plastiken Abbilder von Haller Mitbürgern überliefert sind). Neben seiner Vita stellt somit auch sein Œuvre ein Stück Haller Stadtgeschichte aus bewegter Zeit dar.

Die bildhauerisch tätigen Mitglieder der Familie Kern

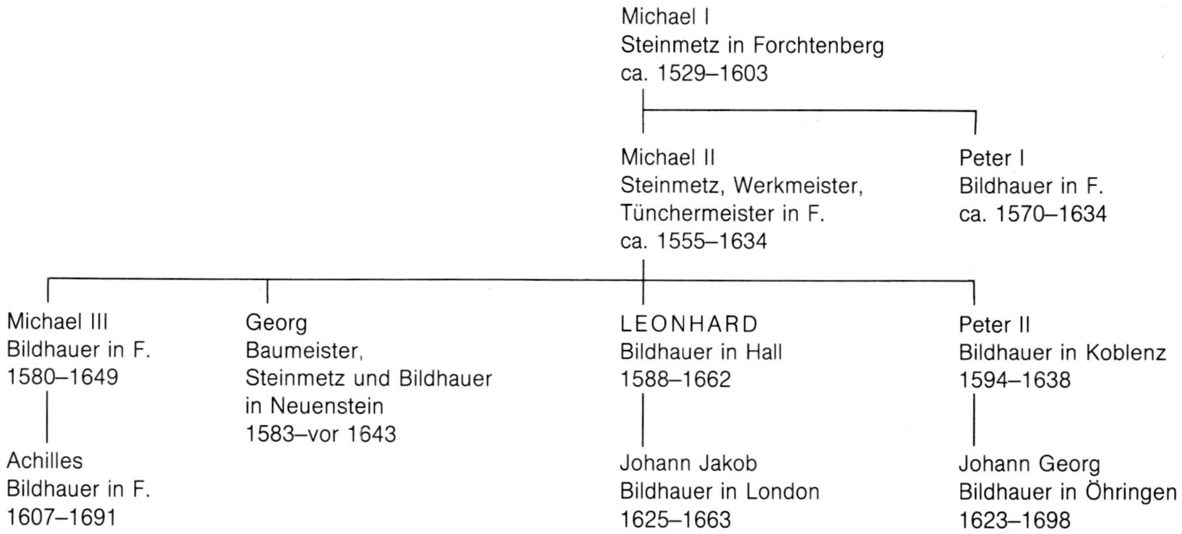

(nach Egon Oertel [1957] und Gustav Gellichsheimer [1984], zusammengestellt von *Elisabeth Grünenwald)*

ANMERKUNGEN

1 Joachim *von Sandrart,* Teutsche Academie der Edlen Bau-, Bild- und Mahlerey-Künste…, Frankfurt am Main 1675, [2. Teil Nürnberg 1675, S. 343].

2 Alle im folgenden genannten biographischen Daten sind, wenn nichts anderes erwähnt ist, den Nekrologen für Leonhard und Amalia Kern (Stadtarchiv Schwäbisch Hall, Totenbuch St. Michael 1655–1677, 2/71 p. 234–235, 499) sowie der Arbeit von Elisabeth *Grünenwald* (Leonhard Kern, Ein Bildhauer des Barock, Forschungen aus Württembergisch Franken Bd. 2, Schwäbisch Hall 1969, S. 7ff.) entnommen. Elisabeth Grünenwald gibt die entsprechenden Belegstellen dazu in den Anmerkungen (S. 31 ff.) an.

3 M(oriz) *v(on) Rauch,* Jakob Müller, Bildhauer und Steinmetz. In: Württembergische Vierteljahreshefte für Landesgeschichte 14 (1905), S. 85–96.

4 *Grünenwald* S. 8, 12.

5 Nach Egon *Oertel* (Stammliste der Bildhauerfamilie Kern aus Forchtenberg. In: Nachrichten der Familie Schleissing, Archivstelle Hanau, 42, 1957) fand die Eheschließung am 19. Juni 1614 statt, der Nekrolog dagegen nennt den 18. Juli 1614.

6 Sowohl in Leonhards als auch in Amalias Nekrolog ist die Zahl der Kinder mit 17 angegeben. In den Taufbüchern Forchtenbergs und Halls lassen sich dagegen nur 14 Geburten nachweisen. Da aber anzunehmen ist, daß die Angaben für Leonhards Nekrolog von Amalia selbst stammen, räume ich dieser Quelle die größere Beweiskraft ein. Viel-

leicht hatte Amalia auch einige Fehlgeburten. In Schwäbisch Hall ist jedenfalls eine Totgeburt bezeugt.
7 *Grünenwald* S. 9.
8 Hohenlohe-Zentralarchiv Neuenstein (HZA), Schloßarchiv Weikersheim, Amt Forchtenberg 23/19[2].
9 Zitiert nach Gertrud *Gradmann,* Die Monumentalwerke der Bildhauerfamilie Kern, Studien zur deutschen Kunstgeschichte 198. Heft, Straßburg 1917, S. 194, 195. – Ernst *Mummenhoff,* Das Rathaus in Nürnberg, hg. vom Verein für Geschichte der Stadt Nürnberg, Nürnberg 1891, S. 136ff. – Johann Christian *Siebenkees,* Materialien zur Nürnbergischen Geschichte, Bd. 3, Nürnberg 1794, S. 187f.
10 *Grünenwald* S. 9 und Anm. 34.
11 Stadtarchiv Schwäbisch Hall (StAH) 4/224, 24. März Nr. 9.
12 StAH 4/224, 6. Oktober Nr. 11.
13 StAH 4/656 fol. 100r.
14 StAH 4/657 fol. 92r.
15 Ebd., fol. 89v, 90r.
16 Zitiert nach *Gradmann* S. 198.
17 StAH 14/1035.
18 StAH 4/229 fol. 94r.
19 StAH 4a/88, Ausgaben »Gnadengeld...«.
20 *Gradmann* S. 199–201.
21 StAH 4/235 fol. 227r.
22 HZA, Schloßarchiv Weikersheim, Amt Forchtenberg 9/21 1.
23 Hexenwahn und Hexenverfolgung in und um Schwäbisch Hall, Kleine Ausstellungsschriften Nr. 3, hg. von Harald *Siebenmorgen,* Hällisch-Fränkisches Museum Schwäbisch Hall, Schwäbisch Hall 1988, S. 138ff.
24 HZA, Schloßarchiv Weikersheim, Amt Forchtenberg 9/18; 12/61; 12/73; 13/103.
25 HZA, Partikulararchiv Öhringen 134/4.
26 HZA, Schloßarchiv Weikersheim, Amt Forchtenberg 23/19[3].
27 HZA, Schloßarchiv Weikersheim, Amt Forchtenberg 12/61[2].
28 StAH 4/235 fol. 157r.
29 StAH 4/491 fol. 16.
30 StAH 17/1473.
31 StAH 4/239 fol. 92r.
32 Archivaliensammlung des Historischen Vereins für Württembergisch Franken (Depositum im Stadtarchiv Schwäbisch Hall) Bü. 36.
33 StAH 4/246, 5. Juli Nr. 3.
34 StAH 4/244, 13. November Nr. 7, 24. November Nr. 13.
35 Hospitalarchiv Schwäbisch Hall 2/Gültbuch 1630–1650 fol. 397v.
36 Ebd., fol. 290.
37 Hospitalarchiv Schwäbisch Hall 3/408.
38 StAH 4/262 fol. 15r.
39 StAH 4a/123 fol. 145v.
40 StAH 4/247, 26. August Nr. 6.
41 StAH 4/269 fol. 279r.
42 StAH 4/250 fol. 11r, 4/838, 22. April.
43 StAH 4/255 fol. 101.
44 StAH 4/262 fol. 52r.
45 StAH 4/248 fol. 124, 4a/110 Gemeine Ausgaben.
46 StAH 4/258 fol. 88r.
47 Ebd., fol. 88v.
48 StAH 4a/113 fol. 191v, 192r.
49 StAH 4/247, 9. Dezember Nr. 15.
50 StAH 4a/96 fol. 185r, 189v.
51 StAH 4/247 fol. 136r.
52 StAH 4/2570, Ausgaben »Verbaut«.
53 StAH 4a/113 fol. 184r.
54 StAH 4/250 fol. 277r.
55 StAH 4/248 fol. 183r.
56 StAH 4/252 fol. 183v.
57 Franz *Riegler*, Die Reichsstadt Schwäbisch-Hall im Dreißigjährigen Kriege (= Darstellungen aus der Württembergischen Geschichte 7. Bd.), Stuttgart 1911, S. 73, 74.
58 StAH 4/252, 15. Januar Nr. 17.
59 Bibliothek des Historischen Vereins für Württembergisch Franken (Depositum im Stadtarchiv Schwäbisch Hall) II/10 fol. 38v.
60 StAH 4/254, 15. Februar Nr. 5, 8. November Nr. 8.
61 StAH 6/191.
62 StAH 4/257 fol. 128.
63 StAH 4/255 fol. 228r.
64 *Grünenwald* S. 11.
65 StAH 4/252, 2. Juli Nr. 12.
66 StAH 2/42.
67 StAH 17/1473. – Hospitalarchiv Schwäbisch Hall 2/Gültbuch 1650–1660 fol. 348v.
68 Archivaliensammlung des Historischen Vereins für Württembergisch Franken (Depositum im Stadtarchiv Schwäbisch Hall) Bü. 36. – Hospitalarchiv Schwäbisch Hall 2/Gültbuch 1670–1680 fol. 397v.
69 StAH 4/261 fol. 210r.
70 StAH 4/264 fol. 214v, 239r.
71 StAH 4/267 fol. 39.
72 StAH 2/70 p. 419.
73 *Sandrart* S. 343. – Ulrich *Thieme* und Felix *Becker*, Allgemeines Lexikon der bildenden Künstler, 20. Bd., Leipzig o. D., S. 176, 177. – StAH 4/264, 9. Februar Nr. 11. – StAH 4a/120 fol. 50r. – StAH 4/270 fol. 340.
74 StAH 4/259, 20. Februar Nr. 11.
75 StAH 14/1035, 6/191.
76 StAH 5/1308.
77 StAH 4/267 fol. 141r.
78 StAH 4/542 fol. 135v.
79 StAH 4/267, 10. Februar Nr. 7.
80 Pfarrerbuch Württembergisch Franken, Teil 2: Die Kirchen- und Schuldiener, bearb. von Otto *Haug* unter Mitarbeit von Max Adolf *Cramer* und Marlene *Holtzmann*, Stuttgart 1981, Nr. 1280.
81 StAH 14/1035, 6/191.
82 *Gradmann* S. 202, 203.
83 Ebd., S. 203, 204.
84 StAH 4/275 fol. 462.
85 StAH 6/191.
86 StAH 4/277 fol. 133, 14/1035.
87 StAH 4/277 fol. 151.
88 Ebd., fol. 300v.
89 Ebd., fol. 191.
90 StAH 6/191.
91 StAH 4/277 fol. 597.
92 StAH 4/278 fol. 17v.

Die Reichsstadt Hall zur Zeit des Aufenthalts Leonhard Kerns von 1620 bis 1662

Von Manfred Akermann

Als Leonhard Kern, nach seiner Übersiedlung von Heidelberg, im Jahre 1620 das Bürgerrecht der Reichsstadt Hall erworben hatte [1], waren gerade 22 Monate vergangen, seit am 23. Mai 1618 der durch den Sturz der beiden kaiserlichen Räte Martinitz und Slawata aus einem Fenster der Prager Burg ausgelöste Böhmische Aufstand das Signal für den Ausbruch des Dreißigjährigen Krieges gegeben hatte. Die unter konfessionellen Vorzeichen begonnene Auseinandersetzung entwickelte sich bald zu einem erbitterten Machtkampf um politische Einflußsphären in Mitteleuropa, was wiederum zur Folge hatte, daß sich der Großteil der militärischen Auseinandersetzungen auf deutschem Boden abspielte.

Der kurpfälzische Hof in Heidelberg, dessen Aufgeschlossenheit für die Pflege der Schönen Künste seit den Tagen Ottheinrichs weithin berühmt war und von dem sich Leonhard Kern eine großzügige Förderung versprochen hatte, wurde frühzeitig in das unheilverheißende politische Geschehen einbezogen: Am 26. August 1619 wählten die böhmischen Landstände den als führendes Mitglied der 1608 gegründeten protestantischen Union qualifizierten Kurfürsten Friedrich V. von der Pfalz zum König von Böhmen. Die Verlegung des Hofes nach Prag ließ Kern an seinen künstlerischen Entfaltungsmöglichkeiten zweifeln, und er entschloß sich, sich mit seiner Familie in seiner heimatlichen Region niederzulassen [2]. Ob darüber hinaus noch familiäre Gründe ausschlaggebend waren, läßt sich nicht nachweisen.

Hall bot zu Beginn des 17. Jahrhunderts das Bild einer mittelalterlichen Stadt, die sich seit dem 12. Jahrhundert in mehreren Phasen entwickelt hatte und deren Wohlhabenheit in den Pfarrkirchen St. Michael und St. Katharina, in dem weitläufigen Komplex des Hospitals zum Heiligen Geist, in dem hochragenden »Neubau«, vor allem aber in dem um die Mitte des 16. Jahrhunderts ein letztes Mal verstärkten, mehr als 4000 Meter langen Mauerring mit seinen insgesamt 57 Türmen und Toren deutlich abzulesen war. In dieses von den Stilen der Romanik und der Gotik geprägte Stadtbild setzte die Renaissance einige wenige, dafür aber um so wirkungsvollere Akzente, etwa in dem laut Inschrift von 1605 durch Albrecht Franck und Hans Greter mit einer dekorativen Fachwerkfassade errichteten Haus Gelbinger Gasse 47 (Abb. S. 18) oder in dem von Georg Rudolf Widmann und seiner Frau Barbara Schwert 1561 über dem abgebrochenen Barfüßerkloster erbauten vornehmen Wohnhaus, dessen portalgeschmückte Doppelgiebelfront bis heute zu den baulichen Kostbarkeiten der Stadt gehört. Es war die Stadt, deren Bild Leonhard Kern 1640 als Vorlage für den Kupferstich in Matthäus Merians »Topographia Sueviae« schuf (Kat. Nr. 9).

Angesichts des mehr und mehr offen zutage tretenden Konflikts zwischen katholischen und protestantischen Reichsständen entschloß sich der Rat der Stadt Hall am 2. Januar 1610 unter dem regierenden Stättmeister Peter Firnhaber, der evangelischen Union beizutreten, nachdem sich bereits im vorangegangenen Jahr die Reichsstädte Nürnberg, Straßburg und Ulm dieser protestantischen Interessengemeinschaft angeschlossen hatten. Der Haller Rat verpflichtete sich auch nach dem offenen Wechsel ins protestantische Lager zur »Beibehaltung des Gehorsams gegen kaiserliche Majestät« [3]. Lange war eine derartige Schaukelpolitik nicht durchzuhalten, zumal die kaiserliche Kanzlei keine Gelegenheit versäumte, an die Solidarität der Reichsstädte mit der ihnen Schutz und Schirm verheißenden Hand Habsburgs zu appellieren. Die gleich zu Beginn des Krieges sich abzeichnenden Erfolge der kaiserlichen Truppen, etwa die Besiegung des »Winterkönigs« Friedrich von der Pfalz in der Schlacht am Weißen Berge am 8. November 1620, und nicht zuletzt die hohen, zur Unionskasse zu leistenden Beiträge – Hall zahlte innerhalb von zehn Jahren 82 381 fl. [4] – veranlaßten die Stadt im Jahr 1621, zusammen mit sieben weiteren Reichsstädten, aus der Union wieder auszutreten [5].

Bereits im folgenden Jahr, im März 1622, kam es erstmals zu Durchzügen und kurzen Einquartierungen kaiserlicher und kurfürstlich bayerischer Truppen in der Stadt Hall. Sie gehörten zu den starken Einheiten, die unter dem Kommando Tillys die Pfalzgrafschaft bei Rhein, das Stammland des am Weißen Berge geschlagenen Königs von Böhmen, heimsuchten. In den folgenden Jahren lesen sich die Haller Ratsprotokolle und Kriegskostenrechnungen wie eine mit Akribie geführte Chronik von Truppendurchmärschen, Quartiernahmen, Requisitionen, Plünderungen, Drangsalierungen der Bevölkerung. Dabei tat es wenig zur Sache, ob die

Soldaten dem katholischen oder dem protestantischen Lager entstammten (vgl. zum Folgenden Kat. Nr. 20).
Hatten die Haller im ersten Jahrzehnt noch Anstalten gemacht, anrückenden Truppen bewaffneten Widerstand zu leisten – etwa im Mai 1626, als 300 Bürger zur Besetzung der Landheg bei Lachweiler aufgeboten wurden, um einen Trupp kaiserlicher Reiter in die Flucht zu schlagen –, so fanden sie sich zusehends damit ab, mehr und mehr der Willkür der Kriegführenden ausgeliefert zu sein. Dies galt vor allem für die hällischen Untertanen auf dem Lande. Die Zusammenstellung der kriegsbedingten Sach- und Geldaufwendungen erreichte bis 1628 eine Höhe von knapp 1,1 Millionen Gulden, wovon etwa drei Viertel auf Schäden und Aufwendungen außerhalb der Stadt entfielen[6]. Unter dem Eindruck dieser Zahlen sah sich der Rat der Stadt gezwungen, Jahr für Jahr höhere Anleihen aufzunehmen und sich dadurch immer stärker zu verschulden[7].
Die Festigung ihrer militärischen Position veranlaßte die katholische Seite, in den protestantischen Gebieten zunehmend ihren politischen Einfluß geltend zu machen und damit verstärkt gegenreformatorischen Bemühungen zum Durchbruch zu verhelfen. Wortführer dieser Bewegung war der Bischof von Würzburg, Philipp Adolf von Ehrenberg. Auf seine Veranlassung unternahm das Stift Komburg den Versuch, in den sieben Pfarreien des hällischen Gebiets, in denen es Patronatsrechte besaß, die alte Lehre wieder einzuführen. Es kam dabei zu grotesken Situationen, so etwa, als komburgische Abgesandte die Kirche auf der Stöckenburg aufbrachen, weil deren Schlüssel »abhanden« gekommen waren. Ähnliches geschah in Tüngental und Hessental. Die empörte Haller Geistlichkeit prangerte einmütig die Übergriffe der Komburger an, wurde aber vom Rat der Stadt zur Mäßigung ermahnt, befürchtete man doch eine bewaffnete Intervention der in Hall im Quartier liegenden bayerischen Truppen unter dem Befehl des Obersten von Cronberg[8]. Eindringlich mahnte der Rat in diesem Zusammenhang alle seine Untertanen zur *treuen Anhänglichkeit an ihre Religion*[9].
Während die ebenfalls im Jahr 1628 erhobene Forderung des Provinzials der Franziskaner auf Wiederherstellung des 1524 aufgehobenen Haller Barfüßerklosters keine Chance auf Verwirklichung hatte, brachte das am 6. März 1629 erlassene kaiserliche Restitutionsedikt die Einwohner der komburgischen Patronatsgemeinden in arge Bedrängnis, war damit doch eine – wenn auch recht zweifelhafte – Rechtslage für die Wiedereinführung der Messe in diesen Orten geschaffen worden. Erst der am 28. Januar 1631 befohlene Abzug der bayerischen Truppen ließ die hällischen Untertanen wieder aufatmen.
In der Folgezeit, die bestimmt war vom Eingreifen Schwedens in das Kriegsgeschehen, war das Verhalten des Haller Rats gekennzeichnet durch ein geschicktes Taktieren »zwischen den Fronten«: Man bekannte sich zur evangelischen Sache nur, soweit es unbedingt notwendig war, und betonte bei jeder Gelegenheit seine Treue zu Kaiser und Reich. Dabei kam es immer wieder zu recht brenzligen Situationen, etwa als am 9. November 1631 der kaiserliche Kriegsrat Matthias Gallas die Haller zur *beständigen Devotion gegen kaiserliche Majestät* und zur pünktlichen Einhaltung der Kontributionszahlungen ermahnte[10], während nur wenige Wochen danach Abgesandte des schwedischen Generals Horn ein offenes Bekenntnis der evangelischen Stadt zu König Gustav Adolf forderten.
Unter dem Eindruck eines just zum selben Zeitpunkt eingetroffenen Schreibens Tillys, *gemeine Statt mit 2 Regimentern zue Roß und Fuß, bis die Feindtsgefahr cessire,* zu belegen[11], wies der Rat die schwedische Forderung ab, was zur Folge hatte, daß am 19. Februar 1632 der gefürchtete Oberst Dietrich von Sperreuth mit einer Kompanie Soldaten die Stadt besetzte; Plünderungen und schwere Übergriffe auf die Bevölkerung waren die Folge, die Kontributionsforderungen stiegen ins Ungemessene. Die Begeisterung für die konfessionellen Parteigänger hielt sich in Grenzen. So nahm man es denn auch mehr oder weniger gelassen hin, als sich das Kriegsglück nach der Schlacht bei Nördlingen im Sommer 1634 wendete und Oberst Walter Graf Butler dem Rat die Gnade des Kaisers anbot und die Ablegung des Treueids forderte. Obwohl man dieser Forderung sogleich nachkam, bedurfte es noch einer *Diskretion* von 23000 fl., um den Oberst und seine Offiziere zu einer Verschonung der Stadt vor Mord und Brand zu bewegen.
Bis zum Dezember 1634 starben allein im Bereich der Pfarrei von St. Michael 959 Menschen, was etwa einem Sechstel der Bevölkerung entsprach[12].
Die Aufbringung eines monatlichen Truppensolds in Höhe von 9000 fl. für die im Winterquartier liegenden 650 Soldaten zwang den Haller Rat zum Verkauf von Grundstücken und zur wiederholten Aufnahme von Anleihen. Lebensmittel waren als Folge der zunehmenden Verknappung um das Sechsfache teurer geworden[13]. Die Fortdauer dieser unerträglichen Zustände bis zum Ende des Krieges führte zu schweren Mißstimmungen in der Einwohnerschaft und zur Auflehnung gegen die vom Rat unter dem Druck der Verhältnisse angeordneten Maßnahmen zur Beitreibung der von den jeweiligen Truppenkommandeuren der Stadt auferlegten Kontributionen. Vor allem die geschundenen Untertanen im Haller Territorium drohten, *sie wollten eine andere Herrschaft suchen, wenn der Rat ihrem Elend nicht abhelfe*[14].
Auch nach dem Friedensschluß von Münster und Osnabrück mußten noch bis zum Sommer 1650 erhebliche Kontributionen für durchziehendes Kriegsvolk geleistet werden. Dennoch: Hall war weitgehend unbeschädigt und nicht durch Pest und Hunger entvölkert aus dem drei

Jahrzehnte währenden Kriegsgeschehen hervorgegangen. Die Bilanz, die man aus den in seltener Vollständigkeit erhaltenen Schriftzeugnissen dieser Epoche ziehen kann, ist nichtsdestoweniger erschreckend.
Am stärksten hatten die Bewohner des Haller Umlandes, vor allem diejenigen in den Ämtern Kocheneck, Rosengarten, Honhardt und Vellberg, gelitten. Durch die Zerstörung von Haus und Hof, die mutwillige Verwüstung der Felder und durch das Wüten der Pest waren zahlreiche Familien völlig verarmt und darüber hinaus hoch verschuldet. In ihrer Not hatten sie Güter an Bürger der Stadt veräußert, die nun ihrerseits aufs Land zogen und den neuen Besitz bewirtschafteten[15]. Dies führte zu einer nicht unerheblichen Veränderung der Bevölkerungsstruktur. Keine Chance bestand für eine Wiederbelebung des Weinbaus an den Hängen von Kocher, Bibers und Bühler. Die Rebflur war infolge mangelnder Pflege so stark verwildert, daß niemand daran dachte, sie wieder zu kultivieren. Längst hatten Bier, Most und Branntwein den Wein als Haustrunk abgelöst.
Auch eine vergleichende Betrachtung der Entwicklung der Bevölkerungszahlen fällt eindeutig zuungunsten der ländlichen Gebiete aus. In den zehn Landpfarreien der Reichsstadt stellt sich die Zahl der Taufen wie folgt dar:

1610–1620	2360
1620–1630	2436
1630–1640	1880
1640–1650	1932

Die Gesamtzahl der ländlichen Untertanen reduzierte sich während des Krieges von über 13000 auf knapp 9000, was einem Verlust von ca. einem Drittel entsprach. Dagegen ging die Zahl der Haller Haushalte zwischen 1630 und 1650 lediglich von 1326 auf 1106 zurück, was einer Abnahme von einem Sechstel gleichkam.
Mit der sprichwörtlichen Wohlhabenheit der Haller Bürger war es endgültig nach der Nördlinger Schlacht vorbei: mehr und mehr konzentrierten sich die Einquartierungen auf die Stadt; ganze sechs Jahre lag die kaiserliche Feldartillerie unter dem Kommando des Generalfeldzeugmeisters Melchior Graf von Gleichen und Hatzfeld in den Mauern Halls. Die daraus resultierenden hohen Kontributionen führten zur völligen Verarmung der Bürgerschaft und zu einer Auflösung von Recht und Ordnung. Maße und Gewichte wurden gefälscht[16], Zunftordnungen verletzt, Zölle unterschlagen, der Hausierhandel blühte, jeder versuchte, sich auf Kosten des andern zu bereichern. Von diesem Niedergang blieb auch der historische »Lebensnerv« der Stadt, die Saline, nicht unberührt. Um die Erträge aus dem Salzhandel zu steigern, setzte der Rat »geheiligte Traditionen« außer Kraft und ließ 1633 erstmals drei Wochen zusätzlich auf 37 Pfannen sieden. Der erzielte Erlös wurde ausschließlich zur Begleichung der Kontributionsschulden verwendet. Da die Sieder dabei leer ausgingen, sträubten sie sich heftig gegen die mehrfache Wiederholung dieser Sondersieden[17]. Beklagt wurden die zunehmende Instabilität des Salzpreises, die Bestechlichkeit der Salzmesser und die sich häufenden Holzdiebstähle.
Dem großen Stättmeister Georg Friedrich Seufferheld (Kat. Nr. 22) war es zu danken, daß er 1656 durch einen Vertrag mit der Reichsstadt Colmar den einträglichen Handel von Salz gegen Wein wieder in Gang setzte und so den entscheidenden Schritt zur Wiederherstellung der einstigen Bedeutung der Saline tat[18]. Um 1670 hatte die Salzproduktion wieder ihren Vorkriegsstand erreicht.
Auch der Hospital zum Heiligen Geist war während des Krieges in heftige Turbulenzen geraten. Die spitalischen Bauern ließen ihre Felder veröden und weigerten sich, die fälligen Gülten zu bezahlen[19]. Um die Versorgung der bis 1635 auf etwa 400 gestiegenen Spitalinsassen notdürftig sicherstellen zu können, mußte der Hospital umfangreichen Grundbesitz und seine gesamten Siedensanteile veräußern[20]. Der Schuldenstand lag 1650 mit 75000 fl. fünfmal höher als zu Beginn des Krieges; die Einnahmen waren um die Hälfte zurückgegangen. Die Sanierung der Einrichtung gelang nach Beendigung des Krieges mühsam durch weitere Grundstücksverkäufe und eine Einschränkung der Aufgaben.
Bittere Klagen kamen auch aus den hällischen Landpfarreien. Die Pfarrbesoldung war vielfach nicht mehr sichergestellt, vor allem in den Fällen, in denen auswärtige Patronatsherren dafür zuständig waren[21]. Manche Pfarrer waren auf Almosen angewiesen. Zahlreiche Kirchen und Pfarrhäuser hatten während der Truppendurchzüge Schaden genommen und drohten zu verfallen[22]. Die Unterweisung der Schüler war im Verlauf des Krieges immer mehr zum Erliegen gekommen. Auch hier war es wieder Georg Friedrich Seufferheld, der mit dem Ausbau der Haller Lateinschule zum akademischen Gymnasium dem reichsstädtischen Schulwesen eine neue Dimension verlieh[23].
Seufferheld[24], der von 1655 bis 1685 das höchste Amt in der Reichsstadt innehatte, und seinen Stättmeisterkollegen Jakob Lackorn (1631–1653) und Johann Balthasar Stadtmann (1644–1668) oblag nach der Beendigung des Krieges der Aufbau einer funktionierenden Verwaltung. Dabei galt es zunächst, das tiefe Mißtrauen der Bürger zum Ratskollegium, dem man Verfilzung, Unterschlagung öffentlicher Gelder und Mißachtung seiner Pflichten vorwarf, abzubauen. Dabei ging es nicht ohne fristlose Kündigungen ab; zwei Ratsmitglieder wurden sogar aus der Stadt verwiesen[25]. Nur so erschien es möglich, trotz der auf etwa 2,4 Millionen Gulden geschätzten Kosten, die der Krieg an Geld und Naturalien verschlungen hatte, wieder zu einem allgemeinen, wenn auch bescheidenen Wohlstand zu gelangen. Dazu mußten die

während des Krieges eingeführten Sondersteuern auf Fleisch, Frucht, Korn und Wein über eine lange Zeit noch beibehalten werden. Rückständige Rechnungen konnten lediglich noch bis zum 23. April 1650 eingereicht werden[26].

Beim Tod Leonhard Kerns am 4. April 1662 verfügte die Reichsstadt Hall wieder über eine solide Verwaltung und ein angesehenes Schulwesen. Am Hospital hatte sich die Lage weitgehend normalisiert, und die Saline schickte sich an, auf ihren einstigen Märkten wieder Fuß zu fassen. Vieles aber lag noch im argen. Hohe Schulden drückten den Haushalt der Stadt; an eine grundlegende Verbesserung der Infrastruktur war nicht zu denken, geschweige denn an eine weitere Arrondierung des reichsstädtischen Territoriums, die den Hallern vor dem Ausbruch des großen Krieges stets als vordringliche Aufgabe erschienen war.

ANMERKUNGEN

1 Stadtarchiv Schwäbisch Hall (StAH) 4/224, Ratsprotokoll 1620/21.
2 Elisabeth *Grünenwald*, Leonhard Kern. Ein Bildhauer des Barock (Forschungen aus Württembergisch Franken, Bd. 2), Schwäbisch Hall 1969.
3 StAH 4/216, Ratsprotokoll 1608–1610.
4 Franz *Riegler,* Die Reichsstadt Schwäbisch Hall im Dreißigjährigen Kriege (Darstellungen aus der Württembergischen Geschichte, 7. Bd.), Stuttgart 1911.
5 StAH 4/225, Ratsprotokoll 1621.
6 Wie Anm. 4.
7 StAH 4/a90, Steuerrechnung 1627/28.
8 StAH 4/233, Ratsprotokoll 1628.
9 Wie Anm. 8.
10 StAH 4/237, Ratsprotokoll 1631.
11 Wie Anm. 10.
12 StAH 4/241, Ratsprotokoll 1634.
13 Julius *Gmelin,* Hällische Geschichte, Schwäbisch Hall 1896.
14 Wie Anm. 4.
15 StAH 4/1701, Güterbeschreibung des Amts Rosengarten, 1651.
16 StAH 4/252, Ratsprotokoll 1645.
17 StAH 4/13, Georg Christian Wilhelm *von Bühler,* Hall und Limpurg. Geschichte der alten Saline Hall in Schwaben und des Floßwesens aus der Grafschaft Limpurg, III. Bd., §61. (1. Hälfte 19. Jahrhundert).
18 StAH H4/263, Ratsprotokoll 1656.
19 StAH 4/235, Ratsprotokoll 1629.
20 StAH, Hospitalarchiv, Hospitalrechnung 1645.
21 StAH 4/244, 247, 248, 252, 256, Ratsprotokolle 1637, 1640, 1641, 1645, 1649.
22 StAH 4/253, Ratsprotokoll 1646.
23 Wilhelm *Kolb,* Schola latina und Gymnasium illustre in Schwäbisch Hall, Stuttgart 1916.
24 Gerd *Wunder,* Georg Friedrich Seufferheld, in: Lebensbilder aus Schwaben und Franken 9, Stuttgart 1963.
25 StAH 4/257, Ratsprotokoll 1650.
26 Wie Anm. 25.

Bemerkungen zu Kunstproduktion und Sammlungswesen im 17. Jahrhundert, angeregt durch die Kleinplastiken Leonhard Kerns

Von Johannes Zahlten

Die Bronzestatuette des Bildhauerjünglings aus dem Herzog Anton Ulrich-Museum in Braunschweig (Abb. 1, s. auch Kat. Nr. 63) ist mit Recht als ein »Höhepunkt im Aufgang des Barock« bezeichnet worden[1]. Ihre Betrachtung macht auf eine Reihe von Aspekten, aber auch Fragen aufmerksam, die ganz allgemein mit der Kleinplastik des 17. Jahrhunderts verknüpft sind. In geradezu exemplarischer Weise kann zu deren Behandlung das künstlerische Werk Leonhard Kerns als Fallbeispiel herangezogen werden.

Zeigt schon die als Selbstdarstellung angesprochene Kleinbronze als idealisierter Akt auf eine in dieser Zeit höchst ungewöhnliche Art das Selbstverständnis des Künstlers, den sein Zeitgenosse Sandrart *unter die berühmtiste teutsche Künstlere gerechnet* hat[2], so kommt ein zweiter Gesichtspunkt hinzu: Die Statuette stellt den Bildhauer während seiner künstlerischen Arbeit bei der Fertigstellung einer antikisierenden Büste dar. Sie weist gleichzeitig selbst die »Frische und Originalität« einer Studie auf, also eines Produkts aus diesem Arbeitsprozeß, das als Modell für die Werkstatt abgegossen wurde[3]. Diese Beobachtungen regen an, sich näher mit der Bildhauerwerkstatt der Barockzeit zu befassen, speziell jener, die Kleinplastiken herstellte, und einen Blick auf die verwendeten Techniken und Materialien zu werfen. Beispielhaft kann dabei wieder von Leonhard Kern ausgegangen werden, von dem es im Totenbuch der Pfarrkirche St. Michael in Schwäbisch Hall heißt[4]: ... *viel trefflich schöne Stück aus Helffenbein, sonderbaren Steinen u. gutem Holtz verfertiget, so mehren teils in frembde orthe biß in Holland, mit gutem nutzen verkaufft.* Die kleine Bronzefigur des Bildhauers, seit dem 18. Jahrhundert in der Sammlung der Braunschweiger Herzöge bezeugt, ist schon vom Format her ein typisches Kunstkammerstück. Damit kommen wir zu einem dritten Aspekt, der eng mit Kerns Werk verknüpft ist: Er produzierte, wie auch der Nekrolog andeutete, fast ausschließlich für Sammler, ja sogar weit über Deutschlands Grenzen hinaus. Seine Plastiken befanden sich, wie durch Inventare nachzuweisen ist, in zahlreichen fürstlichen und auch bürgerlichen Sammlungen und sind vielfach noch heute in deren Nachfolge-Institutionen, den großen Museen in Wien, Berlin, Stuttgart und an anderen Orten, erhalten. Sie stellten somit wichtige Sammlungsgegenstände in den Kunst- und Wunderkammern des 17. und 18. Jahrhunderts dar, jenen Vorläufern des heutigen Kunstmuseums. Auf deren ursprüngliche Konzeption und die Stellung der Kleinplastiken in ihrem Bestand soll hier ebenfalls hingewiesen werden. Bemerkungen zum Kunsthandel, zur Auftragsvergabe und zur Beziehung Kerns zu seinen adligen und bürgerlichen Sammlern werden den skizzierten Rahmen ergänzen und somit den sozial- und kulturgeschichtlichen Hintergrund zur Betrachtung seiner Skulpturen bilden. In nahezu idealer Weise kann man bei diesen Überlegungen immer wieder von seinen künstlerischen Arbeiten ausgehen beziehungsweise zu ihnen zurückkehren.

1 Leonhard Kern, Bildhauerjüngling. Bronze, um 1640. Braunschweig, Herzog Anton Ulrich-Museum (Kat. Nr. 63)

Bildhauerwerkstatt und Arbeitsprozeß

Nach der Ausbildung in der Werkstatt seines älteren Bruders Michael, einem fünfjährigen Italienaufenthalt und anschließender bildhauerischer Tätigkeit in kurpfälzischen Diensten am Heidelberger Schloß ließ sich Leonhard Kern 1620 in Schwäbisch Hall nieder und erhielt dort das Bürgerrecht. Die Freie Reichsstadt und das nahegelegene Schlößchen Tullau, ein kleines Gut, das er 1642 erwarb und wohin er sich die letzten zehn Jahre seines Lebens zurückzog, waren das Zentrum seiner künstlerischen Tätigkeit. Hier befand sich seine Werkstatt, hier hat er *sehr viele Bilderarbeit in Stein und Holz, theils Lebensgroß, theils kleiner, verfärtiget*[5], von hier aus unternahm er seine Reisen nach Nürnberg, Augsburg, Frankfurt, Straßburg und an den brandenburgischen Hof nach Kleve am Niederrhein.
Wie seine Werkstatt ausgesehen hat, wissen wir nicht. Da er aber stets nur wenige Mitarbeiter oder Lehrlinge beschäftigte[6] und sich, seit er in Hall ansässig geworden war, fast ausschließlich der Kleinplastik zugewandt hatte, können wir annehmen, daß sie sich in traditioneller Weise in seinem Wohnhaus, zuerst in der Gelbinger Gasse, dann in der Pfarrgasse, befunden hat. Darstellungen von Bildhauerwerkstätten des 17. Jahrhunderts sind relativ selten. Zudem zeigen die wenigen Atelierbilder vom Ende des Jahrhunderts, etwa von Johann Heiss (Stuttgart, Augsburg, Braunschweig) oder der Kupferstich in Christoph Weigels ›*Ständebuch*‹, meist Bildhauer bei der Gestaltung monumentaler Skulpturen[7], die in Kerns Werk nur durch die Giebelfiguren der Nürnberger Rathausportale (vgl. Kat. Nr. 3) und die Regensburger Arbeiten (vgl. Kat. Nr. 71) vertreten sind.
Dagegen kann uns der Kupferstich Abraham Bosses, betitelt ›Der Künstliche Bildhauer‹ (Kat. Nr. 32), von 1642/43 den Eindruck einer Werkstatt vermitteln, die wie jene von Leonhard Kern ausgesehen haben mag[8]. Zwar erläutert auch hier der Bildhauer den Atelierbesuchern eine überlebensgroße Venus-Amor-Gruppe, die er nach einem kleinen Modell gemeißelt hat, doch befindet sich im Regal an der Ateliersrückwand und auf dem Arbeitstisch eine Reihe von Kleinplastiken, vergleichbar den Kernschen Statuetten.
Den Arbeitsprozeß eines solchen Bildhauers schildert Christoph Weigel in seiner ›*Abbildung und Beschreibung der gemeinnützlichen Hauptstände*‹ (Regensburg 1698) so[9]: *Es fänget aber ein Bildhauer nicht so gleich an/ das Bild/ so er verfertigen gewillet/ auszuarbeiten; sondern formet zuvor sein Modell in Wachs/ Leimen oder Gips/ welches alles behöriger massen vorhero zubereitet werden muß. Wann nun das Modell verfertigt/ schreiten sie zu dem Werckstück selbst/ ... biß es endlich seiner Figur/ und dem Modell gleich und ähnlich herfür komme.*
Dieses hier für eine monumentale Steinplastik geschilderte Vorgehen gilt auch für die von Kern bevorzugte Form der Kleinplastik. So enthielt die Straßburger Sammlung des Elias Brackenhoffer drei Wachsmodelle von Pferden[10], die Leonhard Kern dem Sammler geschenkt hatte. Konzipiert hatte er sie ursprünglich für die Ausführung in Elfenbein, wie wir sie in einem in Wien erhaltenen Pferd vor uns haben (Kat. Nr. 76)[11]. Daß er seine Modelle teilweise nach der Natur arbeitete, berichtet er 1626 in seinem Brief[12]: ... *sonsten hab ich neulich ein Cruzifix Model nach einem schönen wollgestalten lebendigen Man gebosiert, den ich auffgehenkt an ein Creutz gebunden und nach solchem Model ein Cruzifix von Helffenbein 16 Zoll groß gemacht.*
Daneben konnte er bei seiner Arbeit, wie auch bei anderen Künstlern üblich, auf eine Vorlagensammlung von Reproduktionsstichen zurückgreifen, aus der Elisabeth Grünenwald die Verwendung von Stichen Dürers, Aldegrevers, Behams, Flötners und Hollars nachweisen konnte. Zu ihnen kamen noch Sammelpublikationen beliebter Kunstwerke von der Antike bis zu Rubens hinzu[13]. Mit Sicherheit standen ihm auch Reduktionen, das heißt Verkleinerungen berühmter antiker Skulpturen, und Abgüsse zeitgenössischer Arbeiten zur Verfügung. Einiges von diesem Material hatte er sich vermutlich aus Italien mitgebracht, wo er vor allem Studien nach antiken Skulpturen getrieben, aber auch die großen Werke der Renaissanceplastik nicht vernachlässigt hatte.
Bezeichnend ist, daß er in dieser Zeit die Zentren der italienischen Kleinbronzen besuchte. In Florenz konnte er die Werke Giovanni da Bolognas und Pietro Taccas studieren, in Padua die Bronzen Andrea Riccios, in Mantua die l'Anticos und in Venedig die Statuetten Jacopo Sansovinos. Auf seinen späteren Reisen hatte er die Möglichkeit, sich weitere Anregungen für Kleinplastiken aus den Kunstkammern des Adels und der reichen Patrizier in den großen Reichsstädten zu holen. Sein Œuvre spiegelt eine umfassende Kenntnis der Hauptwerke europäischer Skulptur von Italien bis in die Niederlande wider.
Kerns Entscheidung für das kleine Format fiel nicht nur zugunsten einer bequemeren Arbeit im heimischen Atelier, sondern er hatte auch einen anderen Kundenkreis im Auge, den Sammler von Kunstkammerstücken. Dies erforderte nicht nur eine virtuose Beherrschung der künstlerischen Fähigkeiten, sondern gleichermaßen gekonnte, handwerkliche Auseinandersetzung mit kostbaren Materialien wie Elfenbein, Alabaster und seltenen Hölzern.

Material und künstlerische Techniken

Das 1969 publizierte und 1986 ergänzte Werkverzeichnis Leonhard Kerns umfaßt 140 ihm eigenhändig zugewiesene Arbeiten[14]. Gliedert man sie nach den verwendeten Materialien auf, so ergibt sich folgendes interessante Bild: Mit 68 Stücken ist Elfenbein sein bevorzugter Werkstoff, der schon im Nekrolog an erster Stelle genannt wurde. Ihm folgen 33 Arbeiten in Holz, darunter allein 17 Buchsbaumstatuetten. Aber auch Birne, Pflaume, Walnuß, Linde und Ahorn fanden Verwendung. An dritter Stelle stehen die Kleinplastiken und Reliefs in Alabaster, 18 an der Zahl. Einen überraschend geringen Anteil am Gesamtwerk haben die zwölf Bronzestatuetten, gefolgt von neun Arbeiten in Stein. Außer Sandstein, den er für die schon erwähnten monumentalen Skulpturen in Nürnberg und Regensburg einsetzte, benutzte er für seine kleinformatigen Werkstücke Speckstein, Solnhofer »Schiefer« (einen Jura-Kalk) und in einem Fall Marmor. In der skizzierten Reihenfolge soll im Folgenden kurz auf die verwendeten Materialien eingegangen und ihre Rolle in der Kleinplastik des 17. Jahrhunderts charakterisiert werden.

Elfenbein

Die vorrangige Verwendung von Elfenbein durch Leonhard Kern spiegelt auch die allgemeine Wertschätzung dieses Materials wider, die es in einer plötzlichen zweiten Blütezeit nach dem Mittelalter zwischen 1600 und 1730 gewonnen hatte[15]. Figuren aus Elfenbein traten nun an die Stelle der Kleinbronzen aus der Renaissance

2 Rutger van Langervelt, Elfenbein-Tauschhandel. Federzeichnung. Um 1690. Berlin, Staatl. Museen Preußischer Kulturbesitz, Kupferstichkabinett

und bildeten die bevorzugten Sammelobjekte für die Kunstkammern.

Die seit der Antike verwendeten Stoßzähne des Elefanten waren ein Werkstoff, der sich wegen seiner Dichte, Härte und Elastizität vor allem für künstlerische Arbeiten im kleinen Format besonders eignete. Seine Ausdrucksmöglichkeit konnte noch durch das Polieren der Oberfläche mit der *Filtz-Geige* gesteigert werden[16]. Auch das Zahnbein von Nilpferd, Pot- und Narwal sowie der Walroßzahn fanden die gleiche Verwendung. Fast ausschließlich wurde Elfenbein des afrikanischen Elefanten importiert. Zu den italienischen und französischen Einfuhrhäfen kamen in der Barockzeit Antwerpen und Hamburg hinzu. Nicht uninteressant ist in diesem Zusammenhang, daß der Große Kurfürst 1683 nach Verhandlungen mit Negerfürsten an der afrikanischen Goldküste eine kleine brandenburgische Kolonie gründete, um direkten Zugang zu dem kostbaren Material für Kunstkammerstücke zu gewinnen. Eine Zeichnung des brandenburgischen Hofmalers Rutger van Langervelt (Abb. 2), um 1690 entstanden, zeigt den Elfenbein-Tauschhandel, der 1717 durch den Verkauf von Fort Groß-Friedrichsburg an die Holländer ein Ende fand[17]. Mit Sägen, Schnitzmessern und verschiedenen Feilen wurde das harte Material bearbeitet, wobei wegen seiner Kostbarkeit meist das volle Volumen des Werkstoffs ausgenutzt wurde. Diesen Arbeitsprozeß zeigt sehr anschaulich die unvollendete Arbeit eines Salzfasses (Abb. 3), die wegen ihres Wertes selbst in diesem Zustand Eingang in eine Kunstkammer fand (heute Privatbesitz).

3 Unvollendetes Salzfaß aus Elfenbein. Zweite Hälfte 17. Jahrhundert. Privatbesitz

4 Leonhard Kern, Abundantia. Kupferstichwiedergabe aus dem ›Prodromus‹. 1735

Eine in Wien aufbewahrte Statuette Leonhard Kerns (Kat. Nr. 92) macht bewußt auf ihre Gestaltung aus einem Walroßzahn aufmerksam, der noch im unteren Teil natürlich belassen ist. Dieses Stück hat man wohl auch auf Grund seiner originellen Lösung sogar im »Prodromus« abgebildet (Abb. 4), dem 1735 erschienenen, mit Kupferstichen illustrierten Verzeichnis der kaiserlichen Kunstsammlungen in Wien[18].

Elfenbeinarbeiten wurden ebenso sorgfältig wie Großplastiken vorbereitet. Erhaltene Entwurfszeichnungen von Elfenbeinschnitzern oder auch die zitierte Briefstelle

Kerns, die von einem Wachsmodell für ein Kruzifix berichtet, belegen dies[19]. Ein Wachsbozzetto Georg Petels (um 1630/35) aus dem Kunstgewerbemuseum in Hamburg (Abb. 5) macht überzeugend deutlich, mit welcher Genauigkeit ein Bildhauer einen Elfenbeinpokal vorbereitete. Der ausgeführte Humpen (Abb. 6) hat sich in den Kunstsammlungen der Stadt Augsburg erhalten[20] und ist mit einer bacchantischen Szene geschmückt, dem beliebtesten Motiv neben Darstellungen von Meergöttern, Schlachten oder Jagden auf barocken Trinkgefäßen. Humpenwandungen stellten übrigens den wichtigsten Gegenstand in der Elfenbeinkunst jener Epoche dar. Auch aus der Werkstatt und dem Umfeld von Leonhard Kern ist eine große Anzahl solcher reliefierter Pokale erhalten. Überhaupt hatte sich im Barock der profane Themenkreis der Elfenbeinskulptur gegenüber dem religiösen sehr erweitert[21]. Konzentrierte er sich dort hauptsächlich auf Kreuze, Darstellungen Christi an der Geißelsäule oder der Marter des heiligen Sebastian, so entstanden auf der anderen Seite nun unzählige Statuetten weltlichen Inhalts, die zu Hunderten die Kunstkammerschränke füllten. Hinzu kamen elfenbeinerne Prunkschüsseln, Bildnismedaillons und Drechselarbeiten, oft aus den Händen handwerklich begeisterter Fürsten selbst[22].

Zentren der deutschen Elfenbeinkunst waren im 17. Jahrhundert München und Augsburg, aber auch der Kaiserhof in Wien. Hinzu kam eine Reihe kleinerer süddeutscher Werkstätten, unter denen die Leonhard Kerns in Schwäbisch Hall einen besonderen Rang einnahm.

5 Georg Petel, Wachsbozzetto für einen Humpen. Um 1630/33. Hamburg, Museum für Kunst und Gewerbe

6 Georg Petel, Elfenbeinhumpen. Um 1630/33. Augsburg, Städtische Kunstsammlungen

Buchsbaum und andere Holzarten

Die Kleinplastiken, die Leonhard Kern aus *gutem Holtz verfertiget,* waren vor allem Buchsbaumstatuetten. Sie entstanden fast ausnahmslos in den Jahren zwischen 1630 und 1645. Der Buchs, ein strauchartiges Gewächs aus dem Mittelmeergebiet, das von seiner botanischen Beschaffenheit her nur in relativ kleinen Stücken zur Verfügung stand, war als kostbares, fremdländisches Holz bei höfischen Sammlern sehr beliebt[23]. Das sehr dichte und harte Material brachte vor allem die Feinheiten schnitzerischer Meisterleistungen hervorragend zur Geltung. Durch seine gleichmäßige Struktur, seine Polierfähigkeit und seine tiefen, warmen Brauntöne erreichte seine bronzeartige Oberfläche, die von Künstlern und Auftraggebern besonders geschätzt wurde. Dieser Materialcharakter kam dem Geschmack der Barockzeit sehr entgegen, wenngleich die Blütezeit der Buchsbaumstatuetten im 16. Jahrhundert lag. Nicht nur für Kunstkammerstücke wurde Buchsbaum damals verwendet, sondern auch für Modelle von gegossenen oder getriebenen Arbeiten in Edelmetall. Nicht zu vergessen ist hier der Bereich der Porträtmedaille. Im 17. Jahrhundert stand seine Verwendung in der Kleinplastik zwar hinter dem Elfenbein zurück, wie schon das Zahlenverhältnis 68 : 17 im Kernschen Werk deutlich machte[24], aber gerade die Buchsbaumfiguren des Künstlers sind in der Skulptur jener Epoche qualitativ an erster Stelle zu nennen.
Vergleichbar anderen Bildhauern hat Kern sich aber auch (als Ersatz?) einheimischer Hölzer bedient, wie Walnuß, Pflaume, Ahorn und Linde, bevorzugt aber des Birnbaumholzes, das neben Buchs zu den beliebtesten Holzarten gehörte. Es ist ähnlich hart und zäh, in der Färbung aber heller und rötlicher[25].

Alabaster und andere »sonderbare« Steine

An dritter Stelle der von Kern benutzten Werkstoffe steht der Alabaster, eine kristalline Form des Gipses, benannt nach dem antiken Hauptfundort, der ägyptischen Stadt Alabastron. Dieser weißliche Kalk ist meist hellgrau, rötlich oder dunkel geädert und an den Kanten leicht durchscheinend. Er ist einfach zu bearbeiten, ohne Hammer und Meißel, nur mit dem Hohleisen und Schnitzmesser, und polierbar. Aber auf Grund seiner Unbeständigkeit dem Wetter gegenüber eignet er sich vornehmlich für im Innenraum aufgestellte Arbeiten. Da Alabaster meist nur in kleinen Stücken zu brechen ist, ergibt sich schon daraus seine bevorzugte Verwendung für Skulpturen kleineren Formats. Christoph Weigel berichtet 1698[26]: *Heut zu Tag wird/ sonderlich in Nürnberg/ sehr viel Alabaster verarbeitet/ und daraus zierliche Crucifixe und Abbildungen unseres gecreutzigten Heylandes/ auch andere wohl und sehr proportionirlich gemachte Bilder geschnitten ...* Eine solche Figur des Gekreuzigten liegt in der dem Text beigefügten Darstellung der Werkstatt eines »Alabasterers« (Abb. 7) im Wandregal. Doch wie wir sehen, sind seine wichtigsten Produkte Gefäße und gedrechselte Behältnisse aller Art, deren schrittweise Entstehung vorgeführt wird.
Daß Leonhard Kern Alabasterplastiken schuf, hat sicher nicht zuletzt darin seinen Grund, daß sein älterer Bruder Michael im nahegelegenen Heimatort Forchtenberg Alabastersteinbrüche besaß und dort seine Werkstatt eingerichtet hatte[27]. Hinzu kommt weiter, daß um 1600 – angeregt durch niederländische Bildhauer, die in großer Zahl in Deutschland seit der Mitte des 16. Jahrhunderts arbeiteten – Alabaster als Hauptmaterial in fast allen Bildhauerwerkstätten gebraucht wurde, oft kombiniert mit anderem Stein oder als Ersatz von Marmor für Altäre, Epitaphien, Grabmäler und Kanzeln. Häufig fand er Verwendung bei Kleinplastiken malerischen Charakters und bei Reliefs, die für Kunstkammern bestimmt waren. Dies gilt ausnahmslos für die Arbeiten Kerns.

7 Werkstatt für Alabaster-Bearbeitung. Aus Christoph Weigels ›Ständebuch‹. 1698

8 Werkstatt eines Formers. Aus Christoph Weigels ›Ständebuch‹. 1698

9 Gießer-Werkstatt. Aus Christoph Weigels ›Ständebuch‹. 1698

Außer Alabaster benutzte er für einige Flachreliefs Speckstein (Steatit) und Solnhofer Schiefer, einen Jurakalk. Beide wurden wegen ihrer feinen Struktur geschätzt und waren auf Grund ihrer weichen Beschaffenheit ebenfalls leicht zu bearbeiten. In einem Fall verwendete er für die Kleinplastik einer schlafenden Frau sogar Marmor[28]. Für den Einsatz dieses harten Materials in seiner Frühzeit um 1620 mögen Erinnerungen an den Italienaufenthalt und die unmittelbar zuvor liegenden monumentalen Sandsteinarbeiten in Nürnberg und Heidelberg in Frage kommen.

Bronzegüsse

Die zwölf erhaltenen Kleinbronzen Leonhard Kerns bilden innerhalb des Gesamtwerks eine relativ kleine und geschlossene Gruppe. Mit Ausnahme der Chronos-Statuette (um 1625), die noch starke venezianische Züge zeigt, sind sie fast alle um 1635/40 entstanden[29]. Die geringe Anzahl der Stücke hat sicher mit dem allgemeinen Rückgang der Bronzeplastik in Deutschland infolge des Dreißigjährigen Krieges zu tun. Noch um 1600 waren München und Augsburg die überragenden Zentren des deutschen Bronzegusses gewesen, und auch Nürnberg war seiner bis zur Vischerwerkstatt zurückreichenden Tradition treu geblieben[30]. Auf die beiden letztgenannten Städte weist ausdrücklich Christoph Weigel hin[31], aus dessen Werk die Darstellungen einer Formerei und einer Gießerei der Barockzeit (Abb. 8, 9) stammen: Nicht nur in Frankreich, das im 17. Jahrhundert die Führung übernommen hatte, und in Italien finde man *annoch vortreffliche Meister/ welche die allervervollkommenste und schöneste Statuen und Bilder abzugiessen wissen/ auch sind in Teutschland die Städte Augspurg und Nürnberg wegen solcher Künstler allezeit in gutem Ruhm und Ruff gestanden ...* In Nürnberg sind vermutlich auch Leonhard Kerns Bronzestatuetten gegossen worden, denn zu dieser Stadt unterhielt er seit 1617 gute Geschäftsbeziehungen[32].
Die Kernschen Kleinbronzen sind im sogenannten Wachsausschmelzverfahren hergestellt worden, das seit der Antike für den Kunstguß Anwendungen fand[33]. Über die angewendeten Techniken des Bronzegusses wissen

wir durch eine Reihe von Traktaten gut Bescheid: In der ›Schedula diversarum artium‹ aus dem 12. Jahrhundert schildert Theophilus Presbyter den Guß liturgischer Geräte wie Rauchfaß und Glocke[34]. Benvenuto Cellini beschreibt in seinen ›Trattati‹ von 1568 anschaulich die Entstehung einer komplizierten Großbronze[35]. Doch bei beiden vermißt man Hinweise zum Guß von Kleinplastiken, wenn auch sicher eine Reihe technischer Vorgänge übertragen werden kann[36].

Weihrauch[37] hat auf zwei Texte aufmerksam gemacht, die für die Herstellung von Kleinbronzen in der Renaissance entscheidende Aufschlüsse geben und auch für den Guß barocker Bronzestatuetten gültig sind. Zum einen ist es das 1540 erschienene Kompendium des sienesischen Metallurgen Vanoccio Biringuccio ›Pirotechnia‹, das über Metallgewinnung, Ofensysteme, Gußformen und Gußmodelle ausführlich informiert und mit erläuternden Holzschnitt-Illustrationen ausgestattet ist. Das andere sind die Ausführungen Giorgio Vasaris in der Einleitung seines Werkes ›Le vite de' più eccellenti pittori, scultori e architettori‹ (Die Lebensbeschreibungen der berühmtesten Maler, Bildhauer und Architekten) von 1550, überschrieben ›Della Scultura‹ (Über die Skulptur). Da die von ihm geschilderte vereinfachte Methode zum Guß von Kleinbronzen auch für die Herstellung der Arbeiten von Leonhard Kern von großer Bedeutung und zudem kaum bekannt ist, soll sein Text hier in wörtlicher Übersetzung wiedergegeben werden[38]: »Wenn nun der Künstler kleine Figuren von Metall gießen will, werden jene von Wachs gemacht, oder wenn man solche von Ton oder anderem Stoff hat, macht man darüber eine Gießform von Gips wie bei den großen, und füllt die ganze Gießform mit Wachs. Aber es ist nötig, daß die Gießform naß sei, damit beim Einfüllen besagtes Wachs gerinnt durch die Kälte des Wassers und der Gießform. Wenn hierauf die Gießform geschwenkt und umgeschüttelt wird, leert sich das Wachs, das in der Mitte der Gießform ist, derart aus, daß der Guß in der Mitte leer bleibt; welche Leere oder Höhlung der Künstler dann mit Ton füllt und darin Eisenstifte befestigt. Dieser Ton dient dann als Kern, aber man muß ihn gut trocknen lassen. Alsdann macht er den Mantel, wie bei den anderen großen Figuren, indem er ihn ausrüstet und darin die Röhren für die Entlüftung anbringt, ihn dann brennt und das Wachs daraus entleert; und so bleibt die Gießform rein, so daß man leicht gießen kann.« (Bei sehr kleinen Statuetten kann man auf den »Kern« verzichten und sie massiv gießen, was bei einigen Figuren Kerns der Fall ist.)

Die gebrannte Form wird nun in der Gußgrube in Sand vorsichtig eingestampft, damit sie während des Gußvorganges durch den entstehenden Druck nicht zerreißt. In einem Flammofen, wie er seit dem 15. Jahrhundert in Gebrauch ist und dessen Bau Cellini[39], zurückgehend auf das technische Wissen Biringuccios[40], genau beschreibt, wurde nun die normalerweise aus Kupfer (ca. 80 %) und Zinn (ca. 20 %) bestehende Bronzelegierung geschmolzen. Bei größeren Stücken leitete man das flüssige Metall durch eine gemauerte Gießrinne vom Abflußloch des Ofens in die Eingußöffnungen der Formen in der Gußgrube. Bei kleineren Arbeiten benutzte der Gießer, wie es die Abbildung in Weigels ›Ständebuch‹ zeigt, mit Ton verkleidete Eisentiegel, die mit Zangen zu den eingedämmten Gußformen getragen wurden (Abb. 9). Nach dem Auskühlen, dem Zerschlagen des Formmantels, dem Entfernen von Kern und Gußkanälen wurde die Plastik *alsdann mit der Feilen übergangen, pollieret/ oder ausgebreitet/ gewischet/ gläntzend und blanck gemachet,* also ziseliert und patiniert[41]. Damit war das Werkstück, in unserem Fall die Bronzestatuette, fertiggestellt und konnte nun in die Hände des Auftraggebers oder in den Bestand einer Sammlung von Kleinbronzen übergehen.

Die skizzenhafte Beschreibung der von Leonhard Kern für seine kleinformatigen Skulpturen verwendeten anspruchsvollen Materialien und deren technischer Bearbeitung sollte zum einen Einblick in seine vielseitige Werkstattproduktion geben. Sie kann aber zugleich auch exemplarisch auf die vom Material her höchst unterschiedlichen Bestände an Kleinplastiken in den Kunstkammern und Sammlungskabinetten verweisen, in denen sie fast immer, jedoch mit unterschiedlicher Gewichtung, vertreten waren.

Kunsthändler und Sammler

Im Verhältnis Leonhard Kerns zu den Empfängern seiner Skulpturen zeigt sich ein eigenwilliger und durchaus moderner Zug. Zwar arbeitete er wie andere Künstler noch auf Bestellung, aber er sieht seine Chance verstärkt auch im freien Angebot auf dem Kunstmarkt. Für den Kunstkenner und -sammler, der kauft, was angeboten wird, und weniger für den Auftraggeber alten Stils entstanden die meisten seiner Arbeiten. Schon Elisabeth Grünenwald hat darauf aufmerksam gemacht[42], daß seine häufigen Geschäftsreisen dazu dienten, »die auf Vorrat gearbeiteten, eigenhändigen und Werkstatt-Arbeiten zu verkaufen«, natürlich auch, um neue Aufträge herbeizuschaffen. Persönliche Beziehungen zu den Händlern und Kunstsammlern in Frankfurt, Augsburg und Nürnberg, deren Kabinette er kannte, scheinen für ihn eine wichtige Rolle gespielt zu haben. Besonders eng war sein Verhältnis zu Elias Brackenhoffer in Straßburg, der zehn Werke von seiner Hand besaß, drei davon *verehrt vom Authore*[43].

Es ist bekannt, daß Kern anderen gegenüber keinen Hehl daraus machte, wie begehrt seine Arbeiten bei

Kunstliebhabern waren, und er selbst zugesagte Werke anderweitig verkaufte. Auf Grund seines Ansehens konnte er es sich leisten, seine Statuetten meist nur hochgestellten Kennern zu überlassen. Erwähnungen in den Inventaren jener Sammlungen, auf die noch eingegangen wird, belegen dies. Äußerlich sichtbar wurde seine Wertschätzung außerhalb der Heimat durch die Ernennung zum kurfürstlichen Bildhauer des Brandenburgischen Hofes, in dessen Kunstkammer sich wichtige Stücke Kerns befanden. Anläßlich einer Reise in die Residenz des großen Kurfürsten in Kleve am Niederrhein 1648 nahm er dort seine Bestallung entgegen. Im Zusammenhang mit dieser Fahrt steht wohl auch der im Nekrolog erwähnte Abstecher nach Holland und der Verkauf von Arbeiten dorthin.

Mit welchen Kunsthändlern Leonhard Kern in Verbindung stand, ist bisher durch schriftliche Zeugnisse nicht nachgewiesen. Ob er etwa Kontakte zu dem Augsburger Patrizier Philipp Hainhofer (1578–1647), der wohl bekanntesten Persönlichkeit im Kunsthandel des 17. Jahrhunderts, besaß, kann nur vermutet werden. Auf Grund von Kerns mehrfachen Reisen nach Augsburg ist dies jedoch sehr wahrscheinlich, zumal dessen berühmte Kunst- und Raritätensammlung für durchreisende Fremde als großer Anziehungspunkt galt. Peltzer hat seine Person so charakterisiert[44]: »Hainhofer nahm als Ratsherr und Inhaber hoher städtischer Ämter, als Korrespondent, Rat und gelegentlicher Gesandter auswärtiger Fürsten, als Vermittler von Ankäufen bei Künstlern und Handwerkern aller Art, als eifriger Sammler und schließlich als Geschäftsmann und Kunsthändler eine eigentümliche Stellung in dem damals noch blühenden Kunstleben der Reichsstadt Augsburg ein...« Er stand in Verbindung mit vielen Fürsten, so mit Herzog Wilhelm von Bayern, König Heinrich IV. von Frankreich, dem Markgrafen von Baden, Herzog Philipp II. von Pommern und Herzog August von Braunschweig-Wolfenbüttel[45]. Er unternahm zahlreiche Reisen in wichtige deutsche und europäische Städte[46], über die wir durch Beschreibungen gut unterrichtet sind. Mehrfach war er in München, auch in Stuttgart, Stettin, Innsbruck (Schloß Ambras) und Dresden. Immer wieder ergeben sich hier Bezüge zu Sammlern und Sammlungen, die auch wieder Werke Leonhard Kerns besaßen; Beobachtungen, denen es sich einmal näher nachzugehen lohnte.

Kunstkammerstücke

Joachim von Sandrart schreibt in der Vorrede zum ›Zweiten Hauptteil der teutschen Academie von 1679‹[47]: *Dergleichen Kaiser, Könige, Fürsten und Herren hat sonderlich unser liebwerthes Teutschland noch auf den heutigen Tag in nicht geringer Anzahl, denen Gott das Scepter billich darum in die Hand gegeben und Sie über uns alle herrschen heißen, dieweil sie meistentheils Kunstgeübte und in allen Wissenschaften Wolerfahrne Herren sind, wie Dero Welt-berühmte Cabinet und Kunstkammern überflüssig hiervon reden können.* Anschließend stellt er vor *Ihr Kaiserl. Maj. Schatz- und Kunstkammer in Wien, Ihro Churfürstl. Durchl. in Bayern etc. Residenz zu München, Kunstkammer in der Churfürstlichen Residenz in Dreßden, Churfürstl. Residenz zu Berlin* und andere Sammlungen, dazu die in einigen Städten, Nürnberg an der Spitze. Sie alle sind auch im Besitz von Kernschen Kleinplastiken, was deren Bedeutung unterstreicht. So geht es aus den Inventarverzeichnissen der Sammlungen hervor, die noch über die Aufzählung Sandrarts hinaus durch eine Reihe weiterer Kollektionen zu ergänzen sind.

Den frühesten Hinweis auf Skulpturen Leonhard Kerns finden wir 1641/42 im Inventar der Münchner Reichen Kapelle[48], das die Bestände unter Herzog Maximilian I. auflistet: *Ein S. Sebastian von Helffenpain 9½ Zoll lanng.* Er bezieht sich auf die noch heute in der Schatzkammer der Residenz aufbewahrte Elfenbeinstatuette des Heiligen vor einem Korallenstamm auf gedrehtem Ebenholzsockel (vgl. Abb. S. 54), einem typischen Kunstkammerstück von 1620/25.

Adam und Eva, aus einem Stück gearbeitet, wie diese ihm die verbotne Frucht darbietet (Kat. Nr. 83) kam vermutlich 1646/48 in Besitz des Kurfürsten von Brandenburg und wurde 1695 aus den Privaträumen in die Kunstkammer integriert. Die aus einem einzigen Stück geschnittene Elfenbeingruppe entstand als Allusion auf die Vermählung Friedrich Wilhelms mit Louise Henriette von Oranien und stellt das Paar in »biblisch-allegorischer Verkleidung«, aber mit porträtähnlichen Zügen dar. Es wird angenommen, daß diese Gruppe – vermutlich als Brautgeschenk angefertigt – mit dazu beitragen hat, Leonhard Kern 1648 mit 500 Gulden Jahresgehalt zum Kurfürstlich-Brandenburgischen Hofbildhauer zu ernennen[49].

Gleichfalls aus brandenburgischem Besitz stammten die heute verschollene Statuette des schon im Alter von etwa einem Jahr verstorbenen Kurprinzen Wilhelm Heinrich (um 1648/49) mit einem Totenkopf zu Füßen (Abb. 10)[50] und die mythologisch-allegorische Darstellung der Hebe-Temperantia. Wie die erste Gruppe befindet sie sich noch heute in der Skulpturengalerie in Berlin[51]. Weitere zwölf, teilweise verlorene, aber für Berlin gesicherte Kleinbildwerke machen deutlich, wie sehr der Große Kurfürst die Arbeiten seines Hofkünstlers schätzte.

In der Kunstkammer der Herzöge zu Württemberg[52] in Stuttgart war Leonhard Kern ebenfalls vertreten. Das Inventar von 1669 verzeichnet *zwei helfenbeinerne Zargen gar künstlich geschnitten, eine von nackenden*

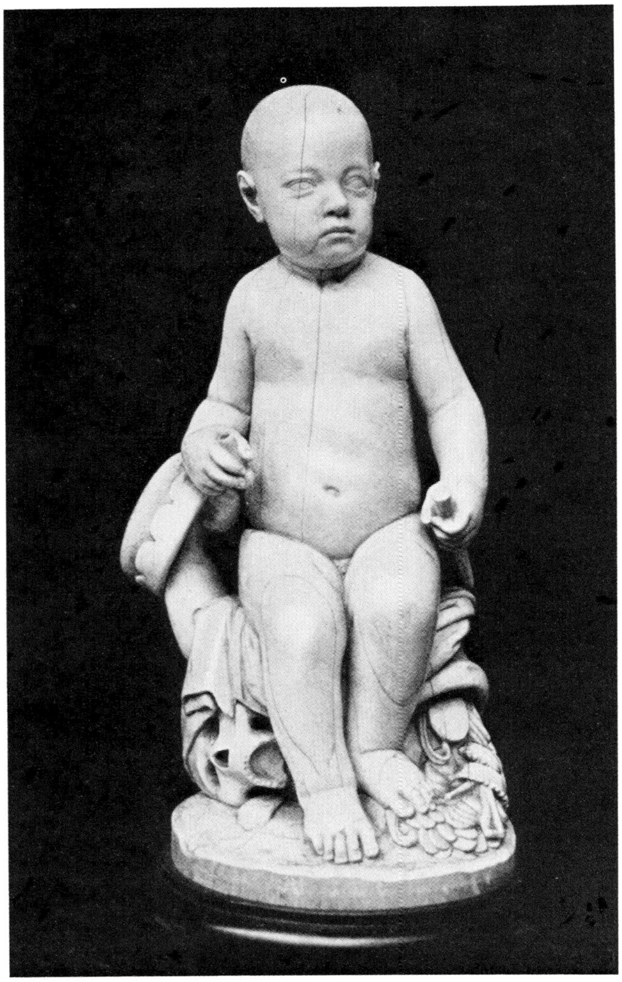

10 Leonhard Kern, Kurprinz Wilhelm Heinrich von Brandenburg. Elfenbein. 1648/49. Ehemals Berlin, Schloßmuseum

Weibsbildern, die andere von nackenden Kindlein, Humpenwandungen mit der Darstellung der Sieben Freien Künste und eines Puttenbacchanals, die heute dem Umfeld Kerns (wohl Johann Georg Kern) zugeschrieben werden[53]. Das 1670 aufgestellte Kunstkammerverzeichnis nennt[54] unter den Kleinplastiken *ein nackendes liegendes Frauenbild, ein Zoll lang, fleischfarbiger Marmor, soll von Rom kommen und antik sein.* Dahinter verbirgt sich die Statuette einer schlafenden Frau in rötlichem Alabaster, die ein beliebtes Motiv der italienischen Renaissance wiederholt[55]. Schließlich erscheint 1789 bei den Neuzugängen unter Herzog Carl Eugen *eine Menschenfresserin,* eine Buchsbaumstatuette der Avaritia-Gäa, die zuvor im Besitz Herzog Carl Rudolfs von Württemberg-Neuenstadt war[56].

Die Reihe der Kunstkammern, in denen sich Werke Kerns befanden, läßt sich fortsetzen: Von Sandrart erwähnt wird die der Kurfürsten von Sachsen in Dresden. Zu nennen ist weiter die Kunstsammlung Herzog Anton Ulrichs von Braunschweig-Wolfenbüttel und seiner Nachfolger, eine der ältesten fürstlichen Sammlungen in Deutschland. Sie besaß Ende des 18. Jahrhunderts die Bronzestatuette des Bildhauers, eine Adam und Eva-Gruppe und eine einzelne Eva in Buchsbaum, die damals schon lange herzoglicher Besitz war[57]. Hinzu kommen weiter die Markgräfliche Sammlung in Baden-Baden, die Fürstlich Fürstenbergische in Donaueschingen, die Fürstbischöfliche Kollektion auf Schloß Pommersfelden und die Kasseler Kunstkammer der Landgrafen von Hessen-Kassel[58]. Im kurz nach 1780 verfaßten ›Inventarium über die elfenbeinern Kunstsachen‹ sind dort eine Caritas, eine Fortuna und eine aus Mars, Venus und Cupido bestehende Gruppe angegeben, die wohl bereits vorher im 1709 eingeweihten Kunsthaus des Landgrafen Carl aufbewahrt wurden. Sie stammen ursprünglich aus der brackenhofferschen Kunstkammer in Straßburg[59] und sind aller Wahrscheinlichkeit nach auf der Nürnberger Messe von Kunstagenten für den Landgrafen erworben worden[60].

Stellvertretend für die kleineren, doch gut dokumentierten Sammlungen des Adels soll die Kunst- und Raritätenkammer des Hauses Hohenlohe-Langenburg auf Schloß Kirchberg genannt werden[61], heute zum Teil in Schloß Neuenstein erhalten. Das erste Inventar, 1684 eigenhändig von Graf Friedrich Heinrich niedergeschrieben, gibt ausführlich die Bestände der Sammlung wieder und nennt bereits auf der ersten Seite[62] *2 kinder von helfenbein künstlich erphunden vom althen Kern zu Hall.* Weitere Werke von seiner Hand fallen vermutlich unter die *7 oder 8 sonsten kleine Sachen von Helfenbein* und unter die *7 allabasterne Stück,* darunter der Todesgenius mit Totenkopf[63]. Sie belegen, wie sehr der Bildhauer auch in seiner heimatlichen Region geschätzt wurde. Dazu gehört ebenfalls, daß die Herrschaft Hohenlohe ihm schon 1618, als er aus Forchtenberg an den Heidelberger Kurfürstlichen Hof zog, kostenlos die Leibeigenschaft erließ[64].

Belegen die hier zitierten schriftlichen Zeugnisse recht anschaulich die Wertschätzung Kernscher Kleinplastiken in den verschiedensten fürstlichen Sammlungen, so sei ergänzend noch auf bildliche Darstellungen seiner Werke in einem Kunstkammerverzeichnis verwiesen: 1735 gaben Franz von Stampart und Anton von Prenner ein Inventar der Kaiserlichen Galerie und Kunstkammer in Wien mit dem Titel ›Prodromus seu praeambulare lumen...‹ heraus, das eine Auswahl von Werken in Kupferstichen vorstellte. Es war konzipiert als Vorläufer eines größeren Werkes, ›Theatrum artis pictoriae‹, welches den kaiserlichen Kunstbesitz publizieren sollte[65]. Auf 26 Blättern zeigt es in Kupferstichen die Sammlungsräume, 897 kleinformatige Gemäldereproduktionen und daran anschließend auf vier Blättern Skulpturen. Die beiden letzten bilden eine Reihe von Kleinplastiken

Leonhard Kerns ab, so Tafel 29 den sogenannten Anakreon (Abb. 11, vgl. Kat. Nr. 69), Tafel 30 die Abundantia, aus Walroßzahn geschnitzt (Abb. 4), und die Gruppe der Drei Grazien, vielleicht sogar noch weitere, bisher nicht identifizierte Arbeiten. Die Aufnahme seiner Stücke unter die Abbildungen des ›Prodromus‹ unterstreicht noch einmal die Bedeutung, die man seinen Werken beimaß, sogar in dieser repräsentativen Auswahl aus der umfangreichen kaiserlichen Sammlung, die in ihrem Bestand zum Teil auf die berühmte Kunstsammlung auf Schloß Ambras bei Innsbruck zurückgeht[66].

Neben den fürstlichen Sammlungen entstand, vor allem in den großen Reichsstädten, eine Reihe von bürgerlichen Sammlungskabinetten, die ebenfalls großes Ansehen erlangten. Patrizier, Kaufleute, Bankiers und Gelehrte sammelten wie der Adel Kunstwerke, Raritäten, Kuriositäten und Naturalien aller Art. Bekannt sind in Augsburg die Sammlungen des Humanisten Peutinger, die der Fugger und Welser oder des schon erwähnten Philipp Hainhofer[67], in Basel das Amerbachsche Kabinett[68] und in Ulm das Museum Weickmannianum[69]. Aus der Fülle der Orte sei nur noch Nürnberg genannt mit der Pirkheimer-Sammlung, der Kunstkammer des Willibald Imhoff und dem Praunschen Kunstkabinett[70] neben weiteren Sammlungen. Nicht vergessen werden darf dort die Volckamerische Kunstkammer, die eine Plastik Leonhard Kerns besaß. In Kaspar Friedrich Jenckels ›Museographia ...‹ (Leipzig/Breslau 1727) finden wir den Hinweis[71]: *VII. Von allerley Künstlern, dererselben auch keiner im Leben mehr ist, Verwunderungs-würdige Dinge, als von dem Kern ein herrliches Bild aus Helffenbein geschnitten ...* Angelegt hatte die Sammlung um 1700 der aus einer Patrizier- und Kaufmannsfamilie stammende Johann Magnus Volckamer (†1752), der sich selbst *Professor dieser Kunst-Sachen* nannte und sie im Lusthaus seines Gartens untergebracht hatte[72]. Sein ›Kunstkämmerlein‹ besaß, wie er angibt, auch ein Dürer-Aquarell, ein Cranach-Porträt, dazu Elfenbeindrechseleien von Zick, zahlreiche Wachsbossierungen und die Kleinbronze eines Hundes von Vischer. Manche dieser Gegenstände sind noch heute in Nürnberg erhalten, so im Germanischen Nationalmuseum eine Elfenbeinstatuette der Abundantia[73], bei der es sich wohl um das erwähnte Stück von Leonhard Kern handelt.

11 Leonhard Kern, Anakreon. Kupferstichwiedergabe aus dem ›Prodromus‹. 1735

Den umfangreichsten Bestand von Arbeiten seiner Hand, vergleichbar nur der Kurfürstlich-Brandenburgischen Kunstkammer in Berlin oder der Kaiserlichen Kunstsammlung in Wien, besaß unter den bürgerlichen Sammlern der Straßburger Humanist Elias Brackenhoffer (1618–1682), der mit Kern befreundet war[74]. Die erhaltenen Inventare belegen dies. Das gedruckte Verzeichnis trägt den Titel ›MUSAEUM BRACKENHOFFERIANUM, Das ist Ordentliche Beschreibung Aller/ so wohl natürlicher als kunstreicher Sachen/ Welche sich in Weyland Hrn. Elias Brackenhoffers gewesenen Dreyzehners bey hiesiger Stadt Straßburg/ Hinterlassenem Cabinett befinden‹ (Straßburg 1683). Unter der Rubrik ›Von Helffenbein‹ heißt es[75]: *Venus, Mars und Cupido, nackend und auffrecht stehend/ von Leonhard Kern/ dem berühmte Bildhawer zu Schwäbisch-Hall.*

Vier nackend und auffrecht stehende Bilder/ von gedachtem Meister. Und im Abschnitt ›Von Wachs‹ sind erwähnt: *Springende/ stehende/ und laufende Pferd/ meistens von raren originalien abgeformet,* also drei Wachsarbeiten.

Zu diesen acht Kleinplastiken kamen ursprünglich noch zwei Elfenbeinhumpen hinzu, wie aus der ›Copey der Brackenhofferischen Kunst Kammerbeschreibung, so er selbsten, Elias Brackenhoffer (1672...) aufgesetzet und davon der Sohn in Straßburg das Original in fol. hat‹ in der Universitätsbibliothek Göttingen hervorgeht[76]. Dort werden nämlich genannt[77]: *Ein große etwas oval runde helfenbeinern Kandt mit einem von Leonhard Kernen,*

dem Bildhauer zu Schwäbisch Hall Anno 1657 verfertigten Baadt, in welchem 15 nackende Bilder ... und *Ein andere gantz runde helfenbeinerne Kandt in verguld Silber gefaßt, an deren Zarg die Hospitalitas, Conscientia, Humulitas und Constantia mit etlichen Nebensbildern, deren samptlich 8 seind, von ermeltem Leonhard Kernen künstlich gearbeitet.* Diese beiden Stücke waren vermutlich schon 1683, als das gedruckte Inventar erschien, nicht mehr in der Sammlung, sondern unmittelbar nach dem Tod Brackenhoffers bereits verkauft worden, wie die anderen Stücke später auch. Bei den *Vier nackend und auffrecht stehende Bilder* handelt es sich wohl um die drei später in der Sammlung des hessischen Landgrafen auftauchenden Werke Caritas, Fortuna und Lukretia[78], die sich noch heute in Kassel befinden, und die im handschriftlichen Inventar Brackenhoffers beschriebene Statuette[79]: *Ein Knäblein mit der Rechten einen Apfel, die Lincke unten am Bauch haltend von Händen Leonhardi Kernen, stehet auf einem Postamentlein vorstehender Manier. Hoch 7 Zoll.*
Die drei kleinen Pferdeplastiken, Wachsmodelle für die Ausführung in Elfenbein, wie oben ausgeführt[80], waren *Verfertiget und verehrt von Leonhard Kernen, dem Bildschneider von Schwäbisch Hall.* Somit war Elias Brakkenhoffer stolzer Besitzer von zehn Arbeiten Kerns; mehr als bisher angenommen wurde[81]. Die Sammlung des Straßburger Sekretärs konnte sich darin durchaus mit fürstlichen Kunstsammlungen messen.

Kunstkammerbeschreibungen und Sammlungskonzepte

Wenn im vorhergehenden Abschnitt die Statuetten Leonhard Kerns besonders herausgestellt wurden, so bedeutet dies keinesfalls, daß Kleinplastiken den Mittelpunkt der Kunstkammern bildeten. Sicher gab es kleinere Spezialsammlungen, in denen das künstlerische Interesse an solchen Arbeiten im Vordergrund stand[82], doch in den großen Sammlungen überwog durchgehend eine enzyklopädische Konzeption, die bestrebt war, die Welt möglichst umfassend in all ihren Erscheinungsformen darzustellen[83]. Die Sammlungsbereiche Kunst und Natur, ›artificialia‹ und ›naturalia‹, standen gleichberechtigt nebeneinander[84]; hinzu kamen in einigen Fällen noch wissenschaftliche Instrumente und Geräte, die ›scientifica‹. Dies geht deutlich aus den erhaltenen Inventaren und museologischen Schriften hervor, von denen einige bereits genannt wurden. Oft drückt dies sogar schon die Formulierung ihrer Titel aus. Da diese Texte auch Hinweise zu Zielen und Absichten der Sammlungen enthalten, sei hier abschließend kurz auf sie eingegangen.
Am Anfang steht ein methodologischer Traktat, den der niederländische Arzt Samuel van Quiccheberg 1565 für die Sammlung der bayerischen Herzöge verfaßt hat. Sein Buch ›Inscriptiones vel tituli theatri amplissimi‹ wurde in München gedruckt[85]. Bereits aus dem Titel geht hervor, daß van Quiccheberg das Konzept eines idealen Museums entwickelte, das durch umfassende erläuternde Inschriften zu den Ausstellungsstücken eine Art begehbarer Enzyklopädie darstellte. Dieses Abbild der Welt soll der Bildung, der Erziehung und der Wissenschaft dienen. Er ordnet den Aufbau des Universalmuseums in fünf Klassen: Die erste umfaßt den historischen Bereich, ist geschichtlichen Persönlichkeiten und Ereignissen, ihren Ländern und Lebensformen gewidmet. Die zweite Klasse bezieht sich auf die Inhalte der Kunstkammern; hier findet man auch Skulpturen und Kleinplastiken, antike Stücke und das Kunstgewerbe. Die dritte betrifft das Naturalienkabinett, die vierte Instrumente und Werkzeug für Künstler, Handwerker und Techniker. Die fünfte Klasse enthält die Gemäldegalerie und das Kupferstichkabinett. Wie aus dieser Aufzählung hervorgeht, fehlt ihr noch eine folgerichtige Systematik. Berliner[86] »kann in ihm auch nur das Schwanken in der Auswahl der Ordnungsprinzipien erkennen, das für die Bildung eines Universalmuseums unvermeidbar ist«.
Erst etwa hundert Jahre später, also zu Lebzeiten Leonhard Kerns, finden wir weitere schriftliche Hinweise zu Inhalt und Aufbau, dieses Mal einer bürgerlichen Kunstkammer. Der Ulmer Kaufmann Christoph Weickmann ließ 1659 selbstbewußt das Verzeichnis seiner Sammlung drucken. Der lange Titel des Bändchens entspricht ihrer Untergliederung und macht die Bedeutung dieser auch viele völkerkundliche Objekte umfassenden Kollektion sichtbar. Deshalb soll er hier in ganzer Länge wiedergegeben werden: ›EXOTICOPHYLACIUM WEICKMANNIANUM oder Verzeichnus Underschiedlicher Thier/ Vögel/ Fisch/ Meergewächs/ Ertz- und Bergarten/ Edlen und anderen Stein/ außländischem Holtz und Früchten/ fremden und seltzamen Kleidern und Gewöhr/ optischen Kunst- und Curiosen Sachen/ Mahlereyen/ Muscheln und Schneckenwerck/ Heydnischen/ und andern Müntzen/ etc.
So in Christoph Weickmanns Kunst- und Natural Kammer in Ulm zu sehen/ und von Ihme bey etlichen wenigen Jahren hero zusamen getragen/ unterschiedliches auch von Kunstliebenden Hochwerten Herren und Freunden zum angedencken hinzu verehrt worden. Auf offtmaliges begehren viler Durchreysenden/ und andern vornemmen Personen/ in Druck gegeben. M.DC.LIX.‹
Auf der Rückseite des Titelblattes gibt der Hinweis auf *Psalm: CXI. V.2. Groß sind die Werck des Herrn/ wer ihr achtet/ der hat eytel lust daran* und ein Gedicht die Intention der Sammlung an. Es endet: *Drumb mein Momus dich nicht kützle; Ich such meine Ehre nicht/ Nur deß Größten Grossen Wercken hab ich diß zu Ruhm*

gericht. In diesen Worten wird eine Auffassung deutlich, die in der Kunst- und Naturalienkammer das Abbild der kosmischen Einheit der Welt unter Gottes Leitung sieht[87]. Sie gleicht der religiösen Vorstellung eines Adam Olearius, des Gottorfer Hofgelehrten und Betreuers der dortigen Kunstkammer der Herzöge von Schleswig[88], der 1674 in ihr eine große *WeltSchule* sah, aus der man lernen konnte, *daß der Herr/ so dieses Gemachet/ viel herrlicher, ja ein überaus majestätischer Gott seyn müsse.* Ähnlich äußerte sich auch Michael Bernhard Valentini in seinem enzyklopädischen Kompendium ›Museum Museorum oder vollständige Schau-Bühne aller Materialien und Specereyen ...‹ (Frankfurt 1704), wenn er den Wert der *Material-Kunst und Naturalien Kammern* unterstrich, *aus welche Gottes Allmacht und Weisheit immer klärlicher hervor scheinet*[89].

Johann Daniel Majors ›Unvorgreiffliches Bedencken von Kunst- und Naturalien-Kammern ins gemein‹ (Kiel 1674) macht eine Akzentverschiebung sichtbar. Zwar heißt es auch bei ihm noch unter den Punkten, die bei der Einrichtung einer solchen Sammlung zu beachten sind[90]: *Von Seiten des Besitzers wird erfordert/ daß Er mit derogleichen raren Dingen für nehmlich Gottes Ehre/ als dann den Nutz des Nechsten/ und gutter Künste Beförderung/ und endlich hernach Seinen eigenen Ruhm, Splendor und Ehre suche/ nicht aber aus diesen dreyen vom letzten den Anfang mache ...*, doch liegt bei ihm der Schwerpunkt seiner Ausführungen auf Fragen der Praxis, der Organisation und Aufstellung der Sammlungsgegenstände, wobei die ›Naturalia‹ im Mittelpunkt stehen. Möglichst räumlich getrennt von ihnen sollen die Kunstgegenstände aufgestellt werden[91] *unter itzterwehnten Artificial Sachen/ mit ihren gehörigen Behältnüssen stehen benahmentlich diese/ nebenst schon erwehnter Bibliothec.* Weiter schlägt er vor: *Ein Technicarchéum oder Technicotheca, von gewissen Kunst-Sachen/ geringerer nothwendigkeit: als da sind/ (ad Fusoriam gehörig)/ schön- und nett – gegossene oder geschmoltzen – und dann wieder verhärtete Sachen/ von Glaß/ Metall/ Gips oder Wachs: oder ... curiös poussirte Wachs-bilder/ zierliche Gips-Arbeit ... Trinck- und andere Geschirren ... künstlich- gedrehete/ regulier- und irreguliere sachen ...*

Nach den praktischen und theoretischen Hinweisen zur Anlage einer Kunst- und Naturalienkammer, deren Leiter *sey ein Gelehrter/ und nicht ein Uhrmacher/ Dräher/ oder anderer Künstler und Handwerks-Man ...*, bringt er im Anhang ein Verzeichnis vergleichbarer Einrichtungen, wohl um damit eine Orientierung zu bieten: *Catalogus Oder Index Alphabeticus ... deutende auf uhr-alt- und neue/ groß- und kleine/ vollkommen- oder erst angefangene/ mir- bekannte/ Kunst-Antiquitäten-Schatz- und fürnehmliche Naturalien-Kammern/ Conclavia, Muséa, Repositoria, oder auch nur kleinere Scrinia Rerum Naturalium Selectiorum, bey Ansehlichen Stands- und Privat-Persohnen inn- und außerhalb Europae.* Unter den aufgezählten Sammlungen finden wir auch wieder die wichtigsten jener vertreten, die Kleinskulpturen Leonhard Kerns besaßen: Berlin, München, Stuttgart und Wien.

Die im 17. Jahrhundert ausgebildeten Ansätze zur Systematisierung der Sammlungen und theoretischen Hinterfragung der Museumskonzepte, wie sie bei Major vertreten wurden oder selbst im Inventar Brackenhoffers von 1683 anklangen, erfuhren erst später eine breitere Behandlung. Hatte Brackenhoffer geschrieben[92]: *Alles, was je und je auff dem weiten/ breiten/ unermeßlichen Erdboden sich befindet/ ist entweder ein Fossile, oder Vegetabile, oder Animale oder ist durch Kunst von diesend dreyen elaborirt*, und so folgerichtig den Aufbau seines Verzeichnisses von den ›naturalia‹ zu den ›artificialia‹ bestimmt, wandten sich die Schriften vom Anfang des 18. Jahrhunderts verstärkt solchen Überlegungen zu. Dies gilt für Daniel Wilhelm Mollers ›Commentatio de Technophysiotameis‹ (Altdorf 1704)[93], die sich an van Quiccheberg und Major orientierte, ebenso wie für Kaspar Friedrich Jenckels Handbuch. Seine unter dem Pseudonym C. F. Neickelius herausgegebene ›Museographia oder Anleitung zum rechten Begriff und nützlicher Anlegung der Museorum oder Raritäten-Kammern‹ (Leipzig/Breslau 1727) hat ihren Wert vor allem darin, daß sie in umfassenden Listen berühmte Sammlungen erläutert. In ihrem theoretischen Teil, der bisher wenig beachtet wurde, weil er sich mehr an den Anfänger im Sammlungswesen wandte, wird deutlich, daß hier von der Realität des »gebildete(n) Bürger(s) mit Sammlungsneigung«[94] ausgegangen wird und nicht vom Idealprogramm großer Sammlungen. Selber von Beruf Kaufmann, unterstreicht er die Rolle der Privatsammler und ihrer oft spezialisierten Kollektionen. Auf die Frage: *Welche Personen Raritäten-Behältnisse im Besitz haben können?* antwortet er[95]: *Überhaupt alle Philosophische Gemüther, oder welche zu solcher Sammlung Lust haben. Könige und Fürsten haben zwar in Ansehung des Vermögens die beste Gelegenheit vollkommene Raritäten-Kammern anzulegen; allein es liegt am Tage, wie schlecht und leblos solche Anlegungen getrieben werden, wenn nicht ein hertzlicher und eifriger Trieb zur Erlangung allerley rarer Dinge das beste thut ... es haben auch einige Privati und dem Stande nach Unedle, am Gemüthe aber manchen vornehmen von Adel übertreffend, gewiesen, daß ihr grosser Fleiß und unersättliche Begierde zu dergleichen Dingen den Raum ihrer Raritäten-Behältnisse so groß und weitläufig gemacht, daß so gar auch mancher grosse Fürst sich daran überwogen gesehen ...* Und er fährt fort[96]: *Musea und Raritäten-Kammern zu haben, wiederhole ich noch einmal, stehet allen curiösen und philosophischen Gemüthern wohl an,*

sie mögen seyn edle und unedle, Gelehrte oder Kaufleute, Geistliche oder Weltliche, Mann oder Weib, alle diejenigen, welche dazu einen Trieb und innerliche Lust, in gleichen die dazu erforderliche Erkänntniß und Wissenschaft haben. Solchen ist es eine Zierde, und gereichet ihnen bey Verständigen zur Ehre und Ruhm, wenn sie solche Dinge vorstellen können, daran Gottes weise Ordnung und allmächtige Krafft kan beobachtet werden.
Auf Grund der vielfach sehr ungenauen Bezeichnung solcher Sammlungen tritt Jenckel für eine präzise Nomenklatur ein, die genau den jeweiligen Inhalt benennt. Seine unsere Fragen betreffende Definition lautet[97]: *In einer Kunst-Kammer werden folgende Dinge aufgehoben, als mechanische; und diese bestehen entweder aus Erde, als da sind allerley aus Gyps oder dergleichen irdenen Materien verfertigte Kunst-Sachen: Aus Metallen ... Aus Glas ... Aus Holtz ... und kurtz zu sagen, alles dasjenige, was die Kunst in allerley Species, Helffenbein, Perlen-Mutter, Glas, Porcellain u. d. g. Materien nur immer der curiösen Welt verfertigen mag: Wobey auch dieses in Acht zu nehmen, daß, je schwerer ein Materie an und für sich zu bearbeiten, um destomehr die Rarität und Kunst dabey zu admiriren sey. Dieses alles nun, sage ich, wird aufgehoben und bewahret in einer Kunst-Kammer oder Kunst-Cabinet.*
Mit dieser Aussage vom Beginn des 18. Jahrhunderts ist noch einmal die Kunstkammer, sei sie nun in fürstlichem oder bürgerlichem Besitz, als der ideale und auch in der Realität genutzte Ort für die Aufnahme von Kleinplastiken, auch der begehrten Statuetten Leonhard Kerns aus Elfenbein, edlem Holz, Alabaster und Bronze, genannt. Nach Jenckel[98] zählten sie zu den sammelnswerten »Raritäten«, worunter er versteht, *was durch die Hand eines künstlichen Meisters ausgearbeitet und verfertiget wird.*

ANMERKUNGEN

1 So Bodo *Hedergott* im Katalog ›Deutsche Kunst des Barock‹. Ausstellung im Herzog Anton Ulrich-Museum Braunschweig. Braunschweig 1975, S. 74.
2 Joachim von Sandrarts Academie der Bau-, Bild- und Mahlerey-Künste von 1675. Leben der berühmten Maler, Bildhauer und Baumeister. Herausgegeben und kommentiert von A. R. *Peltzer,* München 1925, S. 224.
3 Elisabeth *Grünenwald,* Leonhard Kern. Ein Bildhauer des Barock. Schwäbisch Hall 1969, S. 39.
4 Abgedruckt bei Gertrud *Gradmann,* Die Monumentalwerke der Bildhauerfamilie Kern. Studien zur Deutschen Kunstgeschichte, Heft 198, Straßburg 1917, S. 157f.
5 Joachim *von Sandrart* (wie Anm. 2), S. 224.
6 Vgl. Elisabeth *Grünenwald,* Leonhard Kern (1588–1662). Ein Bericht über neue Forschungen zu seinem Werk. In: Württembergisch Franken 70/1986, S. 69–102, hier vor allem S. 71–73.
7 Vgl. Städtische Kunstsammlungen Augsburg, Bd. 2. Deutsche Barockgalerie, Katalog der Gemälde, 2. Auflage bearbeitet von Gode *Krämer,* Augsburg 1984, S. 116: Johann Heiss, Bildhauerakademie mit zwei weiblichen Modellen (zwischen 1679 und 1684/85); Herzog Anton Ulrich-Museum Braunschweig. Verzeichnis der Gemälde vor 1800, Braunschweig 1976, S. 31: Bildhauer-Akademie; Christoph Weigel (1654–1725) Abbildung und Beschreibung der gemein-nützlichen Hauptstände. Facsimile-Neudruck der Ausgabe Regensburg 1698, Nördlingen 1987, Abbildung gegenüber S. 194.
8 Nürnberg, Germanisches Nationalmuseum, Kupferstichkabinett, STN 10491.
9 *Weigel* (wie Anm. 7), S. 194.
10 *Grünenwald* (wie Anm. 3), S. 14 und Anm. 43 auf S. 33.
11 Ebd., S. 47 und Tafel 72.
12 Ebd., S. 16f.; Zitat nach Anm. 110 auf S. 35.
13 Ebd., S. 13f.
14 Ich stütze mich hier auf die beiden Publikationen von Elisabeth *Grünenwald* (wie Anm. 3 und 6).
15 Eine gute Zusammenfassung bietet der Artikel von Erich *Herzog*/Anton *Reß,* Elfenbein, Elfenbeinplastiken. In: Reallexikon zur Deutschen Kunstgeschichte, Bd. 4, Stuttgart 1958, Sp. 1307–1362, worauf ich mich zum Teil stütze.
16 *Weigel* (wie Anm. 7) nennt auf S. 454f. im Zusammenhang mit dem Kamm-Macher als wichtigstes Werkzeug zur Elfenbeinbearbeitung: Schrot- und Oerter-Säge, Schraubstock, Behau- und Schab-Messer, Bestoß-, Horn-, Pfropf- und Spitz-Feile *wie auch endlich die Filtz-Geige/ um die Kämme auf selbiger schön zu polliren und gläntzend zu machen.*
17 Berlin, Kupferstichkabinett der Staatlichen Museen der Stiftung Preußischer Kulturbesitz, KdZ 1328. Vgl. dazu: Lise Lotte *Möller,* Einige fürstliche Kunstförderer des 17. und frühen 18. Jahrhunderts im nördlichen Deutschland. In: Jörg *Rasmussen,* Barockplastik in Norddeutschland. Ausstellung im Museum für Kunst und Gewerbe Hamburg, Mainz 1977, S. 9–61, hier S. 38 und Anm. 123; desgleichen den Ausstellungskatalog von Ekhart *Berckenhagen,* Barock in Deutschland. Residenzen. Berlin 1966, S. 72f.; Hans-Joachim *Giersberg,* Über die Meere nach Afrika. In: Katalog ›Der Große Kurfürst. Sammler, Bauherr, Mäzen‹. Potsdam-Sanssouci 1988, S. 46–48.
18 Vgl. dazu hier S. 44f. und den Katalogbeitrag zu Nr. 36.
19 Vgl. hier S. 36.
20 Karl *Feuchtmayr*/Alfred *Schädler,* Georg Petel. 1601/2–1634. Berlin 1973, S. 106: Wachsbozzetto für Pokal mit Bacchanal, um 1630/33, heute Hamburg, Museum für Kunst und Gewerbe (Inv. Nr. 1877,280) und S. 105f: Pokal mit Bacchanal, um 1630/33, heute Augsburg, Städt. Kunstsammlungen (Inv. Nr. 10433).
21 Dazu *Herzog/Reß* (wie Anm. 15), Sp. 1348–1351.
22 Eugen *von Philippovich,* Elfenbein. München 1982, 2. Aufl. S. 430–433.
23 Ernst Friedrich *Bange,* Buchs, Buchsbaum. In: Reallexikon zur Deutschen Kunstgeschichte Bd. 3, Stuttgart 1954, Sp. 3–9.
24 Vgl. hier S. 37.
25 Ernst Friedrich *Bange,* Birn, Birnbaumholz. In: Reallexikon zur Deutschen Kunstgeschichte Bd. 2, Stuttgart 1948, Sp. 767f.
26 *Weigel* (wie Anm. 7), S. 217.
27 Guido *Schoenberger,* Alabasterplastik. In: Reallexikon zur Deutschen Kunstgeschichte Bd. 1, Stuttgart 1937, Sp. 294–323, hier Sp. 316, 312.
28 Neuenstein, Fürstlich Hohenlohesches Museum. Siehe *Grünenwald* (wie Anm. 3), S. 43.
29 Ebd., S. 47.
30 Hans Robert *Weihrauch,* Bronze, Bronzeguß, Bronzeplastik. In: Reallexikon zur Deutschen Kunstgeschichte Bd. 2, Stuttgart 1948, Sp. 1182–1210, hier Sp. 1204–1210.
31 *Weigel* (wie Anm. 7), S. 326.
32 *Grünenwald* (wie Anm. 3), S. 14.
33 Zusammenfassend *Weihrauch* (wie Anm. 30), Sp. 1183–1188.

34 Theophilus Presbyter, Schedula diversarum artium, hg. von Albert *Ilg*. Quellenschriften für Kunstgeschichte und Kunsttechnik des Mittelalters und der Renaissance, Bd. 7, Wien 1874, S. 250–260.
35 Benvenuto *Cellini,* Abhandlung über die Goldschmiedekunst und die Bildhauerei, Basel 1974, S. 100–109.
36 Zum Guß von Großplastiken weiter: Bernd *Höfler,* Herstellungsverfahren für monumentale Gußstandbilder bis zum 18. Jahrhundert, Diss. München 1977 (TU).
37 Hans Robert *Weihrauch,* Europäische Bronzestatuetten des 15.–18. Jahrhunderts, Braunschweig 1967, S. 22–28.
38 Bd. 1. Introduzione alle tre arti del disegno. Della scultura. Capitolo XI. Zitiert nach *Weihrauch* (wie Anm. 37), S. 27.
39 *Cellini* (wie Anm. 35), S. 110–114: »Kapitel IV. Wie man Öfen zum Schmelzen von Bronze konstruiert, sei es für Figuren, für die Artillerie oder andere Dinge«.
40 *Weihrauch* (wie Anm. 37), S. 25.
41 *Weigel* (wie Anm. 7), S. 327.
42 *Grünenwald* (wie Anm. 3), S. 14, 32.
43 Ebd., Anm. 43.
44 R. A. *Peltzer,* Philipp Hainhofer, ein deutscher Kunsthändler des 17. Jahrhunderts. In: Mitteilungen des Verbandes des deutschen Kunst- und Antiquitätenhandels, Jg. 1928, S. 30.
45 Hermann *Kellenbenz,* Augsburger Sammlungen. In: Welt im Umbruch. Augsburg zwischen Renaissance und Barock. Ausstellungskatalog, Bd. 1, Augsburg 1980, S. 76–88, hier S. 84f.
46 *Peltzer* (wie Anm. 44), und Oscar *Doering,* Des Augsburger Patriciers Philipp Hainhofer Reisen nach Innsburck und Dresden. Quellenschriften für Kunstgeschichte und Kunsttechnik des Mittelalters und der Neuzeit, N. F. Bd. 10, Wien 1901.
47 *Sandrart* (wie Anm. 2), S. 307.
48 M. *Bachtler*/ P. *Diemer*/ J. *Erichsen,* Die Bestände von Maximilians I. Kammergalerie. Das Inventar von 1641/1642. In: Quellen und Studien zur Kunstpolitik der Wittelsbacher vom 16. bis zum 18. Jahrhundert, hg. von Hubert *Glaser,* München/Zürich 1980, S. 210. – Zu Maximilian I. und den Sammlungen der Herzöge von Bayern auch: Gerhard *Händler,* Fürstliche Mäzene und Sammler in Deutschland von 1500–1620, Straßburg 1933.
49 Christian *Theuerkauff,* Zur Geschichte der Brandenburgisch-Preußischen Kunstkammer bis gegen 1800. In: Katalog ›Die Brandenburgisch-Preußische Kunstkammer. Eine Auswahl aus den alten Beständen‹ Berlin 1981, S. 13–33, dort auch Katalog-Nummer 89, S. 172–175. *Ders.,* Wandlungen einer Kunstkammer. In: Kunst und Antiquitäten 3/1980, Heft 3, S. 59–75, hier S. 70. *Ders.,* Die Bildwerke in Elfenbein des 16.–19. Jahrhunderts. Bildwerke der Skulpturengalerie Berlin, Bd. 2. Berlin 1986, S. 51–158. *Grünenwald* (wie Anm. 3), S. 32, Anm. 41; Claudia *Meckel,* Der Groß-Kurfürst und die Brandenburgische Kunstkammer. In: Katalog ›Der Große Kurfürst‹ (wie Anm. 17) S. 63, 68.
50 *Grünenwald* (wie Anm. 3), S. 39 Nr. 18.
51 *Theuerkauff* (1981) (wie Anm. 49), S. 183f. *Ders.* (1986) (wie Anm. 49) S. 164–167.
52 Werner *Fleischhauer,* Die Geschichte der Kunstkammer der Herzöge von Württemberg in Stuttgart, Stuttgart 1976.
53 Ebd., S. 66, und *Grünenwald* (wie Anm. 3), S. 50. Vgl. hier den Beitrag von L. L. Möller.
54 *Fleischhauer* (wie Anm. 52), S. 70.
55 *Grünenwald* (wie Anm. 3), S. 45.
56 *Fleischhauer* (wie Anm. 52), S. 124; *Ders.,* Die Kunstsammlungen der Herzöge von Württemberg-Neuenstadt. In: Württembergisch Franken 58/1974, S. 221–229.
57 Vgl. Katalog ›Deutsche Kunst des Barock‹ (wie Anm. 1), S. 73–75.
58 Franz-Adrian *Dreier,* Zur Geschichte der Kasseler Kunstkammer. In: Zeitschrift des Vereins für hessische Geschichte und Landeskunde 72/1961, S. 123–142; *Ders.,* Unbekannte Elfenbeinarbeiten von Leonhard Kern und zwei Reliefs aus der Drehbank des Landgrafen Carl von Hessen. In: Pantheon 22/1964, S. 96–106.
59 *Grünenwald* (wie Anm. 3), S. 41f.
60 *Dreier* (1964) (wie Anm. 58).
61 Karl *Schumm,* Das Hohenlohe-Museum in Neuenstein. In: Württembergisch Franken 24/25, 1949/50, S. 216–236; vor allem die ausführliche Darstellung von Anna-Franziska *von Schweinitz,* Die Kirchberger Kunstkammer in Schloß Neuenstein. Beiträge zur Rekonstruktion. In: Württemberisch Franken 71/1987, S. 197–259.
62 Ebd., S. 198.
63 Ebd., S. 198, 201, 209.
64 *Grünenwald* (wie Anm. 3), S. 9.
65 Vgl. dazu: Heinrich *Zimermann,* Franz v. Stamparts und Anton v. Prenners Prodromus zum Theatrum artis pictoriae. In: Jahrbuch der kunsthistorischen Sammlungen des allerhöchsten Kaiserhauses, Bd. 7, Wien 1888, Nr. 4584.
66 Julius *von Schlosser,* Die Kunst- und Wunderkammern der Spätrenaissance. Ein Beitrag zur Geschichte des Sammelwesens, Braunschweig 1978, 2. Aufl., dort vor allem S. 45–127.
67 *Kellenbenz* (wie Anm. 45).
68 Otto *Fischer,* Geschichte der Öffentlichen Kunstsammlung. In: Festschrift zur Eröffnung des Kunstmuseums Basel 1936. Dort die Abschnitte zu den Sammlungen des 16. und 17. Jahrhunderts (ohne Seitenzahlen).
69 Zur Sammlung des Ulmer Kaufmanns Christoph Weickmann (seit 1653) das gedruckte Verzeichnis: EXOTICOPHYLACIUM WEICKMANNIANUM, Ulm 1659; Führer durch das Ulmer Museum, Ulm 1966, 2. Aufl., S. 59–61.
70 Ulrich *Bischoff,* Zur Entstehung von bürgerlichen Kunstsammlungen in Deutschland. In: Der Mensch um 1500. Werke aus Kirchen und Kunstkammern. Ausstellungskatalog, Berlin 1977, S. 37–46; zu Willibald Imhoff ebd., S. 47–53.
71 S. 165.
72 Th. *Hampe,* Kunstfreunde im alten Nürnberg und ihre Sammlungen (Nebst Beiträgen zur Nürnberger Handelsgeschichte). In: Mitteilungen des Vereins für Geschichte der Stadt Nürnberg, 16. Heft, Nürnberg 1904, S. 57–124, hier S. 97f.
73 *Grünenwald* (wie Anm. 3), S. 44.
74 Vgl. hier S. 36.
75 S. 105f und 108.
76 Aus »Joh. Friedrich v. Uffenbach's (1687–1769) Nachlass«: Cod. Uffenbach 35. Vgl. Verzeichnis der Handschriften im Preussischen Staate. I Hannover 3. Göttingen 3, Berlin 1894, S. 295f.
77 Zitiert nach *Grünenwald* (wie Anm. 3), Anmerkung 43 auf S. 33.
78 Vgl. *Dreier* (1964) (wie Anm. 58), und *Grünenwald* (wie Anm. 3), S. 41.
79 Ebd., S. 33.
80 Siehe hier S. 36.
81 *Grünenwald* (wie Anm. 3) nennt unter Hinweis auf das handschriftliche Inventar acht Objekte von Kerns Hand, S. 33.
82 Vgl. *Weihrauch* (wie Anm. 37): Die Kleinbronze als Sammelobjekt, S. 459–475.
83 Dazu *Schlosser* (wie Anm. 66); Gustav *Klemm,* Zur Geschichte der Sammlungen für Wissenschaft und Kunst in Deutschland, Zerbst 1838, 2. Aufl.; B. J. *Balsinger,* The ›Kunst- und Wunderkammern‹. A Catalogue raisonné of collecting in Germany, France and England, 1565–1750, Phil. Diss. Pittsburgh/PA, 1970.
84 Zusammenfassend dazu Christian *Theuerkauff,* Zum Bild der ›Kunst- und Wunderkammer‹ des Barock. In: Alte und moderne Kunst, Heft 88, Salzburg 1966, S. 2–18.
85 Rudolf *Berlinger,* Zur älteren Geschichte der allgemeinen Museumslehre in Deutschland. In: Münchner Jahrbuch der Bildenden Kunst, N. F. Bd. 5/1928, S. 327 (117)–352 (142), hier zu Quiccheberg S. 328–331.
86 Ebd., S. 331.
87 Diese Auffassung gilt teilweise auch noch im 18. Jahrhundert. Vgl. Johannes *Zahlten,* Bildprogramme als Bildungsprogramm. Ein Porträt der Gandersheimer Äbtissin Elisabeth Ernestine Antonie von Sachsen-

Meiningen und ihr Schloß Brunshausen. In: Niederdeutsche Beiträge zur Kunstgeschichte, Bd. 16/1977, S. 69–82, hier S. 77.

88 Adam *Olearius,* Gottorfische Kunstkammer, Schleswig 1674, S. a3^{v}; zu Olearius: Gottorfer Kultur im Jahrbuch der Universitätsgründung. Ausstellungskatalog, hg. von Ernst *Schlee,* Flensburg 1965, S. 82–89, 280–312.

89 Teil I, S. 2; vgl. dazu auch: Marielene *Putscher,* Ordnung der Welt und Ordnung der Sammlung. In: Circa tiliam. Studia Historiae medicinae Gerrit Arie Lindeboom septuagenario oblata, Leiden 1974, S. 256–277.

90 Cap. VII. §2; vgl. auch *Berliner* (wie Anm. 85), S. 332.

91 Cap. VII. §7.

92 MUSEUM BRACKENHOFFERIANUM (Straßburg 1683) S. 3.

93 Dazu ausführlich *Berliner* (wie Anm. 85), S. 333–336.

94 Ebd., S. 339.

95 S. 426f.

96 S. 428.

97 S. 2: *»Das II. Capitel. Von denen unterschiedenen Benennungen ins besondere.«*

98 S. 407; vgl. auch *Berliner* (wie Anm. 85), S. 338–340.

Leonhard Kerns Kunst

Von Claus Zoege von Manteuffel

Der Bildhauer Leonhard Kern fand schon zu Lebzeiten große Verehrung und hatte – auch wirtschaftlich – großen Erfolg. Der »erste deutsche Kunsthistoriker«, der Maler Joachim von Sandrart, erwähnt in seiner ›Academie der Bau-, Bild- und Mahlerey-Künste‹ (1675) von den deutschen Bildhauern seines Jahrhunderts nur Georg Petel und Leonhard Kern. Doch während Petel heute noch (oder wieder) höchste Anerkennung findet, seine Kunst fast jedem spontan eingeht, ist der Zugang zu Leonhard Kerns Werk schwerer. Das liegt nicht nur daran, daß der Blick auf seine Meisterwerke von einer Unzahl geringerer Werkstattarbeiten verstellt ist, daß die Vergröberung seines Stils durch seine Gesellen und Nachfolger auch das Bild seiner Kunst trübt. Es liegt ebenfalls an seinem Stil selbst. Georg Petel gibt seinen Kleinplastiken barocken Schwung und Bewegung Rubensscher Prägung. Seine Kunst ist lebhaft und fortschrittlich. Kern ist verhaltener, strenger, spröder; kaum ein barocker Zug taucht auf. Mitten im 17. Jahrhundert, der Zeit des Hochbarock, vertritt er eine eher statische Spätrenaissance; er ist altmodisch. Die strenge, manchmal etwas harte Bildung seiner kleinen Figuren wirkt abweisend. Man muß sich den Zugang zu ihnen erarbeiten. Man muß sie erst sehen lernen, um ihre Schönheit, ihre hohe Qualität zu erkennen, sich an ihnen zu erfreuen.

Die Mehrzahl der deutschen Bildhauer des 17. Jahrhunderts, die auch die großen kirchlichen Aufträge im süddeutschen Gebiet im Zuge der Gegenreformation ausführten, fußten unmittelbar auf der handwerklichen Tradition der Spätgotik, in die sie – über niederländische Künstler und Graphik vermittelt – Elemente der italienischen Renaissance- und Barockkunst, das heißt der internationalen Stilentwicklung, einbrachten. Sie behielten aber im Aufbau der Figur und insbesondere in der Ausdruckssprache der frei geformten Gewänder ganz die gotische Struktur bei. Damit bahnten sie den Weg zu der einmaligen und unübertroffenen Ausdruckskunst der süddeutschen Barockplastik des 18. Jahrhunderts. Die internationale Kunst ging im 17. Jahrhundert längst ganz andere Wege. Wenn man überhaupt selten von einer Stileinheit in Europa sprechen kann, so vielleicht am wenigsten in diesem Jahrhundert; und in Süddeutschland trafen die weit divergierenden Richtungen der Plastik unmittelbar aufeinander. In Augsburg, München und Prag arbeiteten die niederländischen Bildhauer Adriaen de Vries und Hubert Gerhardt in einem eindrucksvollen italianisierenden Frühbarockstil. Hans Krumpper, Hans Reichle, Ferdinand Murmann und andere versuchten, es ihnen gleichzutun. Sie schufen eine deutsche Variante des italoflämischen Frühbarock.

Petel und Kern gingen mit ihrer Kleinplastik jeweils individuell einen anderen Weg. Daß sie das konnten, hängt mit der Stellung der Kleinplastik in der Kunstwelt der Zeit zusammen. Während die Großplastik ausschließlich im Auftrag gearbeitet wurde, also an den geschmacklichen Bedarf der Gesellschaft gebunden war, wurde die Kleinplastik für Sammler und Liebhaber geschaffen. Der Künstler konnte einen persönlichen Stil entwickeln, mit dem er, wenn er den Geschmack der Sammler traf, einen Anteil auf dem Markt eroberte. Leonhard Kern ist dies glänzend gelungen.

Petel hat die entscheidenden Impulse für seinen persönlichen Stil von Peter Paul Rubens erfahren. Er hat mehrmals längere Zeit in dessen großem Malatelier in Antwerpen verbracht, in dem Rubens immer auch Bildhauer beschäftigte. Petel hat den barocken Mal- und Zeichenstil seines Meisters in einen durchaus eigenen plastischen Stil übersetzt, der sich charakteristisch von dem der flämischen Bildhauer des Rubenskreises und natürlich auch von dem der italienischen Zeitgenossen unterscheidet.

Kern ging nach Lehre und erster Tätigkeit mit 21 Jahren für fünf Jahre (1609–1614) nach Italien. Frühe Werke aus der Zeit danach zeigen deutlich seinen Anschluß an die Plastik der italienischen Spätrenaissance. Es sind schnitzerisch vollkommene Arbeiten von hoher Qualität, die aber noch etwas weich und spannungslos gegenüber seinen reifen Werken wirken. Um 1630 entwickelte Kern seinen eigenen, unverwechselbaren Stil. Die Figuren stehen ruhig, ein wenig steif (nicht gelassen), die Muskulatur ist gleichmäßig angespannt (nicht locker), die Gesichter sind ruhig, nur selten mit einem leichten Ausdruck von Schmerz oder Freude. Die Details, zum Beispiel Frisuren, Gesichtszüge, Beiwerk, sind minutiös, auf das sorgfältigste und sehr differenziert ausgearbeitet. Der Reduktion steht die Entwicklung einer anderen Qualität gegenüber – und damit kommen wir zur eigentlichen Charakteristik und künstlerischen Bedeutung von Kerns Stil. Die Körperformen werden kompakt. Die

Körper setzen sich aus konvexen Rundformen zusammen, die so wirken, als sei ihre Oberfläche prall gespannt, als herrsche darunter ein starker Druck. Diese sozusagen abstrakte plastische Kraft und Spannung ersetzt die organische Kraft und Spannung einer naturalistischen Wiedergabe von Muskulatur. An die Stelle einer natürlichen Lebendigkeit und Beweglichkeit tritt eine künstliche, eine kunstvolle, eine künstlerische Kraft und Spannung, die als eigenständiges Kunstelement so stark ist, daß sie den Figuren eine eigentümliche – nichtorganische – Lebendigkeit gibt.
Bei vielen Gesellenwerken aus der Werkstatt Kerns wird diese abstrahierende künstlerische Sprache so weit getrieben, daß die Körper gleichsam aus stereometrischen Gebilden, Kugelsegmenten und Walzen zusammengesetzt sind. Damit verlieren sie die Spannung, sie werden flau und kraftlos. Leonhard Kerns plastische Körperformen sind nie gänzlich auf stereometrische Körper reduziert. Es sind schwellende, prall gespannte Rundungen sehr verschiedener Gestalt, die aufeinander bezogen und zum Ganzen einer Figur komponiert sind. Und darin werden der Abstand Kerns von seiner Werkstatt und seine hervorragende künstlerische Potenz vielleicht am deutlichsten: seine körperlichen Kunstgebilde wirken organisch, zum einen, weil er doch sorgfältig Formen »für« Muskulatur, Knochen, Rückgrat in anatomisch richtiger Anordnung gibt, und zum anderen, weil seine Körpergebilde folgerichtig und damit sozusagen künstlerisch–organisch durchdacht und lebendig aufgebaut sind.
Man könnte zugespitzt sagen: In Leonhard Kerns Figuren vereinigen sich Qualitäten abstrakter und naturalistischer Kunst, deren spannungsvolle Beziehung zueinander wesentlich die künstlerische Spannung und damit die Lebendigkeit, den Ausdruck dieser Kunstwerke ausmacht. So betrachtet, macht manche Steifheit, Härte, Unbeweglichkeit an diesen Figuren, die uns zunächst den Zugang erschwerte, Sinn. Wir lernen, diese Kunstwerke in ihrer Sprache zu verstehen. Wir können das wohl heute um so eher, da vergleichbare Spannungsverhältnisse und Beziehungen in der modernen Kunst nicht selten sind.
Leonhard Kern – der Maillol des 17. Jahrhunderts? Wäre es richtig, eine solche persönliche, dem Stil der Zeit entgegenlaufende künstlerische Eigenleistung, die Entwicklung eines ganz eigenen Individualstils mit der individuellen und isolierten Kreativität der Neuzeit gleichzusetzen? Gewiß nicht, aber es zeigen sich in diesem Phänomen schon vorausweisende Ansätze; und das oben bereits erwähnte Faktum der Produktion für den Markt der Sammler anstelle der Ausführung von Aufträgen erscheint in diesem Zusammenhang als ein entsprechender Aspekt.
Die Entwicklung eines Individualstils mit einer abstrakten Formkomponente ist nun aber, zumal im 17. Jahrhundert, kein unabhängiger Geniestreich aus dem Nichts. Die Elemente dafür standen zur Verfügung und haben sehr lange Tradition. Die europäische Kunst nördlich der Alpen besteht seit dem Altertum, insbesondere seit der Blütezeit der Kelten im ersten Jahrtausend vor Christus, in einer Auseinandersetzung mit der überlegenen Kunst der klassischen Antike des Mittelmeergebiets. Deren künstlerische Sprache der Wiedergabe oder Wiederschöpfung organischer Körperlichkeit werden immer wieder andere künstlerische Sprachelemente und Formprinzipien entgegengesetzt. Viele davon gehören zu dem weiten Feld des Ausdrucks in nichtorganischen, abstrakten, »reinen« Formen. Und unter diesen spielt die »anorganische« Plastizität seit Anbeginn eine große Rolle. Wir begegnen ihr in den strengen kraftvollen Formen der Ottonischen Plastik des 10. Jahrhunderts, die sich von der antikisierenden karolingischen Kunst absetzt. Wir finden sie in der romanischen Plastik und der frühgotischen französischen Monumentalskulptur im 12. Jahrhundert, und immer wieder, so auch in der deutschen Spätgotik und der französischen Renaissance. Gemeint ist die Fähigkeit, einer plastischen Form, einem Körper Lebendigkeit und Ausdruck außerhalb des Bereichs der Wiedergabe des Organischen zu geben. Das Wichtigste an dieser Plastizität ist die Spannung und Lebendigkeit der Oberfläche. Man spürt an der Oberfläche gleichsam eine Kraft, die aus der plastischen Form drängt. Meist sind es einfache Konvexformen, oft aber auch kompliziertere Gebilde mit gleichsam eigenem organischem Leben. Im 17. Jahrhundert begegnet uns in Süddeutschland diese »anorganische Plastizität« häufig, zum Beispiel bei den erwähnten gotisierenden Meistern der Sakralkunst und in Ansätzen auch bei den deutschen Vertretern der italoflämischen Richtung, ja sogar – bei genauem Hinsehen – in Werken von Petel.
Würden wir künstlerische Kraft, Qualität und Ausdruck nur an der stilgeschichtlichen Fortschrittlichkeit messen (wie es zuweilen die Kunstgeschichtsschreibung tut), so wäre Leonhard Kern ein nicht nur altmodischer, sondern rückschrittlicher Künstler, der den Zug der Zeit zum Barock nicht begriff und seine italienischen Vorbilder in provinzieller Weise zu etwas steifen und plumpen Figuren reduzierte. Sähen wir den Wert künstlerischer Leistung allein in der unabhängigen individuellen Schöpfung, so könnten wir den gegen den Strom schwimmenden Leonhard Kern vielleicht als den größten Bildhauer des 17. Jahrhunderts mißverstehen. Keines von beiden ist richtig. Es kann letztlich nicht unser Ziel sein, Kern abschließend wertend im 17. Jahrhundert einzuordnen. Das bringt uns nicht weiter und seine Kunst uns nicht näher. Diese kunsthistorische Betrachtung seines Stils sollte vielmehr dazu führen, sein Werk in seiner Qualität und seiner Kraft zu erkennen.

Leonhard Kern und Italien

Von Fritz Fischer

Leonhard Kern hat von 1609 bis 1614 in Italien gelebt. Zwei Quellen des 17. Jahrhunderts berichten davon[1]. Der früheste Hinweis stammt vom Künstlerbiographen Joachim von Sandrart, einem Zeitgenossen Kerns. Er stellte fest, Kern habe *sich lange in Italien aufgehalten und sowolen in der Bildhauer-Kunst, darinn er bekanntermaßen excelliert, als auch in der Architectur geübet*[2]. Die zweite Quelle ist etwas ausführlicher. Der Nachruf, der 1662 in Schwäbisch Hall auf den Künstler gehalten und in das Pfarrbuch seiner Gemeinde niedergeschrieben wurde, enthält Angaben zur Reiseroute[3]. Demnach dürfte Kern mit 21 Jahren von Würzburg aus, wo er eine Lehre bei seinem älteren Bruder absolviert hatte, nach dem Süden aufgebrochen sein[4]. Als Stationen sind Rom, Neapel und Venedig sowie – ein ganz erstaunlicher Abstecher – Mauretanien, das heutige Marokko/Algerien, belegt. Am längsten, nämlich zwei Jahre, hat sich Kern in Rom aufgehalten, *da er auf der Academi die Kunst nach lebendigen Menschen zu bilden Gelegenheit zu ergreiffen bekommen*[5]. Danach habe er *seine Heimreise auf Venedig und durch Italien in Dalmatien, Sclavonium und Windisch Marckt angestellet*[6].

Mit diesen spärlichen Informationen muß man sich vorläufig begnügen, denn weitere schriftliche Quellen sind bislang nicht entdeckt worden, die über Kerns Italienaufenthalt informieren. Auch Werke, die er während der immerhin fast vier Jahre in Italien geschaffen haben könnte, sind bis jetzt nicht aufgetaucht. Um zu erschließen, welche Kunstwerke in Italien den jungen Bildhauer beeindruckten, woran er sich orientierte, sind wir also auf die Skulpturen verwiesen, die er nach seiner Rückkehr im Norden geschaffen hat.

Daß Kern in seinen Bildwerken Skulpturen, Gemälde oder Stiche verarbeitete, die er in Italien gesehen hat, ist von der Forschung schon vielfach festgestellt worden[7]. Als mögliche Vorbilder werden meist Skulpturen der Antike sowie des 16. Jahrhunderts angeführt; Arbeiten von Michelangelo, Giovanni Bologna und Sansovino werden dabei am häufigsten genannt[8]. In diesem Zusammenhang wird von den meisten Autoren beklagt, Kern verfahre mit den Vorbildern eklektizistisch, sei »ein typischer Akademiker«[9] und »verwechsle schöpferische Weite mit Artismus«[10]. Dagegen heben andere hervor, er setze die Vorbilder höchst eigenwillig um, in geradezu demonstrativem Desinteresse am Stil seiner Zeitgenossen[11]. Sicher ist zutreffend, daß sich Kern motivisch eher an Kunstwerken des 16. Jahrhunderts orientierte als an zeitgenössischen. Doch weder wiederholt er diese einfach, noch gestaltet er sie unabhängig neu. Vielmehr setzt er die Vorbilder auf eine erstaunlich moderne Weise um. Es soll im Folgenden gezeigt werden, worin diese Umsetzung besteht und daß dafür Kerns Aufenthalt in Rom und besonders die Ausbildung an der *Academi* eine zentrale Rolle gespielt haben.

Die aus Elfenbein geschnitzte Sebastiansstatuette in der Schatzkammer der Münchner Residenz zählt zu den wenigen signierten Stücken Kerns und wird in die frühen zwanziger Jahre des 17. Jahrhunderts datiert (Abb. 1)[12]. Sie gehört damit zum Frühwerk Kerns[13], das den Einfluß Italiens noch am unmittelbarsten spiegeln müßte. Insofern bildet sie einen geeigneten Ausgangspunkt für die Untersuchung. Dargestellt ist das Martyrium des heiligen Sebastian. Nackt bis auf einen Lendenschurz, von Pfeilen getroffen und die Hände über dem Kopf zusammengebunden, blickt der Heilige nach oben. Die Figur wird von einem Baum, der aus einer Koralle gebildet ist, hinterfangen. Kern hat einen seltenen Darstellungstypus gewählt. Meist wird der Heilige mit einem an einem Ast hochgebundenen Arm oder auf dem Rücken gefesselt dargestellt[14]. Grünenwald führt die Körperhaltung der Statuette auf eine antike Skulptur zurück, bei der sich in der Armhaltung gewisse Entsprechungen ausmachen lassen[15]. Unmittelbar läßt sich Kerns Figur jedoch von italienischen Sebastiansdarstellungen des 16. und frühen 17. Jahrhunderts herleiten, etwa von denen Pordenones[16], Palma il Giovanes[17], Giovanni de Vechis[18] oder Renis[19]. Motivisch besonders nahe steht sie einem Gemälde von Francesco Francia (zerstört, ehemals S. Giuseppe fuori Porta Saragozza, Bologna), das Agostino Carracci 1580 in Kupfer gestochen hat (Abb. 2)[20]. Die Körperhaltung bis hin zur Art der Fesselung und der nach oben gerichtete Blick entsprechen sich weitgehend. Deshalb scheint es denkbar, daß Kern den Stich Carraccis oder zumindest eine ähnliche Darstellung im Sinn einer Vorlage verarbeitet hat. Dabei hat sich Kern nur der italienischen Bilderfindung, der »inventio«, bedient. Er kommt trotz der motivischen Anleihe zu einem ganz anderen Ergebnis, denn er bildet den Akt

1 Leonhard Kern, hl. Sebastian, um 1620. München, Residenzmuseum, Schatzkammer

keineswegs klassisch. Die Hüften sind breit und weiblich konturiert, die Bauchdecke wölbt sich nach vorn, die Brust ist flach. Entgegen der Tradition, den Heiligen als muskulösen, jungen Helden zu zeigen, stellt ihn Kern als pubertierenden Halbwüchsigen vor. Die signierte Statuette kann als Lehrstück dafür gelten, wie Kern mit einem Vorbild umgeht: Trotz der fremden *inventio* tritt sein persönlicher Stil, seine *maniera*, klar hervor[21].

Wie wir aus schriftlichen Quellen wissen, kritisierten Kerns Zeitgenossen die Übernahme einer fremden *inventio* nicht, solange der Künstler sich nicht auch von der *maniera* des Vorbildes beeinflußt zeigte[22]. Wußten die Betrachter um das Vorbild – was gerade bei der gebildeten Auftraggeberschaft, für die Kern arbeitete, naheliegt – konnten sie die maniera des Bildhauers um so besser beurteilen und goutieren[23]. Die Statuette besitzt also jene Qualitäten, die die Sammler von Kunstkammerstücken im 17. Jahrhundert zu schätzen wußten und die wohl den Ruhm von Kerns Skulpturen unter den Zeitgenossen ausgemacht haben: die Verwendung eines unkonventionellen Darstellungstypus sowie die Verarbeitung eines »klassisch-italienischen« Vorbildes als anspruchsvolle Zeichen eines internationalen künstlerischen Horizonts, die prägnant wie eine Signatur erscheinende maniera des Bildhauers und die Virtuosität in der Schnitzkunst, die bei der Aktwiedergabe am besten beurteilt werden kann.

Eine Gegenüberstellung der Skulptur mit einem berühmten, häufig kopierten »Kunststück«, der etwa gleichzeitig entstandenen Sebastiansstatuette von Georg Petel im Bayerischen Nationalmuseum in München, macht die maniera Kerns noch greifbarer[24] (Abb. 3). Die Figuren unterscheiden sich in der Aktwie-

2 Francesco Francia, hl. Sebastian. Nachstich von Agostino Carracci nach dem zerstörten Gemälde, 1580

3 Georg Petel, hl. Sebastian, 1630/31. München, Bayerisches Nationalmuseum

dergabe grundsätzlich. Auch Petel hat sich *nach Rom erhoben, ... woselbst ... er seine Manier so wol nach denen Antichen als Modernen eingerichtet*[25]. Auch seine Figur ist ein Reflex auf diesen Aufenthalt. In den klassisch stilisierten, letztlich von der antiken Skulptur herzuleitenden Körperproportionen wird dies am deutlichsten. In der stofflichen Charakterisierung, der subtilen Wiedergabe der Epidermis, stehen sich die Bildhauer gegenseitig in nichts nach. Doch bleibt der Unterschied fundamental: hier idealische Schönheit, eine Übertragung rubensscher Sinnlichkeit in Skulptur[26], dort Naturnähe fern jedes Schematismus und bar von Liebreiz; Realismus an der Grenze zur Häßlichkeit.

Auf diese Weise unterscheidet sich Kerns Statuette jedoch nicht nur von der Petels. Ein ähnlich stark ausgeprägter Realismus in der Aktwiedergabe findet sich meines Wissens in der gesamten gleichzeitigen deutschen Skulptur nicht. Bei keinem Bildhauer geht Wahrhaftigkeit so vor Schönheit. Offenbar haben die Sammler diese Eigenart der Kernschen Stücke hoch geschätzt. Und schon früh verlegt sich Kern auch ausschließlich wie kein zweiter Bildhauer seiner Zeit darauf, Aktfiguren zu schnitzen. Damit knüpft er geschickt an einen Sammlergeschmack an, der schon im 16. Jahrhundert bestanden hat, als die ebenfalls staunenswert naturnah gebildeten Aktfiguren eines Ludwig Krug, Konrad Meit oder Hans Weiditz zu den teuer bezahlten Prunkstücken einer Kunstkammer gehörten. Ein stilistischer Bezug zwischen den Werken Kerns und der deutschen Kleinplastik der Renaissance, wie er häufiger konstatiert wird[27], besteht jedoch nicht. Denn realistisch sind die Aktdarstellungen der Meister des 16. Jahrhunderts nur im Detail, insgesamt bleiben die Figuren einer strengen Stilisierung unterworfen. Das Gegenteil trifft für den Realismus der Skulpturen Kerns zu. Seine Figuren beeindrucken gerade durch ihre lapidare Einfachheit. Diese Eigenschaft ist es wohl auch, die sie so »modern« wirken läßt.

Zu einer solch realistischen Aktwiedergabe konnte der Bildhauer nur mittels intensiven Studiums nach dem lebenden Modell gelangen. Diese Vorgehensweise zu erlernen, hat Kern, wie im Nekrolog gesagt, an der *Academi* in Rom die *Gelegenheit zu ergreiffen bekommen*[28]. Daß er das Erlernte auch anwendete, ist an der Sebastiansstatuette abzulesen, aber auch schriftlich zu belegen. 1626 schreibt Kern: *Sonsten hab ich neulich ein Cruzifix Model nach einem schönen wollgestalten lebendigen Man gebosiert, den ich auffgehenkt an ein Creutz gebunden und nach solchem Model ein Cruzifix von Helffenbein 16 Zol groß gemacht*[29]. Kerns Ausbildung an der *Academi* in Rom bildete den Grundstein für seine glänzende Karriere im Norden, die ihresgleichen sucht[30]. Insofern ist es verständlich, daß im Nachruf auf den Bildhauer 50 Jahre nach dessen Italienaufenthalt nichts über die Tätigkeit in der Fremde berichtet wird, außer eben über seine Schulung an der *Academi* in Rom.

Grünenwald setzt voraus, daß mit der im Nekrolog genannten römischen *Academi* die offizielle »Accademia San Luca« gemeint sei[31]. Über die Art des Unterrichts dort sind wir nur mangelhaft informiert[32]. Doch ist bekannt, daß zumindest von 1596 an das Zeichnen und Bossieren nach dem lebenden Modell ein wichtiger Bestandteil des »Lehrplans« war und den Abschluß der gesamten Ausbildung darstellte[33]. Vielleicht hat Kern aber auch nur an einer jener Zusammenkünfte von eher privatem Charakter teilgenommen, bei denen Zeichnen nach der Natur gelehrt wurde und die nach damaligem Sprachgebrauch ebenfalls Akademien genannt wurden[34]. Nachzuweisen ist Kerns Anwesenheit an der Accademia San Luca vor Ort nicht, was sich allerdings mit dem für den fraglichen Zeitraum nur lückenhaft erhaltenen Quellenmaterial erklären ließe. Welche Akademie Kern besuchte, ist jedoch letztlich nicht entscheidend, denn um 1610 verfolgte der Unterricht aller Akademien dasselbe Ziel: ein neues, intensives Naturstudium[35]. Als Protagonisten dieser die Kunst bewußt erneuernden Bewegung gelten bekanntlich die Mitglieder der Malerfamilie Carracci, Gründer der Bologneser »Accademia degli Incamminati« und seit dem Ende des 16. Jahrhunderts mit nicht zu überschätzendem Einfluß in Rom tätig[36]. Sie forderten, daß neben das Studium der anerkannten Vorbilder, also der Antike und der großen Maler des 16. Jahrhunderts, das Naturstudium treten müsse[37].

Zeichnungen von Schülern der Akademie, die nachweislich im Zusammenhang mit der Ausbildung entstanden sind und Kerns in Rom erlernte Arbeitsweise illustrieren könnten, sind aus der Zeit um 1610 nicht bekannt. Statt dessen sei der Statuette Kerns exemplarisch eine Zeichnung Annibale Carraccis gegenübergestellt, die sich deutlich als Modellstudie zu erkennen gibt. Annibale hat sie für die Darstellung eines Hieronymus angefertigt (Abb. 4)[38]. Eine Reihe von Gemeinsamkeiten lassen sich trotz des unterschiedlichen Mediums feststellen. Ohne in Detailrealismus zu verfallen, benutzt Annibale die Zeichnung nicht nur dazu, die Körperhaltung des Modells, sondern auch die individuellen Charakteristika des Körpers auf realistische Weise zu erfassen. Den Kopf dagegen gibt er, wie bei Modellstudien üblich, nur schemenhaft an. Auch Kern hat seine Studien offenbar nur zum Teil in das ausgeführte Werk übertragen. Jedenfalls ist der Kopf des Sebastian im Unterschied zur Rumpfpartie nicht individuell charakterisiert. Er entspricht vielmehr einem Typus, den Kern sehr häufig verwendet hat. Natürlich soll hier keine Abhängigkeit Kerns von Carracci konstruiert werden. Die Analogien zeigen jedoch, daß Kern die in Rom propagierten Neuerungen aufgegriffen hat. Das wird besonders deutlich, wenn man sich die Genese der Sebastiansstatuette klarmacht: Kern hat sich sowohl einer Vorlage des 16. Jahrhunderts als auch einer Modellstudie bedient. Das Modell mußte also wahrscheinlich die im Vorbild gegebene Körperhaltung entsprechend den Angaben des Bildhauers nachstellen. Insofern erfüllt Kern die Forderungen der von den Carracci eingeleiteten Reform, das Studium anerkannter Vorbilder und der Natur miteinander zu verbinden. Er hat das Vorbild somit keineswegs in eklektizistischer Manier, sondern auf eine höchst moderne Weise umgesetzt. Diese Beobachtungen lassen sich verallgemeinern, denn Kern ist nicht nur bei der Sebastiansstatuette so vorgegangen.

4 Annibale Caracci, Modellstudie für einen hl. Hieronymus, nach 1602. Windsor Castle

In der Figur des Adam der Adam und Eva-Gruppe, die um 1635/40 datiert und in der Berliner Skulpturengalerie aufbewahrt wird, spiegeln sich, wie Theuerkauff gezeigt hat, mehrere antike Vorbilder[39]. Besonders nahe stehe die Skulptur dem berühmten Meleager, den Kern in Rom gesehen haben könnte (Abb. 5)[40]. Der Figurenaufbau, der prononciert vorgetragene Kontrapost, die starke Wendung des Kopfes und vor allem das Motiv der auf den Rücken gelegten rechten Hand sind in der Tat ähnlich genug, um anzunehmen, Kern habe die Antike im Sinn einer Vorlage verwendet. Gleichzeitig ist ähnlich wie bei der Sebastiansstatuette ein individuell ausgeprägter Akt zu erkennen. Der muskulöse Oberkörper kontrastiert auffallend mit dem etwas verfetteten Bauch und den fleischigen Hüften. Die Erklärung dafür wird wiederum in der Verwendung einer Modellstudie liegen[41]. Auch hier ist im Unterschied zum Körper der Kopf schematisch gebildet und entspricht dem schon erwähnten Typus, den Kern offenbar über viele Jahre verwendet hat.

Ähnliches läßt sich für die im Victoria und Albert Museum in London aufbewahrte und zum Frühwerk gezählte Gruppe »Opfer Abrahams« (Kat. Nr. 74) feststellen[42]. Sie reflektiert motivisch Herakles und Kakus-Gruppen des 16. und frühen 17. Jahrhunderts, die ihrerseits antike Gruppen variieren, wie etwa die Baccio Bandinellis (Abb. 6) auf der Piazza della Signoria in Florenz (1534)[43] oder Stefano Madernos im Albertinum in Dresden (um 1610)[44]. Die Plazierung des Isaak zwischen den Füßen des Abraham entspricht der des Kakus unter Herakles. Die komplizierte Körperdrehung des Abraham ist von der

5 Meleager, Römische Kopie nach Skopas. Rom, Vatikanische Museen

6 Baccio Bandinelli, Herkules und Kakus, 1534. Florenz, Piazza della Signoria

Figur des Herakles herzuleiten. Die eigentümlich lange und ebenmäßige Rumpfpartie des Abraham scheint hingegen wieder ein Modellstudium vorauszusetzen.
Als weiteres, besonders überzeugendes Beispiel für die Arbeitsweise Kerns soll der gute Schächer aus der Wiener Kreuzigungsgruppe angeführt werden, eine einstimmig Kern zugeschriebene und zu seinem Frühwerk gezählte Arbeit (Abb. 7)[45]. Hermann Fillitz glaubt, die Komposition der Gruppe folge einem Stich von Ph. und Th. Galle nach einem Gemälde von Stradanus in SS. Annunziata in Florenz[46]. Kern könnte das Gemälde, von dem zwei Fassungen existieren, aber auch im Original gesehen haben (Abb. 8). Auf dieselbe oder zumindest auf eine motivisch ähnliche Darstellung geht auch Georg Petels guter Schächer in der Berliner Skulpturengalerie zurück (Abb. 9)[47]. Die Figuren sind sich in der Körperhaltung ähnlich, entsprechen sich vor allem in der Wendung zu Christus, den asymmetrisch angeordneten Armen und der Drehung des Kopfes ins Profil. Sie unterscheiden sich jedoch ebenso fundamental und in der gleichen Weise wie die beiden oben besprochenen Sebastiansstatuetten. Auch wenn Petel in der Wiedergabe der Haut die stoffliche Charakterisierung bis zum äußersten zu treiben vermag, erscheint sein Akt im Vergleich letztlich geschönt. Dagegen ist Kerns Akt von fast photographischem Naturalismus. Man erinnert sich sofort an seine Schilderung, wie er ein Modell *aufgehenkt an ein Creuz gebunden* nachbossiert hat. Da der Bericht Kerns von 1626 stammt, ist es verlockend, ihn auf die Wiener Gruppe zu beziehen[48]. So ließe sich beweisen, daß Kern Modelle veranlaßte, die von ihm gewählten Vorbilder nachzustellen. Mit dieser Vorgehensweise hätte Kern die Abhängigkeit von Vorbildern auf eine bemerkenswert moderne, eben barocke Art relativiert.
Kerns moderne Art, mit Vorbildern umzugehen, läßt sich auch noch in einem zweiten Bereich beobachten: Sie zeigt sich in den kompositionellen Abänderungen, die er bei der Umsetzung des Vorbildes vornimmt. Die Abänderungen widersprechen stets manieristischen Gestaltungsprinzipien. Indem er den Figuren einen blockhaft

7 Leonhard Kern, Guter Schächer aus einer Kreuzigungsgruppe, um 1625. Wien, Geistliche Residenz, Schatzkammer

geschlossenen Umriß gibt, beruhigt er die Silhouette der Skulpturen. Zudem erhalten sie eine Hauptansicht, wodurch sie als auf den Betrachter ausgerichtet erscheinen. Damit folgt er einer mehr barocken Gestaltungsweise, wie er sie an den römischen Skulpturen der Zeit um 1610 eines Nicola Cordier, Camillo Mariani oder Francesco Mochi wahrgenommen haben mag[49].

Daß Kern die zur Zeit seiner Anwesenheit modernsten Skulpturen in Rom zur Kenntnis genommen und verarbeitet hat, ist bekannt. Bislang ist festgestellt worden[50], daß er zwei Marmorfiguren Cordiers, den David in der Capella Paolina (1609–12)[51] und die Caritas in der Capella Aldobrandini (1604)[52], in kleinplastische Werke übersetzt hat. Zuletzt hat Cevc gezeigt, daß das große Epiphanie-Relief, das heute in Maribor aufbewahrt wird (Kat. Nr. 54), die Darstellung gleichen Themas von P. P. Olivieri in S. Pudenziana variiert (Abb. 10)[53]. Am besten läßt sich Kerns Art, Vorbilder kompositionell abzuändern, jedoch zeigen, wenn diese noch aus dem 16. Jahrhundert stammen.

Die Elfenbeinstatuette des sitzenden Johannes des Täufers im Württembergischen Landesmuseum in Stuttgart[54] (Kat. Nr. 78) geht ohne Zweifel auf ein um 1550 entstandenes Gemälde von Angelo Bronzino zurück (Abb. 11)[55]. In der Körperhaltung entsprechen sich die Figuren weitgehend. In den Unterschieden wird die kompositionelle Umwandlung deutlich, die Kern vorgenommen hat. Gerade das Manieristische der Vorlage, die stark stilisierte, spiralförmige Anordnung der Gliedmaßen zu einer »figura serpentinata« setzt Kern nicht um, im Gegenteil: obwohl es sich um eine Kleinplastik handelt, die in die Hand genommen und von allen Seiten betrachtet werden will, richtet er die Komposition nach vorne aus und gibt der Statuette eine hervorgehobene Hauptansicht. Dasselbe läßt sich zur Gruppe »Die Tugend siegt über das Laster« sagen, die, wie schon Grünenwald festgestellt hat[56], ganz direkt auf die »Fiorenza« Giovanni Bolognas im Bargello in Florenz zurückzuführen ist (Abb. 12)[57]. Die kleinplastische Reduktion hat fast ein wenig gewaltsam eine Hauptansicht erhalten. Die wenigen großplastischen Werke, die Kern geschaffen hat, zeigen dieselben Charakteristika. Als Beispiele seien hier die als Pendantfiguren entworfenen Stein-

8 Giovanni Stradano, Kreuzigung, 1569. Florenz, SS. Annunziata

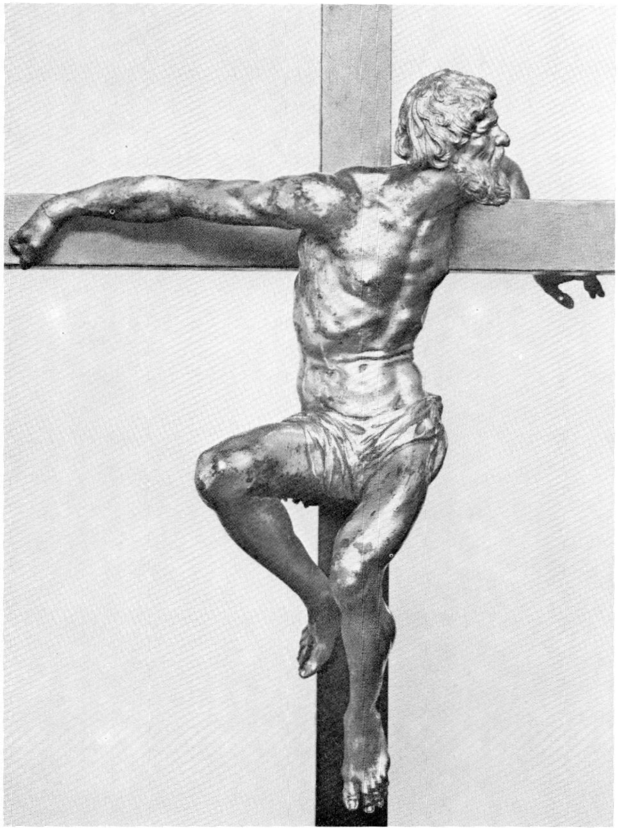

9 Georg Petel, Guter Schächer aus einer Kreuzigungsgruppe, 1625/1926. Berlin, Staatliche Museen Preußischer Kulturbesitz, Skulpturengalerie

skulpturen »Klugheit« und »Hoffnung« angeführt, die Kern von 1632 an für das Rathaus von Regensburg gefertigt hat (Abb. 13, 14)[58]. Die Figuren sind Umsetzungen der Figur des »Giuliano« von den Mediceergräbern Michelangelos in San Lorenzo, Florenz (Abb. 15)[59]. Die motivischen Gemeinsamkeiten fallen sofort ins Auge. Bei Kerns »Hoffnung« und bei Michelangelos »Giuliano« ist die Beinstellung nahezu gleich. Selbst das eigentümliche Motiv, wie die Sockelplatte dem Vorkragen des rechten Fußes folgt, könnte Kern übernommen haben. Das demonstrativ bloßgelegte Knie der »Klugheit« läßt sich nur als Variation des entsprechenden Motivs bei Michelangelos Figur erklären. Ähnliches gilt für die Haltung des rechten Armes, der ähnlich auf dem Oberschenkel aufliegt wie der linke bei Michelangelos »Giuliano«.

Ein mögliches Zwischenglied zwischen Kerns »Klugheit« und Michelangelos »Giuliano« stellt die Figur der Minerva am Grabmal des heiligen Sannazzarro in S. Maria del Parto in Neapel dar (Abb. 16). Sie wird Montorsoli zugeschrieben und entstand in den Jahren von 1537 an[60]. Die Figur ist ebenfalls eine Umsetzung von Michelangelos »Giuliano«[61]. In manchen Motiven, besonders dem des mit Stoffbahnen umgebenen linken Beines, steht sie der »Klugheit« näher als die Figur Michelangelos. Kern könnte die Figur während seines Aufenthaltes in Neapel gesehen haben. Über das Motivische hinaus läßt sich die monumentale Wirkung der Rathausfiguren, die durch die absichtsvoll gesteigerte Plastizität und Schwere sowie das bewußt potenzierte Gegeneinander von »Stand- und Spielbein« hervorgerufen wird, von Michelangelos Figuren herleiten. Doch ebenso deutlich sind die Unterschiede: Schon bedingt durch den blockhaften Umriß, wirken die Figuren Kerns in extremem Maße starr. Bewegung kommt lediglich in der abrupten Kopfbewegung zum Ausdruck. Manieristische Stilmerkmale, wie etwa die die ganze Figur durchfließende Bewegung bei Michelangelos Figur, sind an Kerns

10 Pier Paolo Olivieri, Anbetung der Könige, 1599. Rom, S. Pudenziana, Capella Sermoneta

11 Angelo Bronzino, hl. Johannes d. T., um 1550.
Rom, Galleria Borghese

12 Giovanni Bologna, Die Tugend besiegt des Laster (Fiorenza), um 1575. Florenz, Museo Nazionale del Bargello

13 Leonhard Kern, Die Klugheit, um 1632.
Regensburg, Altes Rathaus

14 Leonhard Kern, Die Hoffnung, um 1632.
Regensburg, Altes Rathaus

Skulpturen nicht auszumachen. In ihrer prononciert vorgetragenen Wucht und der rein frontal ausgerichteten Komposition zeigen sie vielmehr eine frühbarocke Charakteristik. In ihrer Monumentalität ist ihnen aus dem Bereich der zeitgenössischen deutschen Steinplastik nichts Vergleichbares an die Seite zu stellen. Insofern verdiente Kern auch aufgrund dieser Figuren, auch wenn sie wenig Gefälliges haben, *daß er unter die berühmtiste teutsche Künstlere gerechnet werde* ...[62], wie Sandrart angesichts der anderen monumentalen Steinplastiken des Bildhauers, der *vier Monarchien* am Nürnberger Rathaus, meinte[63].

Die Beobachtungen zu einigen Werken Kerns haben gezeigt, daß Kern durch seinen Italienaufenthalt künstlerisch entscheidend geprägt wurde. Er hat vor allem dem Aufenthalt im Rom weitaus mehr zu verdanken als einen reichhaltigen Fundus an Motiven, die er, in die Heimat zurückgekehrt, ausgewertet hat, wie bisher angenommen. Seine Ausbildung in Rom sowie die Kenntnis der zeitgenössischen Kunstströmungen in Skulptur und Malerei bildeten die Grundlage für seine Modernität. In der Umsetzung von Vorbildern verfährt er keineswegs eklektizistisch. Gerade hier erweist er sich als frühbarokker Bildhauer[64]. In Kerns Œuvre, das durch eine Reihe

15 Michelangelo, Giuliano de Medici, 1526–1534. Florenz, S. Lorenzo, Medicäerkapelle

16 Giovanni Angiolo Montorsoli, Minerva, um 1538. Neapel, S. Maria del Parto, Grabmal des hl. Sannazzaro

von Zuschreibungen stark angewachsen ist, gibt es allerdings auch eine Reihe von Werken, die ihm verständlicherweise den Ruf eines Eklektizisten eingebracht haben. An einem Beispiel sei dies abschließend erläutert.

Das Leonhard Kern zugeschriebene »Liebespaar« (Kat. Nr. 87) geht, wie schon Grünenwald festgestellt hat[65], auf die antike Gruppe »Pan und Daphnis« zurück, die in mehreren römischen Kopien, kleinplastischen Reduktionen des 16. Jahrhunderts sowie in Stichen überliefert ist (Abb. 17)[66]. Die motivischen Gemeinsamkeiten sind sofort zu erkennen, weshalb sich ein ausführlicher Kommentar erübrigt. Vor allem die bei beiden Gruppen jeweils rechts plazierten Figuren sind in der Körperhaltung fast deckungsgleich. Bemerkenswert ist indes die trotz der direkten motivischen Anleihe vollzogene thematische Metamorphose. Der antike Bildhauer schildert, wie Pan Daphnis oder, verschiedentlich, Apollo das Flötenspiel lehrt. Dabei redet der rauhbeinige Lehrer heftig auf seinen Schüler, einen schönen Epheben, ein.

17 Pan und Daphnis, Römische Kopie einer hellenistischen Gruppe. Rom, Thermenmuseum

Daß dieser pädagogische Eifer womöglich nur Tarnung eines homosexuellen Antrages ist, macht den Reiz der Darstellung aus. Dagegen ist die Kleinplastik eindeutig formuliert. Der Werbende ist hier ein Jüngling, der einem knabenhaft schlanken Mädchen einen Pokal herüberreicht. Damit fordert er unumwunden, nun mit dem Flöten aufzuhören, obwohl das Mädchen noch den letzten Tönen, offenbar zufrieden mit seinem Spiel, nachzulauschen scheint.

Die Umsetzung der Vorlage kann wohl nicht anders als ein wenig plump bezeichnet werden. Herausgekommen ist eine drollige Verbiederung. Die Art der Umsetzung widerspricht den oben gemachten Beobachtungen zu Kerns Umgang mit Vorbildern. Auch die Aktwiedergabe erscheint, verglichen mit der bei gesicherten Werken Kerns, flau und wenig realistisch. Zuschreibungen wie diese zu überprüfen, wird anhand der Ausstellung, die erstmals eine große Anzahl von Werken Kerns und seines Umkreises zusammenführt, möglich sein. Vielleicht wird sich dann die These, daß Kern durch seinen Italienaufenthalt zu einem modernen, frühbarocken Bildhauer wurde, auf ein sichereres Fundament stellen lassen.

ANMERKUNGEN

1 Eine Auswertung dieser Quellen sowie eine »Rekonstruktion« der Reiseroute Kerns finden sich bei: Elisabeth *Grünenwald,* Leonhard Kern. Ein Bildhauer des Barock, Schwäbisch Hall 1969, S. 7ff. Ergänzend zur Reiseroute Kerns siehe auch: Emilijan *Cevc,* Der Bildhauer Leonhard Kern und seine Arbeit in Slowenien in den Jahren 1612–13. In: Razprave Dissertationes XV, Ljubljana 1986, S. 25ff. (serbokroatisch mit deutscher Zusammenfassung).

2 Joachim *von Sandrart,* Academie der Bau-, Bild- und Malerey-Künste von 1675, ed. *Peltzer,* München 1925, S. 224.

3 Der Nekrolog ist veröffentlicht bei *Grünenwald* (wie Anm. 1), S. 31, Anm. 5.

4 Ebd., S. 8.

5 Zitiert nach *Grünenwald* (wie Anm. 1), S. 31, Anm. 5.

6 Ebd., Anm. 5.

7 Die meisten Hinweise hierzu finden sich im Werkverzeichnis von Grünenwald: *Dies.* (wie Anm. 1), S. 37ff. Siehe ferner *Fillitz, Möller* 1970, *Rasmussen* 1977, *Cevc* 1986.

8 *Grünenwald* (wie Anm. 1), S. 36, Anm. 163.

9 *Fillitz,* S. 218.

10 *Cevc* (wie Anm. 1), S. 66.

11 *Möller* 1970, S. 35; *Rasmussen* 1977, S. 105.

12 *Grünenwald* (wie Anm. 1), Kat. 65, S. 43.

13 Zum Frühwerk Kerns siehe *Möller* 1970 sowie *Cevc* (wie Anm. 1).

14 P. *Assion,* Sebastian. In: Lexikon der christlichen Ikonographie, Rom–Freiburg–Basel–Wien 1976, 6. Bd., Sp. 318ff.

15 *Grünenwald* (wie Anm. 1), Kat. 65, S. 43.

16 Gemälde um 1545/50, in S. Giovanni Elemosinario, Venedig. Siehe: The Genius of Venice, 1500–1600, Ausstellung London, Royal Academy of Arts, 1983, Nr. 78, S. 198, Abb. S. 199.

17 Gemälde um 1610–15, in Sammlung Paul Ganz, New York. Siehe: Stefania Mason *Rinaldi,* Palma il Giovane. L'opera completa, Milano 1984, Kat. 176, S. 96, Abb. 476.

18 Gemälde gegen 1614, S. Andrea della Valle, Rom. Siehe: Renato *Roli,* Giovanni de Vecchi, II. In: Arte antica e moderna, 1965, S. 324ff., Abb. 138b.

19 Gemälde, 1615/16, Palazzo Rosso, Genua. Siehe: D. Stephen *Pepper,* Guido Reni. A complete Catalogue of his Works with an Introductory, Oxford 1984, Kat.48, S. 232, Tf. 75.

20 Diane *DeGrazia,* Le stampe dei Carracci, con i disegni, le incisioni, le copie e i dipinti conessi, Bologna 1984, Kat. Nr. 18, S. 82, Abb. 45.

21 Zum Problem von »inventio« und »maniera« in der deutschen Skulptur des 16. und 17. Jahrhunderts siehe: Helmut *Ricke,* Hans Morinck. Ein Wegbereiter der Barockskulptur am Bodensee, Sigmaringen 1973, S. 7ff.

22 Siehe hierzu *Ricke* (wie Anm. 21), S. 12, sowie Lars Olof *Larsson,* Imitation und Variation. Bemerkungen zum Verhältnis Jan Gregor von der Schardts zur Antike. In: Klassizismus. Epoche und Probleme. Festschrift für Erik Forssman zum 70. Geburtstag, Hildesheim–Zürich–New York 1987, S. 285. Beide Autoren zitieren Äußerungen Vasaris, in denen er Künstler kritisiert, die sich bei der Übernahme einer fremden inventio auch von der maniera des Künstlers beeinflussen ließen.

23 Siehe hierzu *Larsson* (wie Anm. 22), S. 284.

24 Karl *Feuchtmayr* und Alfred *Schädler,* Georg Petel, 1601/2–1634. Mit Beiträgen von Norbert *Lieb* und Theodor *Müller*, Berlin 1973, Kat. Nr. 18, S. 104f.

25 *von Sandrart* (wie Anm. 2), s. 223.

26 *Feuchtmayr/Schädler,* (wie Anm. 24), S. 74.

27 Zuletzt *Rasmussen* 1977, S. 105.

28 Zitiert nach *Grünenwald* (wie Anm. 1), S. 31, Anm. 5.

29 Ebd., S. 35, Anm. 110.

30 Zum Lebensweg siehe ebd., S. 7ff.

31 Ebd., S. 12.

32 Zuletzt Laura Olmstead *Tonelli,* Academic Practice in the Sixteenth and Seventeenth Centuries. In: Children of Mercury. The Education of Artists in the 16 th and 17 th Century, Providence Rhode Island S. 96 ff. (mit älterer Literatur).

33 Melchior *Missirini,* Memorie per servire alla Storia della Romana Accademia di San Luca fino alla morte di Antonio Canova, Roma 1823, S. 70; Nikolaus *Pevsner,* Die Geschichte der Kunstakademien, München 1984 (1940), S. 71; *Tonelli* (wie Anm. 32), S. 98.

34 Nikolaus *Pevsner,* Die Geschichte der Kunstakademien, München 1984 ([1]1940), S. 88.

35 *Tonelli* (wie Anm. 32), S. 98 ff.

36 Ebd., S. 100.

37 Donald *Posner,* Annibale Carracci. A Study in the Reform of italian Painting around 1590, London 1971, S. 53 ff.

38 Rudolf *Wittkower,* The Drawings of the Carracci in the Collection of Her Majesty the Queen at Windsor Castle, London 1952, Kat. 340.

39 *Grünenwald* (wie Anm. 1), Kat. 10, S. 38; *Theuerkauff* 1986, S. 158 ff.

40 Francis *Haskell,* Nicholas *Penny,* Taste and the Antique: The Lure of Classical Sculpture 1500–1900, New Haven 1981, Kat. 60, S. 263 ff.

41 Daß neben den antiken Vorbildern auch ein Modellstudium zugrunde liegt, stellte schon Theuerkauff fest (*Ders.* 1986, S. 158).

42 Für eine frühe Datierung hat sich zuletzt Cevc ausgesprochen: *Ders.* (wie Anm. 1), S. 55. Vgl. dagegen: Christian *Theuerkauff,* Some works of Leonhard Kern. In: The Burlington Magazine, März 1988, S. 149. *Grünenwald* (wie Anm. 1), Kat. 56, Tafel 51.

43 John *Pope-Hennessy,* Italian High Renaissance and Baroque Sculpture, London 1963, Kat. 64, S. 63 f. Abb. 64.

44 Rudolf *Wittkower,* Art and Architecture in Italy 1600–1750, Harmondsworth 1958, S. 84.

45 *Grünenwald* (wie Anm. 1), Kat. 109, S. 46.

46 *Fillitz* 1957, S. 212.

47 *Feuchtmayr/Schädler* (wie Anm. 24), Kat. 7, S. 90 f.

48 Dies versuchte schon *Fillitz* 1957, S. 216.

49 Zur stilistischen Entwicklung der römischen Skulptur zwischen Manierismus und Barock zuletzt: Catherine Elna *Fruhan,* Trends in Roman Sculpture circa 1600. Ann Arbor/Michigan 1986, S. 560 ff.

50 Dem wäre hinzuzufügen, daß der Regensburger Altarengel eine Abwandlung der vier Engel vor den Pendentifs der Kuppel der Capella Paolina darstellt, die Buonvicino vor 1612 gearbeitet hat. Zur Skulptur in der Capella Paolina siehe: Maria Cristina *Dorati,* Gli scultori della Capella Paolina di Santa Maria Maggiore, In: Commentari XVIII, (1967), S. 231 ff.

51 *Cevc,* S. 64.

52 *Grünenwald* (wie Anm. 1), Kat. 67, S. 43.

53 *Cevc,* S. 62.

54 *Grünenwald* (wie Anm. 1), Kat. 97, S. 45.

55 Gemälde um 1550, Galleria Borghese, Rom. Edi *Baccheschi,* L'opera completa del Bronzino, Milano 1973, Kat. 85.

56 *Grünenwald* (wie Anm. 1), Kat. 78, S. 44.

57 Elisabeth *Dhanens,* Jean *Boulogne,* Giovanni Bologna Fiammingo, Douai 1529 – Florenz 1608, Brüssel 1956, Kat. 20, S. 147 ff.

58 *Grünenwald* (wie Anm 1), Kat. 90, S. 45.

59 Charles *de Tolnay,* Michelangelo. III. The Medici Chapel, Princeton 1948, S. 141 ff.

60 Charles *Davis,* The Tomb of Mario Nari for the SS. Annunziata in Florence. The Sculptor Bartolomeo Ammanati until 1544. In: Mitteilungen des Kunsthistorischen Institutes in Florenz, XXI. Band 1977, S. 71 ff. Vergleiche dagegen: Peter *Kinney,* The early Sculpture of Bartolomeo Ammanati, New York 1976, S. 34 ff.

61 *Kinney* (wie Anm. 60), S. 46 f.

62 *von Sandrart* (wie Anm. 2), S. 224.

63 *Grünenwald* (wie Anm. 1), Kat. 83, S. 44.

64 Die bisherige Einschätzung Kerns referiert zuletzt bei *Cevc,* S. 64 ff.

65 *Grünenwald* (wie Anm. 1), Kat. 69, S. 43.

66 *Haskell* (wie Anm. 40), Kat. 70, S. 286.

Bemerkungen zu Leonhard Kerns Haller Werken

Von Tilman Kossatz

Leonhard lebte von 1620 bis zu seinem Tode im Jahre 1662 in Hall, doch ist für seine Heimatstadt offenbar nichts Gesichertes entstanden. Das bekannte Ezechiel-Relief schmückt zwar das Grabmal des Christoph David Stellwag in St. Michael (Abb. 1 u. S. 101), doch starb dieser erst 1721, weshalb es ursprünglich für etwas anderes gedacht gewesen sein muß[1]. Man kennt die 1640 gezeichnete Stadtansicht Leonhards für Merians Topographie als bislang einzigen Auftrag der Stadt (Kat. Nr. 9)[2]. Wenn dieser nur im Stich überlieferten Zeichnung nicht weiter nachgegangen werden muß, verwundert es schon, daß ein so großes, bedeutsames Relief, gewissermaßen herrenlos, jedweder Willkür ausgeliefert ist. Leonhards Autorschaft ist von Beginn an unabhängig von der Aufschrift *Leonh. Kern fecit* unbestritten, doch liegt über die Herkunft des Reliefs bisher nur eine einzige, zudem verworfene Vermutung vor. Gertrud Gradmann verwies auf die im Vertrag von 1655 zu einem Epitaph eines noch unbekannten Mitgliedes der Familie Öttingen angeführte »Prophet: Historia«, die Leonhard als Relief in das Zentrum dieser Grabmalsarchitektur stellen sollte. Sie spürte sofort die Verwandtschaft zwischen dem Haller Relief und der im Vertrag ausführlich beschriebenen Szenerie mit *Manns- und Weibspersonen, klein und groß, mager und fette, auch gar, wie die Todten ohne Fleisch,* mag aber das Haller Relief nicht mit dem Öttinger Epitaph identifizieren, weil die Maße nicht übereinstimmten. Sie gibt als Breite für das Haller Relief »ca. 1 m« an, während das Epitaph mit flankierenden Säulen 6 Fuß breit werden sollte, also ca. 1,80 m, nach ihrer Rechnung »fast 2 m«. Ihr Zögern, wie das aller anderen, erstaunt um so mehr, als sie die Quellen zum Epitaph Öttingen ausführlich zitiert. Diese teilen den auffallenden Tatbestand mit, daß bei Leonhards Tod 1662 von ihm lediglich das Ezechiel-Relief vollendet worden war, weshalb sein Schüler Johann Jacob Betzoldt das Werk 1666 vollenden sollte. Ob dies geschehen ist, darüber schweigen die Quellen einstweilen, während das Nichtvorhandensein des besagten Epitaphes in Öttingen oder Harburg um so deutlicher spricht.
Wagen wir den Versuch der Identifikation angesichts des augenblicklich unzugänglichen Wallersteinischen Archives, denn die Maße stimmen deutlicher überein, wenn man nur prüft. So mißt das Relief nicht 1 x 1 m[3], sondern 1,13 m Breite und 1,37 m Höhe. Bei einer geplanten Gesamtbreite von 6 Fuß (= ca. 1,80 m) blieben also für die seitlichen Säulen oder Pilaster noch je 33,5 cm übrig, so wie jetzt am Stellwag-Grabmal, dessen Mensa exakt 1,80 m Breite mißt[4]. In dieser Hinsicht dürften also keine Zweifel mehr bestehen, und das Relief wäre mit einem Mal entgegen seiner bisherigen Datierung »um 1640« ein Spätwerk von wenigstens 1655. Aus dieser Annahme folgerte dann zwingend, daß Betzoldt das Epitaph für Harburg ebenfalls nicht vollendete oder seine Ausführung nicht akzeptiert wurde. Dafür liefern die bisher bekannten Quellen einige Hinweise[5]. Die Akten sind mit Leonhards Dingzettel vom 27. September 1655 über 270 fl und zwei Schreiben Betzoldts nach Öttingen (10. November 1665 und 15. Januar 1667) sicherlich noch nicht vollständig gefunden worden.
In seinem letzten Brief schreibt Betzoldt an den Öttingischen Rat Hörner, daß Leonhard bisher nur die »Histori« verfertigt habe, die sich noch in den Händen der Witwe befinde und um deren Zustellung er bitte. Er will jedoch ohne ein Handgeld nicht beginnen, weshalb der Liefertermin zu Ostern, wie im November 1665 angekündigt, auch nicht eingehalten werden könne. Weiter hören wir aus seinem Brief an den Öttinger Maler Johann Wolff Dieterich, daß Betzoldt offenbar von einem Herrn Becher eine neue, von der Kernschen Visierung abweichende Version geschickt worden war. Kerns Visier und dessen Dingbrief *(Bestandszettel)* hat er offenbar ebenfalls in Händen. Kern hatte von dem über 270 fl vereinbarten Lohn schon 100 fl erhalten, während Betzoldt nunmehr einen Aufschlag von 20 Reichstalern verlangt, oder die gräfliche Herrschaft müsse das Epitaph selber abholen. Dann besteht er aber in beiden Briefen auf der Übersendung von 100 fl über den Stättmeister Seifferheld, der ihm zu Beginn der Arbeit, bei Halbzeit und schließlich nach Vollendung den Rest des Lohnes ausbezahlen solle. Diese 100 fl zusammen mit den 20 Reichstalern extra ergeben jedoch noch nicht die Restsumme von 170 fl, die Öttingen für das fertige Grabmal bezahlen müßte, wenn man Kerns Vertrag zugrunde legt, wie im zweiten Brief auch angedeutet. Eine eindeutige Lösung dieses Sachverhaltes gibt es nicht. Vielleicht bedeutete die neue, abgeänderte Visierung eine billigere Version. Bei der augenblicklichen Kenntnis der Quellen hat es

1 Grabmal des Christoph David Stellwag, † 1721, mit Ezechiel-Relief von Leonhard Kern. Schwäbisch Hall, St. Michael

nicht den Anschein, daß es den Öttinger Auftraggebern sehr ernst mit der Ablieferung des Epitaphs gewesen ist. Sie hätten sonst die übliche Forderung des Bildhauers nach einem Handgeld zu Beginn der Arbeit erfüllt[6].

Die Übereinstimmungen der Quellen mit dem Haller Relief lesen sich zusammengefaßt so: Es ist, wie im Vertrag gefordert, aus *bestem hallischem Sandstein* beziehungsweise Speckstein[7]. Die geplante Gesamtbreite von 6 Fuß inklusive der rahmenden Säulen oder Pilaster stimmt mit der Breite der jetzigen, vergleichbaren Architektur von 1,80 m gut überein. Schließlich kann das Relief für das jetzige Epitaph des 18. Jahrhunderts nicht geplant gewesen sein, wenn es von Leonhard stammt. Der Schluß liegt nahe, daß dieses Relief Hall niemals verlassen hat, sondern aus Gründen, die noch unbekannt sind, immer hier geblieben ist[8]. Da Öttingen jedoch schon 100 fl dafür an Kern bezahlt hatte, müßte das Relief an irgend jemanden verkauft worden sein, und das hätte sich in den Öttingischen Rechnungen niederschlagen müssen[9]. Das sind zugegebenermaßen problematische Umstände, doch wenn wir mit Gradmann und Grünenwald dieses Relief aus dem Öttingischen Epitaph herauslösen, müssen noch gewagtere Hypothesen herhalten: Da es kein Stück für den Gottesdienst ist, muß ein Auftraggeber existiert haben, der es dann ebenfalls nicht verwendet hätte. Sein Verbleib bis 1721 bliebe dunkel, wie auch das Fehlen dieses Epitaphs in Harburg!

Da jede Chronologie der Kernschen Statuetten aus Mangel an gesicherten Werken ein Wagnis bleiben muß, hindert nichts daran, das Haller Ezechiel-Relief erst einmal als gesichertes und datiertes Spätwerk Leonhards anzusehen. Dies ist um so bedeutsamer, als es trotz seiner Größe doch nur aus Einzelfiguren mit Statuettenmaß komponiert ist, im Unterschied zu den Nürnberger und Regensburger Monumentalwerken.

So fällt es nicht schwer, in der aus fließenden, geschmeidigen Bewegungen emporwachsenden Frauengestalt in der Kasseler Venus-Mars-Gruppe von 1657 (Kat. Nr. 108) und der links außen postierten Nackten des Reliefs die Gemeinsamkeiten zu erkennen, bis hin zur Frisur[10]. Aber die Unterschiede überwiegen, besonders in der harten, anatomisch präzisen Muskelbildung der Männerleiber. Bei den Frisuren fehlen die früher so oft anzutreffenden manierierten eingedrehten Lockenfrisuren; statt dessen überwiegen glatt fallende Haarsträhnen. Anstatt solche Vergleiche weiterzuführen, sei an Leo Bruhns Urteil[11] erinnert, daß unter anderen Bildhauern jener Zeit auch Leonhard Kern in verschiedenen Materialien höchst unterschiedlich gearbeitet habe. Doch bevor man diesem Urteil zustimmt, bedarf es besser noch einiger Gegenüberstellungen von datierten Werken. Vielleicht hat Kern für das klassische Thema der Mars-Venus-Gruppe sich mit Absicht anderer Muster und Stilrichtungen bedient. Auch in den Grazien-Gruppen drängt Leonhard seinen dominierenden Hang zum Naturalismus zurück. Diese lapidare Körperlichkeit ist aber gerade sein ureigenster kunsthistorischer Beitrag, nämlich der Hebel, der den vielförmigen Manierismus in

eine neue, kraftvolle und als barock zu bezeichnende Sprache führte[12].
Ein Vergleich muß an dieser Stelle jedoch noch folgen. Seit Gradmann[13] wird das Münchener Alabasterrelief gleichen Themas (Kat. Nr. 105) Leonhard Kern zugewiesen. Ich folge hier den Zweifeln, die Leo Bruhns geäußert hat, und erkenne in dem ungleich fließender komponierten Relief und den sehr spröden Leibern viel eher die Handschrift des Nürnbergers Georg Schweigger[14]. Die bei Grünenwald nebeneinander abgebildeten Reliefs veranschaulichen deutlich Leonhards Desinteresse an harmonischen Kompositionen vielfiguriger Szenen, soweit es das Haller Relief betrifft. Hart und übergangslos stoßen die Leiber in Hall aneinander. Scharf getrennt sind die Figuren im Vordergrund und die in flacherem Relief darüber folgenden. Wenn im Münchener Relief die Auferweckten mit Gesten großen Erstaunens nach oben blicken, bleibt bei Leonhard jeder sich selbst überlassen. Nur der Fingerzeig der Nackten am mittleren rechten Rand zu Ezechiel hinauf und ihr gleichzeitiger Blick heraus schafft eine rhetorische Verbindung zwischen der dargestellten Präfiguration des Jüngsten Gerichts und dem Betrachter[15]. Auch die eigenartige Figur des oben rechts Sitzenden, der mit halb verhülltem, mit Schreck über das Wunder erfülltem Gesicht herausblickt, sucht die Verbindung zum Betrachter[16]. Es ist angesichts dieser letzten Beobachtungen wenig wahrscheinlich, daß sich Kern an die im Vertrag von 1655 erwähnte »Prophet: Historia«, also wohl an ein graphisches Vorbild, getreulich hielt. Kein Maler würde diese Geschichte auf diese überdichte Manier erzählen[17].
Wenn auch das Ezechiel-Relief nicht ursprünglich für die Haller Michaelskirche gedacht war, so lohnt vielleicht dennoch eine Umschau unter den zahlreichen Grabsteinen dieser Kirche, die Gerd Wunder vor kurzem vollständig in historischer Hinsicht vorstellte[18]. Da ist zunächst einmal das Grabmal des Pfarrers Friedrich Hörmann, der am 13. Februar 1642 verstarb (Abb. 2)[19]. Dieses an der Frontseite zur Stadt wohl noch an seinem ursprünglichen Ort angebrachte Epitaph entstand möglicherweise erst nach dem 9. September 1649, dem Todesdatum seiner zweiten Frau Catharina von Stetten, für die auf der unteren Inschrift um *fröhliche Auferstehung* gebeten wird. Vielleicht wurde die Inschrift aber zu jener Zeit nur ergänzt.
Das Denkmal ist größer und aufwendiger gestaltet als die übrigen Predigersteine des 17. Jahrhunderts, die auf einer einzigen Platte mit kleinem Aufsatz entweder das Brustbild des Verstorbenen zeigen oder Wappen und Inschrift. Es orientiert sich an der großen gemalten, altarähnlichen Epitaphien in der Kirche. Hier setzt sich das Grabmal aus Löwenkonsole, Inschriftentafel, Hauptrelief und Aufsatz zusammen, dem ursprünglich noch die Figur der Constantia aufgesetzt war. Der figürliche

2 Grabmal des Pfarrers Hörmann, † 1642. Schwäbisch Hall, St. Michael

Reliefschmuck und die beiden geflügelten Engelsköpfe zeigen deutlich Kernsche Stilmerkmale, die trotz der fortgeschrittenen Zerstörung der Oberflächen erkennbar sind. Da ist vor allem die auf hohem Sockel thronende weibliche Allegorie mit Strahlennimbus, die mit den ausgebreiteten Armen zwei Steintafeln, die links ein Kruzifix und rechts ein Schlangenbaum ziert, auf den Knien fixiert, vielleicht eine Allegorie der Religio mit den Zeichen der die Sünde überwindenden Passion Christi

(Abb. 3). Nicht nur die massige Gestalt dieser Thronenden mit den typisch aufgeschobenen Ärmeln, sondern auch der schwermütige Blick aus gebohrten Pupillen erinnert stark an Leonhard. In seine Nähe rücken auch die beiden oberen, geflügelten und nackten Putten, die als Wappenhalter fungieren, und besonders der noch an der rechten Seite gut erhaltene Engelskopf mit seinen kurzen, strähnig fallenden Haaren. Die der oberen Putten sind dagegen lockig eingerollt. Doch fehlt überall die Kernsche Kraft und Beweglichkeit: Die Thronende sitzt steif und streng symmetrisch, sie läßt die impulsive starke Gebärde vermissen, die die Regensburger Tugenden so auszeichnet.

Betrachten wir die Buchstaben I. und B. zu seiten der Löwenprotome auf dem Sockel des Epitaphs genauer, findet die Verwandtschaft zu Kern sofort ihre Erklärung, wenn man sie mit Johann (Jacob) Betzsoldt (wie er selbst unterschreibt) auflöst, also jenem Kern-Schüler, der, 1621 geboren, gerade in den vierziger Jahren in Leonhards Werkstatt gearbeitet haben soll. Seine Werke sind noch wenig bekannt, weshalb man mit diesem Werk den Beginn für seine großformatigen Arbeiten markieren könnte[20]. Wenn man sich daran erinnert, daß Leonhard sich auch in der Architektur geübt hat – was ein Archivfund mittlerweile für 1655 bestätigt[21] –, so erlaubt uns der relativ grobe und ungeschlachte Entwurf dieses Epitaphs keinen glaubhaften Einblick in Kerns entwerferisches Geschick. Hier sind wir immer noch auf seine von Merian gestochene Ansicht Halls angewiesen und besonders auf seinen mit »L K« signierten Entwurf für die Künzelsauer Orgel von 1658, den Elisabeth Grünenwald publizierte[22]. Das Orgelprospekt ist außerordentlich klar, sogar nüchtern konzipiert, aber harmonisch proportioniert. Dagegen bekrönt die Türme ausgiebig wucherndes Knorpelwerk, wie wir es von diesem in Italien geschulten Mann vielleicht nicht erwartet hätten. An dem Epitaph befinden sich nur großzügig und kraftvoll gedrehte S- und C-förmige Voluten, dazu Früchtefestons, wie sie uns von Leonhards Bruder, Michael Kern, bekannt sind.

Den gleichen dekorativen Formenschatz finden wir an dem kleinen, aber interessanten Epitaph des am

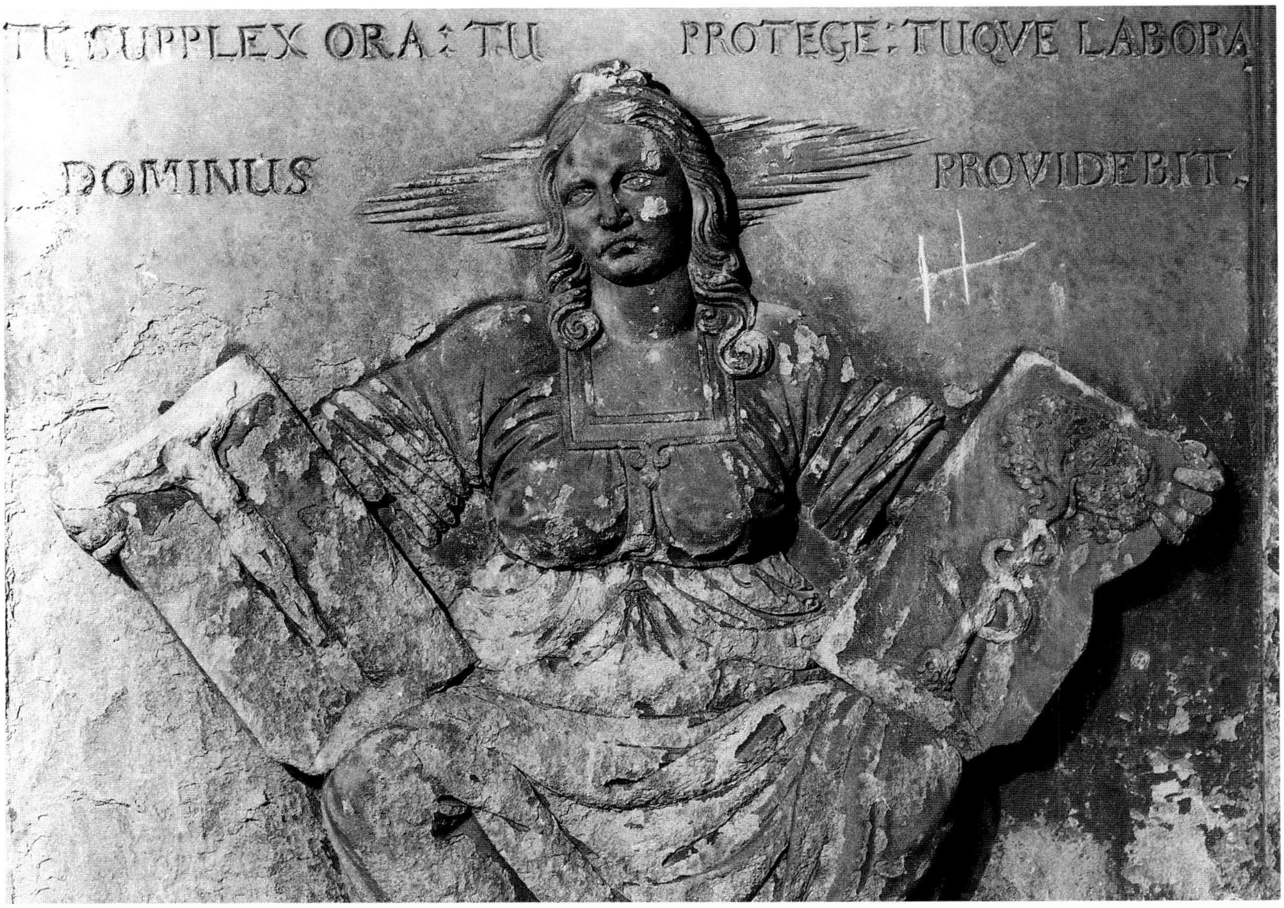

3 Grabmal des Pfarrers Hörmann (Ausschnitt)

25. August 1645 verstorbenen Pfarrers Georg Friedrich Blintzig (Abb. 4)[23]. Das ungewöhnlicherweise von S-Schwingen und einem geschweiften Giebel eingefaßte unregelmäßige Relief zeigt wiederum eine seltene ikonographische Szene: Der Christusknabe thront mit Kreuz und Kelch (zerstört) auf der schlangenumringten Weltkugel, um die sich links zwei Adoranten scharen, darunter eine Löwin mit zwei Jungen und rechts Moses (?) mit den Gesetzestafeln und schließlich ein Gestürzter mit Stab. Über Christus schwebt die Hl. Geist-Taube in Wolken. Auch hier klingt in dem Löwen, im Kelch- und Kreuzsymbol vor allem der Erlösungsgedanke an, die Hoffnung auf Wiederauferstehung. Dieses schwungvoll gerahmte Relief ruht auf dem rechteckigen Inschriftensockel und wird von zwei wappenhaltenden, geflügelten Putten bekrönt. Zuoberst handelt es sich vielleicht um eine Engelsbüste.

4 Epitaph des Pfarrers Blintzig, † 1645. Schwäbisch Hall, St. Michael

Wegen der fortgeschrittenen Zerstörung der Sandsteinoberfläche und der groben Ausflickungen mit Mineros ist das Figürliche nur mit Vorsicht zu beurteilen. Doch trotz weiterer Aufweichungen gegenüber dem Hörmann-Relief dominiert noch der Kernsche Charakter in den schweren Rundschädeln des Christusknaben und der Engel. Da solche lockenbekränzten Engel mit immer stärker aufgeweichten Körperformen an einer ganzen Reihe noch folgender Grabsteine in St. Michael begegnen, liegt die Vermutung nahe, daß ein Großteil dieser Grabsteine in Betzoldts Werkstatt angefertigt wurde[24]. Auffallend ist das stetige Nachlassen der plastischen Kraft, die in den Figuren des Hörmann-Epitaphs noch am stärksten zu spüren ist.
Wenn die beiden Epitaphe Hörmann und Blintzig auch von Betzoldt geschaffen worden sein mögen, so müssen sie doch in der Werkstatt seines Meisters Leonhard Kern entstanden sein. Daß Kernsche Muster verwendet wurden, ist offensichtlich, doch bereitet die Frage nach dem Entwerfer Schwierigkeiten. Für das Harburger Grabmal sah Kern eine Säulen- oder Pilasterädikula als Rahmen für das Relief vor, während die beiden Haller Steine die traditionellen Grabsteinformen für Prediger zu sprengen versuchen. Im Epitaph Hörmann klingen Elemente des Retabelbaus, wie Predella und Aufsatz, an, während im Blintzig eine originelle Variante für ein einfach gerahmtes Relief gefunden wurde. Die Proportionen entsprechen jedoch kaum den Erwartungen, die wir an einen in der Architektur geschulten Mann wie Kern stellen dürfen. Deshalb müssen wir uns mit dem Hinweis bescheiden, daß sie immerhin in seiner Werkstatt entstanden sein müssen, mithin in irgendeiner Weise mit seinem Formenschatz verwandt sein können.
Blicken wir weiter zurück, fällt vor allem die wuchtige und lebendige Gestalt des Pfarrers Joseph Stadtmann auf, der am 1. März 1626 verstarb[25]. Ohne Zweifel zählt dieser Grabstein am linken Chorpfeiler (Abb. 5) zu den besten bildhauerischen Leistungen, die im 17. Jahrhundert für St. Michael geschaffen wurden. Einer seit dem späten 16. Jahrhundert weit verbreiteten Übung folgend, wird die Standfigur des Verstorbenen fast zur Hälfte von einer schweren Inschriftentafel verdeckt. Doch hat es der Künstler vermieden, diese Tafel der Einfachheit halber gleich wie eine geschlossene Brüstung zu behandeln, wie dies noch auf dem Grabstein des 1614 verstorbenen Pfarrers Christof Gräter geschehen war[26]. Im Gegenteil, trotz der schweren, aber sorgfältig gemeißelten Tafel, die nur durch das Aufstehen des schönen Stadtmann-Wappens auf dem Boden in der Schwebe gehalten wird, behauptet sich die leicht ponderiert aufgebaute Figur vollendet. Zumindest in der unterschiedenen

5 Grabmal des Pfarrers Stadtmann, † 1626. Schwäbisch Hall, St. Michael

Fußstellung ist die Abweichung vom starren Aufrechtstehen sichtbar, während der Umhang sonst alles verdeckt. Das liegt vor allem auch an der Selbständigkeit, mit der die Relieffigur aus der flachen Rechtecknische mit oben abgerundeten Ecken hervortritt, sie mit Kopf und Füßen gleichsam sprengend. Es liegt auch an der Glätte und Schmucklosigkeit der Platte, vor der die Figur sich wirkungsvoll entwickeln kann[27]. Ihre Linke hält die Bibel mit fester Hand, während sie die Rechte mit erhobenem Zeigefinger sprechend vor der Brust agieren läßt.

Wenn schon in diesem rieselnden Faltenumhang und den Schuhen die Realität genau beobachtet wurde, gilt dies in noch höherem Ausmaß für den Porträtkopf des Verstorbenen. Trotz der beschädigten Stirn und der Geometrie der Halskrause behauptet sich dieser mit mächtigem Bart ausgestattete Kopf über dem Faltengebirge seines Umhanges. Mit einer unmittelbar an Leonhard gemahnenden Schwermütigkeit blicken die großen Augen unbestimmt dem Betrachter entgegen. Die gerade geschnittenen, eng anliegenden Haare fallen in lebhaft gegliederten Strähnen, haben aber genug Volumen, um das Gesicht vor der glatten Hintergrundsfolie abzuheben. Der bis über den Rand der Halskrause reichende Vollbart dagegen ist in der Mitte geteilt und erzeugt durch sorgfältig gekämmte Locken Pracht und Würde. Im Gesicht dieses hochgestreckten Schädels dominieren die kräftige, langgebogene Nase und die weitausschwingenden Brauenbogen über den unterschiedlich groß geschnittenen Augen.
Dieser Kopf hat seine nächsten Verwandten in Leonhards Wiener Elfenbein-Gruppen des Hieronymus mit dem Löwen (signiert), dem Abraham oder dem Moses[28]. Auch in der Art, wie die Haarsträhnen vereinzelt werden, wie der Bart geteilt ist oder die Augen gebildet sind, schlägt sich Leonhards Vorstellungswelt nieder.
Da es angesichts der undatierten kleinen Elfenbeine wenig Sinn macht, solche Vergleiche auszudehnen, muß ein Blick auf die datierten Steinskulpturen Kerns für Nürnberg (1617) und Regensburg (seit 1632) folgen[29]. Da bei den Nürnberger Portalfiguren (vgl. Kat. Nr. 3) alles auf Fernsicht berechnet ist, können Details nicht verglichen werden, wohl aber der Grad figürlicher Monumentalität hier wie in den Regensburger Tugenden. Kennzeichnend für Leonhards frühbarocke Gesinnung, verzichtet er in diesen eindrucksvollen Frauengestalten auf alles Schönlinige, Gefällige: Statt dessen betont er die Kraft und den Ausdruck des Natürlichen. Darin unterscheidet er sich auch von seinem älteren Bruder Michael, der in seinen Figuren stets das Schwungvolle, Ornamentale sucht, also manieristischen Reichtum bei aller bodenständigen Schwerfälligkeit. Leonhard konzentriert sich auf das Wesentliche, besonders in Regensburg, weniger noch in Nürnberg. Doch dort mußte er ja Entwürfe des Goldschmiedes Christoph Jamnitzer beachten. Erhellend wirkt auch die Gegenüberstellung des Stadtmann mit dem Grabstein einer seiner Vorgänger, dem des 1614 gestorbenen Christof Gräter (Abb. 6)[30].
Von Verzierung umrahmt und bekrönt, blickt er starr aus seiner Nische heraus, die durch den großen Inschriftenblock so zugestellt ist, daß nur noch ein Brustbild übrigbleibt. Die obere Abschrägung der zierlich umrahmten Schriftplatte nutzt der Geistliche als Auflager für Bibel und Hände. Die Trachten der beiden Geistlichen glei-

chen sich bis zur kurzgeschnittenen Frisur hin. Doch wie das Haupthaar wirken auch der Kinnbart und der Schnauzer wie eine Applikation auf dem runden, festen Schädel.

Daß der Meister des Stadtmann sich an diesem Stein orientierte, scheint offensichtlich. Doch wie lebendig und ruhig zugleich fällt der plissierte Umhang des Stadtmann, und wie nachträglich eingeschlagen wirken die Rillen und Riefeln über dem vorgegebenen, üblichen Faltenmuster am älteren Stein. Auch im Dekor der Inschrift sind Parallelen erkennbar, so vor allem in den seitlichen Voluten mit den angehängten Festons. Doch dieses

6 Grabmal des Pfarrers Christof Gräter, † 1614. Schwäbisch Hall, St. Michael

zierliche Geschlinge ist am Stadtmann ins Große, Klare gesteigert. Eigentümlicherweise bewirkt die Steigerung dieser Formen keine zusätzliche Bedrängung der Figur, sondern das Gegenteil. Während der Gräter – wie auch seine Nachfolger in der zweiten Jahrhunderthälfte – von den glatten, unscheinbaren Inschriftenplatten regelrecht zugemauert wird, behauptet sich der Stadtmann hinter dem schwer, aber harmonisch gerahmten Inschriftenrechteck, weil die Tafel ihm nur vorgestellt ist, links, rechts und unten den Rest seiner Gestalt sichtbar werden läßt.

Der Meister des Stadtmann hatte vor allem die Darstellung des Verstorbenen im Auge, weniger den traditionellen Dekor. Das absolute Muß, den Inschriftentext, hat er auf eine Weise gelöst, wie man sie weit und breit vergeblich sucht[31]. Da alle diese Neuerungen und Besonderheiten, die noch keineswegs mit Selbstverständlichkeit ausschließlich auf Leonhard Kern deuten, keinem der damals in Hall tätigen Bildhauer zugetraut werden können, weder dem Kern-Schüler Georg Pfründt (1603–1663), der bis 1626 in Hall nachweisbar ist, noch Bernhard Zweifel, dessen Aufenthalt bei Kern für 1625 gesichert ist, auch nicht Michael Kern, darf Leonhards Autorschaft ernsthaft erwogen werden. Es ist nicht ausgemacht, daß Leonhard solche Aufträge gerade zu Beginn seiner Haller Zeit ausgeschlagen hat[32]. Ehrenvolle Aufträge für große Bildwerke akzeptierte er ja noch später, wie Regensburg und das geplante öttingische Epitaph für Harburg belegen, oder auch das Hörmann-Epitaph[33]. Es ist nur denkbar und wahrscheinlich, daß er für seine Arbeit mehr verlangte als andere, wofür die auf den für Joseph Stadtmann folgenden Grabsteine David Stadtmann (1631) und Seefried (1636) ein Indiz liefern[34]. Es sind rein dekorative Arbeiten zweier verschiedener Steinmetze, die sich in einem Fall noch des altertümlichen Beschlagwerkes bedienen.

Wie weit Michael Kerns Kunst von dem Stadtmann-Relief entfernt ist, erhellt ein Blick auf das aufwendige Grabmal des Stättmeisters Johannes Hamberger, das nach 1616 entstand. Seine 1621 verstorbene Frau Maria kniet unter dem Kruzifix in einem ähnlich eng gefalteten Umhang wie der des Stadtmann. Doch ist Michaels Kunst weit entfernt von stofflicher Illusion. Wie flüssiger Teig ergießt sich der Faltenberg[35].

Auch ein anderes, in der jüngsten Zeit mit Leonhard in Verbindung gebrachtes Werk, der Peter-und-Paulsaltar im Chor der Großcomburg (Abb. 7), gibt uns in seiner anders gearteten Stilistik keinen Fingerzeig auf den Schöpfer des Stadtmann. Gradmann und Bruhns ordneten diesen von Veit von Elltershoffen gestifteten Altar übereinstimmend Michael Kern zu, in dessen Werk sich die engsten Parallelen finden. So der neuerdings Michael zugewiesene alabasterne Altar in der Feldkapelle östlich des Dorfes Rottendorf bei Würzburg[36]. Die

7 Peter- und Pauls-Altar, um 1610–20. Schwäbisch Hall, St. Nikolaus zu Großcomburg

beiden bis auf die unterschiedlichen Hoch- und Querformate identischen Reliefs der Grabtragung Christi folgen einem Gemälde Federico Baroccis, das damals noch öfter als Vorlage in Franken benutzt wurde[37]. Da auf dem Haller Altar das Todesdatum des Stifters nicht nachgetragen wurde, muß das letzte der auf der Inschrift genannten Daten, 1607, als terminus post quem dienen. Stilistisch paßt es zu den Arbeiten Michael Kerns, die im zweiten Jahrzehnt des 17. Jahrhunderts entstanden, wohin auch das Rottendorfer Retabel zu datieren ist.

Abschließend läßt sich festhalten, daß Leonhard auch als Bildhauer von Großplastiken und traditionellen Themen hohe Beachtung verdient. Hier ist sicherlich noch nicht alles gefunden worden oder, wie im Fall der hier besprochenen Arbeiten, die archivalische Grundlage noch nicht erarbeitet. Ihnen kommt aber vor allem deshalb Bedeutung zu, weil sie datiert oder datierbar sind. Mit dem ersten Altarschrein in Gornji Grad (1612/13), den Nürnberger (1617) und Regensburger Portalfiguren, den schönen Altarengel aus Holz eingeschlossen (seit 1632), dem Ezechiel-Relief für das Öttingen-Epitaph (seit 1655), den Werkstattarbeiten der beiden Haller Epitaphe Hörmann (seit 1642) und Blintzig (1645) und der hier vorgeschlagenen eigenhändigen Grabplatte Stadtmann (1626) liegt eine Reihe von sicher datierbaren Werken für fast jedes Jahrzehnt seiner Schaffenszeit vor. Wir wissen, daß er als Architekt für die Grafen Hatzfeldt 1655 tätig war, Entwürfe für Orgeln lieferte (1658), kurz, Arbeiten übernahm, die zu den traditionellen Aufgaben einer Bildhauerwerkstatt gehören. Es hat den Anschein, daß Leonhard in viel höherem Maße einheimischen Traditionen verbunden ist, als das bisher gesehen wurde. Hier wäre auf die nicht zu übersehende Nähe zu seinem Bruder Michael zu achten, zu dem einige Brücken führen. Wie weit der Einfluß wechselseitig oder einseitig zu bewerten ist, steht noch aus, solange kein sicheres Gerüst eigenhändiger Werke für Leonhard als auch für Michael besteht.

ANMERKUNGEN

1 *Grünenwald* 1969, S. 19, S. 28, Anm. 176, Kat. 92, Taf. 40; Gerd *Wunder*, Personendenkmale der Michaelskirche in Schwäbisch Hall. Schwäbisch Hall 1987, Nr. 44, Abb. S. 79: als Alabasterrelief bezeichnet.

2 *Grünenwald* 1969, Anm. 58. Gute Abb. in ›Merian Schw. Hall‹, 28. Jg. 3. Heft, Abb. S. 20–21.

3 *Grünenwald* 1969, Nr. 92, wohl von *Gradmann* (1917) übernommen. Die richtigen Maße bei Tilman *Kossatz*, Johann Philipp Preuß (1605–ca. 1687). Würzburg 1988 (= Mainfränkische Studien 42), Anm. 800, 816, Abb. 128b.

4 Selbst bei einem Fußmaß von 32 cm und einer Breite von 1,92 m blieben nur je 39,5 cm für die seitlichen Architekturen übrig.

5 *Gradmann* 1917, S. 129f., S. 136, S. 202f.; *Grünenwald* 1969, Anm. 176, 182, Kat. 92. Leo *Bruhns*, Würzburger Bildhauer der Renaissance und des werdenden Barock 1540–1650, München 1923, S. 348f.; L. L. *Möller*, Zur Frühzeit L. Kerns, in: Pantheon XXVIII (1970), S. 42. Bei Gradmann sind die Quellen zu diesem Epitaph nur unvollständig und fehlerhaft abgedruckt. Frau Grünenwald verdanke ich Kopien der betreffenden Archivalien aus dem Fürstlich Öttingen-Wallersteinischen Archiv FÖAW, PA Joachim Ernst Nr. 27.

6 Da das Archiv in Wallerstein derzeit unzugänglich ist, kann dieser Sachverhalt nicht weiter verfolgt werden. Natürlich könnte ein ausgeführtes Grabmal in Harburg auch untergegangen sein, wie es mit drei für Michael Kern archivalisch gesicherten Grabsteinen geschehen sein muß. Oder sind auch diese nicht ausgeführt worden? Um hier Sicherheit zu haben, müßten die Akten bis zur letzten Abrechnung vollständig erhalten sein.

7 Eine genaue Untersuchung des Steins liegt nicht vor. Die etwas speckig glänzende Oberfläche rührt vielleicht auch von einer Steinfassung her. Die Oberfläche ist intakt, bis auf die abgebrochene Nasenspitze des Ezechiel.

8 Unter der Verlassenschaft der Witwe Amalia Kern vom Jahre 1670 ist es jedenfalls nicht angeführt; *Grünenwald* 1969, Anm. 13, 66.

9 Auch zu dem Grabmal des Christoph David Stellwag wurden keine möglichen Quellen gesucht. Das Grabmal des 1679 verstorbenen J. David Stellwag beweist mit seinem von einer Holzkonstruktion umrahmten Gemälde, daß sich das Relief zu diesem Zeitpunkt vielleicht noch nicht im Besitz dieser Familie befunden hat, *Wunder* (wie Anm. 1),

Nr. 10 mit Detailabb. und Nr. 44 (C. D. Stellwag) mit Abb. S. 79, die gut die Einbindung des Reliefs in die Rahmenarchitektur zeigt. Die beiden hölzernen Personifikationen Glaube und Hoffnung, vor den Pilastern postiert, offenbaren immer noch Kernsche Nachklänge! Auch die beiden geschnitzten Engelsköpfe an dem älteren Stellwag-Grabmal erinnern stark an Kernsche Typen.

10 *Grünenwald* 1969, Taf. 40, 71.

11 *Bruhns* 1923 (wie Anm. 5), S. 221.

12 *Kossatz* 1988 (wie Anm. 3), S. 197 ff., 242.

13 *Gradmann* 1917, S. 132, Taf. 7; *Grünenwald* 1969, S. 18, S. 42, Nr. 61, Taf. 41; *Bruhns* 1923 (wie Anm. 5), S. 537, Anm. 749 mit Zweifeln.

14 Vgl. zuletzt zu Georg Schweigger: Ausst. Kat. Liebieghaus Frankfurt 1982, ›Dürers Verwandlung in der Skulptur zwischen Renaissance und Barock‹, S. 325–357, Abb. 214–219; H. R. *Weihrauch*, G. Schweigger (1613–90) und sein Neptunsbrunnen für Nürnberg, in: Anz. d. Germ. Nationalmuseums 1940–53 (1954), S. 87–142; Margarete *Schuster*, G. Schweigger. Ein Nürnberger Bildhauer des 17. Jh., Diss. Wien 1965 (Mss.). Insbesondere die Art und Weise der strähnig glatt und vereinzelt fallenden Haare der Frau im Mittelgrund als auch ihr ovaler Kopf mit eng liegenden Augen sind typisch für Schweigger. Die kräftigen, langgezogenen Augenbrauen des unten links Liegenden lassen sich gut mit einigen Delphinreitern des Neptunbrunnens vergleichen. Ich urteile jedoch nur nach der Abbildung bei *Grünenwald* 1969, die sich gezwungen sieht, einen »neuen Reliefstil« für Kern anzunehmen (ebd. S. 18).

15 *Kossatz* (wie Anm. 3), Anm. 800, S. 210.

16 Vergleichbar einem der Verdammten in Michelangelos Jüngstem Gericht, der, aus dem Bild blickend, mit der Hand eine Gesichtshälfte verdeckt. Vgl. auch den Jünger im Hintergrund der beiden identischen Grabtragungsreliefs Michael Kerns in Rottendorf und der Großcomburg, auf die hier am Schluß eingegangen wird. Er verdeckt die untere Gesichtshälfte mit einem Tuch.

17 *Grünenwald* 1969, S. 45, Kat. 92, listet die möglichen Vorlagen auf, die hier nicht weiter beurteilt werden sollen.

18 *Wunder* (wie Anm. 1).

19 Ebd., S. 45 f., Nr. 92, Abb. 92 mit Abdruck der Inschriften. In der obersten Inschrift lautet die Lücke wohl »frum«.

20 Vgl. zuletzt *Kossatz* (wie Anm. 3), Anm. 800, Abb. 128a: Betzoldts Vorname Jacob ist dort irrtümlich durch Georg ersetzt worden; und Anm. 774, 784. *Grünenwald* 1969, S. 30, Anm. 182; *Grünenwald* 1986, S. 71 f., 73; und hier den Beitrag L. L. Möllers. Vielleicht ist der für ein Gaildorfer Grabmal genannte Jacob Bezel identisch mit Betzoldt; vgl. *Clauß/König/Pfistermeister*, Kunst und Archäologie im Landkreis Hall, Stuttgart 1979, S. 212.

21 *Kossatz* (wie Anm. 3), Anm. 201.

22 *Grünenwald*, Der Künzelsauer Orgelprospekt 1658. Ein Beitrag zum Werke des Leonhard Kern, in: Hohenloher Chronik, 3. Jg., 25. Nov. 1955, Nr. 11 (= Hohenloher Zeitung); G. *Himmelheber*, Die Kunstdenkmäler des ehemaligen Oberamts Künzelsau, Stuttgart 1962, S. 47.

23 *Kossatz* (wie Anm. 3), Anm. 800; *Wunder* (wie Anm. 1), S. 11, Nr. 4 mit Abb. des Hauptreliefs. Maße: Sockel 96 cm, Höhe ca. 2,17 m.

24 Vgl. vor allem die Grabsteine des Seb. Burckhard (1653; *Wunder* 1987, Abb. 6), Hieronymus Klöpfer (1661; *Wunder* 1987, Abb. 124), Joh. Wolfgang Weidner (1669; *Wunder* 1987, Abb. 14), Joh. Balthasar Stadtmann (1670; *Wunder* 1987, Abb. 3), Georg Philipp Bonhöffer (1676; *Wunder* 1987, Abb. 17) und die Engelsköpfe am Holz-Epitaph Joh. David Stellwags (1679; *Wunder* 1987, Abb. 10: Detail). Erst im Grabstein des Joh. Bernhard Wibel (1710; *Wunder* 1987, Abb. 16) begegnet uns ein neuer, reicherer Stil mit Akanthus-Dekor, vielleicht der der Sommer aus Künzelsau; vgl. F. *Kellermann* (Hg.), Die Künstlerfamilie Sommer aus Künzelsau, Sigmaringen 1988. Betzoldt starb 1706. Von 1670 an ist auch mit dem 1646 geborenen Betzoldt-Schüler Johann Michael Hornung zu rechnen; vgl. *Grünenwald* 1986, S. 73. Die von *Gradmann* 1917, S. 123, erwähnten signierten Grabsteine Betzoldts gehören zu den afigürlichen Steinen. Von Leonhards Verwandten dürfte sich in der Zeit zwischen 1640 und 1650 nur sein Neffe Johann Georg in Hall aufgehalten haben (* 1622). Er geht 1650 nach Öhringen; *Grünenwald* 1986, S. 72. – Zu den Grabsteinen Weidner und Bonhöffer (*Wunder* Nr. 14,17) vgl. auch *Kossatz* (wie Anm. 3), Anm. 858.

25 *Kossatz* 1988 (wie Anm. 3), S. 200, Anm. 774, 800, Abb. 127b; *Wunder* 1987, Nr. 15 mit Abb. S. 66.

26 *Wunder* 1987, Nr. 18 mit Abb. S. 67. Auch die in Anm. 24 genannten späten figürlichen Grabsteine des 17. Jahrhunderts kehren wieder zu diesem einfachen Muster zurück.

27 Vgl. die dem Michael Kern-Schüler Joh. Philipp Preuß zugeschriebenen Grabplatten der Bronnbacher Äbte Feilzer und Thierlauff (1637; 1641) in: *Kossatz* (wie Anm. 3), S. 47–51, S. 197–201, Abb. 2–4.

28 *Grünenwald* 1969, Taf. 8, 6, 10; alle in dieses Jahrzehnt datiert. Ausst. Kat. Heidelberg 1986, ›Die Renaissance im deutschen Südwesten zwischen Reformation und Dreißigjährigem Krieg‹, Bd. 2, S. 572 f., Abb. I 37, I 38.

29 Die Nürnberger Originalfiguren liegen jetzt in einem Steindepot des Hochbauamtes notdürftig und ungesichert aufbewahrt. Gegenüber den einzigen mir bekannt gewordenen Abbildungen der Originale bei Emilian *Cevc*, Kipar Leonhard Kern in Njegovo Delo na Slovenskem V Leith 1612–1613 (Der Bildhauer Leonhard Kern und seine Arbeit in Slowenien in den Jahren 1612–1613), in: Razprave Dissertationes XV, Ljubljana 1986, S. 25–67, Taf. XI, 21, Taf. XII, 22, 23, hat der sehr stark angegriffene, helle Sandstein schon weiter gelitten, z. B. die Nase des Ninus. Sie bedürften dringend einer Konservierung. Die Regensburger Figuren sind in der Publikation ihres Entdeckers W. *Pfeiffer*, Addenda zur Ausstattung der Dreieinigkeitskirche in Regensburg, in: Verhandl. d. Hist. Vereins f. Oberpfalz u. Regensburg 107 (1967), S. 93–101, Abb. 1, 3, 4, 6, 7, 8, 9, und bei *Grünenwald* 1969, Kat. 90, Taf. 36, 37, abgebildet, ebenso im Schnell & Steiner-Führer Nr. 874 (1967) zur Dreieinigkeitskirche, S. 5 (W. *Pfeiffer*).

30 *Wunder* 1987, Nr. 18. Stilistisch verwandt erscheint das große Grabmal des Stättmeisters Balthasar und Anna Moser (1610); *Wunder* 1987, Abb. 76.

31 Vgl. Anm. 27. Selbst in den bekrönenden Voluten (*Kossatz* 1988, Abb. 127b) orientiert sich der Meister des Stadtmann an dem älteren Stein.

32 *Grünenwald* 1969, S. 16; *Dies.* 1986, S. 70–73 (Liste seiner Schüler).

33 Daß Teile eines Auftrages, der an den Meister erging, von Schülern ausgeführt und signiert werden, hat Tradition; vgl. Nicola Pisanos Brunnen für Perugia, dessen Reliefs Giovanni Pisano signierte.

34 *Wunder*, Nr. 2 mit Abb., Nr. 119 mit Abb.

35 *Wunder*, Nr. 34 mit Abb. der Frauenfigur; *Bruhns* 1923 (wie Anm. 5), S. 386 Nr. 19, 411.

36 *Kossatz* (wie Anm. 3), S. 248, Anm. 926, Abb. 98b, 99; Der Peter-und-Paulsaltar ist abgebildet in: *Clauß/König/Pfistermeister* (wie Anm. 20), S. 118 f. Abb. 101; *Bruhns* (wie Anm. 5), S. 386, Nr. 11: »ca. 1612«.

37 *Kossatz* (wie Anm. 3), Anm. 926.

Trinkgeschirre von Johann Georg Kern und Johann Jacob Betzoldt

Von Lise Lotte Möller

Leonhard Kerns Nachfolger konnten sich auf das Beispiel ihres Lehrmeisters berufen, als sie sich dem Trinkgeschirr von Bildschnitzerhand zuwandten.
Nach der Erfindung dieser Art von Trinkgefäßen, die wir auf das freundschaftliche Zusammenwirken von Peter Paul Rubens und Georg Petel in Antwerpen in den späten zwanziger Jahren zurückführen können, fanden die Deutschen Gefallen an diesen unpraktischen »künstlichen« Gebilden von der Hand des Bildschnitzers und des Goldschmieds, der die Fassung besorgte. Auswärtige Liebhaber, Italiener, Dänen, Schweden, Engländer, bekundeten ebenfalls Interesse daran, wie die Sammlungen in Florenz, Kopenhagen, Stockholm und in englischem Privatbesitz erweisen. Im Deutschen Reich wurden Wien, München und Dresden zu den reichsten Sammlungen der Trink- und Tafelgeschirre von Elfenbein und Rhinozeroshorn.
In den Notzeiten der letzten zehn Jahre des Dreißigjährigen Krieges, da die Kontributionen sehr drückend wurden, scheint Leonhard Kern sich mit seiner Werkstatt der Herstellung von »elfenbeinernen Kannen« zugewandt zu haben. In der Nachkriegszeit, da die Not schwerlich schnell zu besiegen war, befaßten sich Leonhard Kerns Nachfolger ebenso wie zahlreiche andere Bildschnitzer in süddeutschen Landen mit den Trinkgeschirren. Sie waren allen Anzeichen nach eine einträgliche Verdienstquelle. Im dritten Jahrhundertviertel entstand eine rechte Modeströmung zugunsten solchen Trink- und Tafelgeschirrs. Der Kunsthandel richtete sich darauf ein. Die Mode hielt sich über Jahrzehnte[1]. Auch die Goldschmiede hatten Nutzen davon. Unter den Augsburgern und den Ulmern gewannen einige einen eigenen Ruf als Meister erfindungsreicher oder auch sehr kostbarer Fassungen[2]. Sammler fanden sich von fürstlichem, adligem und bürgerlichem Stande; entsprechend vielfältig war das Angebot. Es reichte vom hervorragenden Bildschnitzwerk in kunstvoller Fassung bis zum Rhinozeroshorn-Becher mit derberer Schnitzarbeit in einfacher oder gar keiner Fassung.
Leonhard Kern sind zwei erhaltene Elfenbein-Humpen zugeschrieben worden[3]; zwei weitere, im Codex Uffenbach der Göttinger Universitätsbibliothek recht anschaulich beschriebene Humpen der Sammlung Elias Brakkenhoffer in Straßburg, der eine vom Jahre 1657, sind verschollen. Im Inventar von 1672[4] heißt es: *Ein große etwas oval runde helfenbeinern Kandt mit einem von Leonhard Kernen, dem Bildhauer zu Schwäbisch Hall Anno 1657 verfertigten Baadt, in welchem 15 nackende Bilder, ist in verguld Silber gefaßt. Die Zarg inwendig ist hoch 8 Zoll, die oval Breite 4¼ Zoll, die überzwerche Breite 4 Zoll, die gantze Höhe 13¼ Zoll* (ca. 33 cm) *und wigt das Silber daran just 6 Unzen. Ein andere gantz runde helfen beinerne Kandt in verguld Silber gefaßt, an deren Zarg die Hospitalitas, Conscientia, Humilitas und Constantia mit etlichen Nebensbildern, deren samptlich 8 seind, von ermeltem Leonhard Kernen künstlich gearbeitet. Ist inwendig hoch 7½ Zoll, des Mundstuckes diameter 3½ Zoll, die gantz Höhe 13 Zoll und hat in Silber 15⅛ Lot.*
Ein *Baadt* ist auch das Thema der Leonhard Kern zugeschriebenen Elfenbein-Humpenreliefs in Wien (KHM 4494, Kat. Nr. 118) und in Donaueschingen (Kat. Nr. 120), die ähnlich figurenreich sind wie das der Brakkenhoffer-Sammlung mit seinen *15 nackenden Bildern.* Außer den Bad-Reliefs auf dem Rundkörper, die in die vierziger Jahre datiert worden sind, entstand in demselben Jahrzehnt das Relief aus Solnhofener Stein, Frankfurt, Liebieghaus (Abb. 1). Das Relief zeichnet sich durch enge Verbindung der Figurengruppen oder -paare miteinander durch ihre Tätigkeit und mehr noch durch Blickbeziehung aus. Kern macht seine Verbundenheit mit dem Altdeutschen sehr deutlich. Wie wichtig ihm diese Arbeit war, unterstrich er durch seine Signatur.
An dem anderen Mantelrelief in der Straßburger Sammlung, worin Kern seiner Vorliebe für die Allegorie nachging, wurden ebenso viele *Nebensbilder* wie Hauptfiguren gezählt. Die *Nebensbilder* waren vermutlich Figuren in einer zurückliegenden Reliefschicht. Über ihren Sinn verlautet in dem Inventar leider nichts.
Daß das Badethema auf dem Elfenbeintrinkgeschirr in den vierziger Jahren in Leonhard Kerns Werkstatt zum Pensum gehörte, zeigt ein Humpen in Dresden[5]. Mit der schweren Fassung von vergoldetem Silber und der Deckelfigur einer Badenden, die der Dresdener Goldschmied Martin Borisch (1583–1649) machte, ist der stattliche Humpen 33,5 cm hoch. Das Relief mit untersetzten Figuren in zwei Relieftiefen, im Stil noch etwas unbeholfen, ist eine tüchtige, sehr charakteristisch »ker-

1 Leonhard Kern, Badeszene. Solnhofener Stein, um 1645. Frankfurt/M., Liebieghaus

nisch« geratene Werkstattarbeit, die des Lehrmeisters Vorschriften mit dem Wechsel von Grundansichten, dem zweischichtigen Relief, den Stufen im Gelände, dem steifnackigen knienden Kind mit den derben Zügen getreulich befolgt. Die Entstehung des Humpenmantels in den vierziger Jahren kann aufgrund von Martin Borischs Todesdatum als sicher gelten.

Leonhard Kern zog sich 1651 auf sein Gut Tullau zurück, wo er, in seiner Kunst tätig, lebte, bis er *wegen verspürter Baufälligkeit* im Herbst 1661 nach Schwäbisch Hall zurückkehrte. Dort starb er am 4. April 1662[6]. Da datierte »Werkstattarbeiten« Kernschen Gepräges aus den fünfziger Jahren vorliegen, muß wohl ein Werkstattbetrieb in des alten Meisters Sinne von einem Nachfolger geführt worden sein. Aus verschiedenen Anhaltspunkten ist zu erschließen, daß dieser Nachfolger Leonhards Neffe, Johann Georg Kern (1622–1698), gewesen ist. Johann Georg Kern war von 1650 bis 1698 in Öhringen im Hohenloheschen ansässig[7].

Der einzige Bildhauer unter Leonhard Kerns Söhnen, Johann Jacob Kern, weilte nach seiner Rückkehr aus Italien von 1657 an wieder *in der Frembde.* Er starb 1663 in London. Johann Georg Kern verkaufte mehrere Elfenbeinarbeiten von 1656 und 1657 an den anspruchsvollen Sammler Elias Brackenhoffer in Straßburg, darunter eine Elfenbeinkanne von 1657, deren Aussehen nicht bekannt ist[8].

Bei den unter Johann Georgs Leitung entstandenen

Werkstattarbeiten mit den Daten 1658 und 1659 handelt es sich um Humpenreliefs mit Darstellung der Freien Künste in Frauengestalt[9]. Die Komposition greift auf Grazien-Bildwerke von Leonhard Kern zurück, vornehmlich – und besonders deutlich – auf das Hamburger Relief in Solnhofener Stein (Abb. 2. MKG, 1920.49; Gr. 37). Der Stuttgarter Humpenmantel von 1658 (Abb. 3. kk braun blau 48; Gr. 177) und der Hamburger von 1659 (Gr. 149) zeigen die Frauen mit den Attributen der Wissenschaften vor aufgehängten Tüchern, der dritte, in Karlsruhe (Abb. 4. 62/97), von einem tüchtigeren Bildschnitzer mit freierem Atem geschnitten, entbehrt der Attribute und des Datums. Er ist dem Leiter der Werkstatt, Johann Georg Kern, zuzuschreiben.
In dem Berliner Humpenrelief (K 3128; Kat. Nr. 129) mit den gar nicht fröhlichen Wissenschaften verabschiedete sich Johann Georg Kern von dem Grazien-Muster. Voll ausgerüstet mit Attributen, mannigfaltig frisiert, bewegen sich die teils nackten, teils drapierten Frauengestalten zu angedeutetem Dialog paarweise zueinander hin, gravitätisch voranschreitend oder ernst dozierend, bedrohlich mißmutig oder angeregt demonstrierend, ernst zuhörend oder voll Bedenken abweisend. Bei den Draperien griff Johann Georg Kern auf Flötner zurück[10]. Bei der Stimmung der Künste lag ihm anscheinend der Ernst seines Lehrers im Sinn. – Auf der schräg ansteigenden Standfläche liegen großblättrige Weintraubenzweige. Nahe herangerückt stehen hinter den Frauen Laubbäume mit summarisch wiedergegebenem Blattwerk.
Eine heitere Antwort auf den Ernst der Künste des Berliner Humpenreliefs kam von einem unbekannten Bildschnitzer, der vermutlich ein Mitarbeiter Johann Georg Kerns war: der Darmstädter Humpenmantel mit den Künsten in Kindergestalt (Kat. Nr. 132). Mädchen und Knaben mit kernisch frisierten Schöpfen hantieren mit sorgfältig wiedergegebenen Attributen. Während mehrere einfach kindlichen Eifer an den Tag legen, scheinen andere Wichtigtuerei zu parodieren, den Tiefsinn mit gesenktem Kopf, den erhobenen Zeigefinger der Grammatica, die durch einen Knaben vertreten wird, das energische Auftreten mit durchgedrücktem Rückgrat. Im Hintergrund stehen Bäume mit Laubkronen nach Johann Georg Kerns Manier. Der vortreffliche Schnitzer, von dem weitere Arbeiten nicht bekannt sind, folgt in den Physiognomien mehr einem stupsnasigen Kindertypus

3 Johann Georg Kern-Werkstatt, Humpenmantel mit Sieben Freien Künsten. Elfenbein, dat. 1658. Stuttgart, Württembergisches Landesmuseum

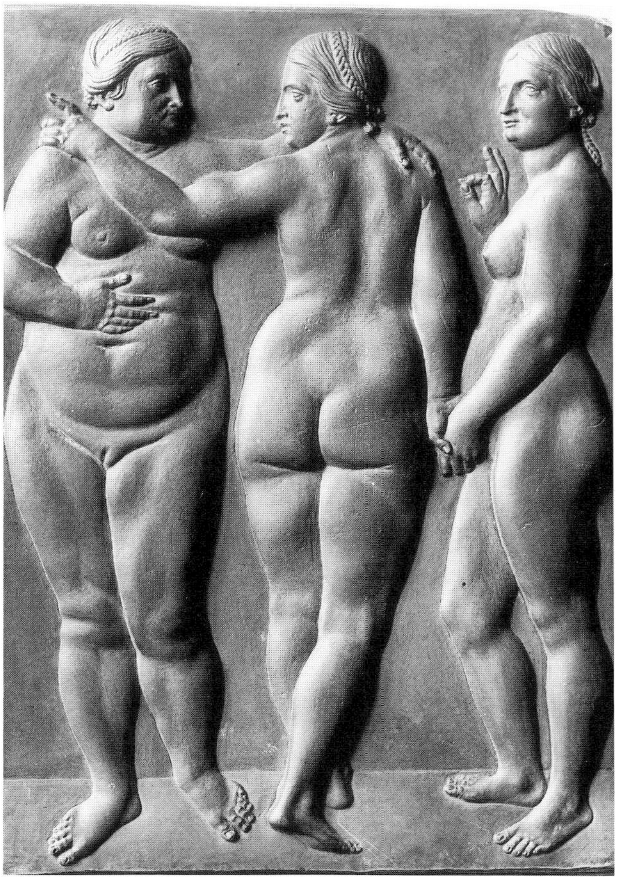

2 Leonhard Kern, Drei Grazien-Relief. Solnhofener Stein, um 1645. Hamburg, Museum für Kunst und Gewerbe

4 Johann Georg Kern, Humpenwandung mit sechs weiblichen Akten. Elfenbein, um 1655–1660. Karlsruhe, Badisches Landesmuseum

Leonhard Kerns als dem Johann Georg Kerns. Die gebohrten Augensterne verleihen dem Mienenspiel Nachdruck. Gruppierung und Bewegung der Kinder verraten die Kenntnis – und freie Auslegung – einer Mustertafel von der Art des Alabasterreliefs in Schwäbisch Gmünd (Kat. Nr. 122)[11], das Modellwert hatte für Kinderbacchanal-Geschirre von Kerns Nachfolgern.
Johann Georg Kern wahrte die Überl eferung von Leonhard Kern her, indem er das Grazien-Thema für seine und seiner Werkstatt Trinkgeschirr mit den Freien Künsten nutzbar machte. Auch das Bad-Thema hatte eine besondere Tradition von dem alten Meister her. Und Leonhard beschäftigte sich noch in der Tullauer Zeit wieder damit. Der verschollene Elfenbein-Humpen von 1657 war mit fünfzehn Akten reich bevölkert. Inwieweit Leonhards *Baadt* Einfluß ausübte auf Johann Georgs sicherlich auch in den fünfziger Jahren entstandenes seltsames Bad-Humpenrelief im Museum von Schwäbisch Hall (Kat. Nr. 119)[12], ist nicht zu erraten.
Der Elfenbein-Humpenmantel, 14,5 cm hoch, mit sieben Frauen um einen Brunnenhaus-Rundbau besetzt, ist ein für die Hand ungewöhnlich ungefüges Gebilde. Das Brunnenhaus, klein im Verhältnis zu den menschlichen Figuren, hat Vor- und Anbauten sowie einzelne Sitzsitze für die Anwesenden. Hinter seiner als Ruine dargestellten oberen Zone zeigen sich Baumwipfel. Das erinnert an Leonhard Kerns Wiener »Bad« (Kat. Nr. 118), wo die lebendige Natur ebenfalls auf diese Weise ins Bild gesetzt ist. Die beiden Hauptszenen, eine Haarwäsche und ein Fußbad, sind durch je zwei Rückenfiguren voneinander geschieden. Die Blicke, die in Leonhard Kerns Frankfurter Bade-Relief (Abb. 1) zwischen den scheinbar beziehungslosen Gruppen oder Paaren Kraftlinien bilden, gibt es hier nicht; das Benehmen der Badenden zueinander ist zwanglos alltäglich. – Das Faltenwerk des Tuchs der Wasser ausgießenden Frau, das zusammengeknüllte Tuch in der Hand der begossenen, die schlanken Rückenakte mit der Zopfkranzfrisur nahe dem Scheitel und das Relief der Baumwipfel geben die Hand Johann Georg Kerns zu erkennen[13].
»Der junge Kern« muß als Nachfolger Leonhard Kerns um 1660 unter Trinkgeschirr-Liebhabern schon einen besonderen Ruf gehabt haben, denn ihm wurde vor des alten Meisters Tod (4. April 1662) der gewichtige Auftrag zuteil für einen »hohen Henkelkrug, zu dessen Gefäß ein Stück Elefantenzahn von allergrößtem Umfange verwendet wurde«[14]. Gemeint ist der 58 cm hohe Elfenbeinhumpen des Grünen Gewölbes, auf dessen Wandung das biblische Gleichnis von den klugen und den törichten Jungfrauen[15] dargestellt ist, und dessen Deckel mit einer Elfenbeinstatuette des sitzenden Johannes des Täufers bekrönt ist. Die Fassung trägt den Stempel des hervorragenden Augsburger Meisters auf diesem Gebiet, Andreas I Wickerts, dessen Todesdatum, 1661, das Datum ante quem für das Humpenrelief liefert. (Abb. 5. GG, II 399).
Im Dresdener Katalog[16] wurde der Humpen als »fränkisch mit flämischem Einschlag« bezeichnet. Damit ist die Gegend bezeichnet, wo Leonhard Kerns Kunst über Jahrzehnte Einfluß ausübte. Württembergisch Franken hatte dank der Tätigkeit zweier Schüler Kerns, Johann Georg Kerns in Öhringen und Johann Jacob Betzoldts in Schwäbisch Hall, den größten Anteil an der nach-kernschen Kunstrichtung im Fränkischen.
Der Dresdener Humpen ist Leonhard Kern zugeschrieben worden[17]. Es gibt aber Stileigentümlichkeiten und auch stereotype Merkmale, die miteinander an Arbeiten von Leonhard Kern nicht begegnen, wohl aber bei solchen von Johann Georg Kern. An den teilweise bekleideten Figuren des Jungfrauen-Humpens sind Faltenmotive zu beobachten, die wir an Bildwerken Johann Georg Kerns antreffen. Die mit Kuhlen und Dellen bedachten Faltenhöhen im Kontrast zu leichten Rippen über dem Bein, die von einem durchgehenden Faltenschwung begleitet werden, zeigen sowohl die kluge Jungfrau links vom Henkel als auch die Johann Georg Kern zuzuweisende Alabastergruppe »Caritas« in Neuenstein und seine – früher Leonhard Kern zugeschrie-

bene – Pomona-Statuette in Hamburg[18]. Auf dem Hintergrund stehen im Ansatz gekappte Baumkronen und ein Palmenbaum.
Unter den vielfältigen Auslegungen des biblischen Gleichnisses[19] wählte Johann Georg Kern eine moralistische. Die Törichten vertreten das Laster Avaritia[20]. Die hinter den Törichten stehende Gestalt, zwischen deren Füßen der Öltopf ausläuft, könnte »Diffidentia Dei« sein, die mit dem Finger abschätzig nach oben weist[21]. Die Schärfe der psychologischen Beobachtung Johann Georg Kerns gibt der Blickwechsel in der Dreiergruppe von *Nebensbild* und den benachbarten Törichten zu erkennen. Die Törichten tragen einen Geldbeutel, eine kleine Truhe mit Wertsachen, einen prallgefüllten Sack[22]; ihre Lampen liegen am Boden. Die Klugen geben acht auf ihre Lampen, zwei von ihnen sind im Gespräch miteinander.
In vielen Fällen lieferte bei einer Augsburger Fassung Augsburg auch die Elfenbeindeckelfigur; doch hier sitzt auf dem Blätterkelch der jugendliche Täufer von der

5 Johann Georg Kern, Elfenbeinhumpen mit klugen und törichten Jungfrauen und Johannes d.T., vor 1661. Dresden, Grünes Gewölbe

Hand Johann Georg Kerns. Im Vergleich mit Leonhard Kerns Statuette des jugendlichen Bußpredigers (Kat. Nr. 78), die die Intensität des alten Meisters angesichts eines religiösen Vorwurfs erweist, äußert sich in Johann Georgs Statuette der Gleichmut des »Weltkinds«.
Vier Tatzen unter einer Palmette heben das Gefäß vom Boden ab. Der Fuß ist belebt mit qualligem Fratzenornament. Der ausholende Hermenhenkel schließt an einen hohen Lippenrand mit graviertem Rankenschmuck an. Die Daumenruhe ist eine Cherubsbüste. Auf die Deckelwölbung setzte der Goldschmied vier fast vollplastische Kinderfiguren. Andreas Wickert (1660–1661) war Beschaumeister von 1657 bis 1661. Er arbeitete bis kurz vor seinem Tode.
Ein vermutlich in Ulm tätiger Schnitzer versuchte, mit Blick auf Johann Georg Kerns Humpenrelief mit den klugen und den törichten Jungfrauen ein im vermeintlich Kernschen Sinne gestaltetes Relief ernsten bis düsteren Aspekts, mit mehreren Gestalten in einer hinteren Reliefschicht, herzustellen[23]. Mit spärlichen Blattpflanzen auf einem klüterigen Boden entrichtete er den Tribut an die Ulmer Tradition. Es gibt fünf Jungfrauen, die ihre Lampen getreulich hegen, und mehrere Figuren mit einem Geldbeutel, darunter eine, die zwischen zwei Klugen wie zur Versuchung mit einem Geldbeutel vor dem Schoß in der zweiten Reliefschicht steht. Auch eine weibliche Gestalt in der hinteren Reliefschicht und eine törichte Jungfrau in der vorderen Reihe halten Geldbeutel. Was den vorwiegend hageren Gestalten an Draperie gegeben ist, folgt Johann Georg Kerns Faltenwerk (Abb. 6).
Der Dresdener Elfenbein-Humpen mit der Darstellung der fünf Sinne (Abb. 7. GG, II 29) verhilft uns durch seine Augsburger Fassung zu einer ungefähren Datierung. Die Fassung trägt das MZ Se 1657 = Hans Jacob Mair (Meister um 1664, †1719) und das BZ Se 112 = 1670–1674[24]. 1976 wurde das Stuttgarter Museum durch ein Humpenrelief bereichert, worauf die gleiche Sinne-Darstellung in hervorragender Lebendigkeit, mit Verve geschnitten, steht (Kat. Nr. 127)[25]. Der Dresdener Mantel, etwas trockener, im Faltenwerk leicht abgeschliffen, ist danach eine Replik. In dem Stuttgarter Humpenrelief haben wir ein meisterliches Stück Arbeit von Johann Georg Kern vor uns, das gegen 1670 entstanden sein mag.
Eine weitere Replik, wohl ebenfalls von einem Mitarbeiter Johann Georg Kerns geschnitten, war 1976 im Schweizer Kunsthandel[26]. Der vortreffliche Humpenmantel wurde von dem Nürnberger Meister Johann Conrad Weiß (Meister 1699; MZ R³4279) um 1720 gefaßt.
Die Sinne des Stuttgarter Humpens[27] sind durch nackte oder nur mit einem Tuch bekleidete stehende oder sich bewegende Frauengestalten dargestellt. Das Gesicht

6 Unbekannter Ulmer (?) Schnitzer, Humpenmantel mit klugen und törichten Jungfrauen. Elfenbein, um 1670. München, Bayerisches Nationalmuseum

der Figur, die in älteren Darstellungen in einen Spiegel sieht, blickt hier durch ein Fernrohr in die Höhe; neben ihr steht der Adler, ihr Symboltier. Das Gehör, eine Rückenfigur, stimmt eine Laute; vor ihr liegt der Hirsch, in Erwartung der Musik. Mit einer im Kernschen Bereich ungewöhnlich heftigen Körpergebärde und mit einem Schrei reagiert das Gefühl auf den Schlangenbiß in die Fußsohle; die Schildkröte, Symboltier des Gefühls, bewegt sich auf die exaltierte Gestalt zu. Der Geruch hält sich vorwärtsgehend ein paar Blumen an die Nase; hinter dem Knie der Figur ist der Kopf eines Hundes sichtbar. Ihr folgt mit einer Fülle von Früchten im Arm der Geschmack; daneben greift der Affe[28], Tier des Geschmacks, nach der untersten Frucht eines herabhängenden Birnenzweigs. Zwischen dem Gefühl und dem Geruch ist eine bekleidete matronenhafte Gestalt eingeschaltet, die mit Leidensmiene die Hände gekreuzt vor ihrer nackten Brust hält und mit der Rechten ihre Brust an der Herzseite umfaßt. Auf ihrer rechten Schulter liegt ein Amboß mit einem Hammer darauf. Am Boden steht ein Podest mit drei Büchern. Die Figur steht für »Tribulatio Cordis« (Kat. Nr. 127). Mit ihrer Anwesenheit in dem Sinne-Zyklus wird die in einer älteren Sinnefolge[29] geäußerte Überzeugung zum Ausdruck gebracht, daß der Mensch durch die Sinne, die ihn verführen, gequält wird. Pirckheimers Exlibris mit der »Herzenschmiede« (1529) von dem Meister I. B. stellt die »Tribulatio Cordis« in Aktion anschaulich dar. (Dort sind Laster und Tugenden im Spiel, nicht die Sinne[30].) Die Bücher neben der Figur auf dem Humpenrelief sollen vielleicht als Tröster verstanden werden.

Johann Georg Kern, Kinder

Wann Johann Kern begann, sich mit den »Kindlein« zu beschäftigen, läßt sich vorderhand nur ungefähr erschließen. Zu den frühen Arbeiten auf diesem Gebiet wird der ca. 17 cm hohe Elfenbein-Humpenmantel in Baden-Baden (Abb. 8. Zähringer Museum, o. Inv. Nr.) zu zählen sein. Die Huckepackgruppe mit dem kopfunter über die Schultern geworfenen schreienden Knaben, dessen Kopf ein kleines Mädchen mitleidig unterstützt, steht Leonhard Kerns Gruppen noch sehr nahe. Nach der Hintergrundbesetzung mit Laubbäumen und traubenbehangenen Reben ist das Humpenrelief als unge-

7 Elfenbeinhumpen mit Darstellung der fünf Sinne. Fassung 1670. Dresden, Grünes Gewölbe

8 Johann Georg Kern, Humpenmantel mit Kinderbacchanal. Elfenbein, um 1660. Baden-Baden, Zähringer Museum

fähr zeitgenössisch zu dem Berliner Künste-Mantel (Kat. Nr. 129) zu bestimmen. (Auf diesem ist die Laubzeichnung schematischer, und die Weinreben beleben dekorativ den Boden.) Der kleine Seifenbläser – seltenes Vanitasmotiv in einem Kinder-Bacchanal aus dem dritten Viertel des 17. Jahrhunderts – zeigt Johann Georg Kerns Vertrautheit mit der mythologischen Idylle einiger Flamen in Rubens' Umgebung, Pieter van Avont (1600–1652) und Frans Wouters (1612–1659)[31]. Links von dem Seifenbläser ist der Kindertypus vertreten, den ein Mitarbeiter Johann Georg Kerns an seinem Elfenbein-Humpenrelief mit den Freien Künsten in Kindergestalt aufgriff[32].

Der Elfenbein-Humpen in Kassel (Abb. 9. Staatliche Kunstsammlungen, B II 62[33]) gehört in eine etwas spätere Phase von Johann Georg Kerns Beschäftigung mit dem Kinder-Bacchanal. Die abgebildete Szene mit den Folgen der Trunkenheit, die eine bedrohliche kindliche Angriffslust schildert, zeigt an zwei Knaben das oft wiederkehrende charakteristische Profil mit der »Entenschnabelnase«, die ohne Unterbrechung in die Stirnlinie übergeht. Die Frisuren, gesträhnt, gestuft, Schneckenlocken, gescheitelt, mit unterer Lockenkante an den Knaben, gescheitelt und lockig an dem Mädchen, sind ähnlich abwechslungsreich wie die Haartracht an Johann Georg Kerns Frauengestalten. Auf dem Boden wachsen spärlich Gras und Kraut. Im Hintergrund steht ein Sortiment von Bäumen – Laubbaum, zwei Sorten von »Palmen«, ein spitzkegelig zugeschnittener Baum –, von denen einige stereotyp wiederkehren auf Geschirren von Johann Jacob Betzoldt, Leonhard Kerns Schüler in Schwäbisch Hall, der verschiedenen Anzeichen nach kurze Zeit enger mit Johann Georg Kern zusammenarbeitete. –

Nach Hohenloheschen Archivdaten lieferte Johann Georg Kern von 1660 bis 1673 Elfenbeinarbeiten an das Haus Hohenlohe[34]. In Schloß Neuenstein werden zwei Humpen mit Puttendarstellungen aufbewahrt, die Johann Georg Kern zuzuschreiben sind. Auf dem einen (Kat. Nr. 126) ist ein Kinder-Bacchanal zu sehen. Das Bacchuskind sitzt auf dem Faß und pflückt Beeren von einer Traube. Das alte Begleittier des Bacchus, das in der zweiten Jahrhunderthälfte wieder häufiger begegnet, der Ziegenbock, ist zweimal vertreten. Einen Umzug zu Bacchus hin deutet eine kleine Gruppe mit einem Huk-

9 Johann Georg Kern, Elfenbeinhumpen mit Kinderbacchanal. Um 1670, Kassel, Staatliche Kunstsammlungen

10 Zwei sogenannte Räucherschiffchen (Trinkschalen). Elfenbein, um 1680. Dresden, Grünes Gewölbe

kepackträger an, die auf das Alabasterrelief in Schwäbisch Gmünd (Kat. Nr. 122) als Vorbild hinweist. Der liegende Ziegenbock verhindert weiteren Durchzugsverkehr. Ein neben einem Korb mit Früchten am Boden sitzender Knabe trinkt aus einem Angster, den ein Mädchen ihm hinhält. Im Hintergrund steht ein Laubbaum.

Auf dem anderen Humpen spielen Putten und geflügelte Genien auf dem Wasser (Kat. Nr. 128). Mehrere Repliken[35] zeigen an, daß das Thema besonderen Anklang fand. Dieses Humpenrelief ist von der Augsburger »Serienware« beeinflußt[36]. Das Schilf auf dem Grunde und die stilisierten Wellenbewegungen sind deutliche Hinweise darauf. Der Humpen ist wahrscheinlich mit der 1673 gelieferten »elfenbeinernen Kanne« identisch, denn die »Serienware« erfuhr erst in der ersten Hälfte der siebziger Jahre ihre volle Ausbildung.

Im Anschluß an den Neuensteiner Humpenmantel wird der kraftvoll geschnittene Elfenbein-Humpen mit neptunischem Vorwurf entstanden sein, der 1976 vom Stuttgarter Museum erworben wurde (Kat. Nr. 130). Vehement erfüllte Johann Georg Kern ein etwas verknöchertes »Serienware«-Produkt mit frischem Leben. Sein Vorbild, das er recht genau beobachtet, war ein bootförmiges Trinkgeschirr, wie eines im Grünen Gewölbe steht (Abb. 10). Das Geschirr ist, nach der Hintergrundzeichnung zu urteilen, im 8. Jahrzehnt des 17. Jahrhunderts entstanden. Der Nürnberger Goldschmied gab mit einer kräftigen, glücklich zu dem Humpenrelief passenden Fassung der »Nachahmung« einen weiteren Stoß Lebenskraft. Das Thema des munteren Deckelmedaillons, ein auf einer Muschel segelndes Kinderpaar, erscheint im szenischen Zusammenhang schon auf Johann Georgs Neuensteiner Humpen. So ist als Entstehungszeit des barock beflügelten Stuttgarter Humpens die erste Hälfte des achten Jahrzehnts anzunehmen.

Zu einer kurzen Abschweifung vom Trinkgeschirrthema verlockt das köstliche Stuttgarter Elfenbeinhorn (Kat. Nr. 131), das ein weiteres der »Serienware« verpflichtetes Stück Arbeit des »jungen Kern« ist. Den Anstoß zu dieser *Fantasia* über Neptuns Reich gab ein »Serienware«-Geschirr vom gleichen bootförmigen Typus wie das oben genannte (Abb. 10).

Der Kinderbacchanal-Humpen in Berlin (Abb. 11. Kunstgewerbemuseum, K 3121), der aus der Kunstkammer stammt, trägt deutlicher als die vorigen das Gepräge der

Kern-Schule. Das Gewicht liegt allein auf der bewegten menschlichen Gestalt. Der Naturraum ist ausgeschaltet. Die Früchte am Boden kennzeichnen ebenso wie der Becher in der Hand des bekränzten Huckepackreiters den bacchischen Umzug; überdies haben sie dekorative Bedeutung. Daß Johann Georg Kern das Humpenrelief schnitt, geht aus den Physiognomien einiger Kinder hervor, die einzelnen Kindern am Kasseler Humpen (Abb. 9) gleichen. Die Köpfe mit dem hochgebauten Schädel verraten Gerard van Opstals Einfluß, doch die Haartrachten sind kernisch. Die mit einem echt Augsburger Traubenputto bekrönte Fassung stammt von dem hervorragenden Meister Hans Jacob Mair. Nach dem Augsburger Beschauzeichen entstand sie um 1680–1684.

Zur kurfürstlichen Kunstkammer gehörte auch ein dem vorigen ähnlicher Kinderbacchanal-Humpen (Kat. Nr. 135). Die Komposition enthält die unter dem Tuchbogen tanzenden Kinder sowie das Pärchen, das Hand in Hand dasteht, doch an Stelle der Huckepackgruppe und der Dreiergruppe balgender Knaben erscheint ein zu Boden gegangener Esel, auf dessen Rücken ein Mädchen mit einer Weinbergrape über einen Rebenast greift und auf dessen Hals sich der Bacchusknabe lehnt; ein schlafendes Kind und ein Serpentbläser bereichern das Bild. Der Hintergrund ist auf der einen Seite mit einförmig gezeichnetem Baumlaub zugedeckt, auf der anderen Seite stehen ein Baum mit Weinreben und die Palme mit den Kügelchen in der Mitte[37]. Der Schnitzer hat sich bemüht, dem Berliner Humpenrelief Johann Georg Kerns nahezukommen. Die Kinderkörper sind massiver geraten, die gebohrten Augen blicken – auf der Eselseite – etwas blind; die Mienen ziehen sich eigentümlich um die Nase zusammen, der Ausdruck soll wohl als freundlich verstanden werden. Das Vierblattgebilde am Boden – in späteren Arbeiten zum Dreiblatt umgeändert – ist ein Erkennungszeichen an Arbeiten von Johann Jacob Betzoldt und seiner Werkstatt. Die Fassung ohne Goldschmiedemarken des Berliner Humpens war früher mit einem Schwan als Deckelzier versehen. Diese legt die Vermutung nahe, daß das Trinkgeschirr als Geschenk des Landgrafen von Hessen an den Kurfürsten Friedrich Wilhelm in die brandenburgische Kunstkammer kam[38]. Der Schnitzer ist Johann Jacob Betzoldt.

11 Johann Georg Kern, Elfenbeinhumpen mit Kinderbacchanal, um 1680. Berlin, Staatliche Museen Preußischer Kulturbesitz, Kunstgewerbemuseum

Johann Jacob Betzoldt (1621–1707) war ein Schüler Leonhard Kerns. Laut Steuerrechnungen von 1679/80 kaufte die Stadt Schwäbisch Hall 1680 von ihm drei elfenbeinerne Kannen um 50 fl[39]. Der Augenschein lehrt, daß – wahrscheinlich um 1680[40] – eine Arbeitsbeziehung zwischen Johann Georg Kern und Johann Jacob Betzoldt bestanden hat. Der gebende Teil war Johann Georg Kern. Nur aus Betzoldts Werkstatt in Schwäbisch Hall sind uns Humpenmäntel nach dem Vorbild der Berliner Kinderbacchanal-Humpenreliefs bekannt. Berlin besitzt einen großen Humpenmantel (Abb. 12. KGM, K 3123; Gr. 132), Darmstadt einen kleinen, von einem anderen Werkstattmitarbeiter geschnitten (Abb. 13. Hessisches Landesmuseum, Kg 63 : 415; Gr. 145), München ebenfalls einen kleinen (Bayerisches Nationalmuseum, Berliner 203, Taf. 111, a–d; Gr. 162). Von besonderem Interesse hinsichtlich des Kompositionsverfahrens an dieser Gruppe von Kinderbacchanal-Humpenreliefs ist das vor kurzem bekanntgemachte Alabasterrelief mit sechs spielenden Kindern im Städtischen Museum Schwäbisch Gmünd (Kat. Nr. 122)[41]. Es ist anscheinend eine Mustertafel. Wir finden sowohl gleichlautende Figuren als auch Variationen auf den einzelnen Humpenreliefs.

Ein verwandter Vorwurf, der Umzug von Kindern mit dem Bacchusknaben auf dem Wagen, wurde, wahrscheinlich um die gleiche Zeit, von Betzoldt und seiner Werkstatt auf Trinkgeschirr behandelt. Humpenreliefs von Betzoldts eigener Hand besitzen das Herzog Anton Ulrich-Museum in Braunschweig (Abb. 14. Scherer 358; Gr. 142) und das Württembergische Landesmuseum in Stuttgart[42]. Der um den Kopf bekränzte kleine Bacchus hält einen Kuttrolf in der Linken, seinen weinschweren

12 Betzoldt-Werkstatt, Humpenwandung mit Kinderbacchanal. Elfenbein, um 1680. Berlin, Staatliche Museen Preußischer Kulturbesitz, Kunstgewerbemuseum

13 Betzoldt-Werkstatt, Humpenwandung mit Kinderbacchanal. Elfenbein, um 1680. Darmstadt, Hessisches Landesmuseum

14 J. J. Betzoldt, Humpenwandung mit Kinderbacchanal. Elfenbein, um 1680. Braunschweig, Herzog Anton Ulrich-Museum

Kopf stützt ein Kind hinter dem Wagen. Mehrere Kinder haben sich vor den Wagen gespannt, eines stößt dabei ins Horn. Zwei Knaben schieben an den Rädern nach, wobei einer unter das Vorderrad gerät. Auch das Paar mit dem Tuchbogen, ein Mädchen und ein Knabe, ist vertreten, ferner der Serpentbläser. Auf dem Stuttgarter Elfenbein-Mantel sind zwei Palmen hinter der Kinderschar sichtbar, auf dem Braunschweiger ist außer der Palme auch ein Laubbaum eingesetzt. Trauben sind reichlich bei dem bacchischen Fest. Die Haartrachten sind kernisch mannigfaltig. Betzoldt legte hier besonderes Gewicht auf Reichtum an Ansichten und Bewegung der Kinderkörper. Von der Werkstatt wurde der Vorwurf häufiger behandelt[43]. Die Ausführung ist von unterschiedlicher Güte. Die Bespannung des Wagens wechselt, der Aufwand an Figuren wurde eingeschränkt.

Wahrscheinlich in den achtziger Jahren geriet Johann Jacob Betzoldt unter den Einfluß des gleichfalls in Schwäbisch Hall tätigen Johann Michael Hornung (1646–1706). Auf dem Kugelfußbecher von Elfenbein der Sammlung Reiner Winkler (Abb. 15)[44] übertrug der

Bildschnitzer das ihm vertraute Motiv des Bacchusknaben auf dem Wagen auf den Amorknaben. Amor in seiner kleinen mit Schnitzwerk verzierten Karosse wird von zwei Knaben gezogen und in Abständen begleitet von weiteren kleinen Knaben, die eine Lanze und Musikinstrumente eher militärischen Charakters tragen. Die Frisuren der Kinder stehen noch in der Kernschen Überlieferung, die Bäume hingegen sind nach Hornungscher Manier belaubt[45], mit Ausnahme des bekannten Palmenbaums, der indessen oben mit Hornungschen Blattzweigen bestückt ist.

Betzoldt wählte mit seinem auf vier Paradiesapfel-Füßen stehenden Becher einen »modernen« Gefäßtyp. Kugelfußbecher wurden von den Goldschmieden seit 1670 vereinzelt, in den achtziger Jahren bis gegen Ende des Jahrhunderts aber recht oft hergestellt[46]. Der Reliefschmuck der Deckelwölbung folgt Hornungscher Manier[47]. Der massige, auf der Wandung einer Trommel hockende Deckelputto hat die charakteristischen Fettringe Betzoldtscher Kinder.

Die derbe runde Dosenwandung, niedrig, breit, dickwandig, mit spielenden Kindern (Abb. 16. Stuttgart, Württembergisches Landesmuseum, kk braun blau 38), trägt am Boden das Dreiblattgebilde, »Markenzeichen« der Betzoldt-Werkstatt. Auf der wulstig vorgezogenen Aktionsfläche steht auf der einen Seite ein Baum mit abgeschnittener Laubkrone und gekappten Ästen, auf der anderen ein Palmenbaum, beide nach dem Muster von Johann Georg Kerns Kasseler Humpen (Abb. 9). Die Kinder, nackt bis auf eines mit Hüftschurz, in Bewegung bis auf ein sitzendes, in Seitenansicht bis auf eines, spielen mit dem Reifen, mit der Peitsche, mit Kugeln. Ferner gibt es ein Paar mit einem (zusammengedrehten) Tuchbogen, eine balgende Dreiergruppe, eine Huckepackgruppe. Diese Gruppierungen aus Johann Georg Kerns und Johann Jacob Betzoldts gedrängten Kinder-Bacchanalen sind hier zusammen mit den einzeln Spiele betreibenden Kindern weitläufig auf dem Wandungsrund verteilt. Das kräftige, doch dem Grund verhaftete Relief zeigt nur einen Hornbläser und die zwei Bäume in der zweiten Reliefschicht.

15 J. J. Betzoldt, Kugelfußbecher. Elfenbein, um 1690. Privatbesitz

16 Betzoldt-Werkstatt, Dosenwandung mit spielenden Kindern. Elfenbein, um 1690. Stuttgart, Württembergisches Landesmuseum

Deckeldosen von Bildschnitzerhand stammen in der Mehrzahl aus dem späten 17. Jahrhundert. Vermutlich ist diese von der Rückbesinnung auf Kernsche Überlieferungen geprägte volkstümliche Arbeit des alten Meisters in Schwäbisch Hall auch dahin zu datieren. –

Aus Johann Georg Kerns letztem Lebensjahrzehnt ist bis zur Stunde kein Trinkgeschirr zu verzeichnen. Er starb in Öhringen 1698. Der Rückblick auf die Arbeiten von Leonhard Kerns Nachfolger auf diesem Felde ergibt für die fünfziger Jahre die Bindung im Thematischen an das von dem alten Meister Überlieferte. Mit dem Künste-Humpen in Berlin und dem Jungfrauen-Humpen in Dresden zeichnet sich um 1660 Johann Georgs Wille zum Selbständigen im Formalen und eine Neigung zum Verschlüsselten im Gehalt des Dargestellten ab. Die letztgenannte Tendenz, die ihre Nahrung bei den Manieristen um 1600 und in »altdeutscher« Kunst findet, kommt gegen 1670 in dem Sinne-Humpenrelief in Stuttgart zum

Ausdruck. (Die Replik in Dresden wurde um 1670–1674 gefaßt.) In den sechziger Jahren findet Johann Georg Kern Anschluß an jene Richtung des Zeitgeistes der Nachkriegsperiode, die das Leichte, Erfreuliche, Heitere bevorzugte. Er wandte sich den »Kindlein« zu und fand Zuspruch mit seinen bacchischen und neptunischen Bildern von Putten, die sowohl von der flämischen »mythologischen Idylle« als auch von »altdeutscher« Kunst inspiriert sind. Mit der tatkräftigen Umwandlung der »Serienware« in dem Stuttgarter Humpen und einem neuerlichen Rückgriff auf eine stärker »Kernsche« Figurenwelt in dem Berliner Kinder-Bacchanal-Humpen (um 1680) schließt, was wir heute von seiner Arbeit kennen.

ANMERKUNGEN

1 Besonders ausdauernd war die Augsburger halb-serielle Produktion in namentlich bisher nicht bekannten Werkstätten, irrtümlich »Pfründt-Stil« genannt (Christian *Theuerkauff,* Zu Pfründt, Anzeiger des Germanischen Nationalmuseums, Nürnberg 1974, S. 58–104).

2 Hervorragende Meister der Fassung waren in Augsburg Andreas Wickert (1600–1661) und Hans Jacob Mair (um 1641–1719), in Ulm Hans Ludwig Kienlin d. J. (1623–1670) und Johann Adam Kienlin d. Ä. (1628–1691). Die Nürnberger wurden später, sehr oft für Geschirre von Nachfolgern Leonhard Kerns, mit Fassungen beauftragt. Die größte Zahl von Nürnberger Humpen- und Pokalfassungen lieferte Johann Eißler (1640–1708).

3 Leonhard Kern, Elfenbein-Humpenrelief. Wien, Kunsthistorisches Museum, Inv. Nr. 4494. H. 29,6 cm. (*Grünenwald* 1969, S. 46, Kat. Nr. 108, Taf. 42). – Elfenbein-Humpen in Augsburger Fassung, Donaueschingen, Fürstlich Fürstenbergische Sammlungen, ohne Inv.-Nr. (Kat. Nr. 120).

4 Göttingen, Universitätsbibliothek, Cod. Uffenbach 35, S. 157ff. Zitiert nach *Grünenwald* 1969, S. 33, Anm. 43.

5 Grünes Gewölbe, II 22. Vgl. Walter *Holzhausen/*Edmund *Kesting,* Prachtgefäße, Geschmeide, Kabinettstücke, Tübingen 1966, S. LVII, Nr. 60, Taf. 60. Außer dem Dresdener Bad-Humpen zeigt ein Relief mit Badehaus-Szenen, das in die Höhlung des Elefantenzahns geschnitten ist (London, Victoria and Albert Museum, A 42–1941), die Beschäftigung mit dem »Bad« im Kern-Kreise an. Leonhard Kern schnitt um 1645 ›Drei klagende Frauen‹ in die Höhlung eines Zahns (Hamburg, Museum für Kunst und Gewerbe, 1957. 76; hier Kat. Nr. 97).

6 *Grünenwald* 1969, S. 31, Anm. 5.

7 Elisabeth Grünenwald teilte mit Brief vom 13. August 1986 mit: »Johann Georg wird 1697 als ›Bildhauer in Öhringen‹ erwähnt, 1698 ist er in Öhringen gestorben. Weil J. G. Kern 1650 das Bürgerrecht in Öhringen erhalten hatte, auch Amtsbürgermeister einige Zeit daselbst gewesen ist, muß man mit an Sicherheit grenzender Wahrscheinlichkeit annehmen, daß er von 1650 bis zu seinem Tode in Öhringen ansässig gewesen ist. ... Eben lese ich bei Egon Oertel (Schleissing-Nachrichten), daß Kinder von J. G. Kern in Öhringen zur Welt gekommen sind, nämlich in den Jahren 1651, 1652, 1655, 1658.« – Joachim von Sandrart muß keine Kunde von dem Bildhauer in Öhringen gehabt haben, er hätte seiner sonst sicherlich gedacht. Johann Georg Kerns jüngeren Zeitgenossen, Johann Ulrich Hurdter in Ulm, behandelt er mit viel Aufmerksamkeit und lobt dessen Elfenbeinarbeiten, darunter das Trinkgeschirr.

8 *Grünenwald* 1969, S. 34, Anm. 64.

9 Das Interesse an dem Grazien-Thema und an davon abgeleiteten Vorwürfen in Leonhard Kerns Nachfolge bezeugen mehrere vor kurzem publizierte Bildwerke: Elisabeth *Grünenwald,* Leonhard Kern (1588–1662). Ein Bericht über neue Forschungen zu seinem Werk. In: Württembergisch Franken 70 (1986), S. 97, Abb. 11 (Stuttgart, WLM); S. 100, Abb. 18 (Kunsthandel London 1980); S. 100, Abb. 19 (Kunsthandel London 1982); S. 100f., Abb. 20 (Museum Schwäbisch Hall).

10 DIALECTICA und GEOMETRIA vgl. mit TEMPERANTIA (*Lange,* Nr. 86. – *Weber,* Renaissanceplaketten, Taf. 13) bzw. JUSTITIA (*Lange,* Nr. 82. – *Weber,* Tafel 13) aus der Folge der stehenden Kardinaltugenden von Peter Flötner. An RHETORICA sind Teile der Gewandpartien von Flötners SPES (*Lange,* Nr. 84. – *Weber,* Taf. 12) zu bemerken.

11 Vgl. Hermann *Kißling,* Kunst im Städtischen Museum Schwäbisch Gmünd, Katalog 1979, S. 67. – *Grünenwald* 1986, S. 99, Abb. 15.

12 *Grünenwald* 1986, S. 79, Abb. 7.

13 Zu den wiederkehrenden kennzeichnenden Details in J. G. Kerns Geschirren gehören das zerknüllte Tuch im Haller Bad (bei der Haarwäsche) und im Dresdener Jungfrauen-Humpen (bei der Gestalt in der rückwärtigen Reliefschicht) und die freien gewellten Haarbahnen im Haller Bad (Haarwäsche) sowie am Dresdener Sinne-Humpen (bei ODOR), wo sie, entschieden stilisiert, ornamentale Wirkung haben. In seinen früheren Arbeiten widmete J. G. Kern den Haartrachten – auch denen, die von Leonhard Kern herstammten – viel Aufmerksamkeit. Die Faszination, die lose, frei bewegte Haare der Frauen auf ihn ausübten, verrät seine Beziehung zu deutschen »Kleinmeistern« des 16. Jahrhunderts, die neben dem Rückblick auf die flämische »mythologische Idylle« bestand. Vgl. z. B. Aldegrevers Stiche Eva, B. 12, und RESPICE FINEM, B. 134, 1529 datiert (Heinrich Aldegrever, Ausst.-Kat. Unna, 1986, Abb. 133 und Abb. 166. Die dort unter Nr. 167 abgebildete Egerer Reliefintarsie nach Aldegrever zeigt ein anderes Beispiel der Verlokkung zum Ornamentalen im 17. Jahrhundert.).

14 Jean Louis *Sponsel,* Führer durch das Grüne Gewölbe, Dresden 1921, S. 32f.

15 Matth. 25, 1–13. Beispiele: A. *Pigler,* Barockthemen, I, 1956, S. 368.

16 *Sponsel-Haenel,* Das Grüne Gewölbe zu Dresden IV, S. 72, Taf. 16.

17 *Grünenwald* 1969, Kat. Nr. 29.

18 Caritas, Schloß Neuenstein: *Grünenwald* 1969, Kat. Nr. 67, Taf. 4. – Pomona, Hamburg, Museum für Kunst und Gewerbe: *Grünenwald,* 1969, Kat. Nr. 39, Taf. 64.

19 Rudolf *Berliner* nennt in seinem Elfenbeinkatalog, Die Bildwerke des Bayerischen Nationalmuseums, IV. Abteilung, Augsburg 1926, unter Nr. 194 Literatur und verschiedene Beispiele.

20 Die eindrucksvolle 41 cm lange Alabasterfigur der Avaritia, Leonhard Kern nahe in der bildhauerischen Qualität, die 1976 im Würzburger Kunsthandel (bei A. Neuhaus) war (*Grünenwald* 1986, S. 101, Abb. 21), ist sicherlich Johann Georg Kern zuzuschreiben. Die halb aufgerichtete Liegefigur hält mit der Linken einen Sack voll Münzen offen, in denen sie, mit abgewandtem Gesicht, mit der Rechten wühlt. Vgl. Leonhard Kerns signierte Liegefigur in Kassel (*Grünenwald* 1969, Kat. Nr. 53, Taf. 62).

21 Diffidentia dei. Stich von 1575 in Cornelius Kilianus *Dufflaeus,* Prosopographia. Abb. in dem Ausstellungskatalog ›Die Sprache der Bilder‹, Braunschweig 1978, S. 139.

22 In Hans Burgkmairs Folge der Laster umarmt »Die Gaitikeit« einen großen Sack, den sie vor sich trägt. Sie steht mit verbundenen Augen auf einer Kröte (Hans Burgkmair, Ausstellungskatalog Stuttgart 1973, Nr. 60, Abb. 77).

23 *Berliner* 194, Taf. 113. – Sollte dem Bildschnitzer bei der Vermehrung der hinteren Figuren Leonhard Kerns »Nebensbilder« an Brackenhoffers Humpen im Sinn gelegen haben?

24 *Sponsel-Haenel* (wie Anm. 16), S. 74, Tafel 17c. – *Grünenwald* 1969, S. 50. – *Gradmann,* Kern, S. 122, Anm. 4. – Barock in Dresden, Ausstellung Staatliche Kunstsammlungen Dresden/Kulturstiftung Ruhr, Essen 1986, S. 407 und Abb. 539.

25 *Grünenwald* 1986, S. 98, Abb. 14. – H. 20,5 cm.

26 Zürich, Kunsthandel (Payer) 1976. (Weltkunst, XLVI, 6, 15. 3. 1976, S. 457, Anzeige mit Abb.) – H. des Humpens 31,5 cm.

27 Hans *Kauffmann,* Die Fünfsinne in der niederländischen Malerei des 17. Jahrhunderts, in: Kunstgeschichtliche Studien. Festschrift für

Dagobert Frey, Breslau 1943, S. 133–157. – Die Sprache der Bilder. Ausstellungskatalog Braunschweig 1978, S. 67–73. – Marielene *Putscher,* Die fünf Sinne, in: Festschrift für Wolfgang Krönig, Aachener Kunstblätter, 41, 1971, S. 152–173. – Stilleben in Europa. Ausstellungskatalog Münster 1980, S. 161–170.

28 H. W. *Janson,* Apes and Ape Lore, London 1952, S. 239 ff.

29 Jan *Saenredam,* Die Sinne, Kupferstichfolge nach Hendrik Goltzius (1558–1617), B. 95–99; Hollstein, VIII, 380–384.

30 Pirckheimers Exlibris: RDK, VI, Sp. 675, Abb. 4.

31 *Grünenwald* 1969, S. 37, Kat. Nr. 3, verweist für einzelne Motive auf die Radierungen von Wenzel Hollar nach Pieter van Avont P. 492–521. – Die photographische Aufnahme mit der Huckepackgruppe verdanke ich Elisabeth Grünenwald.

32 Darmstadt, Hessisches Landesmuseum, Kg 52 : 104, hier Kat. Nr. 132.

33 *Grünenwald* 1969, S. 50. – H. 21,5 cm. Fassung ohne Marken.

34 *Grünenwald* 1969, S. 37, Anm. 183. – Mit Brief vom 18. August 1986 teilte Elisabeth Grünenwald zu J. G. Kerns Lieferungen an das Haus Hohenlohe noch weitere archivalische Daten mit: »Bezahlung 1667 für ein Kruzifix 4,30 fl; für verschiedene elfenbeinerne Sachen 9 fl; 1673 für eine elfenbeinerne Kanne und zwei auf den Deckel gehörige Bilder und anderes 15,50 fl.« – Mit Schreiben vom 1. Februar 1987 kam die Auskunft, daß Neuenstein NL 33 von dem Crailsheimer Goldschmied J. Vögelein gefaßt wurde, Neuenstein NL 35 von einem Nürnberger Goldschmied, der den Stempel $R^3$4061 benutzte.

35 Repliken: Darmstadt, Kg 63 : 416. – Gr. 145a. Elfenbein-Humpenmantel. H. 10,6 cm (Ausstellung Gestaltetes Elfenbein, Zürich 1960, Kat. Nr. 7). – Kunsthandel München, Weinmüller, Aukt. 20. 9. 1972, Nr. 457. Elfenbein-Humpen. H. 20,5 cm. Fassung: Elias Adam, Augsburg. Farbabb. und eingehende Beschreibung. – Kunsthandel München 1962 (Herbert M. Ritter). Elfenbein-Humpen. H. 28,5 cm. (Weltkunst, Dez. 1962, S. 48). Fassung: Andres Bergmann, Nürnberg.-St. Gallen, Museum im Kirchhoferhaus. Fassung: Andres Bergmann, Nürnberg.

36 Vgl. Christian *Theuerkauff,* Zu Pfründt, in: Anzeiger des Germanischen Nationalmuseums, 1974, S. 58–104.

37 Vgl. J. G. Kerns Kasseler Humpen (Abb. 9). Die beiden dort vertretenen Sorten von Palmen kehren auf Trinkgeschirren von J. J. Betzoldt und seiner Werkstatt oft wieder.

38 Der Schwan gehörte zu der Devise des Landgrafen Carl (1670–1730). (Franz-Adrian *Dreier,* Unbekannte Elfenbeinarbeiten von Leonhard Kern ..., Pantheon XXII, 1964, S. 103 und Anm. 46.)

39 *Grünenwald* 1969, S. 37, Anm. 182.

40 Das Augsburger Beschauzeichen für 1680–1684 an J. G. Kerns Berliner Humpen und der Ankauf dreier Geschirre von J. J. Betzoldt durch die Stadt Hall 1680 geben Anhaltspunkte für die Datierung dieser Gruppe von Arbeiten.

41 *Grünenwald* 1986, S. 99, Abb. 15. – Hermann *Kissling,* Kunst im Städtischen Museum Schwäbisch Gmünd, Katalog 1979, S. 67.

42 Stuttgart, WLM, kk braun blau 46.

43 An Repliken seien genannt: Leningrad, Eremitage, E 7273. Elfenbein-Humpen H. 15 cm. Wagen mit zwei Pferden (Ausst.-Katalog Westeuropäische Elfenbeinarbeiten aus der Eremitage Leningrad, Berlin-Köpenick 1974, Nr. 18, mit Abb.). – Florenz, Museo degli Argenti, Inv. Nr. 53; Cristina Piacenti Aschengreen, in: Antichità viva, April 1963, S. 32, Abb. 7, Nr. 2. – Ehemals Slg. Alexander Wolf, Oberberg-Eisenstadt, Auktionskatalog Wawra und Werner, Wien, 26./27. 3. 1928, Nr. 40, Tafel IV, Elfenbein-Humpen. H. 12,8 cm. Zwei Pferde ziehen den Wagen. Fassung: Breslau.

44 Elfenbein. Sammlung Reiner Winkler. Bearbeitet von Christian Theuerkauff, 1984, S. 156, Kat.-Nr. 84, mit Abb. H. 15,2 cm (mit der Deckelfigur). Im Deckel »alte Tintenschrift N:82, vielleicht auch IV:82«.

45 Vgl. die Laubbäume auf Hornungs (signiertem Elfenbein-Humpen, Darmstadt, HLM, Kg 63 : 412. Zu Hornung ist anzumerken, daß er als Lehrjunge bei Betzoldt gewesen ist. Als selbständiger Bildhauer und Bildschnitzer arbeitete er in Schwäbisch Hall nachweisbar von 1673 bis 1700 (*Grünenwald* 1986, S. 73).

46 Süd- und norddeutsche Beispiele nennt C. Theuerkauff im Katalog der Slg. Winkler, Nr. 84, Anm. 1.

47 Vgl. den unter Hornung-Einfluß entstandenen Kugelfußbecher in München (Berliner 376, Taf. 169).

KATALOG

I. Biographische Zeugnisse zu Leonhard Kern

1
Ansicht von Leonhard Kerns Geburtshaus in Forchtenberg

Friedrich Reik, 1907
Aquarell über Bleistift; 55 x 37,6 cm
Schwäbisch Hall, Hällisch-Fränkisches Museum, Inv. Nr. A XVII, 4 (Dauerleihgabe des Württ. Landesmuseums Stuttgart)

Die Darstellung des Familiensitzes der Kerns in Forchtenberg, in dem auch Leonhard Kern geboren wurde, zu Beginn des 20. Jahrhunderts gehört zu einer Serie von über 300 Blatt, in der der Haller Zeichenlehrer Friedrich Reik in großformatigen Aquarellen Motive seiner Heimatstadt und der näheren Umgebung festhielt. H.S.

1

2a

2a
Landkarte von Italien

Nürnberg: Homanns Erben, dat. 1742
kolorierte Radierung; 53 x 63 cm
Schwäbisch Hall, Historischer Verein für Württembergisch Franken (Depositum im Stadtarchiv), Inv. Nr. B 0/608

2b
Landkarte von Afrika

Nürnberg: Homanns Erben, um 1750
kolorierte Radierung; 54 x 61 cm
Schwäbisch Hall, Historischer Verein für Württembergisch Franken (Depositum im Stadtarchiv), Inv. Nr. B 0/476

Die populären Karten Homanns aus dem 18. Jahrhundert lassen die Reise Kerns nach Italien und Afrika 1609 bis 1614 nachvollziehen. Die politisch-territoriale Gliederung der Länder war seinerzeit bereits im wesentlichen dieselbe. Leonhard Kern begann seine Reise 1609 mit einem Aufenthalt in Rom, hielt sich dann neun Monate in Neapel auf und fuhr von dort *mit den Florenti-*

nischen Galern nach Marokko und Algerien. Zurück nach Neapel, begab sich Kern wieder für zwei Jahre nach Rom, wo er an der Akademie in der Bildhauerei und Architektur lernte. Auf der Heimreise suchte er Venedig, andere italienische Städte sowie Dalmatien auf; in Laibach fertigte er dabei 1613 als erste große bekannte Arbeit den Altar in Oberburg (Kat. Nr. 54, 55). Die Angaben gehen auf den Nekrolog auf Leonhard Kern im Haller Kirchenbuch unter dem 6. April 1662 zurück (Kat. Nr. 15; vgl. Beitrag Beutter S. 16).

Kerns Reise ins nördliche Afrika stellte für einen Künstler seiner Zeit und lange später eine ungewöhnliche Tat dar.

H.S.

3
Ansicht des Nürnberger Rathauses

Hans Troschel nach Lorenz Strauch, 1621
Kupferstich, 32,5 × 42,5 cm
Nürnberg, Stadtgeschichtliche Museen

1616–1622 erweiterte die Stadt Nürnberg unter der Leitung des Architekten Jakob Wolf d. J. ihr Rathaus in repräsentativen italienischen Formen und in gewaltigem Maßstab. Für den Schmuck der drei Portale der nach Westen gerichteten Fassade lieferte Christoph Jamnitzer die Entwürfe. Nachdem der Bildhauer Toppmann das mittlere von ihnen nicht zur Zufriedenheit des Rates ausgeführt hatte, schlug Jamnitzer unter Vermittlung von Peter Carl für die beiden äußeren Portale den jungen, damals in Heidelberg tätigen Leonhard Kern vor, vom Rat mit der Anfrage verbunden, ob denn jener auch *ein kunstlicher arbeiter & ob er auch mit großer arbeit bestehe* (Gardmann Nr. 55b). Kern führte so nach dem Entwurf Jamnitzers, der sich auf das Vorbild Michelangelos bei den Medicäergrabmälern bezog, die Liegefiguren von Ninus und Cyrus am nördlichen, von Alexander und Cäsar am südlichen Giebel aus. Die Skulpturen werden heute, stark beschädigt, auf dem städtischen Bauhof Nürnbergs verwahrt, während am Rathausbau selbst Kopien angebracht wurden. Leonhard Kern ver-

3

ließ Nürnberg nach elfwöchigem Aufenthalt mit dem Lob, er sei *ein kunstlicher geschwinder Bildhauer, alles Lobs und Ehren werth.* Troschels Kupferstich gibt getreu die Fassade mit Kerns Skulpturen an den beiden äußeren Portalen wieder.

Lit.: Gradmann S. 125ff.; Grünenwald 1969, S. 9. H. S.

4
Amalia und Leonhard Kern kaufen sich in das Haller Bürgerrecht ein, 6. Oktober 1620

in: Ratsprotokoll 1620, fol. 111r
1 Band, 171 Blätter
33 × 22 cm
Schwäbisch Hall, Stadtarchiv 4/224

Leonhard Kern hatte wohl Anfang Januar 1620 um die Aufnahme in das Bürgerrecht der Reichsstadt Hall nachgesucht. Als er nach etwa zwei Monaten noch immer ohne Bescheid war, brachte er sich dem Rat wieder in Erinnerung und legte gleichzeitig Urkunden über seine eheliche Abstammung sowie die Entlassung aus der Leibeigenschaft vor. Am 24. März beriet die Ratsversammlung über den Antrag und stellte die Bürgerrechtserteilung in Aussicht, wenn Leonhard Kern sich einkaufte, also die dafür festgesetzte Gebühr erlegte. Es dauerte fast noch ein halbes Jahr, bis Leonhard Kern dieser Aufforderung nachkommt. Am 6. Oktober schließlich gibt der Rat bekannt, daß der Bildhauer von Forchtenberg den Bürgereid geschworen und das Bürgergeld für sich und seine Frau in Höhe von 18 Goldgulden bezahlt hat. Als Wehr für den Nacht- und Torwachdienst, zu dem alle Bürger verpflichtet sind, wird ihm der Unterhalt einer Muskete auferlegt.

Lit.: Paul Schwarz: Die Pflichten und Rechte des Haller Bürgers in der Reichsstadtzeit – 16.–18. Jahrhundert. In: Schwäbisch Haller Monatsspiegel 2 (1961), Nr. 3, S. 15–16. H. B.

5
»Eine Hexereybezüchtigung betr[effend]«, 1621–1622

Schreiben des Michael Kern d. J. an seinen Bruder Georg, Burgvogt zu Neuenstein, 4. Juni 1621
33 × 20 cm
1 Doppelblatt
Neuenstein, Hohenlohe-Zentralarchiv, Schloßarchiv Weikersheim B VI b (Amt Forchtenberg) 9/21[1]

Während eines Besuches im Haus des Kannengießers Jeremias Pfeffer zu Forchtenberg, bei dem man *ein zimblichen Trunckh ... gethan,* bezichtigte Lukretia, die Ehefrau des hohenlohischen Kellers Philipp Schüler, die Eltern wie auch die Geschwister des Bildhauers Michael Kern d. J. der Hexerei: *... sein doch solche Leütt ... Unholden und zauberische Hexenleütt, stehen im Unholdenbuch. Sie wölle in kurtzem erleben, das dero Gebein zu Äschen verbrendt werden. Ob sie auch allhie ... erlaßen, ... wölle sie sich doch auff einer Gutschen von andern Orten alhero, solche Leütt Gebein zu Äschen verbrennen sehen, führen laßen.* Dem ebenfalls anwesenden Pfarrer Elias Hofmann warf die Kellerin vor, er reiche unwürdigen Leuten das Abendmahl, sie *wölle auch ihren Kopff verloren haben, wan unser Brueder Leonhart zu S*[chwäbisch] *Halle solches recht empfangen habe.*
Michael Kern d. J. zeigt daraufhin Lukretia Schüler bei seinem Bruder Georg, dem hohenlohischen Burgvogt in Neuenstein, an, denn es stünde der Familie nicht wohl an, in dieser Sache zu *feiren.* Er berichtet ihm auch, daß Lukretia gegen die Kerns einen *uberauß schröcklichen, unerhörten, unschuldigen Neidts ...* [habe] *vermercken* lassen. Michael weiß um die Gefährlichkeit derartiger Beschuldigungen, wahrscheinlich sogar aus eigener Anschauung, denn seit etwa dreißig Jahren wütete in den benachbarten Orten Niedernhall und Ingelfingen der Hexenwahn. 21 Menschen waren ihm bereits zum Opfer gefallen. Und nachdem in der Vergangenheit schon gegen seine Schwester Barbara Leuz, seinen Vater wie auch gegen ihn selbst wegen Schadenzaubers ermittelt worden war, konnte er nun die Anschuldigungen nicht unwidersprochen hinnehmen, auch wenn die eigentlichen Gründe dafür, Neid und Mißgunst gegenüber der sehr vermögenden und einflußreichen Künstlerfamilie, ganz offenkundig waren.
Es kommt schließlich zum Prozeß. Im Zeugenverhör werden die Bezichtigungen zurückgenommen. Lukretia Schüler habe in übereiltem Zorn gehandelt, obwohl – wie ihr Mann einschränkend vorbringt – sowohl der Vater als auch die Mutter Kern *von einer verbrenten und justificirten Unholden in einer Urgicht angeben.*
Für das Gericht ist der Streit damit beigelegt. Der Familie Kern haftet der Ruf des Hexen- und Unholdenwesens allerdings noch lange an. H. B.

Lit.: Hexenwahn und Hexenverfolgung in und um Schwäbisch Hall, Ausst. Kat. Schwäbisch Hall 1988, S. 152f.

6
Kauf eines Hauses in der Pfaffengasse, 1624–1629

in: Kaufprotokoll 1614–1649, fol. 89v–90r
1 Band, 258 Blätter
32,5 × 21,5 cm
Schwäbisch Hall, Stadtarchiv 4/657

7

Nachdem Leonhard Kern fast acht Jahre lang in der Gelbinger Vorstadt gewohnt hatte, siedelte er im November 1628 in die Pfaffengasse, eines der bevorzugten Wohnquartiere in der Stadt, über. Vielleicht war ihm in der Gelbinger Gasse, wo er das von dem Gerber Hans Gräter im Renaissancestil erbaute, aufwendig geschmückte Fachwerkhaus (heute Gelbinger Gasse 47) besaß, die von dem benachbarten Gerbereibetrieb des Georg Gräter ausgehende Geruchsbelästigung unangenehm geworden.
Bereits am 27. Oktober 1624 erwarb er um 900 Gulden von Hans Heinrich Greter das dem Pfarrhaus gegenüberliegende Gebäude mit Hofreite und Höflein (heute Pfarrgasse 16). Die Bezahlung des Kaufpreises sollte vereinbarungsgemäß in mehreren Raten bis 1626 erfolgen, aber erst am 15. November 1628 bestätigt Greter den Erhalt des gesamten Kaufschillings. Der endgültige Kaufvertrag wird nun geschlossen und am 11. Juni 1629 dem Rat zur Ratifizierung vorgelegt. Darin bedingt Greter für sich und seine Erben ein Vorkaufsrecht aus. Ferner vereinbaren beide Parteien, daß der Verkäufer, der das Nachbarhaus bewohnt, berechtigt ist, das in des Käufers Hof führende Luftloch seines Hauses je nach Bedarf offen oder geschlossen zu halten und das Nachtwasser aus seiner Kammer in den Kernschen Hof zu schütten.
H. B.

7
Leonhard Kern erwirbt den sogenannten Neugartt vor dem Langenfelder Tor, 1631

Urkunde, 2. April 1631
Pergament, 1 Siegel in Holzkapsel
17,5 × 31,5 cm
Schwäbisch Hall, Stadtarchiv 17/1473

Am 2. April 1631 erwirbt Leonhard Kern um 590 Gulden vom hiesigen Hospital einen Baum- und Grasgarten an der Hessentaler Steige, den sogenannten Neugartt. Es handelt sich dabei um eine Wiese mit Obstbaumbestand. Der Obstertrag des Grundstücks diente sicher zur Versorgung der eigenen, zeitweise recht zahlreichen Familie mit Früchten und Most, während das geerntete Gras bzw. Heu als Viehfutter benötigt wurde. Denn daß Leonhard Kern in seinem Haus Hornvieh hielt, belegen die vor den Rat gebrachten Beschwerden mehrerer Bürger wegen der *Khüestrüz*, die die am Kernschen Haus hinunterführende öffentliche Staffel verunreinigten.
Die Viehhaltung in der Stadt war damals durchaus üblich. Dadurch versuchten die Bürger, zumindest einen Teil ihres Bedarfs an Milch und Fleisch selbst zu decken.
Neben dem »Neugartt« besaß Leonhard Kern mindestens ein weiteres Baumgrundstück in unmittelbarer Nähe der Kernstadt, nämlich in Unterlimpurg beim Salpetergarten.
Unter der Plica (Umbug) der Urkunde verbirgt sich eine eigenhändige Notiz Leonhard Kerns, in der er die käufliche Überlassung des Grundstücks an den Metzger David Gras im Jahr 1652 bestätigt. Aus dem Verkauf erlöste er 550 Gulden.
H. B.

8
Leonhard Kern wird Mitglied des Äußeren Rats, 1640

in: Bürgerbuch 1608–1651, fol. 174r
1 Band, 215 Blätter
34 × 21,5 cm
Schwäbisch Hall, Stadtarchiv 4/2237

Am Ratswahltag des Jahres 1640, dem 20. Juli, wird Leonhard Kern als Mitglied in den Äußeren Rat (eine Art Bürgerausschuß) berufen. Zusammen mit Registrator David Wetzel d. J. nimmt Kern nun die Sitze des Johann Georg Sieber und des Vellberger Vogts Johann Balthasar Zinn ein. Sieber war für einen verstorbenen Ratsherrn in den Inneren Rat aufgerückt, Zinn dagegen hatte sein Mandat zur Verfügung gestellt.
Die Aufnahme in dieses angesehene Gremium bedeutete für den weit über die Landesgrenzen hinaus bekann-

ten und hochgeschätzten Künstler sicher eine Anerkennung und Würdigung, wenngleich es sich dabei um ein nicht dotiertes Ehrenamt handelte und damit zudem die Verpflichtung zur Übernahme weiterer öffentlicher Aufgaben verbunden war. So wird Kern in der Folgezeit mehrmals zum Vormund berufen und 1651 – trotz seines Einspruches, er würde *uff die Prob deß Bierß* nicht viel verstehen – als Bierbeschauer eingesetzt.
Leonhard Kern bekleidete dieses Amt bis zu seinem Lebensende. H. B.

9
Matthäus Merian nach Leonhard Kern, Ansicht von Hall

1640/1643
bez.: »HALA. Hall in Schwaben« u. »Leonhart Kern delin.«
Radierung, (alt?) farbig aquarelliert
22,4 × 36,8 cm (Platte)
Schwäbisch Hall, Stadtarchiv, Inv. Nr. BS 182

Das Blatt in Merians 1643 erschienenem Ansichtenwerk »Topographie Sveviae« geht auf eine 1640 entstandene Zeichnung von Leonhard Kern zurück, die der Rat der Stadt wohl auf Bitten Merians bei dem Bildhauer in Auftrag gegeben hatte. Kern übergab seine Schöpfung, eine *in Grund gelegte Landschafft*, am 9. 12. 1640 den Stadtvätern (vgl. hier Beitrag Beutter S. 22).
Die Ansicht zeigt Schwäbisch Hall von Nordosten her, von einem Standpunkt auf den Anhöhen über dem Kochertal. Der gewählte Bildwinkel macht so einen Blick in die Tiefe des Tales kocheraufwärts bis zur Klosteranlage Comburg und der ehemaligen Wallfahrtskirche auf dem Einkorn möglich. Insgesamt gibt das Blatt das Bild der Stadt in einer geschickt komponierten, klaren und übersichtlichen Struktur wieder. Vom linken Bildrand aus zieht sich (im Anschluß an die Leproserie St. Nicolai) langgestreckt die Stadt auf dem gegenüberliegenden Kocherufer hin: Gelbinger Vorstadt und im Anschluß daran die Altstadt mit den beherrschenden Gebäuden von St. Michael und dem Zeughaus (»Neubau«). Versetzt dazu treten in den beiden Bilddritteln von rechts her die diesseitige Kochervorstadt mit der ehemaligen Johanniterkommende und, in die Tiefe gerückt, die Katharinenvorstadt mit St. Katharina vorne dazu. Leonhard Kerns Zeichnung dürfte von großer topographischer Genauigkeit gewesen sein, die die Darstellung Halls im Quellenwert weit über viele andere, oft schematischere Stadtdarstellungen in den Merian-Bänden hervorhebt.

Lit.: Max Schefold: Alte Ansichten aus Württemberg, Stuttgart 1957, Nr. 7248. – Kuno Ulshöfer: Bilder einer alten Stadt. Schwäbisch Hall, Schwäbisch Hall 1971, S. 31, 41. H. S.

9

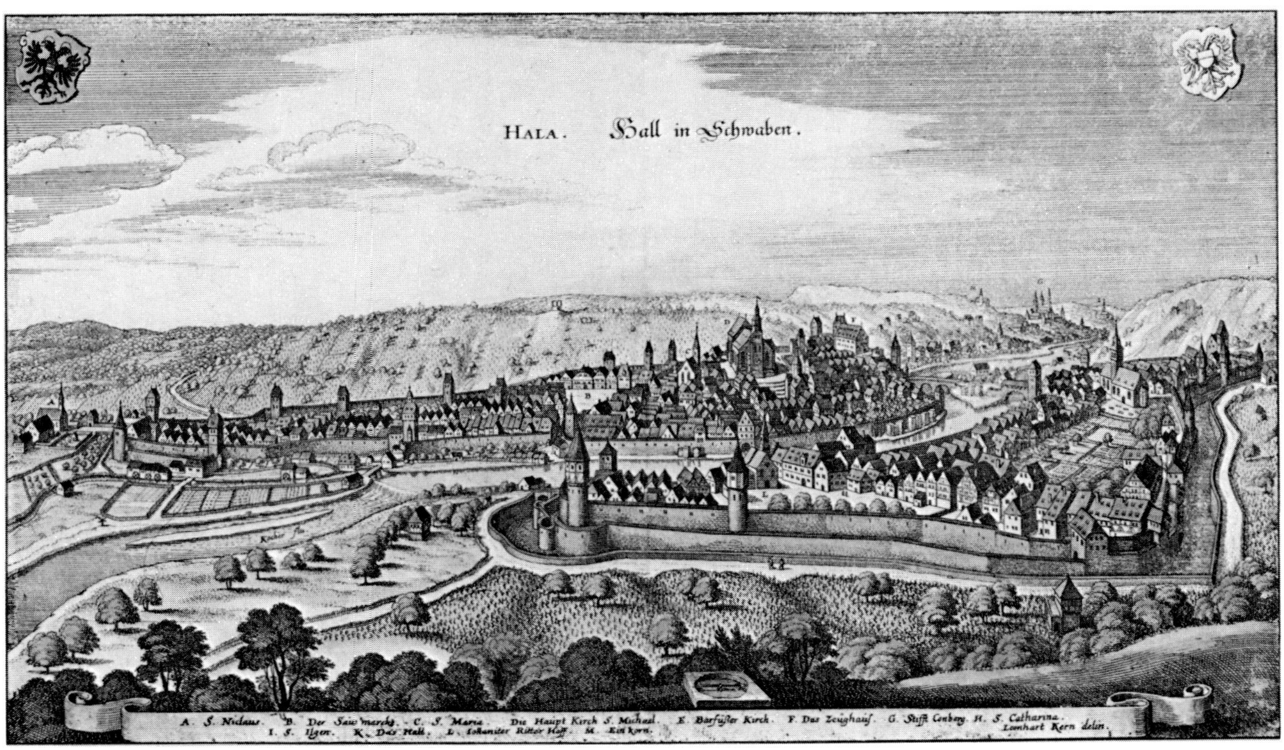

10
Testament der Eheleute Amalia und Leonhard Kern, 1648 (Nachtrag 1669–1670)

12 Schriftstücke
ca. 34 × 21 cm
Schwäbisch Hall, Stadtarchiv 6/191

Im Sommer des Jahres 1648 plante der 60jährige Künstler eine Reise, vermutlich an den brandenburgischen Hof in Cleve. *Weiln ... der Außgang von Hauß zwar gewiß, aber die Ruekkunfft bey so gefährlichen Zeitten undt Läufften bey manchem ungewiß*, errichten die Eheleute vor der Abreise Leonhards am 19. Juni 1648 im Beisein des öffentlichen Notars und Kanzlisten Jonas Widmann und der beiden Pfarrer M. Johann Christoph Gräter und Johann Wolfgang Weidner ihr Testament.
Für den Fall ihres Ablebens verfügen sie, daß der ihrer Tochter Katharina Patientia bzw. deren Kindern zustehende Erbteil weder an die Tochter noch an ihren Ehemann Jakob Friedrich Becher, der dem Trunk und dem Spiel ergeben und hoch verschuldet ist, ausgehändigt werden darf. Das Erbe muß von einem Vormund treuhänderisch verwaltet werden.
Der älteste Sohn Constantin, für dessen Ausbildung und Unterhalt der Vater bis jetzt über 300 Gulden aufgewendet hat, soll im Erbfall 100 Gulden zurückzahlen, es sei denn, er würde seinen Bruder David Bernhard in der *Mahlereykunst unterrichten*. Weitere Unterhaltsbeihilfen will der Vater, durch die Kriegsfolgen selbst schwer geschädigt, den Söhnen Constantin und Jakob in Zukunft nur noch in Form von Darlehen gewähren. Den übrigen vier derzeit noch unmündigen Kindern werden Unterhaltszahlungen zugesichert, bis sie erwachsen sind, sowie die Bereitstellung der für die Ausbildung erforderlichen Mittel.
Einundzwanzig Jahre später, ein halbes Jahr vor ihrem Tod, vor Schwäche und Schmerzen nicht mehr zum Unterzeichnen der Urkunde fähig, trifft die verwitwete Amalia Kern am 13. August 1669 eine das Testament ergänzende letztwillige Verfügung. Mit ihr löst sie das kürzlich dem Sohn Bernhard gegebene Versprechen, ihm weitere 100 Gulden als Heiratsgut zukommen zu lassen, weil er sie ganz offenkundig belogen hat. Ihrer Enkelin Maria Apollonia Becher sagt sie für die ihr allzeit gewährte Unterstützung ein Legat von 20 Gulden sowie die im Stall stehende Kuh zu. Außerdem bedenkt sie die beiden Kinder ihres Sohnes Heinrich, die sie während ihrer Krankheit betreuten, mit einem Geschenk von je drei Dukaten.

H. B.

10

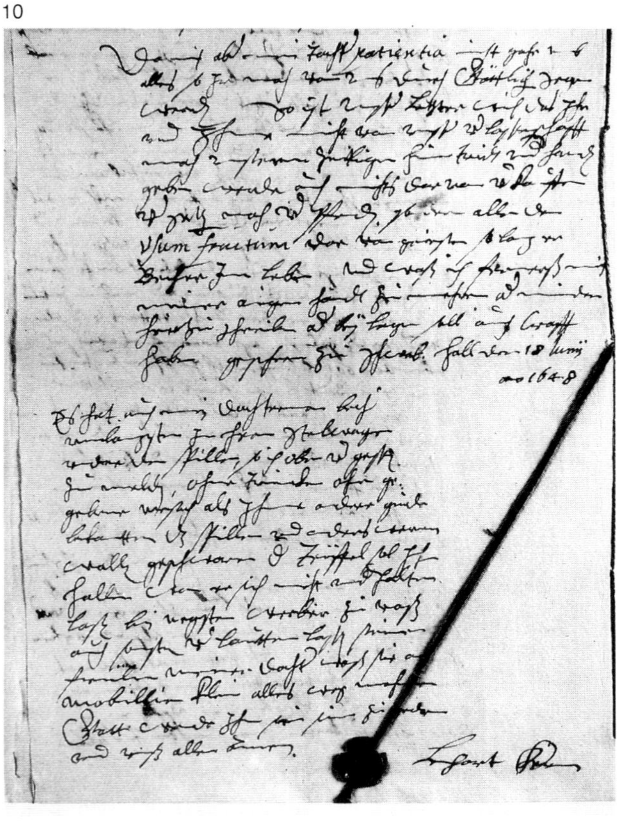

11
Entwurf zu einem Orgelprospekt

Leonhard Kern (?)
Dat. 1658
U.l. monogrammiert: »LK«
Feder und Pinsel in brauner Tusche
55,5 x 38 cm (aus 2 Teilen zusammengesetzt)
Neuenstein, Hohenlohe-Zentralarchiv, Abt. Kirchberg XV F/71

Der Entwurf ist durch eine beiliegende Beschreibung, die am *6.t.Marty 1658* ausgestellt wurde, datiert und war danach für die Kirche in Künzelsau bestimmt. Das Blatt zeigt den Frontaufriß eines dreitürmigen Orgelprospekts.

»Über einem verhältnismäßig hohen Orgeltisch, der frei von architektonischer Gliederung und dekorativen Zusätzen ist – hier waren die gemalten Brustbilder Christi, der 4 Evangelisten und der 4 Propheten vorgesehen – erhebt sich über einem doppelten Gesims der dreitürmige Prospekt. Das breitere und überhöhte Mittelstück wird flankiert von halbkreisförmig zurücktretenden Seitenstücken. Die Türme sind durch doppelte Gesimse gerade abgeschlossen, darüber Knorpelwerkaufsätze, der mittlere von einer Kartusche (Wappen geplant?) bekrönt. Die Zwickel der Türme sind mit Blatt- und Rankenschnitzerei ausgefüllt.

11

Gerade wenn man als Künstler der Zeichnung den Kleinplastiker Leonhard Kern annehmen muß, überrascht die betont architektonische Gliederung des Prospektes. Sandrart ist der einzige, der auf eine ehemals baumeisterliche Tätigkeit Leonhard Kerns hingewiesen hat. Auffallend ist die verschiedene Behandlung des ornamentalen Beiwerks. Die Zwickel füllen renaissancemäßig anmutende Ranken mit maureskenartigem Blattwerk, das im 16. Jahrhundert seine Blütezeit hatte. Die Aufsätze dagegen bestehen aus einer Fülle von flach gedrückten C-Bögen und Schneckenspiralen aus der Mitte des 17. Jahrhunderts. Ganz auffallend aber ist für Leonhard Kern, daß er auf alles Figürlich-Bildhauerische verzichtet hat; es könnte dies nur mit dem Wunsche nach möglichster Kostenersparnis seitens der Auftraggeber erklärt werden. Unter Nr. 5 der Beschreibung heißt es ›umb den Orgelstand herum ist Herr Christus, 4 Evangelisten und 4 große Propheten gemahlt in Brustbildern, sehr lebhaft und künstlich‹; der Maler wird leider nicht genannt.« (Grünenwald 1955)

Die Zeichnung wurde von Elisabeth Grünenwald entdeckt und 1955 von ihr Leonhard Kern zugeschrieben: »Die Signatur, die lokale Bestimmung auf Künzelsau und die zeitliche Entstehung der Zeichnung lassen kaum Zweifel an der Urheberschaft Leonhard Kerns.« (Grünenwald) Die Suche nach architektonisch-dekorativen Arbeiten Leonhard Kerns ist gerechtfertigt durch die Bemerkungen im Nekrolog (Kat. Nr. 15) und bei Sandrart (vgl. S. 15), daß der Künstler während seiner Wanderjahre in Italien auch auf dem Gebiete der Architektur gelernt habe. In Hall wurde er gelegentlich zu Beratungen bei architektonischen Ausstattungsgegenständen herangezogen (vgl. S. 22); es ist, was für die oft vielseitige Tätigkeit eines universal gebildeten Künstlers im 17. Jahrhundert erstaunlich ist, sonst jedoch keine Spur einschlägiger Beschäftigungen Leonhard Kerns überliefert.
Mangels solcher anderen Zeugnisse ist der Entwurf für den Künzelsauer Orgelprospekt hier wiederum mit zur Diskussion gestellt, wenn auch der teilweise altertümliche Ornamentstil, die nicht sehr gelenke Zeichenweise und die nicht ligierte Bildung des Monogramms Zweifel an der Urheberschaft Leonhard Kerns wecken.

Lit.: E. Grünenwald: Der Künzelsauer Orgelprospekt. Ein Beitrag zum Werke des Leonhard Kern, in: Hohenloher Chronik, 3. Jg., Nr. 11, 25. 11. 1955.

H.S.

12
»Tullau, das Schlößlin ...«

in: »Chronica der löblichen Reichstatt Schwebischen Hall ...«, um 1615, fol. 38r. ff.
Aufgeschlagen: fol. 38v–39r
1 Band, 322 Blätter
29,5 × 20,5 cm
Schwäbisch Hall, Bibliothek des Historischen Vereins für Württembergisch Franken
(Depositum im Stadtarchiv) II/10

Die Haller Pfarrer Johann Herolt (1490–1562) und Georg Widman (1486–1560), die beide auch schriftstellerisch tätig waren, schufen in der ersten Hälfte des 16. Jahrhunderts heute nurmehr in Abschriften überlieferte Geschichtsbücher. Herolt beschäftigt sich in seiner »Chronika, Zeit- und Jahrbuch von der Stadt Hall« eingehend mit der Reichsstadt, während Widman, angeregt durch die damals von Sebastian Münster herausgegebene Kosmographie, seine »Chronica« als Weltbeschreibung verstand, obwohl er darin auch die Geschichte Halls ausführlich behandelt. Beide Bücher erfreuten sich bis weit ins 18. Jahrhundert hinein außerordentlicher Beliebtheit, so daß sie immer wieder kopiert, illuminiert und ergänzt, ja sogar die Texte beider Quellen miteinander kombiniert wurden. Um eine solche Kombination handelt es sich auch bei der »Chronica der löblichen Reichstatt Schwebischen Hall...«. Sie ist im zweiten Jahrzehnt des 17. Jahrhunderts entstanden und enthält unter der Überschrift »Tullau, das Schlößlin...« einige Angaben über die Herren von Tullau sowie die Sage von der Befreiung eines zu Tullau gefangengehaltenen Nürnberger Kaufmanns.

Der bedeutendste unter den bekannten Besitzern dieser Handschrift ist ein Zeitgenosse Leonhard Kerns: der Haller Procurator Wolfgang Enslin. Er hat die Chronik mit einer Fülle von Nachträgen versehen, die sich in die Zeit von 1644 bis 1666 datieren lassen. Von seiner Hand stammt wahrscheinlich auch der Tullau betreffende Zusatz auf fol. 38 verso: *Anno 1642 hat solches Schlößlin Ein E*[hrbarer] *Rhat wegen des Spithals gegen H*[errn] *Leonhardt Kern, des Eußern Rhats und kunstreichen Bildschnizern, verkhaufft, welches aber anno 1645 neben dem schönen Gartten und Kirchlin im Dorff von dem französischen Kriegsvolckh ganz ruinirt und verwüst worden.* Leonhard Kern hat das Schlößlein Tullau tatsächlich seit 1642 besessen (der Kaufvertrag ist vermutlich Ende 1641 geschlossen worden), und auch der Bericht über die Zerstörung ist verbürgt, da – wie andere Quellen belegen – die 1645 hier einquartierten Franzosen in den Ämtern Kocheneck und Rosengarten großen Schaden verursacht haben.

Lit.: Herolts Chronica. Württembergische Geschichtsquellen. I.A. d. Württ. Komm. f. Landesgeschichte hg. von Dietrich Schäfer. 1. Bd. (= Geschichtsquellen der Stadt Hall. Bearb. von Christian Kolb. Bd. 1). Stuttgart 1894. – Christian Kolb: Die Handschriften der Widman'schen Chronik. In: Württembergisch Franken NF VI (1897), Beilage zu den Württembergischen Vierteljahresheften für Landesgeschichte, S. 44–77, insbesondere S. 67–68. – Widmans Chronica. Württembergische Geschichtsquellen. hg. von d. Württ. Komm. f. Landesgeschichte. 6. Bd. (= Geschichtsquellen der Stadt Hall, bearb. von Christian Kolb. Bd. 2). Stuttgart 1904. H. B.

13
Ansicht von Tullau

In: Georg Widmann, »chronica der loeblichen Reichsstatt Schwaebischen Hall...«, 1553 (Abschrift um 1610/20), fol. 10r

Aquarellierte Federzeichnung; 7,2 × 13 cm

Schwäbisch Hall, Historischer Verein für Württembergisch Franken (Depositum im Stadtarchiv), Inv. Nr. B II/8

Die laienhafte Zeichnung, die mehreren weiteren in ähnlichen Stadtchroniken verwandt ist (vgl. Kat. Nr. 12), zeigt das wenige Kilometer von Hall kocheraufwärts gelegene Taldorf Tullau mit dem beherrschenden Bau des kleinen Schlosses. Leonhard Kern kaufte diesen

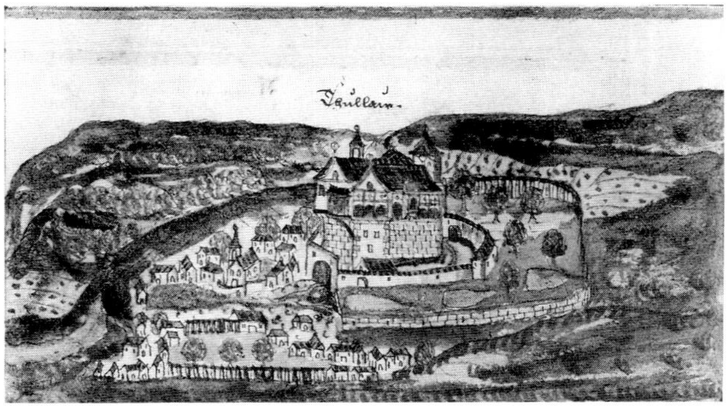

13

Bau im Jahre 1642 (vgl. Kat. Nr. 12) und wohnte dort ständig in den Jahren von 1650 bis 1661; seine Witwe verkaufte das Schloß kurz vor ihrem Tod 1670 (vgl. hier Beitrag Beutter S. 26).

Der Bau der Anlage in dem um 1090 erstmals erwähnten Dorf geht – nach Gerd Wunder – auf einen im 12. Jahrhundert erbauten Wohnturm zurück, den die Herren von Bielriet für einen ihrer ritterlichen Lehnsmannen errichtet haben könnten. Seit ca. 1230 gehörte das Gebäude den Schenken von Limpurg, im Spätmittelalter fiel es an den Spital in Hall, der es schließlich an Leonhard Kern verkaufte.

Das ursprünglich von Wassergräben umgebene Schloß besteht aus zwei Gebäuden, die einen Hof umschließen. Das südliche, ältere und verputzte umschließt eine romanische Kapelle; der zweite Bau mit Fachwerkobergeschoß dürfte auf das 16. Jahrhundert zurückgehen (in Widmanns Illustration im Vordergrund). Ein in allen älteren Wiedergaben sichtbarer kleiner Glockenturm, der die von Leonhard Kern entfernte Glocke getragen haben könnte (vgl. hier Beitrag Beutter S. 25), fehlt heute.

Lit.: Gradmann 1907, S. 189f. – Gerd Wunder, Tullau – das Schloß und die Kirche. In: Der Haalquell, 39. Jg., 1987, Nr. 16 u. 17. H. S.

14
Narr mit Stangenglas und Würsten von der »Wasserkunst« des Tullauer Schlößchens

Um 1650 (?)

Gebrannter Ton, farbig bemalt (tlw. mehrere Schichten)

H. 26,3 cm, Br. 26 cm

1988 restauriert von Reinhold Berger, Vellberg-Eschenau

Schwäbisch Hall, Hällisch-Fränkisches Museum, Inv. Nr. 164

Auf einer ovalen, leicht gewölbten Bodenplatte sitzt ein feister, zwergenwüchsiger Mann, breitbeinig und mit

dem linken Bein und Arm (die Hand fehlt) ein überdimensional großes Stangenglas (Reste von Vergoldung, Rand teilweise ergänzt) umfassend. Gekleidet ist er mit Wams, Hosen und Schuhen, der Kopf blickt aus einer schmalen Halskrause hervor. Die Knopfleiste seines Gewandes wird von einer Kette paarig angeordneter Würste flankiert. Die rechte Hand und der Gegenstand, den sie hielt, sind verloren; dieser soll einen Weinschlauch dargestellt haben. Der runde Kopf zeigt eine glatte Frisur mit Stirnlocke, Kugeläuglein, Stupsnase und einen leicht zugespitzten Mund; dieser besitzt eine Öffnung, durch die die Figur (im Hinterkopf einfließendes) Wasser ausspritzen konnte.
Die alte Karteikartenüberlieferung nennt die Figur »Narr von der Tullauer Wasserkunst«; weitere Quellen und Angaben dazu sind leider nicht bekannt. Dem Stil nach könnte die Figur während der Besitzerschaft Leonhard Kerns seit 1642 an dem Schlößchen, sicherlich wird sie jedoch nach dessen Verwüstung 1645 für ein Wasserspiel in seinem Garten hergestellt worden sein. Vielleicht ist der Schöpfer einer der in Hall ortsansässigen Hafner gewesen, von denen ähnliche frei modellierte Werke allerdings nicht bekannt sind.

Lit.: Schauffele 1898, Nr. 164. H.S.

14

15
Nekrolog für Leonhard Kern, geb. 22. November 1588 in Forchtenberg, gest. 4. April 1662 in Hall

in: Totenbuch St. Michael 1655–1677, p. 234–235
1 Band, 883 Seiten
33,5 × 21 cm
Schwäbisch Hall, Stadtarchiv 2/71

Eine Species der Haller Totenbücher von 1635 bis zum Ende des 18. Jahrhunderts ist es, daß alle Sterbeeinträge nekrologartig abgefaßt sind. Sie enthalten neben den Lebensdaten auch die Viten der Verstorbenen, deren Einstellung zum Christentum und die Todesursachen. Diesem Umstand verdanken wir eine Fülle detaillierter Informationen über die gesamte Haller Bürgerschaft, die sonst – zumindest für die weniger bemittelten Schichten – in keiner anderen Quellengattung überliefert ist.
Dem Lebenslauf von Leonhard Kern widmete der Pfarrer eine ganze engbeschriebene Seite. Sehr lebendig schildert er das bewegte Leben des Bildhauers und räumt dabei insbesondere der künstlerischen Ausbildung und dem beruflichen Werdegang breiten Raum ein.
Seine letzte Ruhestätte fand Leonhard Kern auf dem hiesigen Nikolaifriedhof. Er wurde dort am 6. April 1662 begraben.
Etc. Herr Leonhardt Kern, deß Eüßern Raths u(nd) Bildhauer allhie, ist ehelich erzeügt u(nd) geboren a(nn)o 1588, den 22. Novemb(ris), also vor 77 Jahren u(nd) 19 Wochen, zu Forchtenberg in der Graffschafft Hohenlohe. Sein Vatter ist geweßen Herr Michael Kern, Burgermeister allda, sein Mutter Fr(au) Apollonia Hartmännin, bürtig von Krautheim, die haben ihn zur h(eiligen) Tauff befürdert, auch nachgehends zur Kirchen u(nd) Schul angehalten, darin er sich fleißig erzeiget u(nd) sonderlich zu Öhringau das Rechnen wol ergriffen, a(nn)o 1603 aber nacher Würtzburg zu seinem Bruder kom(m)en, allda die Bildhauerkunst erlernet, darauf in die Frembde sich begeben u(nd) zwar erstmals auf Rom, von dan(n)en stracks nacher Neapolis, allda 9 Monat verharret, doch indeßen mit den florentinischen Galeen eine Reise in Mauritanien gethan, von dar wider zuruck gen Neapolis u(nd) gar nacher Rom, da er auf der Academi die Kunst nach lebendigen Menschen zu bilden Gelegenheit zu ergreiffen bekom(m)en, auch die Civilarchitectur nach alt heydnischen u(nd) neuen Gebäuen wol erlernet, u(nd) 2 Jahr lang sich allda aufgehalten; hierauf seine Heimreise auf Venedig u(nd) durch Italien in Dalmatiam, Sclavoniam u(nd) Windischmarckt angestellet, bey dem Bischoff zu Labach etlich Monat in Arbeit verharret, der ihne gar bey sich behalten wollen, er aber der Religion halben kein Lust zu verbleiben gehabt. Als er bey seinen

l(ieben) Eltern zu Hauß glücklich angelangt, hatt er auf dero Einrathen sich ehelich verlobt mit J(ungfrau) Amelia, H(errn) Georg Zöllners, Amptschreibers zu Forchtenberg, ehelichen Tochter, nun hinderlaßenen hochbetrübten Fr(au) Wittib, hochzeitlichen Ehrentag gehalten a(nn)o 1614, den 18. Julii[1], *bißhero eine friedliche Ehe beseßen, 47 Jahr u(nd) 37 Wochen lang, erzeüget 11 Söhn u(nd) 6 Töchter, von denen aber nur noch 3 Söhn, derzeit samptlich in der Frembde, u(nd) 2 Töchter bey Leben, deren die elteste in der Ehe zu Kuntzelsaue wohnhafft, von deren er 6 Enckel erlebet, die jüngere aber noch ledig zu Hauß. Er ist anfangs von Ihrer Churfürstl(ichen) Durchleücht zu Heydelberg conditionirt worden, hatt sich aber wegen entstandenen Kriegs in Teütschland von dan(n)en hinweg u(nd) a(nn)o 1620, den 17. Martii, anhero begeben u(nd) burgerlich eingelaßen: ob ihme wol indeßen, sonderlich Zeit deß geschloßenen Friedens, ansehenliche Bestallungen, sowol bey Ihrer Churfurstl(ichen) Durchl(aucht) zu Brandenburg, als auch deren ietzt regierenden zu Heydelberg, angetragen worden, hatt ihme iedoch beliebet biß in sein Todt allhie zu verbleiben. Ist a(nn)o 1640 in Eüßern Rath allhie befürdert worden. Hatt sein Christenthumb wol beobachtet, sich iederzeit eines stillen, einsamen u(nd) mäßigen, auch verträglichen Lebens u(nd) Wandels beflißen, seiner Kunst biß fast in sein letztere Kranckheit embsig abgewartet, viel trefflich schöne Stuck auß Helffenbein, sonderbaren Steinen u(nd) gutem Holtz v(er)fertiget, so er mehrern Theils in Frembde Ort biß in Holland, mit gutem Nutzen v(er)kaufft. Umb jüngst v(er)wichen Martinizeit hatt er sich wegen v(er)spürter Baufälligkeit von Dullau, allda er auf seinem erkaufften Gutt 10 Jahr lang gewohnet, wider herein in sein Hauß begeben, da dan neben großer Engbrüstigkeit ein starcker Huste angesetzet, darwider er zwar zeitlich ordenliche Artzneymittel fleißig gebrauchet, so aber wegen hohen Alters nichts mögen verfangen, sondern ein große Geschwulst an beeden Schenckeln darzu erfolget, deßwegen er sich bußfertig zu Gott gewendet, zweymal in solcher Zeit andächtig com(m)unicirt, Gott umb seelige Auflösung sehnlich angeruffen, deren er ihne freytags, den 4. diß (= 4. April 1662), morgens zwischen 5 u(nd) 6 Uhr in Gnaden gewehret hatt, daß er fast biß in sein Ende redend sanfft im Hern entschlaffen.*

1 Nach Egon Oertel (Stammliste der Bildhauerfamilie Kern aus Forchtenberg. In: Nachrichten der Familie Schleissing, Archivstelle Hanau, 42, 1957) fand die Eheschließung bereits am 19. Juni 1614 statt.

Lit.: Gertrud Gradmann: Die Monumentalwerke der Bildhauerfamilie Kern (= Studien zur deutschen Kunstgeschichte 198. Heft). Straßburg 1917. – Elisabeth Grünenwald: Leonhard Kern. Ein Bildhauer des Barock (= Forschungen aus Württembergisch Franken Bd. 2). Schwäbisch Hall 1969. – (Christian) Kolb: Der Haller Bildhauer Leonhard Kern. In: Württembergisch Franken NF V (1894), S. 48–63. – Thieme-Becker, XX, S. 176 f. H. B.

16
Nekrolog für Amalia Kern, 1670

in: Totenbuch St. Michael 1655–1677, fol. 499
Schwäbisch Hall, Stadtarchiv 2/71 (Fotokopie)

Amalia Kern überlebte ihren Mann um knapp acht Jahre. Sie starb kurz vor ihrem 74. Geburtstag am 6. Februar 1670 und wurde am 9. Februar beerdigt – wahrscheinlich ebenfalls wie ihr Mann auf dem Haller Nikolaifriedhof. Sie war am 7. März 1596 als Tochter des hohenlohischen Amtsschreibers Georg Zöll(n)er und seiner Ehefrau Margareta geb. Seybold in Forchtenberg geboren und verehelichte sich dort am 18. Juli 1614 mit Leonhard Kern. Im Lauf der 47jährigen Ehe wurden dem Paar 17 Kinder geboren (das letzte im Jahr 1644); die meisten starben bereits im frühen Kindesalter, vier der Überlebenden verheirateten sich. Von den letzteren erlebte Amalia 13 Enkel. Bei ihrem Tod waren allerdings nurmehr zwei Söhne (der für vermißt erklärte David Bernhard und Heinrich, Pfarrer zu Geislingen am Kocher) und sieben Enkelkinder am Leben.
Die Todesursache könnte, den Aufzeichnungen im Totenbuch nach zu schließen, Altersschwäche gewesen sein. In seinem Nekrolog charakterisiert der Pfarrer Frau Amalia wie folgt: *Ihr Christenthum hatt sie beobachtet, ward ein grose +* (= christliche) *Schwester und in den letzen Jahren sehr baufällig, uberwindet alles mit rühm*(licher) *Gedult, bis sie vergangenen Sonntag, abends zwisch*(en) *9 u*(nd) *10 Uhr selig verschied*(en). H. B.

1 Nach Egon Oertel (Stammliste der Bildhauerfamilie Kern aus Forchtenberg. In: Nachrichten der Familie Schleissing, Archivstelle Hanau, 42, 1957) fand die Eheschließung bereits am 19. Juni 1614 statt.

17
Der Nachlaß von Amalia Kern, 9. März 1670

Papierlibell, 16 Blätter
Aufgeschlagen: fol. 11v–12r
33,5 × 21 cm
Schwäbisch Hall, Stadtarchiv 14/1035

Etwa einen Monat nach dem Tod von Amalia Kern wird von der reichsstädtischen Teilungsbehörde der Nachlaß der Bildhauerwitwe inventarisiert. Das Vermögen an liegender und fahrender Habe beträgt 1451 Gulden 22 Schillinge 6 Heller, die Höhe der Schulden 513 Gulden 18 Schillinge. Noch 1663, im ersten Jahr ihres Witwenstandes, besaß Amalia ein Vermögen im Wert von 2500 Gulden, etwa den dreifachen Mittelwert eines Haller Steuerzahlers.
Die »mütterliche« Hinterlassenschaft teilen sich jetzt die Ehefrau Anna Maria und das Töchterlein Katharina Eli-

sabeth des vermißten Sohnes David Bernhard, der in kaiserlichen Kriegsdiensten gestanden hatte, der jüngere Sohn Heinrich, Pfarrer zu Geislingen am Kocher, sowie die vier Kinder der verstorbenen Tochter Katharina Patientia Becher, Friedrich Jakob, Johann Andreas, Maria Apollonia und Christina Maria Becher. Die Vormundschaft für die letzteren hat übrigens u. a. der Kern-Schüler Johann Jakob Betzoldt.

Das Haus in der Pfaffengasse, ein Gartengrundstück in Unterlimpurg sowie der noch ausstehende Rest vom Kaufschilling des Schlößleins Tullau bilden die am höchsten bewerteten Aktivposten. Bemerkenswert sind ferner ein nach Nürnberg verkauftes *steinern Bildt*, vielleicht eine Arbeit Leonhards, das noch nicht bezahlt ist, eine möglicherweise aus der Künstlerwerkstatt stammende *Pferdtform in Bley gegossen* sowie die mit 9 Gulden veranschlagte Bibliothek, in der sich Werke von Giovanni Boccaccio, Albrecht Dürer und Francesco Petrarca sowie eine Kosmographie aus dem Jahre 1534 befinden. Außerdem belegt der im Nachlaßinventar erwähnte *Crahmladen* mit einem *Krehmereigestell mit gläsern Schiebfenstern* und einem weiteren *Gestell*, daß Leonhard Kern in seinem Haus ein Verkaufsatelier unterhalten hat. H. B.

1 Leonhard Kern, Vision Ezechiels. 1655ff. Schwäbisch Hall, St. Michael

2 Hans Schreyer, Wappentafel der Haller Salzsieder mit Ansicht der Stadt Hall, 1643. Schwäbisch Hall, Haalamt (Kat. Nr. 18)

3 Georg Hinz, Kunstkammerregal, um 1666. Berlin, Staatliche Museen zu Berlin/DDR, Kunstgewerbemuseum (Kat. Nr. 34)

4 Die Kunstkammer der Regensburger Familie Dimpfel, 1668. Ulm, Ulmer Museum

5 Leonhard Kern, Bildhauerjüngling, um 1620. Braunschweig, Herzog Anton Ulrich-Museum (Kat. Nr. 63)

II. Schwäbisch Hall zur Zeit Leonhard Kerns

18

Farbtafel 2 (S. 102)

Wappentafel der Salzsieder mit Ansicht der Stadt Hall

Hans Schreyer, 1643
Öl auf Leinwand; 112 × 213 cm
Schwäbisch Hall, Haalamt, Verein der Siedensrentenberechtigten

Die Wappentafel der Salzsieder stellt die formatgrößte und genaueste erhaltene Ansicht Halls aus der reichsstädtischen Zeit dar. Das Leinwandgemälde stellt eine Art Repräsentationsbild der Salzsiederschaft vor; in einer unteren Bildleiste sind die Ämter, aus denen sich das Gericht der Sieder, das »Haalgericht«, zusammensetzte, und deren Inhaber im Jahre 1643 aufgeführt: der Hauptmann des Haals, zwei Pfleger, Pflegerschreiber, vier Neue Meister, Alter Hauptmann, vier Alte Meister, Oberschreiber, Unterschreiber. Auf der Leiste stehen als Ganzfiguren fünf verschiedene Vertreter verschiedener Tätigkeitszweige auf der Saline; zwei flache Kartuschen zwischen ihnen zeigen im Oval die Bildnisse des damaligen Haalhauptmanns Sebastian Burkhardt und des Haalpflegers David Müller als Auftraggeber des Gemäldes sowie den Spruch:

»Am Kocher Hall die löblich Stadt
Vom Saltzbrunn ihren Ursprung hat
Das Saltzwerck Gott allzeit erhalt
Und ob der Statt mit Gnaden walt.

Zu unsers Vatterlandes Zier
Die Tafel liessten machen wir
Dern Nam und wappen darin fein
Durch Hans Schreyern gemachet sein.«

Entsprechend der besonderen Aufgabe des Bildes ist auch der gewählte Blickwinkel in der Ansicht Halls nicht zufällig. Er ist – in der Folge aller Stadtansichten Halls auch aus späterer Zeit ungewöhnlich – aus Südwesten genommen und ermöglichte damit den Blick auf eine Vielzahl der Betriebseinrichtungen der Saline.
Breit lagert sich im Vordergrund der Vedute die Unterwöhrd-Insel, auf deren linker Spitze Holzstapel, »Schränke«, zur Verfeuerung auf der Saline aufgebaut sind. Gitterroste im Wasser, »Gehenke«, dienten zum Auffangen des den Kocher hinab geflößten Holzes. Am gegenüberliegenden Flußufer sind vor der Stadtmauer weitere Holzschränke aufgestapelt; Salinenarbeiter ziehen hier das Holz mit Haken aus dem Wasser und tragen es zu den Stapeln. Hinter der Stadtmauer am linken Bildrand sind der Schöpfbrunnen und die Dächer der Siedehäuser auf dem »Haal«, der Saline, zu sehen.

Lit.: Max Schefold: Alte Ansichten aus Württemberg, Stuttgart 1957, Nr. 7247. – Kuno Ulshöfer: Bilder einer alten Stadt. Schwäbisch Hall, Schwäbisch Hall 1971, S. 31, 40. – Hall und das Salz. Beiträge zur hällischen Stadt- und Salinengeschichte, hg. v. Kuno Ulshöfer u. Herta Beutter, Sigmaringen 1982, S. 91, 142.

H. S.

19

»... die böse Seuch, die Pestis ...«

Edikt vom 7. August 1626
In: Statutenbuch IV, 16./17. Jahrhundert, p. 1007–1008
Aufgeschlagen: p. 1006–1007
34 × 23,5 cm
Schwäbisch Hall, Stadtarchiv 4/492

Als im Juni 1626 Truppen des Herzogs von Sachsen-Lauenburg ins Haller Territorium einrückten, um hier einige Wochen Quartier zu nehmen, schleppten die Soldaten eine pestartige Seuche ein. Die Epidemie breitete sich rasch aus und hatte verheerende Folgen, zumal der Gesundheitszustand der Bevölkerung durch eine vorausgehende Hungersnot schon sehr in Mitleidenschaft gezogen war. Die Zahl der Toten stieg in Hall und Ilshofen auf das zwei- bis dreifache, in Bibersfeld wie überhaupt im Amt Rosengarten auf das acht- bis zehnfache.
Im Stadtbereich war natürlich die Ansteckungsgefahr besonders groß, deshalb versuchten Stättmeister und Rat die hier wohnenden Bürger durch vorbeugende Maßnahmen zu schützen. Mit dem Edikt ordneten sie die sofortige Schließung der Stadttore an und befahlen den Torhütern, die Durchreisenden *mit Fleiß* zu *examinieren..., von wannen und woher sie kom*(m)*en, auch von ihnen die Handttreu* [Versprechen] *abfordern, daß sie von keinen sterbend(en) Orth(en), da die Pest grassiert, herkom(m)en od(er) d(er) End(en) daheimb sey(en). Und da sie befind(en), daß jemandts solch(er) Orth(en)*

herkom(m)en, sollen sie d(er)gleich(en) Persohnen nicht inn die Statt einlassen, sond(er)n abweis(en). Ferner untersagte das Edikt der Bürgerschaft, ohne Vorwissen und Genehmigung des Rats ausländische, also nicht aus dem Haller Territorium stammende Personen aufzunehmen oder zu beherbergen und sich in Gebiete zu begeben, in denen *solche Seüch regiert.* Und umgekehrt, hatten Bürger im Ausland Kontakt mit Pestkranken gehabt, so durften sie die Stadt bei ihrer Rückkehr einen ganzen Monat lang nicht betreten.
Die Pest war vom Mittelalter bis ins 18. Jahrhundert die gefürchtetste Seuche. Sie trat immer wieder epidemisch auf und forderte unzählige Opfer. Ein wirksames Mittel gegen diese Krankheit gab es nicht, obwohl die Volks- und Zauberheilkunde ihrer mit einer Unzahl von Geheimmitteln und Kräuterpräparaten Herr zu werden versuchte. Die Erkenntnisse der modernen Medizin führten im 16. Jahrhundert schließlich dazu, die Bürger zur Verbesserung der hygienischen Verhältnisse anzuhalten, um so Krankheitsherde zu beseitigen. Die hygienischen Zustände in der Stadt wie auf dem Land waren katastrophal. Unrat bedeckte die Straßen, Schweine, Kühe, Hühner, Gänse beschmutzten die Wege, da sie überall frei herumliefen. Abwässer und Abfälle wurden einfach aus dem Fenster auf die Gassen geworfen. Mist- und Müllhaufen lagen vor den Häusern. Die Pestordnung von 1585, die auch 1626 noch Gültigkeit besaß, wies die Bevölkerung an, ihre Stadt sauber zu halten. Aber die Stadt war voller fremder Menschen. Soldaten, Flüchtlinge, Arme und Bettler zogen sich in diesen unsicheren Zeiten hinter die schützende Stadtmauer zurück; sie lebten und starben auf den Gassen. So mußten die Stadtknechte immer wieder durch die Straßen streifen, um die Toten einzusammeln und die Plätze von dem hinterlassenen Unrat zu säubern.

Lit.: Franz Riegler: Die Reichsstadt Schwäbisch-Hall im Dreissigjährigen Kriege (= Darstellungen aus der Württembergischen Geschichte, 7. Bd.), Stuttgart 1911, S. 38 ff. – Kuno Ulshöfer: Eine Haller Pestordnung. In: Der Haalquell 19 (1967), S. 47–48. H. B.

20
Schwäbisch Hall im Dreißigjährigen Krieg

20 a
Schutzbrief Kaiser Ferdinands II. für die Stadt Schwäbisch Hall

Wien, 14. November 1623
Mit Unterschrift; Siegel abgegangen
Pergament; 45 × 65 cm
Schwäbisch Hall, Stadtarchiv 5/1703

Ferdinand II., Römischer Kaiser etc., bekundet gegenüber den Angehörigen aller Stände des Reiches, daß er Stättmeister und Rat der Stadt Schwäbisch Hall die Wahrung ihrer Rechte, Gerechtigkeiten, Freiheiten, Immunitäten, Sicherheiten und Vorteile versprochen habe und die Stadt unter *Schutz, Schirm und Kayserlichen Adlers Salva Guardia* stehe. M. A.

20 b
»Salva Guardia« Wallensteins für die Stadt Schwäbisch Hall

Tyrna, 21. Oktober 1626
Mit Unterschrift und aufgedrücktem Papiersiegel
Papier (Doppelblatt); 32 × 19 cm
Schwäbisch Hall, Stadtarchiv 5/1706 a

Albrecht von Wallenstein, Herzog zu Friedland, bestätigt den Empfang des von Stättmeister und Rat an ihn gerichteten Schreibens, in dem diese um Befreiung von *einlogier undt einquartierung* bitten. Er sagt zu, dieser Bitte um so eher zu entsprechen, als sich die Stadt Hall dem Kaiser gegenüber besonders gehorsam erwiesen und darüber hinaus die für die Einquartierung der Truppen des Herzogs Franz Albrecht von Sachsen erforderlichen Unkosten *willig aufgewendet* habe.
Eine entsprechende Urkunde, eine sog. Salva Guardia, ist beigefügt (heute verschollen; vgl. dafür die »Salva Guardia« vom 11. Januar 1628, Kat. Nr. 20 d). M. A.

20 c
Bitte Tillys, die Haller Quartierlasten zu mildern

Moringen, 26. März 1627
Mit Unterschrift
Papier (Doppelblatt); 32,5 × 19,5 cm
Schwäbisch Hall, Stadtarchiv 5/1705

Johann Tserclaes Graf von Tilly bittet den bayerischen Generalquartiermeister von Schlawitz, darauf hinzuwirken, daß der Stadt Schwäbisch Hall, die sich über die Einquartierung von zwei Kompanien zu Pferd aus dem Regiment des Obersten von Cronberg beklagt hat, *ersprießliche erleichterung widerfahren möge.* M. A.

20 d
Schutzbrief Wallensteins für die Stadt Schwäbisch Hall

Prag, 11. Januar 1628
Mit Unterschrift und aufgedrücktem Papiersiegel
Papier; 37,5 × 50,3 cm
Schwäbisch Hall, Stadtarchiv 5/1707

Albrecht von Wallenstein, seit 1625 Herzog zu Friedland, gibt in seiner Eigenschaft als *General Obrister Feldhaubtmann* bekannt, daß aus *gewiß erheblichen Ursachen* die Reichsstadt Schwäbisch Hall mit ihren Städten, Märkten und Dörfern unter dem Schutz des Kaisers stehe. Er erteilt daher seinen Offizieren, Unteroffizieren und Soldaten, insbesondere den Quartiermeistern und Furieren, *bey unaußbleibender Leib- undt Lebens Straff* den Befehl, das reichsstädtische Territorium *unperturbiert*, also unbehelligt, und *quartierfrey* zu lassen. Auch sollten die Untertanen nicht mit *eigenmächtiger ... Geltschazung* beschwert, noch ihr Groß- und Kleinvieh, Wagen, Getreide, *Victualien* und übriger Besitz angetastet oder gewaltsam weggenommen werden.
Welchen geringen Nutzen ein derartiger Schutzbrief hatte, beweist die Tatsache, daß bereits am 15. Februar 1628 der bayerische Oberst von Cronberg mit eineinhalb Kompanien seines Reiterregiments in das hällische Gebiet einrückte und daß vom April dieses Jahres an etwa 250 Mann für nahezu 6 Jahre auf dem Territorium der Reichsstadt Quartier bezogen. M. A.

20e
»... unnd die arme Leuth Graß eßen müßen ...«, 1637

in: Ratsprotokoll 1637, fol. 145r
1 Band, 389 Blätter
34 × 23 cm
Schwäbisch Hall, Stadtarchiv 4/244

Während der Zeit des großen Krieges hatte insbesondere die Haller Landbevölkerung unsägliches Leid zu erdulden. Sie war der Willkür und dem Treiben der durchziehenden wie auch der hier im Winterquartier liegenden Kriegsvölker in viel stärkerem Maße ausgesetzt als die Bewohner der Reichsstadt. Plündernde, brandstiftende und mordende Soldaten verbreiteten Angst und Schrecken. Immer neu angesetzte Schatzungszahlungen, abgepreßte Kontributionsgelder und Naturallieferungen taten ein übriges, um das Land völlig ausbluten zu lassen. Viele Familien mußten sich von Haus und Hof und ihrer gesamten Habe trennen und waren schließlich so verarmt, daß sie, um überhaupt zu überleben, keine andere Möglichkeit hatten, als sich von Gras zu ernähren. Über diese katastrophale Lage seiner Mitbürger berichtet der Ilshofener Schultheiß dem Haller Rat, als 1637 erneut Kürassiere einfallen und von der Bevölkerung Geld zu erpressen versuchen.

Lit.: Kuno Ulshöfer: Ilshofen in hällischer Zeit. In: Ilshofen. Kleine Stadt an der großen Straße. Hg. vom Bürgermeisteramt Ilshofen. Ilshofen 1980. S. 81–125. H. B.

20f
»Zu wissen, günstiger, lieber Leßer, daß ermeltes frantzösisches Kriegsvolck ... sehr übel gehaußet ...«

in: »Chronik der Reichsstadt Hall«, um 1680, p. 1009–1011
Aufgeschlagen: p. 1008–1009
1 Band, 1134 Seiten
33,5 × 24 cm
Schwäbisch Hall, Stadtarchiv 4/3

Nach der Niederlage bei Herbsthausen im Mai 1645 marschierten neugeworbene französische Truppen unter Marschall Vicomte de Turenne vom Rhein zur Donau. Bei Alerheim im Ries trafen sie auf die unter dem Befehl des bayerischen Feldherren Franz von Mercy stehenden kaiserlichen Truppen und schlugen diese am 3. August 1645 vernichtend. Nachdem sich die Franzosen wieder an den Neckar zurückgezogen hatten und ihnen dort die Einnahme von Heilbronn nicht gelang, wandte sich Turenne wieder dem hällischen Gebiet zu, um hier sein Lager aufzuschlagen. Vom 6. bis 24. September 1645 war dieses »zuchtloseste aller Heere« in den Ämtern Kocheneck und Rosengarten einquartiert. Die Soldaten, die selbst große Versorgungsprobleme hatten und angeblich auch Hunde- und Katzenfleisch aßen, wenn sie der Tiere nur habhaft werden konnten, hausten hier wie die Vandalen. Sie zerstörten Gebäude, Gärten, Felder, Wälder und Wiesen. Nachweislich wurde dabei auch der Kernsche Landsitz, das Schlößlein Tullau, in Mitleidenschaft gezogen (vgl. Kat. Nr. 12).
Einen sehr eindrucksvollen Bericht über dieses französische Lager liefert uns der Schreiber der »Chronik der Reichsstadt Hall«. Die Handschrift ist um 1680 entstanden und von einer Hand geschrieben. Sie enthält neben Textkopien sowohl aus der Widmanschen wie auch aus der Heroltschen Chronik u. a. umfangreiche Notizen zum damaligen Zeitgeschehen, wobei natürlich die Schilderungen des Kriegsverlaufs im hällischen Territorium einschließlich der Darstellung des sogenannten Haller Hexenbades, dem 1644 sieben Frauen aus dem Troß der Truppe des bayerischen Oberst Hans von Sporck zum Opfer gefallen sind, breiten Raum einnehmen.

Lit.: Herolts Chronica. Württembergische Geschichtsquellen. I. A. d. Württ. Komm. f. Landesgeschichte hg. v. Dietrich Schäfer. 1. Bd. (= Geschichtsquellen der Stadt Hall. Bearb. von Christian Kolb. Bd. 1). Stuttgart 1894. – Christian Kolb: Die Handschriften der Widman'schen Chronik. In: Württembergisch Franken NF VI (1897), Beilage zu den Württembergischen Vierteljahresheften für Landesgeschichte, S. 44–77, insbesondere S. 70. – Widmans Chronica. Württembergische Geschichtsquellen. Hg. v. d. Württ. Komm. f. Landesgeschichte. 6. Bd. (= Geschichtsquellen der Stadt Hall, bearb. von

Christian Kolb. Bd. 2). Stuttgart 1904. – Franz Riegler: Die Reichsstadt Schwäbisch-Hall im Dreißigjährigen Kriege (= Darstellungen aus der Württembergischen Geschichte. 7. Bd.). Stuttgart 1911. Insbesondere S. 68ff. H. B.

21 Bildnisse Haller Ratsherren des 17. Jahrhunderts

21 a Bildnis des Hans Heinrich Gräter, 1637

Beschr.: »Herr Johann Heinrich Grätter Anno 1637. J. Glocker pinxit.«
Öl auf Papier; 14,8 × 11,7 cm (oval)
Schwäbisch Hall, Hällisch-Fränkisches-Museum, Inv. Nr. 3173 (Dauerleihgabe des Württembergischen Landesmuseums Stuttgart)

Am 22. November 1591 wurde Hans Heinrich Gräter als Sohn eines Pfarrers und der Ratsherrntochter Ursula Firnhaber geboren. Er war Tuchscherer und Gewandschneider und war bis nach Österreich, Böhmen und Ungarn gewandert, bevor er Kaufmann in Speyer wurde. 1619 kam er in seine Heimatstadt Hall zurück. In diesem Jahr versteuerte er bereits 4000 Gulden. 1633 wurde er Mitglied des Äußeren, 1637 des Inneren Rats der Stadt Hall. Er schloß drei Ehen, die letzte mit der Ratsherrntochter Elisabeth Gräter. Am 5. März 1652 ist er verstorben.

Lit.: Gerd Wunder: Die Ratsherren der Reichsstadt Hall 1487–1803. In: Württembergisch Franken 46 (1962), S. 100–160. – Wunder 1980.

21 b Bildnis des Johann Marx Astfalk, 1646

Öl auf Papier; 14,6 × 11,5 cm
Schwäbisch Hall, Hällisch-Fränkisches Museum, Inv. Nr. 3179 (Dauerleihgabe des Württembergischen Landesmuseums Stuttgart)

Der Kanzlistensohn Johann Marx Astfalk wurde am 4. April 1610 geboren und trat in die Fußstapfen seines Vaters. Er lernte die Verwaltungsarbeit 1626 in Bartenstein, 1630 in Schillingsfürst, 1631 in Weinsberg und trat 1634 in die Haller Kanzlei ein. 1639 kam er in den Äußeren, 1646 in den Inneren Rat der Stadt. Am 15. März 1658 ist er verstorben.

Lit.: Gerd Wunder: Die Ratsherren der Reichsstadt Hall 1487–1803. In: Württembergisch Franken 46 (1962), S. 100–160. – Ders., Astfalk. In: Der Haalquell, 20. Jg. Mai 1968, Nr. 8. – Wunder 1980.

21 b

21 c Bildnis des Hans Konrad Beyschlag, 1651

Bez. mit Monogramm »HS«
Beschr.: »H. Johann Conrad Beyschlag 1651«
Öl auf Papier; 14,8 × 11,7 cm (oval)
Schwäbisch Hall, Hällisch-Fränkisches Museum, Inv. Nr. 3171 (Dauerleihgabe des Württembergischen Landesmuseums Stuttgart)

Hans Konrad Beyschlag, geboren am 22. Oktober 1610, stammte väterlicherseits aus einer alten Haller Salzsiederfamilie, seine Mutter Afra Horlacher war die Enkelin eines Haller Ratsherrn. 1635 bekleidete er das Amt des Haalmeisters. Von 1651 bis zu seinem Tod war er Mitglied des inneren Rats der Stadt Hall. Im Jahr 1652 versteuerte er das beachtliche Vermögen von 8600 Gulden und war damit der sechstreichste Bürger der Stadt. Er war dreimal verheiratet, zuletzt mit der Tochter Anna Magdalena des Ratsherrn Johann Christof Hezel. Das Künstlermonogramm »HS« dürfte auf Hans Schreyer, wie bei Kat. Nr. 21 f, als Schöpfer des Bildnisses deuten.

Lit.: Gerd Wunder: Die Ratsherren der Reichsstadt Hall 1487–1803. In: Württembergisch Franken 46 (1962), S. 100–160. – Wunder 1980.

21 e

21 f

21 d
Bildnis des Hans Kaspar Glock d. Ä., 1659

Beschr.: »H. Johann Caspar Glock. 1659.«
Öl auf Papier; 24,5 × 18,7 cm
Schwäbisch Hall, Hällisch-Fränkisches Museum, Inv. Nr. 3166

Der am 6. November 1615 in Hall geborene Hans Kaspar Glock studierte in Straßburg, wurde 1639 in seiner Heimatstadt Kanzlist, 1652 Steuerschreiber, 1655 Mitglied des Äußeren und 1659 des Inneren Rats. 1680 versteuerte er 13300 Gulden; damit stand er an sechster Stelle der reichsten Haller. Er starb am 2. Juli 1696.

Lit.: Gerd Wunder: Die Ratsherren der Reichsstadt Hall 1487–1803. In: Württembergisch Franken 46 (1962), S. 100–160. – Wunder 1980.

21 e
Bildnis des Hans Gammersfelder, 1662

Beschr.: »H. Johann Gammersfelder. 1662«
Öl auf Papier; 15,0 × 11,8 cm (oval)
Schwäbisch Hall, Hällisch-Fränkisches Museum, Inv. Nr. 3176 (Dauerleihgabe des Württembergischen Landesmuseums Stuttgart)

Hans Gammersfelder wurde am 30. September 1616 als Sohn eines Nürnberger Ratsherrn geboren. Er studierte an der Universität Altdorf, mußte sein Studium wegen der Unruhen des Dreißigjährigen Krieges abbrechen, leistete Kriegsdienst und kam schließlich nach Hall. Hier heiratete er 1644 die Tochter des verstorbenen Stättmeisters Johann Georg Löchner und schlug die Ratslaufbahn ein. 1650 wurde er Kanzlist, 1661 Ratsschreiber, 1662 Mitglied des Inneren Rats. Er starb in Hall am 29. Juni 1671.

Lit.: Gerd Wunder: Die Ratsherren der Reichsstadt Hall 1487–1803. In: Württembergisch Franken 46 (1962), S. 100–160. – Wunder 1980.

21 f
Bildnis des Stättmeisters Hans Balthasar Stadtmann, 1665

Bez.: »Joh. Schreyer pincit 1665«
Beschr.: »Herr Johann Balthasar Stadtmann, Stättmeister 1632–1644«
Öl auf Papier; 20,5 × 15,2 cm
Schwäbisch Hall, Hällisch-Fränkisches Museum, Inv. Nr. 3168 (Dauerleihgabe des Württembergischen Landesmuseums Stuttgart)

Hans Balthasar Stadtmann, Sohn des Stättmeisters David Stadtmann (1568–1631), wurde um den 24. September 1603 geboren, studierte 1622 und 1626 an der Universität Altdorf, wurde 1632 in den Inneren Rat der Stadt Hall gewählt. Seit 1644 bis kurz vor seinem Tod am 4. Juni 1670 bekleidete er jedes zweite Jahr das Amt des Stättmeisters (Bürgermeisters). In einem Sonnett würdigte ihn 1670 der Konsulent Schragmüller:

»Wann einer Schild und Helm und Namen kann vor weisen
Von langen Zeiten her in einer Stadtgemein,
Der kann mit Ehren wohl ein rechter Stattmann sein;
Mehr, wann er in Gefahr und Not nicht tut ausreissen,
Zu Kriegs- und Friedens-Zeit sich standhaft tut erweisen;
Noch größer ist die Ehr, wann einer selbsten fein
In einer Stadt regiert, daß ihne groß und klein
Gleich liebt und förchten muß; wann er sich tut befleißen,
Gott und der ehrbarn Welt zu leisten treue Dienst,
Nicht suchet Gift und Gab und schnöden Eigengwinst;
Der wird vom höchsten Gott noch mehr geehret werden.«

Der Maler des Portraits, Hans Schreyer (1596–1676), schuf 1643 die große Stadtansicht von Hall (Kat. Nr. 18).

Lit.: Gerd Wunder: Die Familie Stadtmann. In: Der Haalquell, 10. Jg. Mai 1958, Nr. 7. – Ders.: Die Ratsherren der Reichsstadt Hall 1487–1803. In: Württembergisch Franken 46 (1692), S. 100–160. – Wunder 1980. H. S.

22

22
Bildnis des Stättmeisters Georg Friedrich Seifferheld

anonym, 1668
Kupferstich; 14,8 x 10,4 cm (Platte)
Schwäbisch Hall, Hällisch-Fränkisches Museum, Inv. Nr. 88/242

Georg Friedrich Seifferheld (1613–1686) übte innerhalb von 32 Jahren sechzehnmal das Amt des Stättmeisters aus, zuerst 1655. Er gilt als bedeutendste politische Persönlichkeit Halls im 17. Jahrhundert.
Georg Friedrich Seifferheld stammte aus einer alten Sieder- und Ratsfamilie und studierte nach dem Besuch der Haller Lateinschule an verschiedenen Universitäten. Nach Jahren, in denen ihn das Kriegsschicksal umhertrieb, kehrte er 1639 nach Hall zurück und wurde durch Weinhandel bald zum reichsten Mann der Stadt. 1640 in den Rat gewählt, wurde er zum wichtigsten Unterhändler Halls in den letzten Jahren des Dreißigjährigen Krieges; er bewahrte die Stadt mehrfach vor schlimmerem Schicksal. In seiner Zeit als Stättmeister kurbelte er entscheidend das wirtschaftliche und kulturelle Leben in der Stadt wieder an, den Salzhandel, das Schul- und Verwaltungswesen (vgl. den Beitrag von M. Akermann in diesem Katalog). Seifferheld setzte sich auch für die Juden und die Armenfürsorge ein.

Lit.: Wunder 1980, S. 85. H.S.

23
Das Inventar eines reichen Haller Bürgerhaushalts

Nachlaßinventar des Stättmeisters Georg Friedrich Seifferheld, 1686
1 Band, 91 Blätter
Aufgeschlagen: fol. 32v–33r
ca. 34,5 x 22,5 cm
Schwäbisch Hall, Stadtarchiv 14/1339

Georg Friedrich Seifferheld (1613–1686) stammt aus einer alten Haller Siederfamilie. Seine Ausbildung an der hiesigen Lateinschule brach er ab, um Salzsieder zu werden, vertauschte dann aber doch die harte Haalarbeit wieder mit der Schulbank und studierte anschließend die humanistischen Wissenschaften und die Rechte. Als Hofmeister eines Kaufmannssohnes bereiste er Holland und Frankreich. Nach Hall zurückgekehrt, heiratete er hier 1639 Praxedis Zinn. 1640 wurde Seifferheld im selben Jahr wie Leonhard Kern Mitglied des Rats. Er bekleidete verschiedene Ratsämter und war im Dreißigjährigen Krieg der wichtigste Unterhändler der Stadt. Seine Frau starb 1653, kurz darauf ging er in Regensburg die zweite Ehe mit Susanna vom Berg ein. 1655 erfolgte dann der Ruf an die Spitze der reichsstädtischen Verwaltung, er wurde Stättmeister. Bis zu seinem Tod 1686 hatte er das Amt des Regierenden Stättmeisters jedes zweite Jahr inne. Seinem politischen Weitblick und kommerziellen Geschick verdankt die Reichsstadt ihren wirtschaftlichen Aufschwung in der zweiten Hälfte des 17. Jahrhunderts.

Er war ein kluger, harter Geschäftsmann, der sein Geld erfolgreich mit Weinhandel und Kapitalgeschäften machte. So wurde er schließlich mit 50000 Gulden Vermögen der reichste Mann, den die Stadt bis dahin in ihren Mauern beherbergte. Zuletzt hatte er in sieben Kellern etwa 2270 Hektoliter Wein gelagert (u. a. Neckar- und Rheinwein, Schwaigener und Eberstädter).

In seinem 1686 erstellten Nachlaßinventar macht das *Silber*, Gebrauchsgegenstände zum Teil aus vergoldetem Edelmetall, mit 1285 Gulden einen beachtlichen Posten aus, fast so viel, wie Amalia Kern bei ihrem Ableben an Aktivvermögen hinterließ. Neben Besteck und Tischgeschirr (Becher, Schalen, Konfektschalen, hohe Tischbecher mit Deckeln, Salzfäßchen, Zuckerbüchse, Gewürzbüchse) sind auch einige Stücke darunter, die es verdienen, besonders erwähnt zu werden: eine *Conterfetbixen* (Dose mit eingelegtem Porträt), ein Zungenschaber, ein *Zahnstühren*, Balsambüchslein, ein *Lavor* mit der dazugehörigen Kanne, vergoldete Muschelgeschirre, ein ebensolches mit einem Fisch, ein Traubenbecher mit einem Mägdlein, vergoldete Flaschen, ein Bisamknopf (Parfumbehälter), ein Muskatnußbecher *mit Silber angefast*, eine Bierflasche, ein vergoldetes *Duplet* (Doppelbecher) sowie ein vergoldetes *Schiff mit der Windmühlen*. Die mehrere Seiten umfassende Auflistung läßt einen interessanten Blick in die Wohnkultur eines reichen Bürgerhaushaltes des 17. Jahrhunderts tun.

Auf Blatt 33 recto des Inventars verzeichnet der Schreiber als zweitletzte Position einen *weißen silbern beschlagen(en) Krug*. Ob es sich dabei wohl um ein elfenbeinernes Geschirr aus der Werkstatt Leonhard Kerns handelt?

Leider ist nicht überliefert, ob sich unter den vielen Kostbarkeiten auch Arbeiten von Haller Goldschmieden befanden. Überhaupt wissen wir über diese Gruppe des edelmetallverarbeitenden Gewerbes nur sehr wenig, da für die Reichsstadtzeit eine wichtige Quellengattung fehlt, nämlich die Zunftakten. Als Zeitgenossen Kerns sind folgende Gold- und Silberarbeiter bekannt: Albrecht Beeg, Hans Bonhöfer, Lorenz Haus, Georg Wüst und Michael Wittich, ein Goldarbeiter aus Wien.

Der Dienste der hiesigen Goldschmiede bediente sich der Haller Rat nicht allzu häufig. In der Mehrzahl wurden die zu »Verehrungen« benützten Gefäße aus Edelmetall – Patengaben, Hochzeitsgeschenke, Auszeichnungen für verdiente Persönlichkeiten und dergleichen – von auswärts eingeführt, z. B. aus Nürnberg. Hier erhielten diese Pokale, Schalen und Becher dann lediglich zur Zier das Haller Stadtwappen eingraviert oder in Form einer bemalten Metallauflage aufgebracht. Und neue Siegelstempel, deren Anfertigung ebenfalls zu den Aufgaben des Goldschmiedehandwerks gehörte, benötigte die städtische Kanzlei natürlich auch nur gelegentlich. Da dem Siegel als Beglaubigungsmittel im damaligen Rechtsalltag eine wichtige Rolle zukam, untersagte die aus dem 16. Jahrhundert erhaltene Goldschmiedeordnung den Meistern übrigens die Abgabe von Petschaften oder Siegelringen an Minderjährige.

Zumindest eine Einnahmequelle dieses Handwerkszweiges floß während des langen Krieges reichlicher als in Friedenszeiten, nämlich die Gebühren für die Feststellung des Metallwertes bei außer Kurs gesetzten Münzen oder versetztem Silbergerät, das Haller Bürger dem Rat infolge Geldmangels übereigneten, um damit ihre Steuer- und Kontributionsschulden zu begleichen.

Lit.: Gerd Wunder: Georg Friedrich Seufferheld, Stättmeister der Reichsstadt Schwäbisch Hall, 1613–1686. In: Lebensbilder aus Schwaben und Franken Bd. 9 (1963), S. 56–68. – Wunder: 1980, S. 85.

H.B.

24
Apostellöffel

Georg Wüst, Schwäbisch Hall; dat. 1645
Silber, teilvergoldet; L. 16,5 cm
mit Haller Stadtbeschau und Meistermarke »GW« (nicht bei Rosenberg)
Schwäbisch Hall, Hällisch-Fränkisches Museum, Inv. Nr. 87/28

Der Löffel mit großer ovaler Laffe und kantigem Stiel trägt die aufmontierte Figur eines Apostels mit dem Attribut der Axt (Judas Thaddäus oder Matthias); er gehört somit zu den sog. Apostellöffeln, die als Paten- oder Taufgeschenk gestiftet wurden.

Die Unterseite der Laffe zeigt neben den eingeschlagenen Marken der Stadtbeschau und des Meisterzeichens

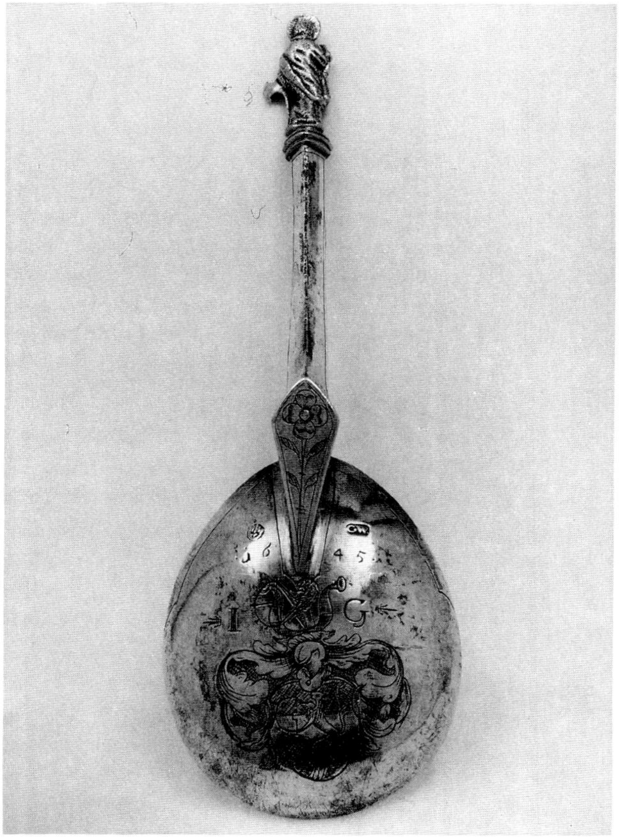

24

sowie der Jahreszahl 1645 ein graviertes Wappen und die Initialen »IG«, die sich auf den Bäcker Johann Gronbach (1600–1646, seit 1639 Ratsherr) beziehen lassen.
Johann Gronbach hob im Februar 1644 den Sohn eines Seilers, Johann Heinrich Kreutzer, aus der Taufe. Vielleicht war der Apostellöffel ein Patengeschenk an diesen Täufling. Von dem Haller Goldschmied Georg Wüst, der – abgesehen von neun Jahren Wanderschaft – von 1599 bis 1673 in der Stadt lebte, ist zwar (im Stadtarchiv Schwäbisch Hall) ein ausführliches Nachlaßinventar, jedoch keine sonstige Arbeit bekannt. Er dürfte – ohne daß die Apostel als Namenspatrone der Täuflinge herangezogen werden konnten – Arbeiten dieser Art, wie im 16. und 17. Jahrhundert üblich, auf Vorrat für Paten- oder auch Hochzeitsgeschenke bereitgehalten haben, die jeweils nur noch mit den Zeichen des Stifters graviert zu werden brauchten.
Georg Wüst gehörte zu den Goldschmiedehandwerkern, die in Schwäbisch Hall seit dem Mittelalter von großer Bedeutung waren. 1497 erhielten sie eine neue Ordnung. Wenigstens 5 bis 6 Goldschmiede waren im 16. und 17. Jahrhundert ständig in der Stadt ansässig, wobei Angehörige der Familie Bonhöfer eine führende Rolle einnahmen.

Lit.: Haller Tagblatt, 18. 4. 1987. – Allg.: Hans Wentzel: »Apostellöffel«, in: Reallexikon zur deutschen Kunstgeschichte, 1. Bd., München 1937, Sp. 833f. – Wunder: 1980, S. 145. H. S.

25
Pulverflasche

Schwäbisch Hall (?), dat. 1595
Elfenbein, Eisen; Höhe 33 cm
Schwäbisch Hall, Hällisch-Fränkisches Museum, Inv. Nr. 1831

Vor 1898 als Schenkung des Haller Kaufmanns Gauger in den Besitz der Sammlungen des Historischen Vereins für Württembergisch Franken gelangt und bereits im Schauffele-Verzeichnis als *Arkebusier-Pulverhorn, ..., schönes Stück* bezeichnet.
Der Flaschenkörper aus Elfenbein in flacher, geschwungener Form ist allseitig graviert; die Vorderseite ziert eine Darstellung des Sündenfalls und die Jahreszahl 1595. Während das breite Ende mit Eisenblech geschlossen ist und den Boden bildet, geht das dünnere Ende in eine Tülle über, die in das Ausgußrohr mit beweglicher Pulversperre mündet. Diese fehlte bei der Erwerbung und wurde nachträglich ergänzt. Die Pulverflasche besaß kein Gehänge und wurde am Gürtel/Bauchriemen getragen.
In realistischer Aktdarstellung sind der bärtige Adam und Eva mit langem, welligem Kopfhaar dargestellt. Das Paradies wird als lichte Waldlandschaft voller friedlich verkehrender Tiere geschildert. Die Momente des Sündenfalls werden in einer Nebeneinanderfolge aufgezeigt: die sich um den Baum windende Schlange mit dem Apfel im Maul, den Eva ergreift und Adam reicht; dieser verspeist ihn sitzend, während die Schlange davonkriecht.
Das Motiv der nackten Gestalten von Adam und Eva, die in den Apfel vom Baum der Erkenntnis gebissen und damit die Sünde auf die Welt gebracht haben, taucht auch bei Leonhard Kern auf. Nahezu seine gesamte

25

Schaffensperiode ist von der Beschäftigung mit diesem Thema geprägt, wobei die um 1635 geschaffene Elfenbeingruppe, heute im Besitz der Staatlichen Museen Berlin, Stiftung Preußischer Kulturbesitz (Kat. Nr. 83), einen herausragenden Platz einnimmt.

Lit.: Schauffele 1898, S. 39 (Nr. 5) – Allg.: S. Esche: Adam und Eva. Sündenfall und Erlösung. Düsseldorf 1957. – J. Schöbel: Prunkwaffen. Stuttgart 1985.

E. H.

26
Ofenkacheln

Schwäbisch Hall (?), 16./17. Jahrhundert

»Kachel« läßt sich sowohl im Althochdeutschen »chachala« als auch im Lateinischen »caccabus« und im Griechischen »kakabos« nachweisen und bedeutet in allen drei Sprachen soviel wie irdener Topf oder Schüssel. Tatsächlich hatten die ersten Ofenkacheln auch eine tiefe, topfähnliche Form. Sie wurden auf der Töpferscheibe gedreht und waren unglasiert. Aus der Topfkachel entwickelte sich die Schüssel- und die Nischenkachel, die ebenfalls auf der Drehscheibe geformt wurden. Im 14. Jahrhundert kamen die Blattkacheln auf, die aus Modeln hergestellt wurden. Die kleinen, gotischen Blattkacheln (ca. 18 × 18 cm) wurden in der Renaissance größer (ca. 50 × 50 cm). Auch wurden sie mit den für die Renaissance typischen, aus der antiken Welt inspirierten Themen und Motiven ausgestattet. Dieser in der Renaissance ausgebildete Kacheltypus ist auch für die hier ausgestellten Kacheln gültig.
Beliebte Themen waren Darstellungen aus der antiken Mythologie sowie die Personifikationen der Kardinaltugenden. Antikisierende Motive finden sich in der Architektur, mit den klassischen Säulenordnungen, den Rundbögen und Hermen, in den Grotesken, den Muschelmotiven, den nackten Menschen und Putten sowie in der antikisierenden, tunikaähnlichen Kleidung und der römischen Soldatenuniform. Mit diesen antiken Themen und Motiven spiegeln die ausgestellten Ofenkacheln das zeitgenössische humanistische Weltbild wider, das auch Leonhard Kern und seine Werke prägte.

Lit.: Torsten Gebhard: Kachelöfen, Mittelpunkt häuslichen Lebens. Entwicklung, Form, Technik. München 1980. – Herbert Nagel: Kachelöfen des 15. bis 17. Jahrhunderts. Darmstadt o. J.

M. J.

26a
Temperantia

2. Hälfte 16. Jahrhundert
Gebrannter, roter Ton; 40,5 × 20,5 cm
Schwäbisch Hall, Hällisch-Fränkisches Museum, Inv. Nr. 3645

Schmale, hochrechteckige, unglasierte Reliefkachel mit der Kardinaltugend der Mäßigung als Hauptmotiv. Temperantia gießt eine Flüssigkeit aus einem geriefelten Krug in eine flache Schale. Sie trägt ein antikisierendes Gewand mit zeitgenössischen Merkmalen: einen steifen Stehkragen und schmale Ärmel mit Verzierungen an Schultern und Brust. Ein ähnlicher Kragen ist auch im Portraitmedaillon des Sockelfeldes zu sehen, wo sich der Dargestellte in spanischem Stehkragen und »Gänsebauch«-Wams mit ausgestellten Armöffnungen präsentiert. Unter dem Wams ist der Ansatz einer wattierten Pluderhose sichtbar. Das kreisrunde Medaillon ist mit Beschlagwerk ausgeschmückt.

26a

Jedoch nicht die zeitgenössischen Motive, sondern die manieristischen Züge bilden die Hauptmerkmale der Kachel: Die elongierten Gliedmaßen der Tugend, ihr längliches Gesicht und die lang herabfallenden, gelösten Haare betonen die Überlängung. Der Klauenfuß mit zwei Volutenrollungen und abschließendem Maskenkopf, zur Rechten der Tugend, scheint einen Thron anzudeuten, der wie die Figur in der Art des Manierismus ambivalent im Nischenraum steht. Charakteristisch ist auch das umgekehrte Verhältnis vom Tragen und Lasten: So erscheinen die grotesken Hermen zu schwach, um die kräftigen, hohen Säulenpostamente in der Kapitellzone der Bogennische zu tragen, während die Muschelkalotte zu schwach erscheint, um die kräftigen Säulenpostamente zu rechtfertigen. Die verkröpfte Säule, auf welche die Tugend auftritt, hat keine architektonische Berechtigung durch das darunterliegende Medaillonfeld. Die klassischen Maße und Proportionen der Säule sind aufgehoben, und die klassische Ruhe der Renaissance ist durch Unruhe und Bewegung ersetzt. Der manieristische Gesamteindruck wird durch die italienischen und niederländischen Einfluß verratenden Hermen und Grotesken abgerundet.
Die Darstellung der Tugenden war ein beliebtes Thema. Dazu gehörten die aus der Antike übernommenen vier Kardinaltugenden Gerechtigkeit (Justitia), Klugheit (Prudentia), Mäßigung (Temperantia) und Tapferkeit (Fortitudo). Die vier theologischen Tugenden Glaube (Fides), Liebe (Caritas), Hoffnung (Spes) und Demut (Humilitas) vervollständigten das Tugendsystem.

26b

26b
Der Winter

2. Hälfte 16. Jahrhundert
Gebrannter Ton mit grüner Bleiglasur
19,2 × 18 cm
Schwäbisch Hall, Hällisch-Fränkisches Museum, Inv. Nr. 3575a

Die fast quadratische, grün glasierte Reliefkachel zeigt eine männliche Halbfigur als Allegorie des Winters, umrahmt von einer Rundbogenarchitektur. Der dicht gefältelte Mantelstoff ist über den rechten Teil des Oberkörpers und über den Kopf geführt. Der linke Oberkörper ist nackt. Unter dem linken Arm hält der bärtige Mann ein Bündel Brennholz. Das zwickelfüllende Beschlagwerk legt eine Datierung in die 2. Hälfte des 16. Jahrhunderts nahe.
Die Darstellung der vier Jahreszeiten war ein beliebtes Thema, nicht nur für Ofenkacheln, sondern auch für andere Gebrauchsgegenstände wie Schalen oder Türfüllungen. Dabei spiegelten die Repräsentationsfiguren der vier Jahreszeiten, ähnlich wie bei den Monatsbildern, typische bäuerliche Arbeiten wider. Gängige Personifikationen waren: ein säender Landmann für den Frühling, eine sitzende Frau mit entblößter Brust für den Sommer, ein Winzer beim Rebenschneiden für den Herbst und ein sich am Feuer wärmender Mann für den Winter. Auch gab es Verknüpfungen zwischen der Darstellung der vier Jahreszeiten und der vier Lebensalter: Säugling, Jüngling, reifer und alter Mann. Um einen solchen Fall könnte es sich bei dieser Darstellung des Winters handeln.

26c
Athene, Moses und Aaron, die vier Evangelisten und die Erschaffung Evas

Bez.: links von Athene in Kapitellhöhe: 4; unterhalb von Athene: IRA; im Rand des Portraitmedaillons: FRANS (...)
Ende 16. Jahrhundert
Gebrannter, roter Ton mit Graphitüberzug
40,8 × 31 cm
Schwäbisch Hall, Hällisch-Fränkisches Museum, Inv. Nr. 3578

Die hochrechteckige, unglasierte, mit Graphit eingeschwärzte Reliefkachel zeigt die griechische Göttin Athene im Zentrum des perspektivisch ausgerichteten Triumphbogens. Sie trägt einen antikisierten Brustpanzer, einen Federhelm, ein gezogenes Schwert und den Ägis, das von Hephaistos für Zeus geschmiedete Schild, mit dem den Beschauer versteinernden Haupt der Medusa. Neben ihr ein Bär. Unter beiden Figuren steht

26c

die Inschrift »Ira«, wodurch sowohl die kriegerische Göttin als auch das wilde Tier als Symbole des Zorns ausgewiesen sind.
In der linken Säulennische des Triumphbogens steht Moses, der Repräsentant des Alten Testaments, in antikisierendem Gewand. Seine Attribute sind die Gesetzestafeln, sein Stab und die Hörner, die ursprünglich »Strahlen der Erleuchtung« waren, aber seit dem 11. Jahrhundert wegen eines Übersetzungsfehlers als Hörner abgebildet wurden. In der rechten Säulennische steht Aaron, der Bruder des Moses und erste Hohepriester des Alten Bundes. Er trägt eine abgewandelte, bischöfliche Kleidung mit Glöckchen oder Fransen am Rocksaum, darunter eine lange Tunika. Der Kopf ist mit einem tiaraähnlichen Hut bedeckt. Auf seiner Brust versinnbildlichen die 12 Edelsteine die 12 Stämme Israels. Die Hände halten ein Rauchfaß.
Die vier Evangelisten sind auf die vier Ecknischen des Triumphbogens verteilt. Links unten ist der Evangelist Lukas mit dem Stier abgebildet, rechts unten ist Johannes mit dem Adler dargestellt. Rechts oben Markus mit dem Löwen, links oben Matthäus mit dem Engel.
Oberhalb von Athene befindet sich eine Rollwerkkartusche mit der Erschaffung Evas. Eva entsteigt aus dem Rücken des schlafenden Adams und reckt ihre Arme lebensempfangend nach Gott Vater aus, der ihr seine rechte Hand zur Berührung entgegenstreckt. Im Hintergrund sind Paradiestiere in friedlichem Einvernehmen dargestellt.
Damit beinhaltet dieses Darstellungsprogramm sowohl die Antipoden Zorn (Athene mit dem Bär) und Mäßigung (Moses und Aaron) als auch alle Zeitalter, angefangen von der Schöpfung über die Antike bis zum Alten und Neuen Testament. Die darin enthaltene Verbindung von christlichen und humanistisch-antiken Themen und Motiven ist charakteristisch für die Zeit.
Unterhalb von Athene befindet sich ein ovales, von Beschlagwerk umrahmtes Portraitmedaillon, dessen ovaler, mit FRANS (...) bezeichneter Rand den Dargestellten benennt. Das Brustportrait ist im Dreiviertelprofil dargestellt, mit länglichem Gesicht, Spitz- und Oberlippenbart, spanischer Halskrause und perückenloser Kurzhaarfrisur.

26d
Rahmenkachel für eine Ofenaufsatzöffnung

Ende 16. Jahrhundert
Gebrannter, roter Ton mit Graphitresten. Linke untere Ecke ergänzt; 60 × 39 cm
Restauriert 1988 durch Reinhold Berger, Vellberg-Eschenau
Schwäbisch Hall, Hällisch-Fränkisches Museum, Inv. Nr. 931

Hochrechteckiger Reliefrahmen mit großer Rundbogenöffnung und kleiner Medaillonöffnung. Sowohl die mit grotesken Hermen verzierten Pilaster als auch die Archivolte sind perspektivisch geschrägt. Letztere ist mit Wellenranke, Doppelvolute und Schuppenmustermotiven geschmückt. Über der Archivolte befinden sich zwei in Beschlagwerkrollungen sitzende, kräftige Putten mit Palmwedeln. Dazwischen ein geflügelter Engelskopf. Die Sockelzone ist mit Eckvoluten und Rollranken verziert. Der gesamte Modelabdruck wurde nachgeschnitten und gepunzt.
Der Rahmen diente wahrscheinlich als Einfassung einer Wärmefachöffnung im Kachelofen.

26e
Diana mit Jagdhund

Links und rechts des Kopfes »D G«
Um 1600
Gebrannter, roter Ton mit schwarz-brauner Bleiglasur; 22,5 × 19 cm
Schwäbisch Hall, Hällisch-Fränkisches Museum, Inv. Nr. 931

26d

26e

Die schwarz-braun glasierte Reliefkachel zeigt die Göttin in Ganzfigur, in einem ärmellosen, reich gefältelten Gewand, das unterhalb der Brust gegürtet ist. Dieses antikisierende Gewand ist eng um den Körper geschlungen und läßt dessen Formen erkennen. Rechts neben ihr blickt ein Hund zur Jagdgöttin auf. Die perspektivisch angelegte Architekturumrahmung besteht aus maskenverzierten Sockeln, Hermen, Kapitellen, auf denen je ein hornblasender Putto steht, und einem Rundbogen. Letzterer ist mit einem Eierstabmotiv geschmückt. Die Armstellung der Hermen, mit einem erhobenen und einem gesenkten Arm, verweist auf die mittlere Hermenentwicklungsstufe. Im 16. Jahrhundert waren beide Arme der Herme nach unten gerichtet. Später wird die Herme auch beide Arme in die Höhe recken können.
Die perspektivischen Architekturumrahmungen mit Rundbögen und Nischen waren in der Renaissance ein sehr beliebtes Motiv und finden sich auch in anderen Kunstbereichen wie der Malerei, der Graphik oder der Holzintarsie. Einmal dienten sie als obligatorisches Zitat antiker Motive; zum anderen boten sie dem Künstler die Gelegenheit, seine Könnerschaft in der Perspektive zu demonstrieren.

26f
David und Bathseba

Auf der Brunnenlängsseite »6. GEBOT 1603«
1603
Gebrannter Ton mit grüner Glasur; 20 × 11,5 cm
Schwäbisch Hall, Hällisch-Fränkisches Museum, Inv. Nr. 932

Schmale, hochrechteckige, grün glasierte Reliefkachel mit der Darstellung einer badenden Bathseba und ihrer Dienerin im Vordergrund. Im Hintergrund der harfespielende David, der vom Dach einer Palastarchitektur aus die Badende erblickt und sie daraufhin zur Frau begehrt. Er läßt Bathseba holen, begeht Ehebruch, schickt Bathsebas Mann Uria vorsätzlich in die Schlacht, in der er fällt, und heiratet Bathseba.
Die nackte, in einem zeitgenössischen Brunnen sitzende Bathseba ist ihrer Dienerin, die in ein antikisches Gewand mit reichem Faltenwurf gekleidet ist, zugewandt. Beide tragen kunstvoll gelockte Frisuren. Bathsebas Diadem und Halskette, deren Anhänger verführerisch zwischen den Brüsten baumelt, unterstreichen ihre Sinnlichkeit und führen die Gefahr der Gebotsübertretung vor Augen (5. und 6. biblisches Gebot). Die Inschrift darunter ermahnt den Betrachter zu rechtem Handeln. Trotz antikisierender Motive steht diese Ausformung durch ihr kleines Format den gotischen Kacheln näher als jenen der Renaissance.

26g
Die Stärke (Model)

Bez.: im Negativ »DIE STERCKE«
1. Viertel 17. Jahrhundert
Gebrannter, roter Ton; 27 × 25 cm
Schwäbisch Hall, Hällisch-Fränkisches Museum, Inv. Nr. 3633

Ein fast quadratischer Reliefmodel zeigt im Negativ die Allegorie der Stärke, umrahmt von einer reich verzierten, perspektivisch angelegten Rundbogenarchitektur. »Die STERCKE« ist als männliche Figur in römisch antikisierender Soldatenkleidung dargestellt. Die linke Hand ruht auf einem Säulenstumpf, dessen abgebrochenes Kapitell zwischen den Beinen liegt. Links neben dem Spielbein die römische Zahl VIII, welche sich auf die Serie der Tugendendarstellungen bezieht, ähnlich wie bei einer eng verwandten Kacheldarstellung der Stärke aus dem Umkreis Peter Flötners (Bayerisches Nationalmuseum, München, Abb. bei Torsten Gebhard: Kachelöfen, Mittelpunkt häuslichen Lebens. Entwicklung, Form, Technik. München 1980, S. 84). Die Architekturumrahmung mit ihren postamentbasen- und kapitellosen Säulen ist eine Abwandlung der klassischen Säulenordnung; sie ist mit flächenhaft angelegten Pflanzen, Früchten und Vasen geschmückt.

26g

26f

26h
Justitia (Model)

Erstes Drittel 17. Jahrhundert
Gebrannter, roter Ton; 22 × 33 cm
Schwäbisch Hall, Hällisch-Fränkisches Museum, Inv. Nr. 980

Der Reliefmodel für eine Bekrönungskachel zeigt im Negativ die Kardinaltugend der Gerechtigkeit in einer ovalen, von Putten gehaltenen Rollwerk-Kartusche. Justitia ist als weibliche Gestalt mit einer Waage, einem nach oben gerichtetem Schwert und einem reich gefältelten, antikisierenden Gewand dargestellt. Die kräftigen Formen des Rollwerks weisen barocke Züge auf.

26i
Maria Magdalena

Mitte 17. Jahrhundert
Gebrannter Ton mit hellbrauner Bleiglasur; 32 × 24 cm
Schwäbisch Hall, Hällisch-Fränkisches Museum,
Inv. Nr. 191

Die hochrechteckige, hellbraun glasierte Reliefkachel zeigt die büßende Maria Magdalena im Freien mit offenen, langen Haaren und mit ihren Attributen, dem Totenkopf, Salbgefäß, Buch und Kreuz, welches von Wolken umhüllt ist. Dieser neue Typus der jungen, verführerischen Büßerin war im Manierismus und Barock sehr beliebt. Er erklärt nicht nur ihre Schutzherrschaft über die reuigen Büßerinnen und die Verführten, sondern auch ihr Patronat über die Kammacher, die Friseure und die Parfümfabrikanten.

Der Totenkopf als Vanitassymbol ist Zeichen des Überdenkens der Vergänglichkeit alles Irdischen. Das Salbgefäß erinnert an die Fußwaschung Jesu mit den Reuetränen Maria Magdalenas, an die Trocknung der Füße mit ihren Haaren und an die Fußsalbung. Das Kreuz ist sowohl Ausdruck ihrer Liebe zu Christus als auch Gegenstand der Versenkung in seine Leiden. Das Buch, als vita contemplativa-Symbol, versinnbildlicht die kontemplative Buße, in der Maria Magdalena ihr Lebensende als Einsiedlerin in der Wüste verbrachte. So ist sie auch auf der Kachel dargestellt; nur die geflügelten Engelsköpfchen in der rechten Wolke und in den Bogenzwikkeln leisten ihr Gesellschaft.

Ein Vergleich mit den vorangegangenen Kacheln verdeutlicht sowohl das starke Anwachsen der plastischen Werte im barocken Relief als auch einen gesteigerten Gemütsausdruck, wie ihn etwa Leonhard Kern in seinen Werken bewußt vermied.

M. J.

26i

27
Fassadentruhe

Schwäbisch Hall (?), um 1640
Blindholz in Kiefer, Aufdoppelungen in Birnbaum, Profile an Sockel und Deckel in Eiche, Profile der Vorderfront in Birnbaum, furniert und intarsiert in Eiche, Birke, Blumenesche, Ahorn, teilweise gefärbt, Schatten gebrannt.
Schmiedeeisen, Schmiedestahl und Stahlblech, verzinnt.
Höhe 64 cm, Breite 169,5 cm, Tiefe 60 cm

Nach früheren im Detail nicht mehr nachvollziehbaren restauratorischen und holztechnischen Eingriffen im Sommer 1988 restauriert durch Martin Marquardt, Ludwigsburg.
Schwäbisch Hall, Hällisch-Fränkisches Museum, Inv. Nr. 1443

Eingeschossiges Fassadenmöbel, das in Kleinform an die Prunkfassaden der Hochrenaissance mit Säulen, Pilastern, Nischen und Fenstern erinnert. Die gesamte Vorderfront ist in zwei breite und drei schmale Felder gegliedert, welche eine plastisch vorgeblendete Architekturfassade bilden und reich mit Intarsien ornamentiert sind. Symmetrisch aufgebaut, entsprechen die Bauglieder der antiken Formensprache. Links, mittig und rechts vorspringende hochrechteckige Felder mit je zwei auf attischen Basen stehenden, nach oben sich verjüngenden Dreiviertelsäulen aus Riegelahorn, die auf einem mächtigen Unterbau ruhen. Die Säulen rahmen eine halbrunde, in die Truhe ausgearbeitete Nische mit muschelförmigem Ornament. Eine Portalmotivfläche mit verziertem Schlußstein begrenzt die Nische nach außen. Auf den Säulenkapitellen, die teilweise in Buchenholz ergänzt wurden, lastet ein massiver Architrav. Die heute noch sichtbaren Zapfenlöcher im Nischenboden weisen auf das ehemalige Vorhandensein von figuraler Kleinplastik hin, über deren Aussehen und Materialcharakter keine Anhaltspunkte mehr vorliegen. Die beiden dazwischen liegenden fast quadratischen Felder weisen einen mehrfach gerahmten Rundbogen mit flachem, geradem Gesims auf, die Portalmotive sind von Beschlagwerk-Voluten bekrönt.

Der Truhenkasten ruht auf fünf blockähnlichen Füßen, wobei die verzierten vorderen drei aus Buche neueren Datums sind, während die hinteren aus Eiche wahrscheinlich noch die ursprünglichen sind. Teilweise wurde die untere profilierte Rahmenleiste ergänzt.

27

Flacher, massiver Deckel ohne Kassettenrahmen mit nach unten getreppter Vorderkante. Links vorn ist ein großes dreieckförmiges Stück des Deckels neu angesetzt worden. Die Abhobelung der Truhendeckelinnenseite und die erfolgte Aufnagelung von Kieferleisten sind schreinermäßige Eingriffe früherer Jahre.
Offenes, verzinntes Schnappschloß mit reicher Ziselierung an der Innenseite des Deckelbrettes. Aufgeschraubtes Schließblech und Schlüssel erneuert.
Außen an der mit dem Schropphobel bearbeiteten massiven, gezinkten Rückwand und an der Deckelinnenseite aufgenagelte und geschraubte, lange, geschmiedete und verzinnte Truhenbänder. Diese sind am Truhendekkel ziseliert und ornamentiert. An den furnierten, mit querrechteckigen Intarsienflächen und Rahmungen geschmückten Seiten sind bewegliche, massive Handhaben aus Eisen in blanker Form, die durch Rosetten aus Stahlblech unterlegt werden.
Die Fassadentruhe besitzt keinerlei Inneneinteilung, keine innere Beilade oder verborgenes Fach. Bemerkenswert sind die am rechten Seiteninnenrand des Truhendeckels vorhandenen Fragmente einer verzinnten Deckelarretierung. Einzelne, auffällig exakt gearbeitete Altschließungen des Blindholzes.
Die wohl in Hall gefertigte Fassadentruhe stellt mit ihrer architektonischen Gliederung und ausgewogenen Ordnung der Vorderfront, den stilistischen Entlehnungen der Renaissancekunst, dem Reichtum der Intarsie und der ehemaligen Schmückung mit figürlicher Kleinplastik eine Besonderheit unter den Behältnis- und Verwahrmöbeln auf. Sie zeugt von der Höhe der Möbelkunst in der Reichsstadt Hall im 17. Jahrhundert, über die bislang noch – anders als im 18. Jahrhundert – kaum etwas bekannt ist.

Lit.: Erwin Gradmann: Möbelstilkunde, 12. Aufl., Bern und Stuttgart 1984. – Sigrid Müller-Christensen: Alte Möbel, Vom Mittelalter bis zum Jugendstil, 9. veränd. u. erw. Aufl. München 1981.

E. H.

28
Daniel in der Löwengrube

Jacob Hofmann, 1623
Öl auf Holz; 51 × 64,5 cm
Sign. u. dat. u. l.: Iacob Hofmann Fecit./ 1623

Nach früheren, schlecht ausgeführten Eingriffen mit zahlreichen Retuschen und Auskittungen sowie einer starren Eichenholzparkettierung des Bildträgers, erfolgte 1985/86 eine Notrestaurierung durch Max Bader, Schwäbisch Gmünd-Herlikofen, aufgrund akuter Schäden an der Kreidegrundierung und an den Malschichten.
Schwäbisch Hall, Hällisch-Fränkisches Museum, Inv. Nr. 615

In poesievoller Erzählkunst hat Jakob Hofmann eine Komposition gemäß dem Pathos des alttestamentlichen Stoffes gewählt, die in einigen Zügen von der oft dargestellten, wundersamen Errettungsszene abweicht. Er schildert den Aufenthalt Daniels nicht in der Löwengrube, sondern in einer nach hinten vergitterten Felshöhle. In antikisierender Kleidung, angetan mit Tunika, Toga und Sandalen mit Beinschienen, die ein Löwenkopf schmückt, sitzt Daniel in jugendlich-bärtiger Gestalt inmitten einer Gruppe von sieben Löwen, die sich asymmetrisch in verschiedenen Stellungen um ihn lagern. Nur schwach ist der Orantengestus ablesbar, der Blick mehr verinnerlicht als aufwärts gerichtet. Die menschlichen Gebeine am Höhlenrand sollen die Notsituation Daniels unterstreichen und verweisen zugleich auf das Schicksal eines Sterblichen an dieser Stätte. Am linken oberen Bildrand der von einem Engel an den Haaren getragene Prophet Habakuk, der in einer Tasche Speise und Trank bringt. Ein kleiner Bildausschnitt gibt die Andeutung einer idealisierten, bergigen Landschaft mit burgähnlichen Architekturkörpern und einer zweibogigen Steinbrücke wieder. Das unverletzte Überleben Daniels, das zum Symbol des Aufenthalts Christi im Grab wurde, der den Tod überwand und als Sinnbild der Auferstehung des Heilands verstanden werden muß, ist von Hofmann mit prägnanten Details, einer reichen Farbskala und bewußten Hell-Dunkel-Werten zu einem geschlossenen Bildthema meisterlich verarbeitet worden.
Vom selben Haller Maler stammt das Porträt des armlosen Stadtschreibers Thomas Schweicker.

Lit.: G. Wacker: Die Ikonographie des Daniel in der Legende, phil. Diss. Marburg 1954.

E. H.

29 a
Stifterbild des Familienepitaphs Funck

Schwäbisch Hall, um 1645
Öl auf Holz; 73 x 116 cm
Schwäbisch Hall, Hällisch-Fränkisches Museum, Inv. Nr. 595

Die Tafel zeigt im Zentrum kniend den Haller Schneidermeister und Ratsherrn Andreas Funck (1595–1659) und seine Frau Maria geb. Hauff (1595–1669). In einem damals geläufigen Schema sind links die männlichen, rechts die weiblichen Kinder des Ehepaars, fünfzehn an der Zahl, angeordnet, die bereits verstorbenen mit einem roten Kreuz gekennzeichnet. Vor dem Vater liegt ein verstorbenes Wickelkind, vor der Mutter deren zwei. Unter den vier Söhnen ragt zu Beginn der Reihe der damals ca. 25jährige Hans Andreas hervor, während die

28

29a

29b

drei anschließenden als Kleinkinder dargestellt sind und somit schon in jungen Jahren verstorben waren. Unter den acht rechts knienden Töchtern sind drei verstorben, von den fünf übrigen, im Alter junger Frauen, sind zwei, Maria und Agatha, durch ihre Hauben als bereits verheiratet charakterisiert.
Sämtliche Personen sind auf einem tiefen Bühnenraum von beiden Seiten schräg zur Mitte hin angeordnet. Zwischen zwei Vorhangdraperien ist dahinter der Blick auf eine Berg- und Seenlandschaft mit Burgen und Dörfern freigegeben. In den Wolken erscheint in einem halbrunden Ausschnitt der Name Gottes in hebräischen Buchstaben.
Der Schneidermeister Andreas Funck heiratete Maria Hauff im Jahre 1617 und kam, nach seinen Wanderjahren, mit einer zeitlang betriebenen Krämerhandlung zu ansehnlichem Vermögen. Er wurde 1648 Mitglied des Gerichts und 1651 Mitglied des Äußeren Rats. Sein Familienepitaph ließ er, wie damals üblich, bereits zu seinen Lebzeiten errichten, nachdem eine Anzahl seiner Kinder bereits verstorben war. Maler könnte der damals in Hall neben Hans Schreyer (Kat. Nr. 18) führende Jacob Hofmann (Kat. Nr. 28) gewesen sein.

Lit.: . – Die Identifikation der Dargestellten und die Angaben zu den Personen werden Dr. Gerd Wunder (1908–1988) lt. Auskunft vom 17. 3. 1988 verdankt. H. S.

29b
Stifterbild des Familienepitaphs Michael Beyerdörfer

Schwäbisch Hall, um 1650
Öl auf Holz; 62 × 105,5 cm
Schwäbisch Hall, Hällisch-Fränkisches Museum, Inv. Nr. 731

Die Tafel zeigt den Salzsieder Michael Beyerdörfer (1593–1631) mit seinen beiden Ehefrauen, Magdalena geb. Bühl (gest. 1629) und Barbara Dötschmann, die er verwitwet im Jahre 1630 heiratete. Michael Beyerdörfer kniet, ebenso wie die beiden Frauen, in einer freien Landschaft. Die sieben dazwischen plazierten Kinder sind sämtlich, genauso wie er selbst und seine erste Frau, durch Totenschädel als bereits gestorben gekennzeichnet. Auftraggeberin des Epitaphs muß daher die zweite Frau, Barbara Dötschmann, gewesen sein, die in bejahrtem Alter ganz rechts wiedergegeben und der als einziger Person kein Totenschädel beigegeben ist. In dem Epitaph, dessen übrige Teile nicht erhalten sind, hat sie, schon langjährig Witwe, den sonstigen, allesamt verstorbenen Mitgliedern der Familie ein frommes Denkmal schaffen lassen. H.S.

30
Stifterpaar von einem Epitaph

Schwäbisch Hall (?), um 1610
Holz farbig gefaßt; H. 39,5 u. 39 cm
Schwäbisch Hall, Hällisch-Fränkisches Museum, Inv. Nr. 85/66–1,2

Die beiden Figuren stammen aus einer Haller Privatsammlung; sie gelangten von dort vor 1945 nach Graz und anschließend in den Kunsthandel nach Wien und München.
Beide Einzelfiguren sind kniend auf einem Kissen dargestellt. Der Mann hält einen Hut in beiden Händen, die Frau hat betend die Hände gefaltet. Der Mann trägt einen Mantel mit Stehkragen, darunter ein Wams und eine weite Hose; die Frau die Haube der Verheirateten und, unter einer ausladenden Halskrause, Mieder, weiten Rock und Umhang. Das rote Kreuz auf dem Mantel kennzeichnet den Mann als bereits verstorben.
Der unbekannte Bildhauer vertritt mit diesem Werk die künstlerische Orientierung, die in Hall vor der Übersiedlung Leonhard Kerns dominierte.
Die beiden Figuren wurden bisher als Entwürfe für das Epitaph des Haller Stättmeisters Johannes Heimberger

30

(gest. 1615) und seiner Frau Marie, geb. Virnhaber (gest. 1621) angesehen. Das in St. Michael erhaltene Epitaph des Ehepaares läßt allerdings nur allgemeine Vergleiche stilistischer Art und bezüglich der Kleidung zu. Auch der Gesichtstyp des Mannes mit Oberlippen- und Kinnbart sind einfach nur zeittypisch. Die Kleidung der Frau und der Mantelwurf des Mannes sind auf dem erhaltenen Epitaph grundlegend anders gestaltet; außerdem hält der Mann keinen Hut, sondern hat die Hände zum Gebet gefaltet.
Abgesehen von diesen Unterschieden wären die beiden Figuren für einen Entwurf auch ungewöhnlich sorgfältig ausgeführt. Entwürfe für Epitaphien sind ohnedies in der Regel als Zeichnung und nicht als plastisches Modell zu denken. Wahrscheinlicher ist daher, daß sie Teile eines ausgearbeiteten Epitaphs gewesen sind, und zwar eines Typs, bei dem die Stifter in kleinen Holzfiguren anstelle großer Steinfiguren wiedergegeben wurden.
Unter Berücksichtigung der mündlichen Überlieferung, die die beiden Figuren mit der Familie Heimberger und der Haller Michaelskirche in Verbindung bringt, kämen als dargestellte Personen der Vetter des Johann Heimberger, Mathias Heimberger und seine dritte Frau Euphrosia, geb. Leonhartin, in Betracht. Wie Johann, so war auch Mathias Heimberger Stättmeister in Hall (1590/1604). Er starb am 17. Februar 1606 im Alter von 87 Jahren, seine Frau am 9. Juli 1611. Von diesem Ehepaar befand sich nachweislich ein Epitaph in St. Michael im Bereich *ob und neben der kirchenthier gegen des Rosenwurths thurn* (Epitaphienbuch von 1698 im Stadtarchiv Hall 4/2250). Dieses Epitaph ist heute dort nicht mehr vorhanden. Im Zuge der Räumung der Michaelskirche im 19. Jahrhundert dürften die beiden Figuren dann in die Haller Privatsammlung gelangt sein.

Lit.: Haller Tagblatt, 27. 9. 1985. – Johann Leonhard Gräter: Kirchliches Neu=Jahr=Register vom 1. Advent 1792 biß dahin 1793. Schwäbisch Hall o. J. (Epitaphien der Michaelskirche Nr. 84). – Gerd Wunder: Die Bürgerschaft der Reichsstadt Hall von 1395–1600. Stuttgart 1956. H. S.

31
Drei Monatsbilder, 1642

Die gezeigten drei Monatsbilder gehören zu einer Gruppe von ehemals zwölf Darstellungen der Monate und ihrer typischen, in den einzelnen Jahreszeiten zu verrichtenden bäuerlichen, landwirtschaftlichen und handwerklichen Arbeiten. Nur eine vierte Tafel aus diesem Zyklus ist bekannt, und zwar in Wiesbadener Privatbesitz; sie stellt den Monat Mai dar.
Die ursprüngliche Verwendung ist nicht mehr zu klären. Waren es Wandverkleidungen, Wandfüllungen, eine Art Trennwand, denn alle Monatsbilder sind beidseitig bemalt? Die 1950 teilweise noch erhaltenen Scharniere deuten auf Türflügel hin. Die hochrechteckige Form weist auf Stellbilder hin, oder war es eine Kulissenmalerei?
Alle Bilder sind von ihren ursprünglichen Rahmen gelöst und auf holzvernagelte, verplattete Blindrahmen gebracht, die einst ein Schmuckrahmen überdeckte. Welche Funktion besaßen die allseitig schwarz und breit aufgetragenen, gemalten Rahmungen auf dem Bildträger?
Als Bildträger wurde eine grobkörnige Leinwandbahn ohne Naht verwendet. Beidseitig mit einer dünnen Leim-Kreidegrundierung versehen, wurde sie mit Ölfarben bemalt, die ungefirnißt einen matten, unregelmäßigen Oberflächenglanz erzeugen. Die Rückseite ist mit einer floralen, farbigen Ornamentzeichnung flächig ausgefüllt.
Die Provenienz ist noch unklar. Die Angabe »Schwäbisch Hall« des Kataloges der Landesausstellung »Barock in Baden-Württemberg« ist nicht völlig gewiß, auch wenn bekannt ist, daß die Monatsbilder vor ihrem Rottweiler Standort um 1900 in Hall waren.
Die Tradition der Monatsbilder läßt sich weit zurückverfolgen. Erste Bildmotive frühester Fassungen sind in Salzburg unter Erzbischof Arn im ersten Drittel des

9. Jahrhunderts gefertigt worden. Darstellungen landwirtschaftlicher Tätigkeiten sind auf vielen Miniaturen der Stundenbücher und auf Kalenderbildern enthalten. Einer der schönsten, der Flämische Kalender des Simon Bening vom Ende des 15. Jahrhunderts, ist heute in Brügge verwahrt.
Allen Monatsbildern gemein ist der Gesamteindruck einer Vielzahl vom Wechsel der Jahreszeiten diktierten Arbeiten und Tätigkeiten. Handwerker, deren Schaffen jahreszeitlich gebunden war, wie das des Küfers im Herbst zur Weinlese (Monatsbild Oktober), werden dargestellt, wie auch das Aussehen bäuerlichen Geräts, etwa eines Butterfasses (Monatsbild Juni). Soziale Gruppen und Schichten der Landbevölkerung werden durch die Kleidung bewußt unterschieden: Bauer und Gesinde im Monatsbild Juni. Beispiele der Produktions- und Technikgeschichte kommen im Monatsbild September bei der Mühle zum Tragen. Nicht nur die verschiedensten Architekturkörper, wie Kloster, Burg, Stadt, Haus usw., sondern auch Momente des Lebensalltages der Kinder sind ablesbar, so der reifentreibende Knabe im Monatsbild Oktober.

Lit.: Ausst. Kat. Barock in Baden-Württemberg. Vom Ende des Dreißigjährigen Krieges bis zur Französischen Revolution, 1, Karlsruhe 1981, Nr. 256a, b. – Allg.: W. Hansen: Kalenderminiaturen der Stundenbücher. Mittelalterliches Leben im Jahreslauf. München 1984.

E. H.

31a
Monatsbild »Juni«

Schwäbisch Hall (?), 1642
Bez. oben: »IUNIUS«
Öl auf Leinwand; 186 × 82 cm
Unrestaurierter Zustand.
Schenkung aus Rottweiler Privatbesitz an das Museum 1950.
Schwäbisch Hall, Hällisch-Fränkisches Museum, Inv. Nr. 3210

Unter der Monatsbezeichnung am oberen Bildrand das Sternkreiszeichen des Krebses (21./22. 6.–22. 7.).
Detailliert dargestellt sind die einzelnen Tätigkeiten der Heumahd und Heuernte. Ein barfüßiger Schnitterknecht mit eingriffiger Sense beim Schneiden des Grases, ein anderer beim Schärfen der Sense mit dem Wetzstein. Das anhaltende Beladen des durch zwei voreinander gespannte Pferde gezogenen großen Leiterwagens mit Heu durch den Bauer selbst mit einem Helfer, der Heubaum liegt noch am Boden. Das Zusammenrechen und Anhäufeln durch vor allem weibliche Mitglieder der bäuerlichen Familie. Exakt sind Arbeitsgeräte, wie die hölzernen Heugabeln, sowie Teile der Arbeitskleidung, so die Strohhüte der Frauen, aufgezeigt. Übergroß am vorderen Bildrand das wohlplazierte Liebespaar mit trappiertem Erntegerät und einer Erntekanne mit Zinndeckel und geflochtenem Speisekorb. Am rechten Bildrand angeschnitten der steingemauerte Stall mit weit vorkragendem Satteldach, unter dem gemolken wird. Die Rahmkanne und das Butterfaß verweisen auf die bäuerliche Selbstversorgung und das Herstellen von Nahrungsprodukten hin, die in der im Hintergrund vor bergiger Kulisse mauerumwehrten Stadt verkauft werden können. Vom städtischen Markt kehrt eine Bauersfrau, den großen Weidenkorb auf dem Kopf tragend, auf schlängelndem Weg heim.

31b
Monatsbild »September«

Schwäbisch Hall (?), 1642
Bez.: »SEPTEMBER«
Öl auf Leinwand; 186,5 × 81,5 cm
Restauriert 1985/86 durch Max Bader, Schwäbisch Gmünd-Herlikofen, verbunden mit einer Randstreifendoublierung.
Schenkung aus Rottweiler Privatbesitz an das Museum 1950.
Schwäbisch Hall, Hällisch-Fränkisches Museum, Inv. Nr. 3211

Am oberen Bildrand unter der Monatsbezeichnung das Sternkreiszeichen der Waage (23./24. 9.–22./23. 10.).
Flußlandschaft vor einer vieltürmigen Stadt. Von einem Boot aus ziehen Fischer ihre Netze ein. Ein stakender Fährmann befördert zwei sich unterhaltende Männer von der in den Fluß gebauten Anlegestelle fort. Mit geblähtem Mastsegel nähert sich ein Schiff dem Ufer. Pilgernde Barfüßermönche und Staffagefiguren beleben den sich am Ufer entlang windenden Weg. Im Vordergrund angeschnitten die Behausung eines Fischverkäufers mit aufgeschlagenem Verkaufstisch und darüber hängender Balkenwaage. Seine Frau bietet einer Kundin mit Hund frischausgenommenen Fisch feil. Am unteren linken Bildrand eine apfelschälende Frau. Rechts unten ein angeschnittener Säulenrumpf auf massiver Basisplatte. Interessant ist die Darstellung des Müllerberufes. Von einer durch ein mittelschlächtiges Wasserrad angetriebenen Kornmühle bringen ein Knecht und zwei Maultiere das in Säcke verladene Mahlgut zurück. Daneben schlecht erkennbar am Uferrand ein Fischer mit Senknetz am langen Stock. Die dargestellten Berufe des Müllers, Fischers und auch Händlers sind im Hinblick auf die menschliche Ernährung zu verstehen. Im Hintergrund eine idealisierte Berglandschaft mit vereinzelten Architekturkörpern. Aus einer dunklen Wolke ergießt sich ein Regenbogen in den Fluß.

31 a

31 b

31 c

31c
Monatsbild »Oktober«

Schwäbisch Hall (?), dat. 1642
Bez.: »OCTOBER«
Öl auf Leinwand; 186 × 81,5 cm
Schenkung aus Rottweiler Privatbesitz an das Museum 1950.
Schwäbisch Hall, Hällisch-Fränkisches Museum, Inv. Nr. 3212

Wiederum Einheit von Monatsbezeichnung und Sternkreiszeichen, hier Skorpion (23./24. 10.–21./22. 11.). Dargestellt sind die Weinlese und alle mit der Weiterverarbeitung verbundenen Tätigkeiten. In einem durch eine Steinquadermauer geschützten Weinberg mit Rundbogenpforte schneiden Winzer und Winzerinnen gemeinsam die reifen Trauben. Diese werden in Butten hinabtransportiert. Unterschiedlich ist die Art und Weise der Verarbeitung, in der Spindelpresse in einer hohen, durch Wappenkartusche und Jahreszahl geschmückten, herrschaftlichen Kelter aus Backstein – mit Putzschäden – oder durch die Altform des Zerstampfens mit den bloßen Füßen. Der Küfer, die Arbeit unterbrechend in Begrüßung zweier vornehmer Herren, erneuert die Weidenumreifung der Most- und Weinfässer. Der rittlings auf einem runden Faß sitzende Bacchus in Gestalt eines weinlaubbekränzten Knaben, mit einer Traube roter Beeren in der linken und einem bis zum Rand gefüllten Weinhumpen mit Nuppen in der rechten Hand, überwacht und beobachtet gleichsam die Ernte und Zubereitung dieses köstlichen Getränks. Im Hintergrund ein mauerumwehrtes Kloster mit hochragendem Kirchturm. Vögel durchziehen den herbstlichen Himmel. E. H.

III. Bildhauertätigkeit und Kunstsammeln im 17. Jahrhundert

32
Abraham Bosse, Der Künstliche Bildhauer

1642/43
Kupferstich; 31,2 × 38,9 cm.
Nürnberg, Germanisches Nationalmuseum. Kupferstichkabinett, Inv. Nr. STN 10491.

Der Kupferstich des französischen Stechers Abraham Bosse (1602–1676), der als bester Schilderer des Lebens zur Zeit Ludwigs XIII. gilt, zeigt in anschaulicher Weise das Atelier eines Bildhauers aus dem 17. Jahrhundert. Das querformatige Blatt gibt in für Bosse typischer Manier die genau beobachtete, perspektivische Ansicht eines Innenraumes wieder, in dem ein vornehmes Paar mit einer Begleiterin den Künstler besucht. Der Bildhauer hat seine Arbeit an einer überlebensgroßen Venus-Amor-Gruppe unterbrochen und erläutert seinen modisch gekleideten Besuchern den künstlerischen Arbeitsvorgang vom kleinen Modell zur ausgeführten

32

Marmorskulptur. Seine Werkzeuge (Meißel, Klöpfel und Zirkel) liegen zu Füßen der fertigen Gruppe.
Die auf Modellierbock, Tisch und Wandborden stehenden Arbeiten verschiedenen Formats zeigen unterschiedliche Stadien des Arbeitsprozesses: Vorn links eine vollendete Porträtbüste, auf dem Tisch dahinter kleine Tonmodelle, neben denen noch Modellierhölzer und Modellierton liegen. Auf dem Klappbord vor dem Fenster steht die Statuette eines weiblichen Aktes neben einem zum Feuchthalten des Tones eingehüllten Figürchen. Weitere Köpfe, Masken und Kleinplastiken befinden sich auf den Regalbrettern der rückwärtigen Wand. Hervorgehoben sind die des oberen Bordes: Seitlich einer in lange Gewänder gehüllten, genau in der Mitte stehenden weiblichen Heiligenfigur sind in moralisierender Weise einander gegenübergestellt: links die Tapferkeit und Stärke verkörpernden Statuetten einer Fortitudo und eines Herkules mit Keule neben einem von Putten gehaltenen erzbischöflichen Wappen, rechts die Gruppe der sitzenden Liebesgöttin mit einem an einen Flußgott erinnernden, nackten, bärtigen Mann, umgeben von Amoretten. Auf sie scheint die Hand der großen Venusstatue gerichtet zu sein. Die dem Stich hinzugefügten Verse allerdings verneinen den »Schaden« Amors und spielen auf die Bezahlung des Auftrages an.

Lit.: Thieme/Becker, IV, S. 402f. J. Z.

33
Rohmaterial, Werkzeug und Werkbank der Elfenbeinschnitzerei

Teilstück einer Hohlung, massive Zahnspitze und längs aufgeschnittenes Zahnstück vom afrikanischen Elefanten.
Stichel, Schaber, Feile, Raspel, Bohrer, Fräser, Fräsdorn sowie hölzernes und gußeisernes Backenfutter.
Erbach, um 1880/90
Schmiedeeisen, Stahl und Holz
Aus der ehemaligen Erbacher Elfenbeinschnitzerwerkstatt Max Lehmann.
Fußbetriebene Werkbank mit Fräsbock
Odenwald, 1. Hälfte 19. Jahrhundert
Eiche, massiv; Guß- und Schmiedeeisen
122 × 118 × 90 cm
Erbach, Deutsches Elfenbeinmuseum, Inv.Nr. 2034

Neben dem Elfenbein von afrikanischen und indischen Elefanten, wobei ersteres sich durch eine festere Struktur auszeichnet, verwendete man die Stoßzähne des Narwals, die Hauer des Walrosses, das Zahnbein des Nilpferdes und die kleinen Zähne des Pottwals.
Jahrhundertelang hat sich das Werkzeug der Elfenbeinschnitzerei in seiner äußeren Form und Funktionalität nicht verändert. Auch der Typus von Werkbank mit hölzerner Schwungscheibe und holzverzapfter Schragenkonstruktion war zu Lebzeiten Leonhard Kerns im 16./17. Jahrhundert gebräuchlich.

Lit.: Deutsches Elfenbeinmuseum Erbach, Informationsblatt 2, o. O., o. J., Xerokopierte Maschinenschrift. E. H.

34
Farbtafel 3 (S. 103)
Georg Hinz (Hainz), Kunstkammerregal

Um 1666
Öl auf Leinwand; 127 × 102,5 cm.
Berlin, Staatliche Museen zu Berlin/DDR, Kunstgewerbemuseum, Inv.Nr. 1898, 474

Das als ›trompe l'oeil‹ (Augentäuschung) gestaltete Kunstkammerregal des in Hamburg tätigen Stillebenmalers Georg Hinz (1630/31–1688) gibt die imaginäre Sammlung eines reichen Bürgers oder Adligen wieder; Repliken des Gemäldes befinden sich in London, Potsdam und Rychnov. Angeregt durch die Kenntnis real existierender Kunst- und Raritätenkabinette hat der Maler das aus fünfzehn Fächern bestehende Phantasieregal mit den Abbildern originaler oder auf Vorlagen zurückgehender Gegenstände gefüllt. Im Zentrum des Bildes ist mit fast sakraler Wirkung der große, über zwei Borde reichende Elfenbeinpokal der Sammlung Løvenhørn (heute Schloß Rosenborg/Dänemark), geschnitzt von Meister Joachim Henne, aufgestellt, den Hinz mehrfach wiedergegeben hat. Er wird flankiert von zwei weiteren Elfenbeinarbeiten, einem Humpen mit Puttenbacchanal und der Statuette des Herkules, der den nemeischen Löwen überwindet. Erweisen schon diese Werke die Vorliebe des Malers für kostbare Materialien, so bestätigen dies auch die anderen Sammlungsstücke: In den oberen Fächern eine Henkelkanne aus Achatglas, eine rote, runde Lackdose und ein venezianischer Dekkelpokal mit figürlichen Verzierungen nach einem Stich Le Pautres. Seitlich der Hauptgruppe hängen zwei kostbare, mit Silberbeschlägen geschmückte Duellpistolen und zwei Schwertgriffe. Unmittelbar neben dem Pokal sind zwei silberne Tazzas auf figürlichem Fuß, gefüllt mit Münzen und Schmuck plaziert, unter ihm eine reich dekorierte Prunkkassette. Eine aufgeschnittene Nautilusmuschel, eine mit Bändern und Schmuck gefüllte Spanschachtel, unterschiedliche Kaurimuscheln, ein Korallenzweig und eine große Tritonmuschel sind in den restlichen unteren Fächern angeordnet. Hinzu kommen, über das Ganze verteilt, Ketten, Taschenuhren, Schmuckanhänger, Porträtmedaillons und Miniaturtotenköpfe.
Diese Gegenstände repräsentieren die drei maßgeblichen Bereiche der Sammlungskabinette des 17. Jahr-

hunderts, die Artificialia, Naturalia und Scientifica. Sah man in ihrer Zusammenstellung ein Abbild der irdischen Welt im kleinen, so war man sich doch bewußt, daß diese der Vergänglichkeit ausgeliefert war, worauf die Vanitassymbole Uhr und Totenschädel hinweisen.

Lit.: ›Das Stilleben und sein Gegenstand‹. Ausst. Kat. Dresden 1983, S. 124f. – Karin Bastian: Georg Hinz und sein Stillebenwerk. Diss. Hamburg 1984, S. 212–235, 286–289 (mit älterer Literatur). J. Z.

35
Allegorie auf die Einrichtung der Kunstkammer in Ansbach

Johannes Meyer d. J. nach Ferdinand Neuberger
1679
Kupferstich; 49,5 × 56,5 cm.
Nürnberg, Germanisches Nationalmuseum, Kupferstichkabinett, Inv.Nr. HB 18825

Mit einem allegorischen Kunstkammerstück des Hofwachsbossierers Ferdinand Neuberger, das heute verloren, aber durch einen Stich Johann Meyers d. J. in seinem Aussehen überliefert ist, wurde an die Gründung der Ansbacher Kunstkammer durch den Markgrafen Johann Friedrich von Brandenburg-Ansbach (1654–1686) erinnert. In einem prunkvollen Rahmen, der auf der linken Seite Künstler, rechts Sammler zeigt, über denen Füllhörner ausgeschüttet werden (vgl. Inschriften), befand sich das vielfigurige Relief aus farbigem Wachs, dessen Inhalt ein dem Stich beigegebenes Gedicht Neubergers erläutert. Der Kern seiner Aussage läßt sich in diesen zwei Zeilen zusammenfassen:
»Drum bläset Fama hier mit Lust und Freuden aus/
Daß dieser theure Fürst den Künsten Bau ein Hauß.«
Hoch zu Roß, zu Füßen einer Herkules-Statue, erscheint der Markgraf als römischer Imperator vor den Schutzgöttern von Kunst und Wissenschaft, Pallas Athena und Apollo, um sich krönen zu lassen. Die Jagdgöttin Diana bekämpft die Allegorien von Torheit und Neid. Die Musen und die Personifikationen der Künste auf der linken Seite neben dem zu seinem Ruhm errichteten Obelisken heißen ihn willkommen. Hinter ihnen steht auf einem Hügel – eine Anspielung auf den Musenberg Helikon – das pantheonähnliche Sammlungsgebäude, bekrönt von Statuen der Künste und Wissenschaften und über der Kuppel von Pegasus. Seine Form eines Zentralbaus entspricht dem von Samuel van Quiccheberg (1565) konzipierten Idealbild eines Museums in

35

Gestalt eines runden ›Theatrums‹. Das Gebäude selbst, vielleicht von dem in ansbachischen Diensten stehenden Georg Andreas Böckler erbaut, ist nicht mehr erhalten. Der Bestand der Ansbacher Kunstkammer, die auch als Vorbild für die benachbarte Hohenlohische Sammlung in Kirchberg diente und damit den Lebensbereich Leonhard Kerns berührte, wurde später zum Teil verkauft, teilweise im Jahr 1800 in die Brandenburgisch-Preußische Kunstkammer zu Berlin integriert.

Lit.: Friedrich Hermann Hofmann: Die Kunst am Hofe der Markgrafen von Brandenburg. Fränkische Linie. Straßburg 1901. S. 98–107. – Th. Hampe: Die Augsburger Wachsbossierer-Familie Neuberger. In: Das Schwäbische Museum 6/1930. S. 113–132, hier S. 129–131. – Neue Deutsche Biographie, Bd. 10. Berlin 1974. S. 476. – Ausst. Kat. ›Die Brandenburgisch-Preußische Kunstkammer‹. Berlin 1981. S. 31. – Anna-Franziska von Schweinitz: Die Kirchberger Kunstkammer in Schloß Neuenstein. In: Württ. Franken 71 (1987), S. 185, 225, dort aber Verwechslung der Markgrafen Johann Friedrich und Georg Friedrich!

J. Z.

36
Franz v. Stampart / Anton v. Prenner Prodromus seu praeambulare lumen...

Wien 1735
Druck
Augsburg, Staats- und Stadtbibliothek, Sign. 2° H 281

Das Inventar mit 897 kleinformatigen Gemäldereproduktionen erschien 1735 als ›Vorläufer‹ (lat.: Prodromus) zu einem auf mehrere Bände geplanten Werk mit dem Titel ›*Theatrum artis pictoriae*‹. Dieses sollte in einer Art Bilder-Verzeichnis die bedeutendsten Gemälde der ›Kaiserlichen Gallerie und Kunstkammer‹ in der Wiener Stallburg in großen Stichen vorstellen, blieb aber unvollendet. So übernahm der ›*Prodromus*‹ dessen Aufgabe, als Kompendium für *diejenige kunststücke, deren vornehmsten mahlerwerken und antiquitäten nachgeätzet* wurden, zu dienen. Sein Zweck wurde unter mehreren Gesichtspunkten gesehen: Es sollte die Kunstwerke gesammelt vorstellen, Künstlern als Vorlage und Musterbuch zur Verfügung stehen, Kunstgelehrten und Kunstliebhabern die Gelegenheit geben, die berühmtesten Meister kennenzulernen, und schließlich die historische Entwicklung der Künste deutlich machen.
So bringt die Publikation nach einem alphabetischen Künstlerverzeichnis zunächst Grundriß und detaillierte Einzelansichten von Sammlungsräumen und Galerien, denen sich dann die 23 Blätter mit den stark verkleinerten Reproduktionen der Gemälde anschließen. Hinzu kommen, was ursprünglich wohl nicht konzipiert war, vier Kupferstichtafeln, die 228 Skulpturen und Reliefs abbilden. Die Herausgeber des ›*Prodromus*‹ zeigen auf diese Weise wenigstens eine Auswahl der herausragendsten plastischen Werke der kaiserlichen Sammlung und bestätigen damit deren Vorhandensein in der Stallburg am Anfang des 18. Jahrhunderts. Auf den beiden abschließenden Tafeln 29 und 30 ist auch eine Reihe von Elfenbeinskulpturen Leonhard Kerns zu finden, darunter der Anakreon (Kat. Nr. 69), die Abundantia im Walroßzahn (Kat. Nr. 92) und die Drei Grazien (vgl. Kat. Nr. 101).

Lit.: Heinrich Zimmermann: Franz v. Stamparts und Anton v. Prenners Prodromus zum Theatrum artis pictoriae. In: Jahrbuch der kunsthistorischen Sammlungen des allerhöchsten Kaiserhauses. Jg. 7. Wien 1888. Nr. 4584. – Julius von Schlosser: Die Kunst- und Wunderkammern der Spätrenaissance. 2. Auflage. Braunschweig 1978. S. 180–183.

J. Z.

37
Farbtafel 4 (S. 103)
Die Kunstkammer der Regensburger Großeisen- und Gewerkefamilie Dimpfel

Joseph Arnold, 1668
Deckfarbenmalerei auf Pergament; 14,5 × 18,5 cm
Ulm, Ulmer Museum, Inv.Nr. 1952.2611

Das signierte und datierte Aquarell des Ulmer Bildnismalers Joseph Arnold († 1671) zeigt den Bestand eines bürgerlichen Kunst- und Raritätenkabinetts. Es gehörte der in Regensburg ansässigen Familie Dimpfel, wie aus dem auf dem Tischtuch an zentraler Stelle angebrachten Wappen mit goldenem Löwenkopf, flankiert von blauen Lilien, hervorgeht. Die Sammlungsgegenstände aus den Bereichen Kunst, Natur und Wissenschaft machen deutlich, daß man das Kabinett als Spiegelbild der Weltordnung, als Kosmos im kleinen auffaßte, der unter dem Schutz Gottes stand. Das Kreuz mit dem elfenbeinernen Corpus neben dem Münzschränkchen und Korallenzweig in der Mittelachse des Bildes, direkt über dem Familienwappen, und das davor aufgeschlagene Buch mit den Worten »Herr, lasse mich Deine gnad Widerfahren« unterstreichen diese Sicht.
Auf den beiden Tischen entlang der Seitenwände stehen Globen, technische und astronomische Geräte, Uhren und Fayencen, liegen Muscheln, seltene Schneckenhäuser und eine Landkarte. Dazwischen findet man eine Anzahl von Kleinplastiken: so links hinter einem Löwenaquamanile eine Kreuzigungsgruppe, auf dem Schränkchen an der Rückwand die Bronzestatuetten einer Fortuna und eines Reiters, auf dem rechten, hinteren Tisch eine Pallas Athena, die Schutzgöttin der Wissenschaften. Nicht zu vergessen die beiden Totenköpfe, Hinweise auf die Vergänglichkeit aller irdischen Dinge. Bilder verschiedener Gattungen schmücken die Wände (Landschaften, Architekturansichten, Stilleben, religiöse Motive), eine umfangreiche Handbibliothek ergänzt die

IOSUA
REX MATHIAS HUNGARIA.
REGINA HUNGARIA BEATRIX DE ARAGONIA.
Sans La Peinture et L'Art, la Sculpture et L'histoire
des grecs et des ROMAINS qui depeignent la gloire,
O ciel que des hauts faits, que des vaillans Exploits
des heros, des Césars, et de tant des grands Rois
dans L'Eternel oubli la mort d'une ombre noire
auroit enseveli le nom et La memoire!
En vain pour S'Exemter du tombeau, du cercueil
achille eut mis vingt fois tout Ilion en deuil
En vain malgre Junon aux borods de L'hesperie
Enee eut pu porter Ses dieux et sa Patrie:
Sans le Secours des Arts, du Sculpteur, du Pinceau
Ces heros en oubli resteroient au tombeau.
Les voici renaissans, le tems, qui tout envie,
ne pourra des ormais atenter sur leur vie:
cesar y a pourvu, cet auguste tresor
Est plus Brillant cent fois que L'Emeraude et L'or.
L'Art qui Sur passe tout a ce don en partage
qu'a Soi Seul il ne doit qu'il vit par son ouvrage
Aujourd hui par CESAR son immortalité
de nouveau est transmise a La Posterité.
29.

36,1 (S. 29)

Chi può ridir il prodigioso vanto
(Di cuj gonfia risplende prisca Etade
Onde ogni altro Splendor vien meno e cade
30.
Tacerò le Virtudi illustri e rade
Che à Grecia fere un sì pretioso amante
Quest'ebbe allor quando animò le tele
Emola Roma impugna tant'onore;
Nè Greccia à contrastar giamaj s'accinse

36,2 (S. 30)

Sammlung. Die auf dem Boden stehenden Kanonen und eine eiserne Rüstung verweisen darauf, daß die Familie Dimpfel ihren Reichtum dem Eisenhandel verdankt. Als Patrizier der Freien Reichsstadt gehörte sie über mehrere Generationen dem Rat an. Einige Mitglieder versahen das Amt des Stadtkämmerers oder andere wichtige Verwaltungsposten. Auf wen von ihnen die Anlage der Sammlung zurückgeht, ist nicht mehr auszumachen. Man könnte Georg Dimpfel d. J. vermuten, der 1639 *in otio litterarum* starb, sich also in Muße den Wissenschaften widmete, nachdem er sich von seinen Ämtern zurückgezogen hatte.

Lit.: Genealogisches Handbuch bürgerlicher Familien. Bd. 5. Berlin 1897, S. 85–97. – Walter Fürnrohr: Das Patriziat der Freien Reichsstadt Regensburg zur Zeit des Immerwährenden Reichstags. In: Verhandlungen des Historischen Vereins für die Oberpfalz und Regensburg 93 (1952), S. 212f. – Ausst. Kat. Stilleben in Europa. Münster 1979, S. 90–92. – Frdr. E. G. Arnold: Der Ulmer Maler Jonas Arnold 1609–69 und seine Söhne. In: Das Schwäbische Museum 7/1931, S. 171–190.

J. Z.

38
Joachim von Sandrart
L'Academia Todesca della Architectura Scultura et Pictura: Oder Teutsche Academie der Edlen Bau- Bild- und Mahlerey-Künste

Druck; 37 × 24 cm
Nürnberg 1675
Nürnberg, Germanisches Nationalmuseum, Bibliothek, Kb 167/1

»Auf inständiges Erinnern hoher und vornehmer Personen« hatte Joachim von Sandrart (1606–1688) nach fünfzehnjähriger Sammelarbeit 1675 seine ›*Teutsche Academie*‹ herausgegeben, die er vier Jahre später durch einen zweiten Teil ergänzte und 1683 in lateinischer Sprache erscheinen ließ. Damit erwies sich der bekannteste deutsche Maler des 17. Jahrhunderts auch als bedeutender Kunstschriftsteller. Seine Sammlung von Künstlerbiographien legte das Fundament einer deutschen Kunstgeschichtsschreibung. Er vertrat in seinem Werk die Theorie, daß der Blüte der Dürerzeit ein Verfall der Kunst folgte und erst mit Adam Elsheimer am Anfang des 17. Jahrhunderts eine neue Entwicklung begann, die ihren Höhepunkt in seiner eigenen Person finden sollte.

Sandrarts Hauptquellen bildeten für die Behandlung der älteren Künstler Giorgio Vasaris Künstlerviten (1550) und Karel van Manders ›Schilder-Boeck‹ (1604), zu deren Ergänzung er weitere biografische Schriften heranzog. Selbständig von ihm verfaßt sind vor allem die Lebensbeschreibungen seiner deutschen, italienischen, niederländischen und französischen Zeitgenossen, die er teilweise durch seine ausgedehnten Reisen und Auslandsaufenthalte persönlich kannte. Zu ihnen zählen auch die Angaben zu Leonhard Kern und seinen Söhnen im XXIV. Kapitel, Abschnitt 7. Unter den dort vorgestellten 37 Bildhauern, Glasschneidern und Baumeistern *Teutscher Nation* hebt er Kern, der in der Bildhauerkunst *bekannter maßen excellirt*, besonders hervor. Er habe *sehr viele Bilderarbeit in Stein und Holz, theils Lebensgroß, theils kleiner, verfärtiget*, die sich in ganz Deutschland befänden. Allein durch seine Skulpturen am Rathaus zu Nürnberg – der Stadt, in der Sandrart seit 1660 ansässig war und wo er seit 1674 die neugegründete Akademie leitete – verdiene er es, *daß er unter die berühmtiste teutsche Künstlere gerechnet werde*.

Lit.: Joachim von Sandrarts Academie der Bau-, Bild- und Mahlerey-Künste von 1675. Leben der berühmten Maler, Bildhauer und Baumeister. Hg. von A. R. Peltzer. München 1925. Reprint 1971. – Christian Klemm: Joachim von Sandrart. Kunst Werke u. Lebenslauf. Berlin 1986, S. 332–335.

J. Z.

IV. Vorbilder, Vorlagen, Zeitgenossen

39
Conrad Meit, Mars und Venus

Um 1515/20
Bronze; H. (Mars) 34,3 cm, H. (Venus) 23,6 cm
Nürnberg, Germanisches Nationalmuseum, Inv. Nr. Pl. O. 2886

Abweichend von der heutigen Montierung, die motivisch keinen Sinn ergibt, waren die Figuren ursprünglich näher aneinandergerückt und bildeten ein Liebespaar: Mars legte den Arm um die Hüften der Geliebten, während sie zärtlich sein Geschlecht umfaßte.
Die Kleinplastik besitzt jene Qualitäten, die auch im Barock die Sammler von Kunstkammerstücken schätzten: das unkonventionelle, erotische Sujet, die bewundernswürdige Naturnähe in der Wiedergabe des menschlichen Körpers, die eigenständige Verarbeitung einer berühmten antiken Skulptur (die Figur des Mars ist quasi eine Ergänzung des Torsos vom Belvedere) sowie die technisch makellose Ausführung.

Stilistisch hat sich Meit unverkennbar Bronzen von Antico zum Vorbild genommen, dem Hofbildhauer Isabella d'Estes, Herzogin von Mantua. Diese wiederum stellte als »prima donna del mondo«, wie sie von den Zeitgenossen in Bewunderung ihrer Kunstförderung genannt wurde, ein Vorbild für die Auftraggeberin Meits, Margarethe von Österreich, dar, als deren Hofbildhauer er seit 1512 arbeitete.
Die Gruppe vertritt in der Ausstellung aufs beste die deutsche Kleinplastik der Renaissance, zu der eine Reihe von Kerns Werken häufig in Bezug gebracht wird. Augenfällig sind in der Tat gewisse Analogien in der Aktbildung.

Lit.: Hans Robert Weihrauch, Europäische Bronzestatuetten. 15.–18. Jahrhundert, Braunschweig 1967, S. 52. – Natur und Antike in der Renaissance, Ausst. Kat. Frankfurt 1985, Kat. Nr. 312.

F. F.

40
Giovanni Bologna, Schlafende Nymphe

Um 1575
Bronze, Höhe 20,5 cm
Berlin, Staatliche Museen Preußischer Kulturbesitz, Skulpturengalerie, Inv. Nr. 7243

Die Bronze vertritt in der Ausstellung beispielhaft die italienische Kleinplastik des 16. Jahrhunderts, die wegen ihrer weiten Verbreitung in ganz Europa ähnlich wie die Druckgraphik die entscheidende Rolle bei der Vermittlung der modernen italienischen Kunst in den Norden spielte. Innerhalb der Kleinplastik waren dabei die Figuren Giovanni Bolognas am einflußreichsten. Wegen ihrer kunstvollen Kompositionen und wegen ihrer brillanten technischen Ausarbeitung galten sie als Gütezeichen einer jeden noblen Kunstsammlung.
Die Statuette gehört zu den am meisten verkauften Bronzen aus der Werkstatt des berühmten Bildhauers,

40

41

was sich aus der Vielzahl der erhaltenen Exemplare schließen läßt. Ein Grund für die Beliebtheit mag das erotische Thema der Darstellung gewesen sein. Erotische Phantasie wird auch bei der Findung des Titels, der nachweislich schon zu Beginn des 17. Jahrhunderts in Gebrauch war, mitgespielt haben. Der Titel sucht die Dargestellte als triebhaftes Wesen zu kennzeichnen. Doch eigentlich ist es keine Nymphe, kein schlichtes Naturwesen, das auf der eleganten Chaiselongue schläft, zwischen feinen Tüchern, Kissen mit Schnüren und Quasten. Bolognas Statuette fand über sehr lange Zeit ihre Liebhaber: Noch ein halbes Jahrhundert nach dem ersten Guß konnte die Werkstatt Kerns eine Alabasterkopie der Figur verkaufen (vgl. Kat. Nr. 57).

Lit.: Bode 1930, Nr. 157. – Weihrauch 1967, S. 212. – Wien 1978, S. 161 ff.

F. F.

41
Sitzender Mann

Adriaen de Vries (~ 1560–1626)
Um 1600
Bronze; Höhe 29,3 cm
Stuttgart, Württembergisches Landesmuseum, Inv. Nr. KK 81

42
Bogenschießender Amor

Adriaen de Vries (~ 1560–1626)
Um 1600–1610
Bronze; Höhe 29,8 cm
Stuttgart, Württembergisches Landesmuseum, Inv. Nr. KK 14

43
Georg Petel, Putto

Um 1628/29
Buchsbaum, ungefaßt; Höhe 25,5 cm
Ergänzt (1924): rechter Flügel, große Zehe des linken Fußes, Stück am rechten Tuchzipfel.
Stuttgart, Württembergisches Landesmuseum Inv. Nr. 1924/58

Die Statuette steht in der Ausstellung für das Werk von Georg Petel (1601/2–1636), dem zur Zeit Leonhard Kerns berühmtesten Bildhauer in Deutschland. Petel gilt der kunsthistorischen Forschung als der Hauptvertreter der barocken Strömung in der deutschen Skulptur der ersten Hälfte des 17. Jahrhunderts.

In der kleinen Figur zeigen sich beispielhaft der weite künstlerische Horizont und die schöpferische Souveränität Petels: Motivisch wiederholt sie genau eine in mehreren Exemplaren überlieferte venezianische Kleinbronze von Roccatagliata. Stilistisch stellt sie eine Auseinandersetzung mit dem flämischen Barock, vor allem mit Rubens, dar.
Als barocke Merkmale der Statuette können gelten der Realismus in der Aktwiedergabe und das spontane Erscheinungsbild, das besonders in der lebendigen Mimik zur Wirkung kommt.
Die Zuschreibung der Figur an Georg Petel geht auf Beobachtungen von Alfred Schädler zurück, der Analogien zu dem signierten Stockholmer Salzfaß von 1628/29 erkannte.
Schädler versuchte auch das Bohrloch im linken Brustmuskel des Putto und das Fehlen des für eine autonome Kleinplastik dieser Zeit obligaten angearbeiteten Sockels zu erklären. Er dachte sich die Statuette als Teil einer Figurengruppe, Putti mit Musikinstrumenten, wobei der Stuttgarter Knabe wohl eine Harfe mit sich geführt haben dürfte.

Lit.: Karl Feuchtmayr/Alfred Schädler: Georg Petel 1601/2–1636, Berlin 1973, Kat. 15, S. 102f.

F. F.

42

43

44

44
Martin Zürn, Christus fällt unter dem Kreuz

Um 1615
Lindenholz, ungefaßt, Wangen, Lippen und Haar getönt; Kreuzesholz ergänzt
Höhe 20 cm
Privatbesitz

Die Bildhauerfamilie Zürn aus Waldsee in Oberschwaben vertritt in der 1. Hälfte des 17. Jahrhunderts die Richtung in der deutschen Bildhauerkunst, die auf der Spätgotik aufbaut, im Detail zahlreiche Einflüsse vor allem der niederländischen Renaissance aufnimmt und in ihrem eigentümlichen Spätrenaissancestil wesentliche Grundlagen für die Entwicklung der süddeutschen Barockplastik des späteren 17. und vor allem des 18. Jahrhunderts legt. Diese zahlenmäßig sehr große Gruppe von Bildhauern arbeitete in Schwaben, Bayern und Österreich nahezu unabhängig von der internationalen Richtung, die unter anderen von Leonhard Kern und Georg Petel vertreten wird. Es waren Bildhauermeister im handwerklichen Stand, die insbesondere kirchliche Aufträge im katholischen Bereich ausführten.
Martin Zürn arbeitete 1613–16 am Überlinger Hochaltar seines älteren Bruders Jörg Zürn mit. 1615 schuf er den signierten und datierten Rosenkranzaltar für die Kirche in Pfullendorf, dessen Reliefs dieser Figur des kreuztragenden Christus so ähnlich sind, daß dessen Zuschreibung an ihn und die Datierung 1615 möglich sind. Martin Zürn arbeitete später zusammen mit seinem Bruder Michael Zürn in Wasserburg am Inn und war seit 1643 in Braunau am Inn ansässig.
Das Relief »Christus fällt unter dem Kreuz« gehört möglicherweise zu einem Kreuzweg oder eher noch zu einem Rosenkranzaltar. In der Zeit des Dreißigjährigen Krieges mit seiner Glaubensnot und Krankheitsgefahren, besonders der Pest, entstanden in Südwestdeutschland viele Rosenkranz-Gebetsbruderschaften, die oft reiche Stiftungen für Altäre u. a. leisteten. Allein von den Brüdern Zürn sind sieben solche Altäre oder Teile davon erhalten.
Wahrscheinlich war das Relief von vornherein ungefaßt. Damit nimmt es einen Stilansatz des gleichzeitigen Überlinger Hochaltars auf, der entgegen dem damals üblichen Brauch ebenfalls nicht gefaßt wurde. Diese Tendenz bei den Bildhauern Zürn, die wohl aus der niederländisch beeinflußten Steinbildhauerei ihre Anregung nahm und auf eine hohe Wertung der reinen Bildhauerkunst zurückzuführen ist, hat sich in der Holzbildhauerei der Zeit nicht durchgesetzt.

Lit.: Die Bildhauerfamilie Zürn, 1585–1724, Ausst. Kat. Braunau am Inn 1979, S. 242f., Nr. 82d.

Z. v. M.

45
Albrecht Dürer, »Die vier Hexen« (»Discordia«)

Dat. 1497
Bez. oben an der aufgehängten Frucht »1497« u. »O.H.G.«, unten Monogramm »AD«
Kupferstich; 19 × 13,1 cm
Nürnberg, Stadtgeschichtliche Sammlungen, Inv. Nr. STN 2127 (Depositum im Germanischen Nationalmuseum)

Zu Leonhard Kern vgl. hier Kat. Nr. 100

Lit.: B 75. – Ausst.-Kat. Albrecht Dürer, Nürnberg 1971, Nr. 514.

46
Albrecht Dürer, »Die Entscheidung des Herkules«

Um 1498
Unten Mitte Monogramm »AD«
Kupferstich; 32,3 × 22,3 cm
Nürnberg, Stadtgeschichtliche Sammlungen, Inv. Nr. STN 2125 (Depositum im Germanischen Nationalmuseum)

Zu Leonhard Kern vgl. das Baderelief in Frankfurt (Möller hier Abb. S. 74)

Lit.: B 73. – Ausst.-Kat. Albrecht Dürer, Nürnberg 1971, Nr. 517.

47
Albrecht Dürer, Der Sündenfall (aus der Kleinen Holzschnittpassion)

Dat. 1511
Unten rechts auf Täfelchen Monogramm »AD«
Holzschnitt; 12,7 × 9,7 cm
Nürnberg, Germanisches Nationalmuseum, Inv. Nr. H 7610

Zu Leonhard Kern vgl. hier Kat. Nr. 86

Lit.: B 17. – Ausst.-Kat. Albrecht Dürer, Nürnberg 1971, Nr. 603,2.

45

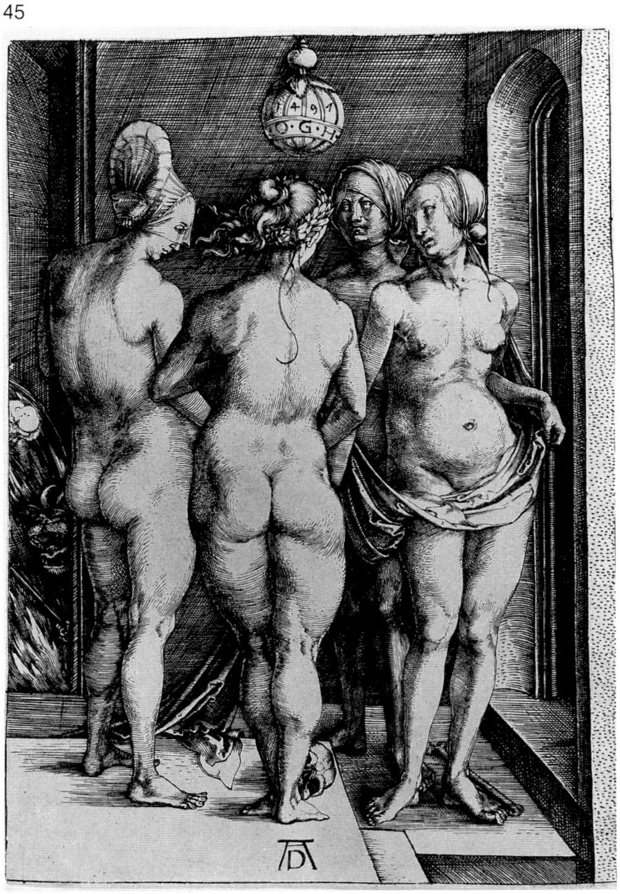

46

47

48

1530

49

COMPERTA·ROMANA·HISTORIA·
EX·TITHO·LIVIO·ASSVMPTA·
·1532·

50

48
Hans Sebald Beham, Die Vertreibung aus dem Paradies

Dat. 1543
Unten links auf Täfelchen bez. »1543« u. »HSB« (ligiert)
Kupferstich; 8,1 ×5,6 cm
Nürnberg, Germanisches Nationalmuseum, Inv. Nr. K 21144

Zu Leonhard Kern vgl. hier Kat. Nrn. 59, 84, 85

Lit.: B 7. – Pauli 8/III.

49
Heinrich Aldegrever, Mucius Scaevola vor Porsenna

Dat. 1530
Unten links auf Täfelchen bez. »1530« u. »AG«
Kupferstich; 14,0 × 10,6 cm (Bl.)
München, Staatliche Graphische Sammlung, Inv. Nr. 14571

Lit.: B 69. – Hollstein, Bd. 1, S. 44.

50
Heinrich Aldegrever, Marcus Curtius

Dat. 1532
Oben rechts in Kartusche bez. »1532« u. »AG«
Kupferstich; 15,4 × 10,8 cm (Bl.)
München, Staatliche Graphische Sammlung, Inv. Nr. 14570

Zu Leonhard Kern vgl. hier Kat. Nr. 93

Lit.: B 68. – Hollstein, Bd. 1, S. 45.

51

51
Heinrich Aldegrever, Spielende Knaben an einem Brunnen

Dat. 1532
Oben auf Täfelchen bez. »1532« unten »AG«
Kupferstich; 3,8 × 9,2 cm
Nürnberg, Germanisches Nationalmuseum, Inv. Nr. 14331

Zu Leonhard Kern vgl. hier die Motivgruppen Kat. Nr. 111

Lit.: B 267.

52
Virgil Solis nach Heinrich Aldegrever, Badestube

Um 1540
Bez. auf Kartusche »AG«
Kupferstich; 33,6 × 28,4 cm (Bl.)
München, Staatliche Graphische Sammlung, Inv. Nr. 1928:1111

Zu Leonhard Kern vgl. hier Kat. Nrn. 83, 93

Lit.: B 265.

52

53

53
Theodor de Bry nach Hans Sebald Beham, Jungbrunnen

Um 1580
Bez. oben rechts »HSB« (ligiert), unten »Io.Theo.de bry fe.«
Kupferstich; 8,4 × 21 cm
Nürnberg, Stadtgeschichtliche Museen,
Inv. Nr. STN 9329 (Depositum im Germanischen Nationalmuseum)

Zu Leonhard Kern vgl. hier Kat. Nr. 87

Lit.: B 165. – Pauli 1120. – Hollstein I,3, S. 234.

V. Werke Leonhard Kerns und seines Umkreises: Probleme der Zuschreibung und der Datierung

Von Elisabeth Grünenwald

Signaturen

Leonhard Kern hat verschwindend wenige seiner Werke mit dem Monogramm K (LK ligiert) versehen. Es sind nur 12 signierte Objekte erhalten, ausgestellt sind davon 9, dazu kommen 4 verschollene Stücke:

Berlin, Adam-Eva-Gruppe – Elfenbein (Kat. Nr. 83)
Berlin, Gäa – Holz (Kat. Nr. 80)
Braunschweig, Adam und Eva – Holz (Kat. Nr. 84)
Budapest, Drei Grazien – Holz (Kat. Nr. 100)
Darmstadt, Adam und Eva – Holz (Grünenwald 1969, Nr. 24)
Frankfurt, Bade-Relief – Solnhofer Stein (Möller hier Abb. S. 74)
Kassel, Venus mit Amor – Speckstein? Gips? (Kat. Nr. 88)
London, Abraham-Opfer – Elfenbein (Kat. Nr. 74)
München, Hl. Sebastian – Elfenbein (Fischer hier S. 54, Abb. 1)
Prag, Stehende Frau – Holz (Kat. Nr. 93)
Stuttgart, Kinderbacchanal-Relief – Holz (Kat. Nr. 109)
Wien, Hl. Hieronymus mit dem Löwen – Elfenbein (Kat. Nr. 67)
Berlin, Salutierender Knabe – Holz (Grünenwald 1969, Nr. 17) – verschollen
Berlin, »Selbstbildnis«-Relief – Speckstein (Grünenwald 1969, Nr. 19) – verschollen
Leipzig, Nackter Kämpfer – Holz (Grünenwald 1969, Nr. 54) – verschollen
Paris, Laokoon-Gruppe – Elfenbein (Grünenwald 1969, Nr. 87) – verschollen

Signiert sind ausschließlich Kleinbildwerke, keine Werke der Monumentalskulptur. Welche Gesichtspunkte Leonhard Kern zur – ausnahmsweisen – Monogrammierung einzelner und gerade dieser Kleinbildwerke bewogen hatten, ist nicht zu erkennen.
Es war keinesfalls nur die künstlerische Qualität und der Stolz des Künstlers, was das Anbringen der Signatur an deutlich sichtbarer Stelle bewirkte. Zwar sind alle bezeichneten Stücke erstrangig, aber die Vielzahl genauso hervorragender Werke ist nicht signiert.
Auch die Kostbarkeit des Materials, hier das Elfenbein, ist kein Kriterium, denn unter diesen 16 signierten Werken bestehen nur 5 aus Elfenbein: die Berliner Adam-Eva-Gruppe (Kat. Nr. 83), das Londoner Abraham-Opfer (Kat. Nr. 74), der Münchner Sebastian (Abb. S. 54), die verschollene Pariser Laokoon-Gruppe und der Wiener Hieronymus mit dem Löwen (Kat. Nr. 67) – die hervorragende und auch inhaltlich anspruchsvolle Kasseler Venus-Mars-Amor-Gruppe (Kat. Nr. 108) ist dagegen nicht bezeichnet.
Aus dem einheimischen Alabaster bzw. Speckstein bestehen nur 3 signierte Objekte: das verschollene Berliner »Selbstbildnis«, das Frankfurter Bade-Relief und die Kasseler Venus mit Amor (Kat. Nr. 88) – hingegen sind exzellente Alabasterarbeiten wie z. B. die Düsseldorfer Pietà (Kat. Nr. 61), der Frankfurter Erlöser-Christus (Kat. Nr. 62) und der Wiener Christus in der Ruhe (Kat. Nr. 72) nicht monogrammiert.
Das dem Anschaffungswert nach an letzter Stelle stehende, zwar ausgesucht schöne und mit der Zeit zu bronzeähnlicher Wirkung nachdunkelnde Obstbaumholz, verwendete Leonhard Kern sogar für 8 signierte Arbeiten: die Berliner Gäa (Kat. Nr. 80), der verschollene Salutierende Knabe in Berlin, Adam und Eva in Braunschweig (Eva. Kat. Nr. 84), die Budapester Grazien (Kat. Nr. 100), Adam und Eva in Darmstadt, der verschollene Nackte Kämpfer in Leipzig, die Stehende Frau in Prag (Kat. Nr. 93) und das Stuttgarter Kinderbacchanal (Kat. Nr. 109).
Auch das Thema der Darstellung spielte für die Signierung keine Rolle, denn trotz der auffallenden Vorliebe Leonhard Kerns beispielsweise für das »Opfer Abrahams«, das bis jetzt in 6 Exemplaren bekannt ist (Theuerkauff 1968, S. 147, Abb. 43–47, dazu die neu aufgefundene Wiener Gruppe Kat. Nr. 66), ist nur die – individuelle (?) Züge zeigende – Londoner Replik (Kat. Nr. 74) bezeichnet.
Beschränkte Leonhard Kern die Signierung seiner Werke auf eine bestimmte, begrenzte Phase seines Schaffens? Es fällt allerdings auf, daß weder seine Frühwerke, die wir bis 1620 ansetzen, noch seine (seltenen) Spätwerke, von 1651 bis zu seinem Tode 1662, monogrammiert sind, daß aber alle Signaturen auf den Werken aus seiner Haller Zeit (1620–1651), also aus der Hauptphase seines künstlerischen Schaffens, zu finden

sind. Die beiden frühesten bezeichneten Werke – unserer Datierung nach um 1620–1625 – sind der Münchner Sebastian und der Wiener Hieronymus (Kat. Nr. 67), die anderen stammen aus den 30er und aus den 40er Jahren. Sie alle aber machen einen zu geringen Bruchteil des eigenhändigen Kernschen Œuvre aus, als daß man in dem Monogramm eine Art Herkunftsmarke (»Fabrikmarke« des »Kern-Betriebes«) sehen dürfte.
War für die Signierung der Kunstwerke die gesellschaftliche Stellung des Bestellers oder Käufers, bei welchem sich Leonhard Kern auch für die Zukunft in Erinnerung halten wollte, ausschlaggebend? Man könnte es vermuten, wenn man an die Berliner Adam-Eva-Gruppe (Kat. Nr. 83), alt-kurfürstlich-brandenburgischer Besitz, denkt. Aber wie steht es dann mit der großen Zahl der in der Sammlung des Erzherzogs Leopold Wilhelm von Österreich vorhandenen, schon 1659 verzeichneten (s. Berger) – also noch zu Lebzeiten Leonhard Kerns erworbenen – und der in der Geistlichen Schatzkammer in Wien befindlichen Stücke, von denen mehrere im Prodromus (Kat. Nr. 36) abgebildet sind? Von allen diesen Leonhard Kern mit Sicherheit zugeschriebenen exzellenten Elfenbein- und Alabasterarbeiten – heute im Kunsthistorischen Museum in Wien – ist einzig und allein die Statuette des Hl. Hieronymus mit dem Löwen (Kat. Nr. 67) signiert.

Zuzüglich zu diesen 16 signierten Arbeiten sind 9 unsignierte Stücke archivalisch bzw. chronikalisch für Leonhard Kern sicher belegt, die heute noch erhalten sind:

Hall, Vision Ezechiels (Abb. S. 101; Grünenwald 1969, Nr. 92) – Monumentalwerk (Stein) – 1655/62
Kassel, Venus-Mars-Amor-Gruppe (Kat. Nr. 108) – Elfenbein – 1657
Kassel, Kauernde Fortuna (Kat. Nr. 94) – Elfenbein (um 1640/45)
Maribor, Anbetung der Hl. Drei Könige (Kat. Nr. 54) und Krönung Mariä (Kat. Nr. 55) – Monumentalwerke (Holz) – 1613
München, Knabe mit Apfel (Grünenwald 1969, Nr. 27, Taf. 67) – Elfenbein (um 1645/50)
Neuenstein, Jesus- und Johannes-Gruppe (Kat. Nr. 110) – Elfenbein (um 1635)
Nürnberg, Vier Antike Monarchen (Grünenwald 1969, Nr. 83, Taf. 1) – Monumentalwerke (Stein) – 1617
Regensburg, Fünf Tugenden. Hier: Kopf der Caritas (Kat. Nr. 71) – Monumentalwerke (Stein) – 1630/32
Regensburg, Altarengel (Grünenwald 1969, Nr. 91, Taf. 33) – Monumentalwerk (Holz) – 1632/37

Zusammen 5 Monumentalbildwerke und 4 Kleinbildwerke.

Datierungen

Leonhard Kern hat verschwindend wenige seiner Werke signiert, datiert hat er aber kein einziges. Nur 6 archivalisch belegte und 3 sonstwie zu erschließende (ante / post quem) Datierungen geben ein weitmaschiges Datengerüst, zumal die Stilmerkmale der 5 Monumentalbildwerke nicht ohne weiteres mit denen der 4 Kleinbildwerke – und umgekehrt – zu vergleichen sind.

Archivalisch gesicherte Datierungen:

1613	Maribor, Anbetung der Könige, Marienkrönung (Kat. Nr. 54, 55)
1617	Nürnberg, Vier Antike Monarchen
1630/32	Regensburg, Tugenden (Kat. Nr. 71)
1632/37	Regensburg, Altarengel
1655/62	Hall, Ezechiel-Vision
1657	Kassel, Venus-Mars-Amor-Gruppe (Kat. Nr. 108)

Zu erschließende Datierungen:

1646/48	Berlin, Adam-Eva-Gruppe. Unsere Datierung dagegen: um 1635 (Kat. Nr. 83)
nach 1656	Neuenstein, Verhungerter Mann (Kat. Nr. 107)
1656/59	Wien, Szene aus dem Dreißigjährigen Krieg (Kat. Nr. 106)

Für Leonhard Kern bietet sich wie für alle anderen Künstler eine Dreiteilung seines Œuvre in Werke der Frühzeit, der Mittleren Zeit (Haupt- oder Blütezeit) und der Spätzeit an. Albert Erich Brinckmann (1925) zeigte an Hand zahlreicher Beispiele geistig und künstlerisch tätiger Menschen einen Phasenwandel um die Mitte der Dreißiger Lebensjahre (Übergang von der Frühphase zur Mittleren Phase) und um die Mitte der sechziger Lebensjahre (Übergang von der Mittleren Phase zur Spätphase) auf, wobei Phasen-Verzögerung bzw. -Beschleunigung zu den individuellen Besonderheiten gehören. Die Erfahrung lehrt, daß tiefe Einschnitte in den persönlichen Lebensumständen oftmals damit einhergehen.
Leonhard Kerns Frühzeit (1613–1620) begann mit der Rückkehr des 25–26jährigen von der Wanderschaft und endete mit dem Entschluß des damals 32jährigen zur Übersiedelung von Forchtenberg nach Hall, zur Aufgabe der zeitweiligen Werkstattgemeinschaft mit seinem Bruder Michael Kern und zur Gründung einer eigenen Werkstatt. Die Mittlere oder Hauptzeit (1620–1651) endete mit dem Entschluß des damals 63jährigen zur Auflösung seiner inzwischen weitbekannten Werkstatt in Hall, zur »Entlassung« sämtlicher und darunter seiner besten Schüler und Mitarbeiter, Johann Georg Kern und Johann Jakob Betzoldt, und mit dem Entschluß, sich nach Tullau, dem Alterssitz, zurückzuziehen. Dort arbeitete er, wahrscheinlich in einem Ein-Mann-Betrieb, bis

Herbst 1661, also noch 10 Jahre lang *seiner Kunst biß fast in sein letztere Kranckheit embsig abgewartet* (Nekrolog; Kat. Nr. 15). Seiner Krankheit wegen kehrte er im Herbst 1661 nach Hall zurück und starb dort im April 1662 im Alter von 74 Jahren.

Wir meinen, daß diese Kongruenz von Lebenszeitabschnitten und von Einschnitten in den äußeren Lebensumständen sich auch in der Kunst Leonhard Kerns spiegelt und tragen deshalb keine Bedenken – mutatis mutandis – diesen Zeitabschnitten entsprechend das Œuvre Leonhard Kerns in Frühwerke (bis 1620), Werke der Haupt- oder Blütezeit (1620–1651) und Spätwerke (1651–1662) einzuteilen.

Das Frühwerk Leonhard Kerns (bis 1620) ist geprägt von der Aufnahme der verschiedenartigsten Einflüsse während der Lehrjahre bei Michael Kern (1603–1608) und der Wanderjahre in Italien (1608–1614), geprägt von zahlreichen Entlehnungen aus den Werken der deutschen Kunst des 16. Jahrhunderts, der italienischen Kunst des 16. und 17. Jahrhunderts und der niederländischen Kunst des frühen 17. Jahrhunderts, nach Stichen und Reproduktionsstichen, die zum festen Vorlagenbestand jedes Künstlers gehörten.

Die Haupt- und Blütezeit seines Schaffens (1620–1651) ist geprägt von der Verarbeitung dieser Einflüsse, von der selbständigen Umsetzung und Veränderung der Vorlagen. Geprägt von der Vorliebe für die Einzelstatuette selbst innerhalb einer Gruppe, geprägt von der Tendenz zu einem statuarisch festen Aufbau der oft vielansichtigen Skulpturen und Skulpturengruppen. Geprägt von der Ausbildung der »typisch kernschen« Physiognomie bei Frauen und Männern.

Das Spätwerk Leonhard Kerns (1651–1662) umfaßt nur knapp ein Dezennium. Bei den Figurengruppen und bei den mehrfigurigen Szenen scheint sich eine Rückbildung der »Isolierungstendenzen« zugunsten einer »Verschmelzung« (s. Brinckmann 1925) angebahnt zu haben, wenn man die Berliner Adam-Eva-Gruppe (Kat. Nr. 83), die wir um 1635 (und nicht 1646/48) datiert haben, mit der Kasseler Venus-Mars-Amor-Gruppe (Kat. Nr. 108) von 1657, oder wenn man die Berliner Ezechiel-Vision (Kat. Nr. 104) um 1640/1650 mit der Haller Ezechiel-Vision (Abb. S. 101) von 1655/62 vergleicht.

Zu »Leonhard Kerns Kunst« siehe den Beitrag von Claus Zoege v. Manteuffel (hier S. 51 ff.).

Das Problem der Zuschreibungen

Angesichts der kleinen Zahl signierter und der noch geringeren Zahl archivalisch oder anderweitig für Leonhard Kern gesicherter Arbeiten ergeben sich für die Zuschreibung aller der Werke, die »kernsche« Züge tragen, zwei Probleme:

1. Die Abgrenzung eigenhändiger Alabaster-Arbeiten aus Leonhard Kerns Frühzeit (bis 1620) gegenüber den eigenhändigen Arbeiten seines Bruders Michael, bei welchem Leonhard seine Bildhauerlehre (1603–1608) genossen und mit welchem zwischen 1614 und 1620 zeitweise eine Werkstattgemeinschaft in Forchtenberg bestanden haben muß.
2. Die Abgrenzung der eigenhändigen Arbeiten Leonhard Kerns aus dem Ende seiner Hauptschaffenszeit (ca. 1645–1650) und aus seiner Spätzeit (1651–1662) gegenüber den eigenhändigen Arbeiten der aus seiner Werkstatt hervorgegangenen Mitarbeiter und seit 1650/51 selbständigen Nachfolger Johann Georg Kern in Öhringen (seit 1650) und Johann Jakob Betzoldt in Hall (seit ca. 1650), die auch künstlerisch seine Nachfolge angetreten und wohl auch einen Teil von Leonhard Kerns Modell- und Vorlagenbestand noch zu dessen Lebzeiten sukzessive erhalten, die aber in der zweiten Hälfte des 17. Jahrhunderts ihren eigenen Stil (s. hier L. L. Möller) ausgebildet haben.

Zu 1. Die Abgrenzung der Frühwerke Leonhard Kerns (bis 1620) von denen Michael Kerns ist nicht ganz problemlos, vor allem nicht, wenn es sich um Stücke aus dem von beiden Brüdern verwendeten Werkstoff Alabaster handelt, wenn die Arbeiten während der Zeit ihrer Werkstattgemeinschaft in Forchtenberg und wenn sie unter Verwendung ein- und derselben Vorlage entstanden sind. Dies ist in zwei Fällen zu belegen, die wohl nicht die einzigen geblieben sein dürften.

Eine von zwei beinahe identischen Augsburger Pietà-Plaketten, nach italienischem Vorbild (Michelangelo), die eine aus dem Ende des 16. Jahrhunderts (Weber Nr. 452, Taf. 132), die andere aus dem Anfang des 17. Jahrhunderts (Vöge 1910, Nr. 853 m. Abb.), hatten sowohl Michael Kern (bzw. seine Werkstatt) für den Auszug am Rottendorfer Altar (um 1610. Kossatz 1988, S. 248 u. Anm. 926, Abb. 99. Ders. hier S. 70 f.) als auch Leonhard Kern für die Düsseldorfer Pietà 1614–1620 (?) (Kat. Nr. 61), als auch ein nichtgenannter Bildhauer (wahrscheinlich ebenfalls Leonhard Kern) für ein Pietà-Relief in der Sammlung des Erzherzogs Leopold Wilhelm von Österreich (Katalog von 1659. Berger S. 170, Nr. 137. Spiegelbildlich abgebildet im Prodromus Taf. 29, hier Abb. S. 131) als Vorlage verwendet, und zwar alle ziemlich wörtlich.

Nach einem Stich (Abb. 1) von Raphael Sadeler I (1560–1632) Christus am Kreuz mit Maria, Johannes und Maria Magdalena (Hollstein 1980, Bd. 22, S. 187, Nr. 28. W. 53) nach Jacopo Palma d. J. (1544–1628) entstand ein Alabasterrelief (Abb. 2) das sich – wohl altoettingenscher Besitz – in den Fürstl. Sammlungen Schloß Harburg befindet. Das ursprünglich als Altaraufsatz dienende Relief war einstmals so stark beschädigt, daß man (im 18. Jh.?) die Platte oben bis auf eine Höhe

1 Kreuzigungsgruppe. Stich von Raphael Sadeler I nach Jacopo Palma d. J.

von 31,3 cm horizontal absägte, wodurch der Kruzifixus wegfiel (oder schon weggefallen war), und die beiden oberen Ecken einschweifte, wodurch die beiderseits zufliegenden Engel, wie sie der Stich darstellt, entfielen, und die Kanten mit einer Profilrahmenleiste abschloß. In der Breite (heute 33,5 cm) dürfte, wenn man den Stich zugrunde legt, wenig weggefallen sein.

Wir halten das Harburger Relief eher für eine Arbeit Michael Kerns als Leonhard Kerns, wiewohl dessen Hand vom Stil her für die Frühzeit keineswegs auszuschließen ist, zumal er den Stich Sadelers gekannt und selbst darnach gearbeitet hatte, was durch den Frankfurter Erlöser-Christus (Kat. Nr. 62) um 1614 (?) und indirekt durch die Düsseldorfer Pietà (Kat. Nr. 61) 1614–1620 (?), zu belegen ist. Genau genommen geht es um die beiden Kinderengel des Sadeler-Stiches: der Engelknabe links über dem Haupte Mariä ist frontal dargestellt, beide Hände betend gefaltet, der andere rechts über dem Haupte Johannis ist im Profil dargestellt, beide Arme weit ausbreitend – genau in derselben Haltung dürften sie auf dem Harburger Alabasterrelief dargestellt gewesen sein. Beide Kinderengel sind gleich zweimal wiederholt, beide Male mit der Abweichung, daß der Profilengel nicht wie bei Sadeler die Arme ausbreitet, sondern die Hände parallel vor die Brust hält. Diese zwei Kinderengel erscheinen spiegelbildlich auf dem Frankfurter Erlöser-Christus-Relief von Leonhard Kern, seitenrichtig – wie auf dem Sadeler-Stich – erscheinen sie auf dem Prodromus-Stich, Taf. 29 (hier Abb. S. 3 u. S. 131), nach dem erzherzoglichen Pietà-Relief, das wir oben versuchsweise ebenfalls Leonhard Kern zugeschrieben haben. Der Vergleich bestätigt, daß der Frankfurter Erlöser-Christus und das Original der erzherzoglichen Pietà von ein und derselben Hand, von Leonhard Kern, stammen müssen.

Die Verwendung der Augsburger Pietà-Plakette durch Michael Kern (im Rottendorfer Altar) und durch Leonhard Kern (im erzherzoglichen Pietà-Relief) und des Sadeler-Stiches durch Michael Kern (im Harburger Relief) und durch Leonhard Kern – nur Kinderengel! – (im Erlöser-Christus-Relief und im erzherzoglichen Pietà-Relief) belegen die zeitweilige Werkstattgemeinschaft der Brüder vor 1620, verursachen aber auch Zuschreibungsprobleme bei den Alabaster-Frühwerken Leonhard Kerns.

Zu 2. Die Abgrenzung der späteren Werke Leonhard Kerns (ab ca. 1645) von denen des damals 22–27jährigen Johann Georg Kern (1623–1698) und des 24–29jährigen Johann Jakob Betzoldt (1621–1707), worauf wir seinerzeit (1969) teils nicht eingegangen sind – alles unter Stichwort »Werkstattarbeiten« (1969, S. 48–50) – teils, was die an Qualität herausragenden Humpenreliefs betrifft, diese als eigenhändige Arbeiten Leonhard Kerns betrachtet haben, erhielt durch die Untersuchungen von Lise Lotte Möller (hier S. 73–85) eine neue und tragfähige Grundlage. Man wird daraufhin die mit Kindern reliefierten Trinkgeschirrmäntel, vor allem wenn Pieter van Avont-Stiche als Vorlagen nachzuweisen sind, aus dem Œuvre Leonhard Kerns ausscheiden und sie zwischen seinen über 30 Jahre jünge-

2 Kreuzigungsgruppe aus Alabaster. Harburg, Fürstlich Oettingen-Wallersteinische Sammlungen

3 Pietà (aus dem »Prodromus«, Taf. 29)

ren Mitarbeitern Johann Georg Kern und Johann Jakob Betzoldt aufteilen. Abgesehen von der höheren Qualität der Johann Georg Kernschen Kinder-Reliefs nennt Lise Lotte Möller (hier S. 79) die »Entenschnabelnase«, die ohne Unterbrechung in die Stirnlinie übergeht, als Besonderheit Johann Georg Kerns, für Johann Jakob Betzoldt und für seine Werkstatt das »Vierblattgebilde«, später das »Dreiblattgebilde« als »Erkennungszeichen« (hier S. 81).

Bei den Kinder-Statuetten, die viel sorgfältiger ausgeführt sind als die Reliefs, bleibt der breitgesichtige Typus für Leonhard Kern bezeichnend – z. B. Weimarer Huckepackgruppe (Kat. Nr. 111) – der schmalgesichtige, beinahe infantil wirkende Duquesnoy-Typus – z. B. Haller Flötenspieler (Kat. Nr. 116) – für Johann Georg Kern. In der Physiognomie der Huckepackbronzen Leonhard Kerns, alle nach einem einzigen Modell! – z. B. Haller Huckepackbronze (Kat. Nr. 117) – dominiert der von Johann Georg Kern vertretene »Duquesnoy-Trend« (Brüsseler Bildhauer François Duquesnoy 1594–1643), der nach dem Zeugnis Joachim von Sandrarts (s. Kat. Nr. 38) ganz dem Publikumsgeschmack entsprach. Johann Georg Kern und Johann Jakob Betzoldt, der eine in Öhringen, der andere in Hall, verlegten sich vorwiegend auf die Herstellung praktisch verwendbarer und deshalb gut verkäuflicher Elfenbeinmäntel für Trinkgeschirre und Kannen. Für Kunstkammer- und Sammlerstücke, wie sie die Statuetten und Reliefs Leonhard Kerns darstellten, ging die Zeit ihrem Ende zu.

Johann Georg Kern lieferte noch in den 50er Jahren in die Brackenhoffersche Kunstkammer nach Straßburg eine Diana mit 2 Jagdhunden (1656), eine Caritas mit 2 Kindern (1656), eine Venus mit Amor (1657) und eine Elfenbeinkanne (1657) (Grünenwald 1969, Anm. 64), später an Hohenlohe-Kirchberg ein Kruzifix (1667) und 1673 eine Elfenbeinkanne mit 2 Kleinfiguren, Adam und Eva, auf dem Deckel (Grünenwald 1969, Anm. 183).

Lise Lotte Möller weist ihm unter den Exponaten folgende zu:
Berlin, Sieben Freie Künste-Humpen (Kat. Nr. 129)
Darmstadt, Sieben Freie Künste-Humpen (Kreis des JGK) (Kat. Nr. 132)
Neuenstein, Meergötter-Kinder-Humpen (Kat. Nr. 128)
Neuenstein, Kinder-Bacchanal-Humpen (Kat. Nr. 126)
Stuttgart, Fünf Sinne-Humpen (Kat. Nr. 127)
Stuttgart, Tritonen- und Nereiden-Humpen (Kat. Nr. 130)
Stuttgart, Prunkhorn (Kat. Nr. 131)
wozu wir hinzufügen:
Gmünd, Spielende Kinder-Mustertafel (Kat. Nr. 122)
Hall, Sieben Freie Künste-Humpen (Werkstatt des JGK) (Kat. Nr. 134)
Hall, Flötenspieler-Knabe (Kat. Nr. 116)
Paris, zwei musizierende Kinder (?) (Kat. Nr. 115)
Pforzheim, Vier Elemente-Humpen (Kat. Nr. 133)
Stuttgart, Gäa-Statuette, zusammen mit J. J. Betzoldt (?) (Kat. Nr. 82)
Wien, schlafender Amor (?) (Kat. Nr. 123).

Als eine Art »Leitfossil« für den Stil der Johann Georg Kernschen Frauengestalten dürfte die Nachbildung der »Venus Medici« in Stuttgart (Kat. Nr. 121) dienen, die chronikalisch für ihn gesichert zu sein scheint.

Johann Georg Kern muß in Öhringen eine größere Werkstatt unterhalten haben. Lise Lotte Möller verweist mehrfach auf begabte Mitarbeiter, so auf die Schnitzer des Hamburger Humpenmantels von 1659 und des Stuttgarter von 1658 (Abb. S. 75), wozu wir den Haller Humpenmantel mit den Sieben Freien Künsten (Kat. Nr. 134) hinzufügen. Alle drei gehen auf den Karlsruher Humpenmantel (Möller hier S. 75, Abb. S. 76) von Johann Georg Kern zurück, zeigen aber eine Versteifung seines Stils, was besonders in der streng geometrischen Form des Dreiecksnabels zum Ausdruck kommt. So ähnlich sich die drei Humpen in Hall, Hamburg und Stuttgart sind, so scheinen sie doch von drei verschiedenen, aber gleichzeitigen Händen zu stammen (jeweils unterschiedliche Gestaltung von Halsansatz und Hals!) und würden damit einen zeitweise größeren Werkstattbetrieb J. G. Kerns in Öhringen belegen (s. Kat. Nr. 134).

Johann Jakob Betzoldt ist der zweite der Leonhard Kern-Schüler und Nachfolger, der dank der Untersuchungen von Lise Lotte Möller (hier S. 81 ff.) mit bestimmten Werken in Verbindung zu bringen ist. Er machte sich nach Auflösung der Werkstatt Leonhard Kerns ebenfalls selbständig, blieb aber weiterhin in Hall ansässig. 1680 ist er als Elfenbeinschnitzer belegt, als er 3 Elfenbeinkannen an die Stadt Hall lieferte (Grünenwald 1969, Anm. 182). L. L. Möller weist auf Arbeitsbeziehungen zwischen den beiden Kern-Nachfolgern um 1680 und dabei auf Johann Georg Kern als den gebenden Teil hin (Möller hier S. 81). Offenbar lag die Begabung Betzoldts mehr bei der (gröberen) Arbeit in Stein als bei der Elfenbeinschnitzkunst, weshalb 1666 ihm und nicht Johann Georg Kern die Fertigstellung des 1655 bei Leonhard Kern bestellten oettingenschen Epitaphs, wofür dieser nur das Ezechiel-Relief – nach Herta Beutter (hier S. 27) und Tilman Kossatz (hier S. 64) heute in St. Michael in Hall – bis zu seinem Tode vollendet hatte, übertragen worden war. Auf die von Lise Lotte Möller (hier S. 81) festgestellte, offenbar systematische Einfügung von Vierblatt-, später von Dreiblatt-Gebilden als Bodenbewuchs, »Markenzeichen« Johann Jakob Betzoldts und seiner Werkstatt, wurde schon oben hingewiesen. Die Ausstellung enthält folgende Arbeiten von ihm bzw. seiner Werkstatt:

Babenhausen, Kinderbacchanal-Humpen (?) (Kat. Nr. 136)
Berlin, Kinderbacchanal-Humpen (Kat. Nr. 135)
Neuenstein, schlafender Knabe mit Totenschädel (Kat. Nr. 125)
Wien, schlafender Knabe mit Buch und Totenschädel (Kat. Nr. 124)

Darüber hinaus ist die »Zurichtung« eines Elefantenzahnes zu einem Trinkgeschirr oder zu einem Waldhorn für den Grafen Joachim Albrecht von Hohenlohe-Kirchberg durch den Bildhauer Johann Jakob Betzoldt für das Jahr 1671 belegt (v. Schweinitz S. 198), das Stück ist jedoch verschollen.

Peter Kern (1594–1638), ein jüngerer Bruder Leonhards, hatte wahrscheinlich ebenfalls seine Bildhauerausbildung bei Michael Kern, dem ältesten Bruder, erhalten, wanderte aber nach 1615 von Forchtenberg und von der Michael Kernschen Werkstatt aus nach Koblenz ab (Gellichsheimer S. 116). Seine Kunst kann demnach nur Michael Kernsche Züge tragen. Die persönliche Verbindung zur Familie blieb aber weiterhin bestehen, dies belegt der Bezug von Alabaster aus den Forchtenberger Brüchen und die Alabaster-Nachbildung (Kat. Nr. 137) der 11-figurigen Wiener Elfenbein-Beweinung Leonhard Kerns (Fillitz Abb. 227) durch einen Bildhauer aus der Werkstatt Peter Kerns in Koblenz. Für den harten Reliefstil der Trierer Beweinung ist der Bildhauer verantwortlich zu machen. Der Figurenstil aber kommt dem Stil Peter Kerns am Marienhochaltar zu Andernach (Gellichsheimer Abb. 3. Hl. Eliabeth!) sehr nahe. Hinter beiden steht unübersehbar der Stil Michael Kerns, wenn man die Andernacher Elisabeth von Peter Kern und die Harburger Maria (Abb. 2) von Michael Kern miteinander vergleicht.

Die übrigen archivalisch und chronikalisch belegten Schüler und Mitarbeiter Leonhard Kerns sind bis jetzt noch nicht mit bestimmten Arbeiten, die deutlich »kernsche« Züge tragen, aber weder Leonhard Kern selbst noch Johann Georg Kern und Johann Jakob Betzoldt zugewiesen werden können, in Verbindung zu bringen. Bernhard Zweifel, geb. 1599 in Hall, dürfte wohl unter den ersten gewesen sein, die in die neueröffnete Werkstatt Leonhard Kerns in Hall eingetreten sind. Für das Jahr 1625 ist er dort archivalisch belegt, Werke von ihm sind noch nicht bestimmt.

Georg Pfründt scheint um 1620/1625 in Hall gewesen zu sein, ehe er vor 1626/27 in Mergentheim erscheint. Nicht Sandrart, nur Doppelmayr (S. 229) berichtet, daß Pfründt die Bildhauerei bei Leonhard Kern erlernt habe. Die Analyse eines Pfründt zugeschriebenen Frühwerkes durch Jörg Rasmussen (1977, S. 109ff.) legt die starke Abhängigkeit des Pfründtschen Reliefstiles von dem Leonhard Kerns offen, ansonsten finden sich im Œuvre Pfründts keine »kernschen« Züge (Kat. Nr. 142).

Johann Jakob Kern (1625–1668), Leonhard Kerns eigener Sohn, erlernte die Bildhauerei selbstverständlich in der väterlichen Werkstatt. Er gehört der Generation Betzoldts und seines Vetters Johann Georg Kern an. Seine Weiterbildung in Italien, wo er *hierinn sehr sonderlich ... zugenommen* (Sandrart S. 225), war vorprogrammiert. Seine Vorbilder, denen er in Italien nacheiferte, waren nun, mehr als 30 Jahre später, andere als die seines Vaters. Es wundert nicht, daß er sich *einer mehrern Freyheit als sein Vatter sich gebrauchet* (Sandrart S. 225) und daß er nicht nach Hall zurückkehrte, sondern in die bedeutende Reichsstadt Nürnberg ging, wo er sich häuslich niederließ und heiratete. Gegen 1660 begab er sich nach England, wo er 1668 starb. Der Stil seiner Kunstwerke dürfte jede Verbindung mit dem Stil Leonhard Kerns und mit dem der Hohenloher Bildhauerfamilie (Michael, Archilles Kern) überhaupt verloren haben.

Die weite Verbreitung – und Vergröberung – des unverwechselbaren Leonhard-Kern-Stiles der 40er Jahre bei den Frauengestalten und des von seinen Nachfolgern Johann Georg Kern und Johann Jakob Betzoldt in der 2. Hälfte des 17. Jahrhunderts weiterentwickelten Stiles der »Kernschen Kinder« in Statuetten und Reliefs läßt vermuten, daß viele Bildhauergesellen auf der vorgeschriebenen Wanderschaft bei Leonhard Kern in Hall, später in Öhringen bei Johann Georg Kern und in Hall bei Johann Jakob Betzoldt, Station gemacht und dort kürzer oder länger gearbeitet haben.

Das Problem der Datierung

Es ist das Bestreben des Kunsthistorikers, aus dem Œuvre eines Künstlers eine entwicklungsgeschichtlich-logische Ordnung herauszulesen und in dasselbe eine historische Ordnung hineinzubringen.

Die Fixpunkte dazu bilden im Œuvre Leonhard Kerns erstens die sicher datierbaren Arbeiten (s. Liste S. 144), zweitens entscheidende Einschnitte bei seinen beruflichen und persönlichen Lebensumständen (s. S. 144f.). In Verbindung damit sind die Einflüsse, denen sich Leonhard Kern öffnete, wichtige Stilmerkmale und ungefähre Datierungshilfen. Einmal sind es die »italienischen« Einflüsse aus seinen Wanderjahren (1609–1613), beruhend auf dem Studium der italienischen Kunst des 16. und des frühen 17. Jahrhunderts. Dabei wird vorausgesetzt (L. L. Möller 1970, S. 35f.), daß diese Nachwirkungen – verständlicherweise – nach 1614 am stärksten sind, in der Folge laufend abnehmen und bis 1617 ihr besonderes Gewicht verloren haben. Uns scheint aber, daß diese bis weit in die 20er Jahre hinein vorhalten und daß wir – wie noch auszuführen sein wird – die Hauptbeschäftigung Leonhard Kerns als Elfenbeinschnitzer erst mit der Seßhaftmachung und der Errichtung einer eigenen Werkstatt in Hall (1620) beginnen lassen möchten. Zum anderen ist es Kerns Zuwendung zur deutschen Kunst des 16. Jahrhunderts. Mit der Skulptur dieser Zeit – Konrat Meit (vgl. Kat. Nr. 39)! – verbindet ihn eine künstlerische Affinität, die Claus Zoege v. Manteuffel (hier S. 52) mit dem Begriff der »anorganischen Plastizität« von Kerns Figuren umschreibt. Wahrscheinlich steht in enger Verbindung damit seine Zuwendung zu der Grafik der Deutschen Kleinmeister (Aldegrever, H. S. und B. Beham, Solis) und Dürers. Für mehrfigurige Szenen scheint er dagegen die Reproduktionsgrafik nach Italienern und Niederländern des 16. Jahrhunderts verwendet zu haben.

An retrospektiven Tendenzen, die um die Mitte seiner Hauptschaffenszeit (1620–1651) in Hall einzusetzen scheinen – die »völlige Umorientierung seines Schaffens« (Möller 1970, S. 37) – ist Leonhard Kerns Œuvre reich. Dies hatte die Datierung und die Zuschreibung einiger heute als unzweifelhaft eigenhändig erkannter Werke Leonhard Kerns an bestimmte deutsche Bildhauer des 16. Jahrhunderts und an italienische Anonymi zur Folge, wozu der Stil, nicht die Vorlage Veranlassung gegeben hatte, wie die Beispiele zeigen: der Oxforder Knabe (Kat. Nr. 112) galt 1955 als Peter Vischer d. J. (gest. 1528), die zwei verschollenen Berliner Knaben (Grünenwald 1969, Nr. 16) galten 1926 – mit Fragezeichen – als Peter Flötner (gest. 1546), die Hamburger Gleichgewichtsprobe (Kat. Nr. 98) 1905 ebenfalls als Peter Flötner, der Münchner Mädchen-Putto (Grünenwald 1969, Nr. 64. Sauerlandt 1927, Abb. 105) galt einst dem »Kreis des Konrat Meit« (gest. 1550/51) zugehörig, die Nürnberger Abundantia (Kat. Nr. 99) 1910 – mit Fragezeichen – als H. S. Beham (gest. 1550), die Berliner Venus mit spiegelhaltendem Putto (Kat. Nr. 95) 1923 als »süddeutsch, 16. Jahrhundert«, die Frankfurter Hukkepack-Bronze (Grünenwald 1969, Nr. 33) – modellgleich mit dem Haller Exemplar (Kat. Nr. 117)! – galt 1964 im Kunsthandel als »paduanisch, 16. Jahrhundert« und der Wiener Chronos (Kat. Nr. 75) 1924 als »venezianisch, Mitte 16. Jahrhundert«.

Für die bekannten, auch von uns 1969 nicht ausgeräumten Schwierigkeiten bei der Datierung von Werken Leonhard Kerns seien einige Beispiele genannt:

Die neuerdings (1970) von Lise Lotte Möller zurückdatierten vier Elfenbeinstatuetten aus dem Wiener Bestand, dazu drei sehr ähnliche Stücke aus London, Darmstadt und Düsseldorf (alle abgeb. Möller 1970, Abb. 7–13) wurden durch die neue Zeitstellung »vor 1617« bzw. »um 1614–1617« dem Frühwerk Kerns zugeordnet, während wir (1969) sie zumeist dem ersten Jahrzehnt von Kerns Hauptschaffenszeit zugewiesen hatten. Es handelt sich um die verschiedenen Repliken des »Abraham-Opfers« in Düsseldorf (Kat. Nr. 64; unsere Datierung: um 1615/20?), in Wien (Elfenbein. Kat. Nr. 65; um 1620) und in London (ohne Signatur. Kat. Nr. 73; um 1630/35), um den David mit dem Haupt des Goliath in Darmstadt (Grünenwald 1969, Nr. 25; um 1625/30), um den Hieronymus mit dem Löwen (Kat. Nr. 67; um 1620/25), um den Moses (Kat. Nr. 68; um 1625) und um den König David (Grünenwald 1969, Nr. 114, Taf. 11; um 1625) ebenfalls in Wien. Die Zuordnung zum Frühwerk Leonhard Kerns begründete Lise Lotte Möller (1970, S. 35) mit der »überdeutlichen Nachwirkung italienischer Eindrücke«, wobei sie vorauszusetzen scheint, daß die italienischen Eindrücke nach 1617 bereits so schwach geworden waren, daß diesem Figurenstil zu Ende der Frühzeit Leonhard Kerns (1617) der Boden entzogen war. Andere Gründe aber sprechen gegen diese Schlußfolgerung und eher dafür, daß die hohe schnitztechnische Qualität, welche diese 7 Elfenbeinstatuetten zeigen, eine gleichzeitige Beschäftigung Leonhard Kerns mit Werken der Monumentalskulptur in Stein, eine Arbeit mit Hammer und Meißel, verbietet, sollte nicht das Fingerspitzengefühl des Elfenbeinschnitzers darunter leiden. Vor 1617 aber, und wahrscheinlich bis 1620, war Leonhard Kern in Heidelberg (Schloßbau) und Nürnberg (Rathausportalfiguren) und – vermutlich – in Michael Kerns Werkstatt in Forchtenberg und vielleicht auch noch andernorts mit Monumentalbildhauerei in Stein befaßt, als daß er sich gleichzeitig und gar noch in größerem Umfange der Elfenbeinschnitzerei hätte widmen können, wie dies beispielsweise für das Jahr 1626 mit einer Lieferung von »10 Bildern« (Statuetten oder Reliefs) an einen Kardinal in Wien, via Nürnberg, belegt ist (Grünenwald 1969, Anm. 44). Zu der bekannten und sehr unterschiedlich interpretierbaren Anfrage des Nürnberger Rates 1617 über die Qualifikation Kerns, woraus eine intensive Beschäftigung Kerns zwischen 1614 und 1617 mit Kleinskulptur erschlossen wird, siehe Kat. Nr. 68.

Ein zweites Beispiel für Datierungsprobleme bietet die signierte Berliner Adam-Eva-Gruppe (Kat. Nr. 83). Vom Inhalt und von der historischen Situation her – Eheschließung des späteren Großen Kurfürsten 1646, Aussicht Leonhard Kerns auf eine Bestallung als Hofbildhauer (wer führte für Leonhard Kern die Vorverhandlungen?) deshalb Reise nach Cleve 1648 und Präsentation eines Beweisstückes für die von ihm zu erwartende künstlerische Leistung als kurfürstlicher Hofbildhauer – spricht alles für eine Entstehung der Elfenbeingruppe um 1646/1648. Dagegen spricht, wie wir meinen, der Figurenstil der Gruppe – um 1635 –, der den Wiener Statuetten nahe steht. Diese aber hatten wir in die 20er Jahre, Lise Lotte Möller sogar in die Zeit um 1614–1617 datiert. Daraus ist zu schließen, daß wenigstens ein Stilelement, nämlich die Lockenpracht Kernscher Frauengestalten, sowohl »um 1614–1617« (»Frühzeit«) als auch um 1635 (oder »1646–1648«), ja noch 1656–1659, wie das dritte Beispiel zeigen wird, zu des Bildhauers Repertoire von seiner Frühzeit an bis in sein Spätwerk hinein gehört und somit auch die Datierungsprobleme erklärt.
Das dritte Beispiel betrifft eine Alabastergruppe in Wien »Szene aus dem Dreißigjährigen Krieg« (Kat. Nr. 106). Wenn man nicht wüßte, daß der Skulptur eine 1656 datierte Radierung Hans Ulrichs Franckhs zugrundeliegt (vgl. Abb. S. 11) – die Gruppe ist im erzherzoglichen Inventar von 1659 erwähnt – würde man sie (Lockensträhnen der Frau, Lockenfrisur des Mannes) nicht dem Spätwerk Leonhard Kerns zuordnen, sondern seiner Hauptschaffenszeit in Hall, zumal bei der »Szene« vielleicht eigene schmerzliche Erinnerungen an die Besetzung Halls 1645 (s. Herta Beutter, Kat. Nr. 20 f.) durch die Franzosen mitgespielt haben, woraus die künstlerische Gestaltung des Themas noch 8–10 Jahre nach dem Ende des Krieges erklärlich ist. Dasselbe gilt für den »Verhungerten Mann« in Neuenstein (Kat. Nr. 107), wofür ebenfalls eine Radierung Franckhs aus dieser Zeit und Leonhard Kerns Erinnerungen an das Pestjahr 1626 in Hall (s. H. Beutter, Katalog Nr. 19), den Anstoß gegeben haben mögen (Abb. S. 11).
Hinsichtlich von Leonhard Kerns Stilentwicklung ist festzustellen, daß Lise Lotte Möller 1970 und wir 1969 unabhängig voneinander zu dem Ergebnis gekommen sind, daß Leonhard Kern »in seinen späten Arbeiten die Wendung vom Schweren, Massigen zum Leichten, fast zierlich Bewegten, zum Artistischen genommen« hat (Möller 1970, S. 45), was wir (1969, S. 20) mit der Entwicklung um die Jahrhundertmitte »zu einem Klassizismus von fast rokokohafter Anmut« bezeichnet hatten.
Das Problem liegt »nur« noch in der zeitlichen Eingrenzung von Leonhard Kerns Stil-Phasen und in der Datierung der jeweiligen »Leitstücke«.

Beschreibender Katalog

Von Elisabeth Grünenwald

54
Anbetung durch die Hl. Drei Könige (Epiphanie)

Leonhard Kern
1613
Holz, farbig gefaßt; 244 × 155 cm
Maribor, Pokrajinski Muzej

Die Tafel mit der Anbetung war ursprünglich das Mittelstück des Hochaltares in der Kathedrale zu Oberburg (Gornji Grad/Jugoslawien). Den Angaben von E. Cevc (S. 60) zufolge schloß die Altartafel ursprünglich im Halbkreis, darin der Engel und der Bethlehemstern. Die von Gertrud Gradmann (1917, S. 119) verschollen geglaubten Tafeln hatte E. Cevc im Museum von Maribor ausfindig gemacht und identifiziert.
Vorne links – hier beginnt der Beschauer mit dem »Lesen« eines Bildes – die Hauptgruppe mit der Anbetungsszene. Die unmittelbar Beteiligten sitzen oder knien. Die Hauptpersonen Maria, das Kind und der älteste der Könige sind in strenger Seitenansicht, die Assistenzfiguren, genau hinter dem Kind ein Mädchenengel und hinter dem alten König ein Mädchenpage, sind (Kontrastmotiv!) frontal dargestellt. Rechts etwas zurückgesetzt steht die Gruppe mit den zwei jüngeren Königen und ihrem Gefolge. Die königlichen Hauptpersonen sind frontal, der Anführer des Gefolges zwischen ihnen ist dagegen in Profil dargestellt. Die Begleitpersonen wiederholen die Profil- bzw. Frontalstellung ihrer Vordermänner. Hinter der Anbetungsgruppe, stehend unter dem Torbogen, zwei Gestalten, die eine in Profil-, die andere in Frontalansicht. Die Profilfigur verkörpert bei Goltzius (s. u.) den Nährvater Joseph. Hinter dem königlichen Gefolge ein Kameltreiber mit den drei Kamelen der Könige. Zwei von ihnen sind in Seitenansicht, eines in Frontalansicht dargestellt. In der linken Bildhälfte schließt die Architektur bis zum oberen Bildrand den Raum ab, denn von Thema her gesehen blieb hier nichts weiteres darzustellen. Rechts dagegen weitet sich der Bildraum in die Ferne, hier wird der zeitlich früher liegende Vorgang, die Anreise der Könige und ihr Einzug in Bethlehem erzählt. Der Horizont fällt hier mit dem oberen Bildrand beinahe zusammen.
Die beiden wichtigsten Personengruppen sind die Träger des klar durchkonstruierten Bildaufbaues: die Anbetungsgruppe mit den Dominanten von Horizontale und Profilansichten und die König-Gefolgsgruppe mit den Dominanten von Vertikale und Frontalansichten. Das rechtwinkelige Zu- und Nebeneinander von Frontal- und Profilfiguren macht die Struktur der einzelnen Gruppen durchsichtig und verleiht ihnen zugleich räumliche Wirkung. Die Neigung Leonhard Kerns zum »Rechtwinkel-System«, die er zeitlebens nicht verlor und welches den Aufbau seiner Figurengruppen in Skulptur und Relief bestimmte und das er bis zur Stellung der Füsse im annähernden 90°-Winkel bei seinen Statuetten durchhielt, war wohl Auswirkung seines Architekturstudiums in Rom *nach altheydnischen und newen Gebäwen* – das heißt nach antiken Bauwerken und denen des römischen Barock – wovon der Nekrolog (Kat. Nr. 15) berichtet.
Wie E. Cevc (S. 62) deutlich machte, enthält die Anbetung der Hl. Drei Könige eine Summe von Anregungen und Motiven, die Leonhard Kern themengleichen Werken in Italien und der deutschen und niederländischen Grafik entnommen hatte. Er verweist insbesondere auf das Anbetungsrelief von Pier Paolo Olivieri für die Kirche S. Pudenziana in Rom (Cevc Abb. 11), auf den Goltziusstich von 1591/1598 (B. 19. Cevc Abb. 20) und auf den Dürerstich aus dem Marienleben-Zyklus (Cevc Abb. 13). Die Anordnung der beiden Hauptgruppen belegt Leonhard Kerns Kenntnis des Goltziusstiches, die Ruinenarchitektur die des Dürerstiches und der Landschaftsausblick mit dem Zug der Könige die des Olivieri-Reliefs (Abb. S. 59). Kern folgt aber nicht der kontinuierlichen Entwicklung des Tiefenraumes vom Vorder- über den Mittel- zum Hintergrund wie Olivieri, sondern läßt hinter den Kamelen, die wie eine Wand den Vordergrund abschließen, sogleich den Hintergrund beginnen.
Die Eigenart, den Vordergrund hochzutürmen, den Mittelgrund auszulassen und nach Möglichkeit auf einen Hintergrund zu verzichten, kennzeichnet mit Ausnahme des Münchner Sintflutreliefs (Kat. Nr. 103) die Mehrzahl der Leonhard Kernschen Reliefs, angefangen bei der Wiener Beweinung (Kat. Nr. 58) bis zu der Haller Ezechiel-Vision (vgl. Abb. S. 101). Dies führt dann auch zur Hervorhebung der Vordergrundsfiguren, wie im Frankfurter Baderelief (Möller hier Abb. S. 74), im Berliner

54

Ezechielrelief (Kat. Nr. 104), im Haller Ezechielrelief und in der Münchner Sintflut und dann zur Bildung und Abgrenzung der Gruppen, die jederzeit austauschbar sind, wie die verschiedenen Humpenwandungen in Donaueschingen (Kat. Nr. 120), in Wien (Kat. Nr. 118) und in Hall (Kat. Nr. 119) zeigen, und schließlich folgerichtig zum Nebeneinander von Frontal- und Profilstellungen, die schon einer Zweifigurengruppe räumliche Wirkung verleihen.
Im Einzelnen ist es dann die betonte Körperlichkeit von Leonhard Kerns Figuren, ihr gewichtiges Sitzen, ihr festes Stehen und Gehen. In der Physiognomie ist es die beinahe »eckig gebaute« Gesichtsform mit den hervortretenden Unterkieferknochen und den starken Augenwülsten sowie die breite Stirne und, in merkwürdigem Gegensatz dazu, das zierliche, beinahe preziöse Spiel der Hände und Finger.
Hinsichtlich der Physiognomien scheinen uns wesentliche Stilimpulse von der Kunst Nicolo Pisanos, speziell von der Anbetung der Könige, Relief an der Kanzel des Baptisteriums in Pisa um 1260 (Swarzenski Abb. 92), ausgegangen zu sein, besonders wenn man die beiden Kernschen Marien in Anbetung und Krönung nach Sitzhaltung, Körperlichkeit, »klassischem« Profil, »quadratischer« Gesichtsform mit der Maria Pisanos vergleicht. Die Feststellung, daß auch im Pisano-Relief hinter dem Jesuskind ein geflügelter Engel steht, könnte darauf hindeuten, daß Leonhard Kern das Kanzelrelief gekannt hatte.
Die beiden Mariborer Altartafeln lassen erkennen, daß vieles, was später zu charakteristischen Merkmalen der Kunst Leonhard Kerns – in Skulptur und Relief – geworden ist, in dem ersten sicher belegten und datierten (1613) eigenhändigen Werk des Bildhauers teils bereits vorhanden, teils schon aber angedeutet war.
Den Auftrag zu den beiden Altartafeln hatte der Bischof von Laibach (Ljubljana) dem auf dem Heimweg befindlichen Künstler erteilt (Gradmann 1917, Beleg 54).

Lit.: Gradmann 1917, S. 119, 193. – Grünenwald 1969, Nr. 59. – Cevc 1986 S. 25–168, Abb. 1, 2. – Grünenwald 1986 S. 76, Abb. 2 (nur Anbetung).

55
Krönung Mariä

Leonhard Kern
1613
Holz, farbig gefaßt; 129 × 117 cm
Maribor, Pokrajinski Muzej

Die Tafel mit der Marienkrönung war ursprünglich in den Auszug des Hochaltares der Kathedrale in Oberburg (Gornji Grad/Jugoslawien) eingebaut.
In der Bildmitte ist Maria, auf Wolken kniend und betend, streng frontal dargestellt. Der breitflächige Gesichtstyp und der Parallelfaltenstil der Gewandung wie in der Anbetung der Hl. Drei Könige. Erhöht sitzen links Christus, rechts Gottvater und halten die Krone über das Haupt Mariä. Christus, mit kurzem Bart, ist bekleidet mit einem über Knie und linke Schulter geschlagenen Gewandtuch. Er kreuzt die Füße – ein Michelangelo-Motiv (Cappella Sixtina) – und umfaßt mit dem linken Arm den Kreuzesstamm. Das Kreuz ist schräggestellt, aber nicht bildeinwärts zwecks Andeutung von Raumtiefe, sondern in der Gegenrichtung, bildauswärts, um nicht die Strahlen des Hl. Geistes mit dem Querbalken zu überschneiden. Gottvater, mit langem Bart, auf dem Haupte die Tiara, die dreifache Papst-Krone, ist bekleidet mit der herkömmlichen Idealgewandung. Mit der linken Hand umfaßt er die Weltkugel. Der Hl. Geist ist hier nicht, wie sonst üblich, in Gestalt einer Taube, sondern in Form von spitzen und geflammten Strahlen symbolisiert. Vor dem Wolkenhintergrund sitzen, knien, liegen, einzeln oder paarweise, betende, singende oder musizierende Engelknaben, und über die ganze Bildfläche hinweg sind geflügelte Engelsköpfchen verstreut. Diesen Typus der Engelknaben begegnet man im Frankfurter Erlöser-Christus-Relief (Kat. Nr. 62) wieder, so fremdartig-vereinfacht sie hier wirken, so gut fügen sie sich dem Stil der Marienkrönung ein.
Zur Frage der Verwendung von Vorlagen durch Leonhard Kern für diese Komposition weist E. Cevc (1986, S. 62, Abb. 12) auf eine Marienkrönung von Guido Reni in S. Luca in Bologna hin. Doch scheint uns, daß die Komposition Guido Renis über eine allgemeine, aus dem Thema zwangsläufig sich ergebende Motivverwandtschaft nicht hinausgeht, zumal der Hl. Geist bei Guido Reni nicht auch durch Strahlen, sondern durch eine Taube symbolisiert ist.
Im übrigen siehe die Anbetung der Hl. Drei Könige (Kat. Nr. 54).

56
Hl. Sebastian

Farbtafel 6 (S. 201)

Leonhard Kern
um 1615–1620
Alabaster, honigfarben, fein geädert; H. 36,5 cm
Schwäbisch Hall, Hällisch-Fränkisches Museum, Inv.Nr. 84/127

Der Heilige steht mit Stricken um die Knöchel beider Füße, um den rechten Oberarm und um das linke Handgelenk an einen Baumstamm gefesselt. Er ist mit einem Lendentuch bekleidet, das über der linken Hüfte gerafft ist und bis in Kniehöhe herabfällt. Das Standbein

55

(rechtes Bein) steht noch fest auf einer niederen Steinplatte, es hält die rechte Körperhälfte noch aufrecht. Das linke Bein, auf eine höherliegende Bruchsteinstufe gestützt und mit dem Fuß am astigen Baumstamm Halt suchend, und die linke Körperhälfte sinken bereits nach vorne weg. Die rechte Hand, im Gelenk abgebogen, liegt mit eingekrampften Fingern auf der Brust. Die linke Hand liegt am Hinterkopf auf, sie ist nur flüchtig ausgearbeitet. Der Kopf des Sterbenden ist schlaff nach links geneigt, die Augen blicken nach unten (gebohrte Pupillen). Sein Mund ist für einen Mann auffallend klein, das Kinn spitz. Die ringel- und s-förmigen Locken liegen flach am Kopfe an. Die durch das langsame kraftlose Absinken des Körpers hervorgerufenen Wendungen und Gewichtsverlagerungen zeigen sich auch in einer Verschiebung, einem Vorwölben und Einsinken bestimmter Muskelpartien, dem der Bildhauer mit anatomischem Wissen nachgegangen ist.

Die Sebastiansstatuette Leonhard Kerns ist ohne den »sterbenden Sklaven« (Brinckmann Abb. 29), den Michelangelo für das Juliusgrabmal in Rom gearbeitet, der aber letztlich dort keine Verwendung gefunden hatte und 1550 nach Frankreich abgegeben worden war, nicht denkbar. Kerns Veränderungen fallen rein vom Motiv her gar nicht so sehr ins Gewicht, verändern aber den Haupteindruck entscheidend. Bedingt durch den Themenwechsel mußte das Aufbäumen gegen den Tod beim Sklaven Michelangelos einer stillen Resignation bei dem Heiligen Leonhard Kerns weichen. Unter den zahlreichen Bronzereduktionen der berühmtesten Marmorwerke Michelangelos waren auch Kopien der Sklaven in Umlauf (Weihrauch S. 175). Adriaen de Vries bildete 1613–1615 seinen Hl. Sebastian (Ausst. Kat. Frankfurt 1986, Abb. S. 143) ebenfalls nach einem Sklaven Michelangelos, nun aber nach dem »rebellierenden« Sklaven (Brinckmann Abb. 28). In der stehenden Frau in Prag (Kat. Nr. 93) hat Leonhard Kern das Kompositionsschema und die Bewegungsmotive des Sebastian noch einmal aufgenommen.

Der Zuschreibung an Leonhard Kern (Berlin, Orangerie '84, S. 38) kann man unbedenklich zustimmen. Physiognomie, Haartracht, die ausgezeichnete Körperbehandlung und schließlich die Verwendung von Alabaster als Marmorersatz sprechen dafür. Die Gesichtszüge –

kleiner Mund, spitzes Kinn – ähneln in etwa denen Isaaks in dem Wiener »Opfer Abrahams« (Kat. Nr. 65).
Der starken italienischen Anklänge wegen wird man die Skulptur bald nach Leonhard Kerns Rückkehr aus Italien, etwa um 1615–1620, ansetzen dürfen.
Leo Bruhns erwähnte 1923 (Anm. 747) die »Statuette eines widerstrebenden gefesselten Sklaven nach Michelangelo« in der Sammlung Marckert–Würzburg 1921, die »dem Stil nach wohl von Leonhard (Kern) herrühren könnte«. Als Material gibt L. Bruhns »grauer Alabaster« an. Ob es sich hier um das Gegenstück zum »sterbenden« Sklaven, nämlich um den »rebellierenden« Sklaven handelt?

Lit.: Berlin, Orangerie '84, S. 38 m. Abb. – Grünenwald 1986, S. 78, Abb. 6.

57
Schlafende Frau

Leonhard Kern
um 1615–1620
Alabaster; 26,5 × 45 cm
Privatbesitz, NL 76

Auf einem Ruhebett mit stark erhöhtem Voluten-Kopfteil, dessen Überschlag auf der Rückseite von einem geflügelten Engelskopf getragen wird und das bedeckt ist von einem faltenreich gebauschten Tuch und prall gefülltem Kopfkissen, schläft eine entspannt auf dem Rücken liegende nackte Frau. Sie schlägt den linken Arm über den Kopf, ihre Hand greift in das über die Haare gezogene Tuch. Mit der rechten Hand knüllt sie das andere Tuchende und bedeckt mit dem Bausch die Blöße. Beide Beine sind leicht gespreizt und angewinkelt, das rechte weniger stark, so daß der Fuß vollständig über die Plinthe hinaussteht. Der von einem Kissen unterlegte Kopf ist etwas nach hinten gesunken, das Gesicht dem Besucher zugewandt. In den regelmäßig gebildeten Gesichtszügen fallen das kleine runde Kinn, der herzförmige Mund mit den tiefliegenden Winkeln – wie bei der Frau des Neuensteiner Liebespaares (Kat. Nr. 87) – die schmale, lange und gerade Nase und das feingebildete Ohr mit dem verdickten Ohrläppchen auf. Über dem Ohr kommt unter dem Kopftuch plastisch gearbeitetes Lockenhaar zum Vorschein. Die Körperbildung zeigt vor allem am Halsansatz (Grübchen), an den Schlüsselbeinen, unter der Achsel, an Armen, Händen (Fingerbildung!) und Füßen (Zehenbildung!), daß der Bildhauer nach einem lebenden Modell gearbeitet hatte. Die Skulptur enthält in diesen individuellen Details bereits alle für Leonhard Kern charakteristischen Merkmale, auf welche in den Beschreibungen seiner Werke immer wieder hingewiesen werden wird.
Die schlafende Frau ist eine Nachbildung der schlafenden Nymphe von Giovanni da Bologna (Kat. Nr. 40), die in zahlreichen Bronzerepliken mit Beifügung eines Satyrs (Weihrauch 1967, Abb. 247) und ohne, in Italien verbreitet war. Ein Exemplar der letztgenannten Fassung diente Leonhard Kern als Vorlage. In der Gesamtkomposition hielt er sich eng an das Vorbild, ersetzte aber die Beinahe-Seitenlage der Bologna-Bronze durch eine Beinahe-Rückenlage und motivierte dadurch die Steilstellung des stark abgewinkelten linken Beines auf der Hauptansichtsseite. Die Anklänge und die Erinnerungen Leonhard Kerns an das Liegemotiv der »Nacht« und an die gleichmäßigen, strengen Gesichtszüge der »Morgendämmerung« auf den Mediceer-Gräbern Michelangelos in Florenz, sowie an die Handhaltung von Michelangelos David, ebenfalls in Florenz, sind offenkundig. Auf die Nachbildung des Kissens unter dem Gesäß der Bologna-Figur verzichtete er zugunsten eines ungebrochenen reichen Faltenwurfes. Offenbar besaß Leonhard Kern eine Reihe von Bronze-Reduktionen nach Giovanni da Bologna, denn auch die Alabastergruppe »Sieg der Tugend über das Laster« (Grünenwald 1969, Taf. 15) enthält deutlich Anklänge an die Tugend-Lastergruppe Soldanis nach Giovanni da Bologna (Weihrauch 1967, Abb. 42).
Neben diesen »italienischen« Reminiszenzen Leonhard Kerns an seine Studienjahre 1609–1613 stehen Anklänge und Erinnerungen an seine Bildhauerlehre bei dem Bruder Michael Kern 1603–1609 bzw. an die vermutete gelegentliche Werkstattgemeinschaft mit diesem nach der Rückkehr aus Italien (s. Kat. Nr. 61). Wir meinen den Engelskopf auf der Rückseite des Ruhebettes, dessen Gesichtsbildung (hohe Stirne) und Haartracht (Mittellocke) an die wappenhaltenden Putti an Michael Kerns Erbachgrabmal von 1609 in Öhringen erinnern.
In keinem der kleinplastischen Werke Leonhard Kerns wirken die italienischen Studienjahre so deutlich nach wie hier, so daß wir eine Datierung eher um 1615–1620,

57

als erst um 1620 (wie 1969), vorschlagen, um so mehr als in diese Zeit (1617) die Nürnberger Rathausportalfiguren fallen.
Möglicherweise gehörte die Skulptur zu den *7 allabasterne Stück,* die in dem 1684 angelegten Kirchberger Kunstkammer-Inventar (v. Schweinitz S. 201) aufgeführt sind.

Lit.: Grünenwald 1956, Abb. S. 143. – Grünenwald 1969, Nr. 71, Taf. 5.

58
Beweinung und Salbung Christi mit 9 Assistenzfiguren

Leonhard Kern
um 1615–1620
Elfenbein, Hartholz, Ebenholzauflage; 24,5 × 40,2 cm
Wien, Kunsthistorisches Museum, Geistliche Schatzkammer, Inv.Nr. D 198

Diese Szene aus der Passion Christi wurde selten dargestellt. Es sind die Vorbereitungen zur Salbung des Leichnams vor der Grablegung. Sie spielt sich, wie bei Leonhard Kern vielfach, auf schmaler Bildbühne in zwei Tiefenschichten ab. Sieben von den insgesamt 9 Begleitfiguren stehen als Silhouetten vor einer Wand aus schwarzem Ebenholz. Vorne in der Mitte, halb liegend, halb angelehnt – sitzend der tote Christus. Zu seinen Füßen kniet Maria Magdalena und küßt die Hand des Toten. Zu seinen Häupten kniet Nikodemus. Er greift in das Salbgefäß, um die Salbung auszuführen. Beide sind die einzigen, die ihre Aufmerksamkeit und ihr Handeln ernsthaft und ausschließlich Christus zuwenden, dies verbindet sie miteinander, trotz kompositioneller Mängel bei der Hinzufügung des Nikodemus. Von den sechs stehenden Assistenzfiguren hinter der Vordergrundsgruppe gehören je zwei zusammen. Auf eine ursprüngliche Einheit weisen nur das Paar Maria und Johannes hin, beide wenden sich trauernd und gestenreich, dem Toten zu, genau wie die Randfigur auf der Gegenseite links, der trauernde Jüngling, der zusammen mit dem Nikodemus ebenfalls eine ursprüngliche Gruppeneinheit erschließen läßt. Von den zwei übrigen Zweiergruppen ist das ältere Paar links im Zwiegespräch völlig mit sich beschäftigt, während das letzte der Paare, rechts davon, eine jüngere Frau mit »venezianischer« (?) Haube und ein vornehm gekleideter beturbanter alter Mann, Joseph von Arimathia, der seine Grabstätte für Christus zur Verfügung gestellt hatte, zwar ebenfalls im Zwiegespräch begriffen sind, dessen Thema aber Christus gewesen ist, wie die Trauergeste der Frau und die Handgeste Josephs von Arimathia unschwer erkennen lassen. Es bedarf nicht des Hinweises auf die sonst unerklärlichen Größenunterschiede der Gruppen untereinander – das Paar Joseph von Arimathia fällt aus diesem Rahmen – und auf die Vertikal-Brüche dazwischen, um zu erkennen, daß die ganze Komposition mehr oder weniger geschickt aus »Fertigteilen« verschiedener Provenienz zusammengesetzt ist. Diese additive Kompositionsweise behielt Leonhard Kern bei der Zweitfassung des Themas mit 11 Begleitpersonen (Möller 1970, Abb. 16; dort zum Vergleich die 9-Personenfassung Abb. 17) bei.
Das kontrastreiche Nebeneinander von Profil- und Frontalansichten, wie wir es in der Mariborer Anbetung (Kat. Nr. 54) analysiert haben, betrifft hier nur die Wendung des Kopfes. Mit Ausnahme des Hauptes Christi, frontal, des Kopfes Mariä und der älteren Frau in Halbprofil, sind die übrigen in reiner Seitenansicht dargestellt. Dies und das lebhafte, ausdrucksstarke Spiel der Hände und der zartgliedrigen Finger lassen die Vorlagen für das Relief in Italien vermuten.
Die Verwendung von Vorlagen, ohne daß solche namentlich genannt werden können, zeigt die additive Kompositionsweise ganz deutlich. H. Fillitz (1957, S. 214) weist auf oberitalienische Einflüsse (Begarelli) hin, L. L. Möller (1970, S. 38) auf Sansovino (Padua, Cappella del Santo: Das Mädchen Carilla), Chr. Theuerkauff (1973, Anm. 18) auf Naccherino und St. Krenn (1987, Nr. 144) auf Tullio Lombardo und auf Giambologna (Genua, Cappella Grimaldi, Beweinungsrelief) hin. Dem Œuvre Giambolognas war Leonhard Kern ohnedies eng verbunden, wie zahlreiche Hinweise im Katalog belegen.
Die Zuschreibung an Leonhard Kern geht auf Hermann Fillitz (1957, S. 203 ff.) zurück. Vergleiche mit signierten, anderweitig gesicherten und stilistisch einwandfrei zugeschriebenen Werken des Bildhauers belegen dies.
Über die Datierung des Reliefs gehen die Ansichten auseinander. Hermann Fillitz (1957, S. 219): Mitte der 20er Jahre, im Hinblick auf die damals (1626) belegte und offenbar sehr intensive Beschäftigung Leonhard Kerns mit »Bildern« (Statuetten und Reliefs) religiöser Themen (siehe Moses, Kat. Nr. 68). Lise Lotte Möller (1970, S. 38) dagegen versetzte beinahe die ganze Wiener Gruppe an Elfenbeinarbeiten Leonhard Kerns in den Zeitraum um 1614–1617; Stefan Krenn (1987, Nr. 144) datierte um 1614–1620.
Wir glauben, unsere seinerzeitige (1969) Datierung »um 1615–1620« beibehalten zu können. Sie berücksichtigt einerseits die offensichtlichen Schwierigkeiten in der Kombination der Einzelgruppen zum Ganzen, zum anderen, daß Leonhard Kern erst nach Eröffnung einer eigenen Werkstatt in Hall (1620) sich der Elfenbeinschnitzerei so widmen konnte, daß ihm (wie 1626) Großaufträge zufließen konnten, deren künstlerische Qualität von der Art des Moses (Kat. Nr. 68) und Hieronymus (Kat. Nr. 67) gewesen sein dürfte.

58

Lit.: Fillitz 1957, S. 203ff., 214ff., 219, Abb. 226. – Theuerkauff 1968, S. 146. – Grünenwald 1969, Nr. 110, Taf. 2. – Möller 1970, S. 38, Abb. 17. – Theuerkauff 1973, S. 166 u. Anm. 18. – Krenn 1987, Nr. 144 m. Abb.

59
Adam und Eva – nach dem Sündenfall sich verbergend

Leonhard Kern
um 1615
Alabaster (?); 33 × 32,5 cm
Klosterneuburg, Stiftsmuseum, Inv. Nr. 286/786

Das erste Menschenpaar hat den Sündenfall hinter sich und ist schon mit Feigenblättern bekleidet, befindet sich aber noch im Paradies unter dem reich belaubten und fruchttragenden Apfelbaum links und einem Feigenbaum rechts, umgeben von zahmen Tieren, einem heufressenden Pferd und einem ruhenden Hund neben Adam und einem grasenden Rind neben Eva, *... und Adam versteckte sich mit seinem Weibe vor dem Angesicht Gottes ... unter den Bäumen im Garten. Und Gott ... rief Adam und sprach zu ihm: Wo bist du? Und er sprach: Ich hörte dich im Garten und fürchtete mich, denn ich bin nackt, darum versteckte ich mich...* (1. Mose 3. 8–10). Adam duckt sich unter dem Apfelbaum, beide Arme und Hände in Abwehrstellung erhoben, den Mund erschrocken geöffnet – man vergleiche die ähnliche Haltung Adams in der später entstandenen Stuttgarter Vertreibung (Kat. Nr. 85) – denn rechts oben erscheint Gott in Gestalt einer Wolke und versengenden Strahlen. Eva duckt sich noch tiefer und ängstlicher unter den niederen Feigenbaum, mit der Rechten schützt sie die Augen vor den blendenden Strahlen Gottes, mit der Linken sucht sie Halt am Stamme des Feigenbaumes. Auch sie hat den Mund erschrocken geöffnet. Ihr Haar fällt in vielen reich gedrehten Lockensträhnen breitgefächert auf den Rücken bis zur Hüfte herab. Die geringe Tiefe der Bildbühne im Relief gestattet raumgreifende Bewegungen nur in bescheidener Dimension, diese spielen sich deshalb vorwiegend parallel zur vorderen Bildebene ab, wobei Leonhard Kern tunlichst Überschneidungen vermied.

Die Ausdrucksstärke der Komposition liegt nicht zuletzt in der Ähnlichkeit von Körperbewegung und Gebärdensprache bei Adam und bei Eva.

Als Vorlage können wir den H. S. Beham-Stich (B. 7. Kat. Nr. 48) von 1543 mit einer Vertreibung aus dem Paradies nachweisen: beide, Adam und Eva, sind spiegelbildliche Varianten des Adam aus dem Behamstich.

59

Die Zuschreibung dieses Reliefs und auch seines Gegenstückes, »Das Verlorene Paradies« (Kat. Nr. 60), erfolgte durch Christian Theuerkauff (briefl. Mitt. v. 4. 12. 1987), dem wir auch den Hinweis auf die beiden Klosterneuburger Reliefs zu verdanken haben. Für die Zuschreibung sprechen zahlreiche formale Details, die in gleichzeitigen und in späteren Arbeiten Leonhard Kerns immer wieder auftauchen. Zur Körperbildung – vor allem Adams – ist auf die ausgearbeiteten Muskelpartien an Beinen, Armen, Schultern und Halsansatz, dann auf die feine Bildung der Hände und der, bei den Frauen oftmals spitz zulaufenden Finger und auf die exakte Ausführung der Finger- und Zehennägel zu verweisen. Bei der Gesichtsbildung beider sind es der leicht geöffnete Mund, in welchem Zunge und Zähne sichtbar werden, man vergleiche den signierten Wiener Hieronymus (Kat. Nr. 67), die angebohrten Nasenlöcher, die weitgestellten Augen, die kräftigen Augenwülste und die feine und exakte Bildung der Ohrmuscheln mit den auffallenden Ohrläppchen und schließlich bei Eva beispielhaft die prachtvolle Lockenfülle, der man selbst noch – oder wieder – in einem Spätwerk wie der »Szene aus dem Dreißigjährigen Krieg« (Kat. Nr. 106) begegnet.

Hinsichtlich der Entstehungszeit hält Christian Theuerkauff beide Reliefs für »frühe« Werke, zumal sie »sehr stark italienische Vorbilder widerspiegeln« (Mitt. 4. 12. 1987). Wir würden sie zeitlich vor die Wiener Beweinung mit 9 Figuren (Kat. Nr. 58) setzen. Der dortige weibliche Profilkopf in der Bildmitte ähnelt sehr dem der Eva in dem Pendantrelief »Das Verlorene Paradies« (Kat. Nr. 60).

Laut Auskunft des Stiftsmuseums Klosterneuburg (Dr. F. Röhrig) ist das Material beider Reliefs Marmor. Ob es nicht doch ein ausgesucht schöner Alabaster ist wie bei dem Frankfurter Erlöser-Christus (Kat. Nr. 62) und der Düsseldorfer Pietà (Kat. Nr. 61)?

Lit.: Klosterneuburg 1889, S. 111, Nr. 50. – Eine Publikation beider Reliefs ist von Christian Theuerkauff »Addenda zu Leonhard Kern« (lt. briefl. Mitt.) in Aussicht genommen.

60
Das Verlorene Paradies – Adam und Eva mit ihren Kindern Kain, Abel und Seth

Leonhard Kern
um 1615
Alabaster (?); 33 × 30 cm
Klosterneuburg, Stiftsmuseum, Inv. Nr. 287/787

Gegenstück zu »Adam und Eva sich verbergend« (Kat. Nr. 59).

»Und Adam nannte sein Weib Eva, denn sie wurde die Mutter aller, die da leben. Und Gott ... machte Adam und seinem Weibe Röcke von Fellen und zog sie ihnen an« (1. Mose 3.20–21). Unter dem Vordach einer roh gezimmerten offenen Hütte sitzt Eva beim Spinnen. Sie ist bekleidet mit einem Schaffell, die Fellseite nach innen, das ihre Knie und ihre linke Schulter bedeckt. Auf die rechte Schulter und auf den Rücken fällt das Haar in vielen reich gelockten Strähnen. Ihr fein geschnittenes, beinahe »klassisches« Profil ähnelt dem der Trauernden in der Bildmitte der Wiener Beweinung (Kat. Nr. 58) und noch dem der Kasseler Venus von 1657 (Kat. Nr. 108). Mit zwei Fingern der linken Hand zieht sie den Faden aus dem Spinnrocken und wickelt ihn, mit der anderen Hand die Spindel drehend, auf. Adam sitzt ihr gegenüber unter einem Laubbaum. Auch er trägt ein Schaffell, das seinen Körper von der Brust bis zu den Knien bedeckt. Seinen Mund sprechend öffnend blickt er zu Eva hinüber. Der Kinnbart ist fein gekräuselt, das Haupthaar fällt in großen Ringellocken in den Nacken. Er ist damit beschäftigt, eine langstielige Hacke zu reparieren: *Im Schweiße deines Angesichts sollst du dein Brot essen, bis du wieder zu Erde werdest, davon du genommen bist...* (1. Mose 3.19). Hinter ihm steht der bereits domestizierte Hund. Zwischen Adam und Eva die beiden älteren Kinder. Kain, dem Vater zugewandt und ihm zuhörend, hält mit der einen Hand den Rockenstab, mit der anderen liebkost er seinen auf dem Boden sitzenden Bruder Abel. Kindlich unbekümmert stellt Kain seinen Fuß auf den seiner Mutter – ein reizendes Genremotiv. Neben Eva liegt auf dem Boden und auf einem Schaffell das dritte Kind des Paares, Seth, und spielt mit einem Äffchen. Alle drei Knaben, völlig nackt, gehören zu dem rundköpfigen

Kindertypus Leonhard Kerns. Zwischen Hütte und Baum geht der Blick in einen Baum- und Grasgarten, in welchem eine Kuh grast.
Die Züge Adams scheinen mehr individualisiert – die leicht gebogene Nase ähnelt der des Berliner Adam (Kat. Nr. 83) –, die Züge Evas scheinen mehr idealisiert zu sein.
Die Komposition erinnert an Renaissance-Darstellungen des Paares Herkules (spinnend) und Omphale (mit der Herkules-Keule in der Hand).
Zu Stil, Zuschreibung, Zeitstellung und Literaturangaben siehe das Gegenstück »Adam und Eva sich verbergend« (Kat. Nr. 59).

61
Pietà

Leonhard Kern
1614–1620(?)
Alabaster; 38,2 × 28,7 cm
Düsseldorf, Kunstmuseum, Leihgabe Sammlung Dr. H. Ricke, Inv. Nr. L 1975–7

Der Leichnam Christi ruht nicht, wie üblich, im Schoße Mariens, sondern lehnt halb sitzend, halb liegend neben ihr. Beide Gestalten bilden zusammen eine lockere Dreieckskomposition, die im Haupte der Maria gipfelt. Sie sitzt auf einer naturalistisch gestalteten, mit Grasbüscheln bewachsenen ansteigenden Bodenformation, einen Fuß auf Steinplatten aufgestützt, bekleidet mit einem in großzügigen Falten fallenden Gewand, das auch ihr Haupt bedeckt. Mit ihrer Rechten hält sie den Körper Christi, ihre linke Hand berührt zart den auf ihrem Schoß liegenden Arm des Sohnes. Mit halbgeschlossenen tränenden Augen und vor Erschöpfung leicht geöffnetem Mund ist sie wahrhaftig das Bild der »schmerzhaften Mutter-Gottes«. Christi Haupt ist herabgesunken. Sein Haar fällt in langen lockigen Strähnen auf Schulter und Rücken, der kurzgeschnittene Bart ist fein gekräuselt. Er ist mit einem Lendentuch bekleidet und liegt auf dem reich gefalteten Grabtuch, den Fuß auf eine Steinplatte aufgestützt. Seine Haltung ist nicht die eines Toten – wie in der Wiener Beweinung (Kat. Nr. 58) – sondern wie im Schlafe gelöst ruht er angeschmiegt an seine Mutter. Dies war Absicht des Bildhauers, denn er bildete weder die Nagelspuren noch die Seitenwunde ab. Auf

60

61

dem Boden sind Totenschädel sowie Dornenkrone und Zange verstreut. Es ist der Schädel Adams, der auf Golgatha begraben sein soll, zugleich symbolischer Hinweis auf Christus als den Neuen Adam. Die sonst üblicherweise beigefügten drei Kreuzesnägel fehlen hier, weil ja auch der Körper weder die Kreuzigungsmerkmale noch die Seitenwunde aufweist. Dies geht wohl auf den Künstler selbst zurück, der darin von den unten genannten Vorlagen abweicht, und läßt vermuten, daß das Relief als privates Andachtsbild dienen sollte, wofür auch die geringen Größenabmessungen sprechen.

Als Vorlage können wir eine Plakette nachweisen, die lt. Ingrid Weber (1975, Nr. 452, Taf. 132) vermutlich in Augsburg zu Ende des 16. Jahrhunderts nach italienischem Vorbild (Michelangelo) entstanden war. Bis in Einzelheiten des Faltenwurfes lehnte sich der Bildhauer des Alabasterreliefs daran an. Dieselbe Plakette diente als Vorlage für eine Pietà im Auszug des Rottendorfer Altares (bei Würzburg), den Tilman Kossatz (1988, S. 248 u. Anm. 926, Abb. 99 und hier S. 70) dem Michael Kern bzw. seiner Werkstatt, um 1610, zuschreibt. Schließlich diente dieselbe Augsburger (?) Plakette als Vorlage für ein hochrechteckiges Pietà-Relief, das im Prodromus (Taf. 29, hier Abb. S. 147) spiegelbildlich (Repro-Stich!) abgebildet und im Kunstinventar des Erzherzogs Leopold Wilhelm von Österreich 1659 (Berger S. 170, Nr. 137) erwähnt ist (wie übrigens mehrere von Leonhard Kerns Elfenbeinstatuetten). Der Eintrag lautet: *Ein Vesperbildt von weissen Marmel, da ein todter Christus vnser liebe Fraw auf dem Schosz ligt, vnd oben in der Höche zwey Engel sein. In einer halben Rondung in einer schwartzen Ramen, 2 Span 4 Finger hoch vnd braidt 2 Span genaw* (50 × 41,5 cm). Die Prodromus-Pietà unterscheidet sich in zwei Punkten von der Düsseldorfer Pietà, indem im Prodromus-Relief ein durchgehender Steinsockel die Grasbodenformation (Düsseldorf) ersetzt und beiderseits des Hauptes Mariä zwei herbeifliegende Kinderengel hinzugefügt sind. Genau dieselben Kinderengel fliegen zu Häupten Christi im Frankfurter Erlöser-Christus-Relief (Kat. Nr. 62), welches Jörg Rasmussen (1977) dem Leonhard Kern zuschreibt und um 1614 datiert. Man kann daraus schließen, daß die Düsseldorfer Pietà und die Prodromus-Pietà von derselben Hand stammen wie der Frankfurter Erlöser-Christus, nämlich von Leonhard Kern. Und weil Leonhard Kern für seine beiden Pietà-Reliefs dieselbe Plakette verwandte, die schon zuvor um 1610 sein Bruder Michael für die Rottendorfer Pietà benutzt hatte, als Leonhard Kern noch in Italien war (1609–1614), wird man auf eine zeitweilige Werkstattgemeinschaft beider Brüder schließen können, die mit der Rückkehr Leonhard Kerns von Italien 1614 begann und mit seiner Übersiedlung nach Hall 1620 endete, womit eine Datierung des Düsseldorfer Reliefs 1614–1620 wahrscheinlich ist. Für eine frühe Datierung spricht auch, daß sich Leonhard Kern hier sehr eng an die Vorlage hielt, was bei seinen späteren Arbeiten immer weniger der Fall sein sollte.

Für die anatomisch exzellente Behandlung des Körpers Christi, insbesondere Brustkorb, Halsansatz und Kniegelenke in Verbindung mit Knochen, Muskeln und Sehnen, für Gesichtstypus, Haar- und Barttracht und schließlich für Einzelheiten, wie die leicht verdickten Ohrläppchen und die feine Bildung der Hände und Finger bieten sich zum Vergleich die schon seit langem als Arbeiten Leonhard Kerns erkannten Wiener Beweinungen (Kat. Nr. 58), die Wiener Statuetten (Kat. Nr. 67, 68) und neuerdings der Frankfurter Erlöser-Christus (Kat. Nr. 62) an. Die von uns vertretene Vermutung, daß das Œuvre Michael Kerns keine Beispiele für eine solche Feinheit der Steinbearbeitung enthalte – und deshalb die Hand Michael Kerns an der Düsseldorfer Pietà grundsätzlich auszuschließen sei – widerlegt Tilman Kossatz mit dem dankenswerten Hinweis (briefl. Mitt.) auf die »äußerste Feinheit« mit welcher Michael Kern z. B. die Allegorien auf dem Schwert des Bischofs Aschhausen (Würzburg, Dom) ausgeführt habe.

Damit stellt sich für die künftige Forschung das Problem der Abgrenzung der Frühwerke Leonhard Kerns, vor allem der Alabasterarbeiten, von den kleinformatigen Werken Michael Kerns. Helmut Ricke machte auf eine »im Detail vereinfachte und schwächere Zweitfassung« der Düsseldorfer Pietà im Historischen Museum in Bamberg (Inv. Nr. P 2/5) aufmerksam (briefl. Mitt.).

Lit.: nicht veröffentlicht.

62
Erlöser-Christus mit vier Engeln

Leonhard Kern
um 1614(?)
Alabaster, mit weitgehend erhaltener ursprünglicher Vergoldung; 37,1 × 23,5 cm
Frankfurt a. M., Liebieghaus, Museum alter Plastik, Inv. Nr. 2386 (hier als »Erbärmde«-Christus bezeichnet)

Der auferstandene Christus steht frontal in klassischem Kontrapost, den rechten Arm abgewinkelt erhoben, den linken gesenkt, und zeigt die Wundmale an seinen Händen. Er ist bekleidet mit Lendentuch und Schultermantel, der hinten beinahe bis zum Boden reicht. Das Haupthaar fällt in großgeformten Locken auf die Schultern, der Bart besteht aus gleichmäßig gedrechselten kurzen Korkenzieherlocken, in welchen der lang ausgezogene Lippenbart übergeht. Die Gesichtszüge Christi sind sehr regelmäßig, noch keine Spur von der später

62

häufig auftretenden »Unmutsfalte« (Möller) bzw. dem »gerunzelten« Ansatz der Nase (Theuerkauff). Die gebohrten Pupillen weisen den Blick nach oben und nicht, wie man seiner Kopfwendung entnehmen könnte, zu dem rechts von ihm stehenden und zu ihm aufblickenden Engel. Die Körperbehandlung (Kniegelenke, Brustkorb, Halsansatz, Armvenen) bezeugen das intensive Modellstudium Leonhard Kerns. Die beiden flankierenden Jünglingsengel wiederholen die Kontrasthaltung und Kontrastgebärden Christi. Der Engel links, in Seitenansicht, steht ruhig da, die Füße im rechten Winkel zueinander, mit angelegten Flügeln, senkt sein Haupt (Profil) und ist ganz darauf konzentriert, das zusammengeknüllte Manteltuch Christi in seinen erhobenen Händen zu halten. Der Engel rechts in Frontalansicht steht breitbeinig in Schrittstellung, mit etwas geöffneten Flügeln, das Haupt (Profil) zu Christus erhoben und zieht das ausgebreitete Manteltuch Christi mit gesenkten Händen zu sich herüber. Beide Jünglingsengel sind von kräftiger Statur, kurzgelockt und mit einem kurzen, den Oberkörper frei lassenden Gewand bekleidet. Auf dem Grasboden liegen Dornenkrone und drei Kreuzesnägel. Im Korbbogenschluß der Bildplatte fliegen zwei völlig nackte Kinderengel herbei, in Seiten- bzw. Frontalansicht entsprechen sie den Jünglingsengeln, ihre Handhaltung dagegen, offen bzw. geschlossen, ist übers Kreuz gewechselt. Ihre Körperbehandlung unterscheidet sich deutlich von der der drei anderen Gestalten und ist merklich schwächer. Sie gehören zum Typus der Leonhard Kernschen Kinder der Folgezeit. Diese beiden Kinderengel entsprechen genau denen in einem ehemaligen Wiener Pietà-Relief, (spiegelbildlich) abgebildet im Prodromus von 1735 (Taf. 29; hier Abb. S. 147), in welchem wir wegen der kompositionellen Übereinstimmung mit der Düsseldorfer Pietà (Kat. Nr. 61) ebenfalls ein Werk Leonhard Kerns erkennen.

Das Motiv des auferstandenen Christus zwischen Jünglingsengeln war durch italienische Plaketten des 16. Jahrhunderts verbreitet – J. Rasmussen (1977, Anm. 8) verweist auf Weber (1975), Taf. 180 (Nr. 657, 660) und Taf. 275 (Nr. 961,2) –, deren Kenntnis man bei Leonhard Kern voraussetzen kann. Für die künstlerische Gestaltung und damit auch für die Interpretation des Auferstandenen – die Bezeichnung »Erbärmde«-Christus (Liebieghaus) entspricht nicht der Bildaussage – führt der Weg unmittelbar zurück zu dem Blatt »Der Ungläubige Thomas« in Dürers »Kleiner Passion« – die Kenntnis der »Kleinen Passion« durch Leonhard Kern belegen übrigens auch die Berliner Adam-Eva-Gruppe in Holz (Kat. Nr. 86) und der Wiener Christus in der Ruhe (Kat. Nr. 72). Deutlich nachvollziehbar sind die italienischen Erinnerungen Kerns, die in der großartigen Dreier-Komposition zu fassen sind; nicht von ungefähr galt das Relief früher als italienische Arbeit – wie ja übrigens auch eine Reihe kernscher Kleinbronzen. Jörg Rasmussen (1977, S. 106f.) verweist hier auf Michelangelo (auferstandener Christus in S. Maria sopra Minerva in Rom, zu den Jünglingsengeln auf die Fresken in der Cappella Paolina im Vatikan) und auf Jacopo Sansovino (Jünglingsengel in S. Marco-Venedig, im Santo-Padua). Als Vorlage für die beiden unorganisch und gleichsam als (überflüssige) Füllsel eingefügten Kinderengel können wir einen Stich Raphael Sadelers I (1560–1632) nach einer Invention des Jacobus Palma (Palma d. J. 1544–1628) nachweisen (Hollstein 1980, Bd. 22, S. 187, Abb. 28). Leonhard Kern vertauschte die beiden Engel – der frontalansichtige Engel Palmas fliegt bei Kern rechts, der seitenansichtige links – und mußte sie deshalb spiegelbildlich zum Stich darstellen, außerdem reduzierte er die weit ausgebreitete Armhaltung des seitenansichtigen Palma-Engels. Zur Verwendung des Sadeler-Stiches durch Michael Kern s. S. 146 u. Abb. 1.

Jörg Rasmussen hatte schon 1977 (S. 105ff.) das Frankfurter Relief nicht nur als unzweifelhaftes Frühwerk Leonhard Kerns erkannt, er vergleicht es mit den Frühwerken in Wien (Beweinung Christi, Kat. Nr. 58) und in Hamburg (Kreuzigungsgruppe, Möller 1970, Abb. 1–6) und weist ihm einen hervorragenden Platz im Gesamtwerk des Meisters zu (S. 105): »Unter den bisher bekannt gewordenen Werken Kerns gibt es keine zweite dermaßen von rhythmisch ausgewogener Symmetrie bestimmte Komposition«. Wie meinen, daß die erst kürzlich bekannt gewordene Düsseldorfer Pietà (Kat. Nr. 61) gleichbedeutend dazugesellt werden darf.

Ob das Christusrelief, das sich ehemals in einer Privatsammlung in Colorado/USA befand, noch »in die italienische Zeit« oder in die »Zeit nach der Rückkehr aus Italien [1614] bis zur endgültigen Nieder assung in Schwäbisch Hall [1620]« fällt (Rasmussen 1977, S. 108, in der Bildunterschrift datiert J. Rasmussen »um 1614«) könnte vielleicht durch eine Materialuntersuchung (italienischer oder Forchtenberger Alabaster?) entschieden werden. Ihrem Stil nach stehen die beiden Engel, »ungemein realistisch erfaßte, ältliche, kräftig gedrungene Kinder von etwas mürrischem Wesen« (Rasmussen 1977, S. 107) den Engelknaben in der Mariborer Marienkrönung (Kat. Nr. 55) von 1613 näher als denen im Wiener Alabasterrelief Flucht aus Ägypten (Grünenwald 1969, Nr. 103, Taf. 3), welches wir um 1620 datiert hatten. Das Frankfurter Alabasterrelief dürfte deshalb nicht allzu lange nach der Marienkrönung entstanden sein: um 1614 (?).

J. Rasmussen (1977, S. 105) erklärte die Darstellung ikonographisch als ein in »lehrhaft-idealisierendem Sinne« umgedeutetes Andachtsbild, vielleicht geprägt durch »protestantisch gerichtete Überlegungen«. Diese lagen dem im protestantischen Forchtenberg geborenen und in der protestantischen Reichsstadt Schwäbisch Hall lebenden Künstler verständlicherweise nahe. Deshalb wundert auch nicht, daß ein letztlich konservativer Mensch und retrospektiver Künstler wie Leonhard Kern so viele Anregungen dem Werk Dürers und dem der deutschen Kleinmeister entnommen hatte.

Das Frankfurter Christusrelief ist möglicherweise identisch mit dem von Leo Bruhns (1923, Anm. 747) erwähnten, in der Sammlung Marckert-Würzburg 1921 befindlichen »Relief des auferstandenen Heilands zwischen Engeln« (grauer Alabaster), das »dem Stil nach wohl von Leonhard [Kern] herrühren könnte«.

Lit.: Rasmussen 1977, S. 105–108, Abb. 1. – Beck 1985, S. 340, 342, Abb. 7.

63

Farbtafel 5 (S. 104)

Bildhauerjüngling und / oder Allegorie der Bildhauerkunst

Leonhard Kern
um 1620
Bronze; H. 16 cm
Braunschweig, Herzog Anton Ulrich-Museum, Inv. Nr. Bro 130

Auf einer halbmondförmig ausgeschnittenen Plinthe steht frontal und in breitbeinigem Kontrapost ein völlig nackter junger Mann. In der erhobenen linken (!) Hand hält er den Schlägel und holt zum Schlage auf den Meißel aus, den er am Kopfe einer vor ihm stehenden antikisierenden männlichen Büste angesetzt hat. Bei dieser fehlt nur noch die Feinarbeit an Haupthaar, Lippen- und Backenbart. Abgesehen davon trägt die Büste dieselben Gesichtszüge (Augen- und Mundpartie!) wie der Bildhauer selbst und wie viele andere Männerdarstellungen Kerns. Diesem ist die Anstrengung ins Gesicht geschrieben: er preßt die Lippen zusammen, runzelt Augenbrauen und Stirne. Sein Körperbau ist keineswegs idealisiert, wie beispielsweise beim Geldzähler (Kat. Nr. 77), sondern untersetzt und kräftig. Trotz der etwas summarischen Körperbehandlung sind die anatomischen, auf Modellstudien beruhenden Kenntnisse des Künstlers offenkundig. Der statuarisch feste Aufbau der Figur zeigt die Hand des geborenen Bildhauers.
Hans R. Weihrauch (1967, S. 340) erkannte als erster die künstlerische Nähe der Bronze zum Œuvre Leonhard Kerns. Die Vereinfachung der Körperformen veranlaßte ihn – wahrscheinlich beim Vergleich mit dem von ihm Leonhard Kern zugeschriebenen Geldzähler (Kat. Nr. 77) – zu dem Urteil »vielleicht nicht eigenhändig ... aber doch Leonhard Kern nahestehend«, dem sich Christian Theuerkauff (1973, S. 165) »kaum eigenhändig« anschloß. Wir sehen dagegen in dem der Bronze zugrundeliegenden Tonmodell eine Art skizzenhaften Bozzetto, einen rasch modellierten Einfall von Leonhard Kerns eigener Hand, der ursprünglich vielleicht gar nicht zum Guß bestimmt war. Wer sollte sonst auf den Gedanken an eine solch »ausgefallene Thematik« (Weihrauch) und an die Darstellung des Bildhauers als Linkshänder (!) kommen, angesichts der so augenfälligen persönlichen Beziehung – Identifikation ohne Porträtanspruch! – zwischen Künstler und Kunstwerk. War Leonhard Kern Linkshänder? Die übliche Erklärung für spiegelbildliche Kompositionen, nämlich die Verwendung von Reproduktionsstichen, dürfte angesichts des so persönlich geprägten Vorwurfs entfallen. Bodo Hedergott (1975) weist mit Recht auf diese neuartige Artikulierung des Selbstbewußtseins als freier Künstler und der Selbstdarstellung als quasi antike Aktfigur durch Leonhard Kern nach seiner Rückkehr aus Italien hin und wertet in dieser Hinsicht die Bronze als »einen Höhepunkt im Aufgang des Barock«.
Unsere seinerzeitige (1969) Datierung »um 1635/1640« dürfte allerdings zu spät angesetzt sein. Wir möchten die Bronze jetzt eher zeitlich und stilistisch in die Nähe des Chronos (Kat. Nr. 75) setzen und sie damit an den Nachwirkungsbereich der italienischen Studien heranrücken, das heißt in die Zeit um 1620.
Eine unseres Wissens noch nicht untersuchte Frage ist, wo und in welcher Gießerei Leonhard Kern überhaupt seine Bronzen gießen ließ. Es liegt nahe, an eine der Nürnberger Werkstätten zu denken.

Lit.: Weihrauch 1967, S. 340. – Grünenwald 1969, Nr. 21, Taf. 17. – Theuerkauff 1973, S. 165. – Warschau, Ausstellung 1974, Nr. 110, Abb. 50. – Hedergott 1975, Nr. 131, Abb. 51.

64

Abraham führt Isaak zur Opferung

Leonhard Kern
um 1615–1620(?)
Elfenbein; H. 29,5 cm
Düsseldorf, Kunstmuseum, Leihgabe Sammlung Dr. M. J. Binder, Inv. Nr. B 62

Abraham und Isaak auf dem Weg zur Opferstätte. »Und Abraham nahm das Holz zum Brandopfer und legte es auf seinen Sohn Isaak. Er aber nahm das Feuer und das Messer in seine Hand; und gingen die beiden miteinander« (1. Mose 22,6). Abraham, auf dem schwersten Gang seines Lebens, setzt voll und gewichtig auftretend Schritt vor Schritt, der linke Fuß steht bereits über die Plinthe vor. Isaak dagegen läuft leichtfüßig in kleinen Schritten, den rechten Fuß eben vom Boden abhebend, neben dem Vater her. Abraham trägt mit beiden Händen die eigentliche Last des Holzbündels über dem Rücken Isaaks, das dieser eher der Form halber unterfaßt, und schaut auf seinen Sohn herab. Gesichtszüge und Haartracht Abrahams, wie überhaupt aller alten biblischen Männer, gestaltete Leonhard Kern nach Art der antiken Philosophenporträts, doch mit dem unverwechselbar kernschen »angestrengten« Gesichtsausdruck. Zu den charakteristischen Merkmalen gehören die lange, kräftig gebildete, leicht gebogene Nase mit »gerunzeltem Ansatz«, die vortretenden Augenwülste und die breitflächige Stirne, dann das reich gelockte Haupthaar und der in Lockenkaskaden bis auf die Brust fallende gespaltene Vollbart, in den der lang ausgezogene Lippenbart, einem Tropfsteingebilde ähnlich, übergeht. Abraham ist bekleidet mit einem knielangen, fransenbesetzten Hüftrock, an dessen Gürtung ein Waidmesserbesteck hängt. Isaak, völlig nackt, beugt sich über den Oberschenkel des

64

Vaters und greift mit der rechten Hand an die Spitze der Scheide, mit der linken unterfaßt er das Holzbündel. Der kräftige, muskulöse Körper Abrahams (Rücken, Arm- und Wadenmuskeln!) steht in merkwürdigem Gegensatz zu seinen feingebildeten schlanken Händen (linke Hand!) mit den gepflegten Fingernägeln. Die Gruppe ist vorwiegend auf eine Hauptansicht (frontal) angelegt, doch eröffnet die Schrittstellung Abrahams eine Diagonalansicht von links, seine Gegenbewegung mit Oberkörper und Kopf nach rechts und die Einfügung Isaaks gerade hier eröffnen eine zweite, künstlerisch bedeutendere Diagonalansicht von rechts.

Die Zuschreibung der Gruppe durch Christian Theuerkauff (1966) an Leonhard Kern ist gesichert durch Vergleich mit signierten Arbeiten des Künstlers, beispielsweise mit dem Wiener Hieronymus mit dem Löwen (Kat. Nr. 67).

Zur Datierung machte Christian Theuerkauff (1966) den Vorschlag »um 1640–1650«, änderte ihn (1968) ab in »ca. 1615–1620(?)«, den wir (1969) und Helmut Ricke (1985) übernahmen. Lise Lotte Möller (1970) konstatierte ein stärkeres Nachwirken der italienischen Erinnerungen Leonhard Kerns und setzte die Gruppe deshalb »um 1614–1617« an.

Das Thema lag Leonhard Kern augenscheinlich sehr am Herzen, denn bisher sind nicht weniger als sechs Fassungen bekannt geworden. Diese unterscheiden sich dadurch voneinander, daß sie verschiedene Phasen des Ablaufes fixieren. Erstens: die menschlich verständliche Abwehrhaltung Abrahams vor Beginn des letzten Wegestückes zu zweit zur Opferstätte (London, Kat. 73), zweitens: das Beladen Isaaks mit dem Brandholz und der Weg zu zweit zur Opferstätte (hier sowie Berlin, Walnuß. Theuerkauff 1968, Abb. 43), drittens: die Ankunft an der Opferstätte und das Abladen des Holzes (Wien, Alabaster, Kat. Nr. 66), viertens: der vorletzte Augenblick vor der Opferung (Wien, Elfenbein, Kat. Nr. 65), fünftens: der allerletzte Augenblick vor der Opferung (London, Kat. Nr. 74), diese Gruppe hatte Leonhard Kern als einzige signiert (s. dort). Unter den Fassungen der zweiten Phase stehen die Berliner (Walnuß) und die Düsseldorfer Gruppe (Elfenbein) einander am nächsten, auch wenn die erstgenannte eventuell »von anderer Hand« stammen sollte, was Lise Lotte Möller (1970, Anm. 8) zu bedenken gibt.

In der bildenden Kunst ist die »Opferung« Isaaks die wichtigste und am frühesten belegte unter allen Abraham-Themen. Sie wird, ausgehend von den Kirchenvätern, im Mittelalter als symbolische Vorwegnahme der Passion und des Opfertodes Christi gedeutet, wobei Abraham mit Gottvater, Isaak mit Christus gleichgesetzt werden. Der Gang zur Opferstätte gilt als Präfiguration der Kreuztragung Christi: Isaak trägt selbst das Holz für seine Opferung. In den protestantischen Ländern kam diesem biblischen Thema in Theologie und Kunst eine zentrale Bedeutung zu. Martin Luther befaßte sich intensiv und grundsätzlich mit der Auslegung des scharfen Widerspruchs von göttlichem Gebot und göttlicher Verheißung und mit der darin liegenden Versuchung, an dem Versprechen Gottes irre zu werden. Rembrandt wandte sich mehrfach in Radierungen, Zeichnungen und Gemälden diesem dramatischen Geschehen zu, das weit über die Bedeutung und die Darstellung einer biblischen Geschichte hinausgeht.

Lit.: Theuerkauff 1966, S. 52, Nr. 5, Abb. 5. – Theuerkauff 1968, S. 146f., Abb. 45. – Grünenwald 1969, Nr. 30. – Möller 1970, S. 35, 38f., Abb. 11. – Ricke 1977, IV. Nr. 24 m. Abb. – Ricke 1985, Nr. 89 m. Abb.

65
Abraham führt Isaak zur Opferung

Leonhard Kern
um 1620
Elfenbein; H. 30 cm (mit Plinthe)
Wien, Kunsthistorisches Museum, Sammlung für Plastik und Kunstgewerbe, Inv. Nr. 4571

Leonhard Kern stellt hier die Ankunft Abrahams und Isaaks auf dem Opferplatz dar. Isaak hat das Holzbündel, das er den ganzen Weg getragen hatte, auf dem Boden abgesetzt und kniet, sich ausruhend, darauf nieder. Abraham steht anscheinend ruhig da – abwartend und nach oben blickend. Zwischen seinen Beinen liegt quer, gleich einer symbolischen Barriere, das Holzbündel. Mit dem linken Bein (Spielbein) ist er schon darüber hinweggeschritten, der Fuß steht weit über die Plinthe hinaus vor. Die bipolare Spannung, welcher Abraham ausgesetzt ist, drückt sich nur in dem heftig wogenden, von der Brust abstehenden, sich hochbäumenden Bart und dem verwehten Haupthaar aus. Mit der zur Faust geballten rechten Hand umkrampft er den Schwertgriff und hält das Schwert, noch in Ruhestellung, aber schon gezückt, steil hoch, Zeichen der Bereitschaft den blutigen Auftrag auszuführen. Mit zärtlicher Gebärde der feingliedrigen linken Hand aber zieht er Isaak beschützen wollend an sich. Isaak stellt, im Gleichklang mit Abraham, seinen rechten Fuß nach vorne gerade bis zum Rand der Plinthe, der andere Fuß ist, wie bei Abraham, zurückgesetzt, seine hochgestellte Ferse steht über die Plinthe hinaus. Mit der linken Hand faßt er in Gürtel und Rock des Vaters, um wie ein Kind die schützende Nähe »handgreiflich« zu erleben. Der rechte Arm hängt herab, mit der Hand hält er noch immer die Umschnürung des detailliert realistisch nachgebildeten Holzbündels fest. Seine Haltung ist ruhig, sein Blick gesenkt. Das Gesicht ist auffallend schmal, mit spitzem Kinn aber mit ausgeprägtem Unterkiefer, kleinem Mund, fein ausgebildeten Nasenflügeln, verdickten Ohrläppchen und ähnelt sehr dem signierten Münchner Sebastian (S. 54, Abb. 1). Die sichellockigen Haare liegen flach am Kopfe an. Isaak ist nackt, nur ein Tuch liegt auf seiner rechten Schulter und fällt nach hinten auf den Rücken und nach vorne, das Geschlecht bedeckend. Abraham dagegen ist ganz bekleidet mit Gamaschen und Sandalen sowie mit einem knielangen, parallelfaltigen Gewand, dessen Kragen tief auf den Rücken fällt.

Die Gruppe besitzt zwar eine Hauptansichtsseite, frontal, aber wie bei Leonhard Kern immer, sind die Diagonal- und Seitenansichten bewußt in die Gesamtkomposition einbezogen: sowohl die Abraham-Seite als auch die Isaak-Seite sind durch die Art der Schrittstellung seitlich geöffnet und frei von verunklärenden Überschneidungen. Die Gestalten selbst sind frontal dargestellt, die Köpfe nach rechts gewendet – Abraham blickt nach oben, Isaak zu Boden – wodurch die Isaak-Seite als die zweitwichtige Ansichtsseite ausgewiesen ist. Von vorn und von hier aus ist die Gruppe streng tektonisch aufgebaut aus Horizontalen, Diagonalen und Vertikalen, die in Abrahams Schwert gipfeln.

Die Zuschreibung der Wiener Gruppe an Leonhard Kern geht auf Julius v. Schlosser (1910) durch Vergleich mit dem signierten Hl. Hieronymus m. d. Löwen (Kat. Nr. 67) zurück: in Physiognomie – leicht geöffneter Mund mit angedeuteten Zähnen, gerade Nase, gefurchte Augenbrauen mit zwei Steilfalten dazwischen, Stirnquerfalten – in Haarbehandlung, in Körperbehandlung – betonte Unterkiefer, Adamsapfel, verdickte Ohrläppchen, Darstellung der Muskeln und der Venen – besteht vielfach Übereinstimmung. Der Vergleich mit dem Ninus vom Nürnberger Rathausportal (1617) bestätigt nicht nur die zweifelsfreie Zuschreibung Schlossers, sondern läßt auch eine nicht sehr viel spätere Entstehungszeit vermuten, zumal die Erinnerungen an Italien noch lebhaft sind: linke Hand Abrahams und rechte Hand des David von Michelangelo! Lise Lotte Möller (1970, S. 38, Anm. 22) weist in diesem Zusammenhang auf den Hl. Andreas in Gesù Nuovo von Naccherino in Neapel hin, wo sich Leonhard Kern einige Zeit aufgehalten hatte.

65

Die Wiener Elfenbeingruppe des Abraham-Opfers gehört zu den älteren unter den bisher bekannt gewordenen und sie ist die einzige, in welcher Abraham vollständig bekleidet ist (vgl. die Zusammenstellung bei Chr. Theuerkauff 1968, S. 147).
Die Datierung Christian Theuerkauffs (1968, S. 147, Abb. 44) auf ca. 1620–1630, in Anlehnung an H. Fillitz (20er Jahre), und die Datierung von Lise Lotte Möller (1970, S. 38) um 1614–1617 gehen, wie wir meinen, mit den Grenzwerten zu weit nach oben bzw. nach unten. Wir möchten deshalb unseren seinerzeitigen (1969) Datierungsvorschlag »um 1620« beibehalten.
Zur Geschichte und Bedeutung des Abraham-Isaak-Opfers siehe unter Düsseldorf (Kat. Nr. 64).

Lit.: v. Schlosser 1910, Bd. 2. Taf. 41,4 m. Text. – Scherer 1916, S. 310. – Planiscig-Kris 1935, S. 129. – Fillitz 1957, S. 215f., Abb. 241. – Theuerkauff 1968, S. 146, Abb. 44. – Grünenwald 1969, Nr. 101, Taf. 6. – Möller 1970, S. 38, Abb. 8. – Himmelein 1986. Bd. 2. S. 572, Nr. I 37 m. Abb.

66
Abraham führt Isaak zur Opferung

Leonhard Kern
um 1620–1630(?)
weißer Alabaster, kaum geädert; H. 34,7 cm
Wien, Kunsthistorisches Museum, Sammlung für Plastik und Kunstgewerbe, Inv. Nr. 10082

Über die biblische Erzählung und über deren unterschiedliche Darstellung in der Skulptur durch Leonhard Kern vgl. die motivähnliche Fassung in Düsseldorf (Kat. Nr. 64). Dort hat Abraham den Isaak mit dem Holzbündel beladen und beide sind im Begriff, die Wanderung zu beginnen. Hier scheinen sie am Opferplatz angekommen zu sein. Im Gleichklang des Standmotivs setzen beide jeweils den linken Fuß vor, der nun auch nicht mehr über die Plinthe hinaussteht. Abraham tritt mit beiden Füßen, die beinahe rechtwinkelig zueinander stehen, fest und mit ganzer Sohle auf. Isaak dagegen hat die Ferse des Spielbeines angehoben, um weit vorgebeugt das Holzbündel am vorderen Ende zu stützen. Um das Gleichgewicht halten zu können, stützt er sich mit der linken Hand (gekrümmter Zeigefinger!) auf dem Oberschenkel des Vaters ab. Dieser hat zuvor schon Feuerstein, Feuersteinmesser und Anzündholz zwischen seinen Füßen auf dem Boden abgelegt. Jetzt ist er im Begriff, das bislang auf dem Rücken Isaaks lastende Holz (s. Düsseldorf) mit beiden Händen über den Kopf des Sohnes hinweg nach links abzunehmen, deshalb das Übergreifen seines rechten Armes und der Hand (gekrümmter Zeigefinger!). Dabei scheint das Gewandtuch (Schultermantel?) auf den Unterarm herabgerutscht zu sein. Dessen schwere Falten stehen säulenhaft auf dem Boden auf und geben den Figuren statischen Halt.
Abraham ist bekleidet mit einem knielangen fransenbesetzten (wie in Berlin; Theuerkauff 1968, Abb. 43) Hüftrock, an dessen Gürtung ein Waidmannsbesteck hängt. Zwar wendet er den leicht geneigten Kopf nach links, schaut aber nicht auf sein Tun (wie in Düsseldorf), sondern die Augen (gebohrte Pupillen!) blicken nach oben (wie – verstärkt – in London; Kat. Nr. 73). Abrahams Nase ist nicht (wie in Düsseldorf) schmal und leicht gebogen, sondern (wie in London) breit und gerade. Die Augenbrauen sind gekrümmt, die Stirne gefurcht, die Ohrläppchen verdickt. Der Lippenbart fällt nicht (wie in Berlin und in Düsseldorf) gleich einem Tropfsteingebilde, sondern (wie in London) in langen gedrehten und geschweiften Strähnen in den bis auf die Brust fallenden sichellockigen Bart. Stark plastisch gestaltet sind auch die bis in den Nacken fallenden sichellockigen Haupthaare.
Isaak ist völlig nackt. Seine Gesichtszüge ähneln denen Isaaks in der Wiener Elfenbeingruppe (Kat. Nr. 65). Die Haarbehandlung entspricht der Abrahams.

66

Die Körperbehandlung, die des sehr muskulösen Abraham (Rücken, Schultern, Arme) und des mageren Isaak (Rückgratwirbel) zeigen eine hervorragende Beherrschung der Anatomie durch den Bildhauer. Das Übergreifen der Arme Abrahams und Isaaks verleiht dieser Gruppe eine stärkere räumliche Wirkung als der Düsseldorfer; eine Steigerung bringt die Londoner Gruppe.
Die Wiener Alabastergruppe besitzt nicht nur eine Hauptansicht: Abraham frontal, Isaak in Beinahe-Profil – eine Kontrast- und Winkelstellung, hauptsächlich Kopfhaltung und Fußstellung betreffend, wie häufig bei den Zweifigurengruppen Leonhard Kerns – sondern auch zwei Seitenansichten. Denn die um die säulenhaft statuarische Gestalt Abrahams sich windende Spiralbewegung steigt auf vom zurückgesetzten rechten Fuß Isaaks, geht über seinen Rücken und seinen rechten Arm, wird aufgenommen von dem Holzbündel, weitergeführt vom übergreifenden Arm Abrahams und endet in dessen Haupt und Blick nach oben.
Die Zuschreibung der Gruppe an Leonhard Kern stammt von Manfred Leithe-Jasper. Ihm verdanken wir auch den Hinweis auf die Skulptur. Der Vergleich mit den anderen, allerdings ebenfalls nicht signierten Fassungen läßt keinen Zweifel an der Richtigkeit der Zuschreibung. Eine Zusammenstellung der bisher bekannten fünf Fassungen dieses Themas – mit Ausnahme dieser Wiener Alabasterfassung – bringt Christian Theuerkauff (1968, Abb. 43–47). Abgesehen von der – umstrittenen – Berliner Gruppe (Walnußholz) sind alle Abraham-Isaak-Gruppen von Leonhard Kern in der Ausstellung vereinigt.
Stilistisch und zeitlich setzen wir die Wiener Alabasterskulptur zwischen die Düsseldorfer (Kat. Nr. 64) und die Londoner Gruppe (Kat. Nr. 73): um 1620–1630(?).

Lit.: nicht veröffentlicht.

67

67
Hl. Hieronymus mit dem Löwen

Leonhard Kern (bezeichnet LK ligiert vorne auf der Plinthe)
um 1620–1625
Elfenbein; H. 25,3 cm
Wien, Kunsthistorisches Museum, Sammlung für Plastik und Kunstgewerbe, Inv. Nr. 4548

Der Heilige, bekleidet mit einem Lendentuch, steht in klassischem Kontrapost, die Ferse des Spielbeines über der Löwenpfote etwas angehoben, hart am Rande der Erdboden-Plinthe. Vorne, zwischen seinen Füßen an hervorragender Stelle und nicht zu übersehen hat der Künstler seine Signatur LK angebracht. In Brusthöhe hält der Heilige in der rechten Hand den Stein, mit dem er sich, Anfechtungen bekämpfend, an die Brust schlug. Der linke Arm, an welchem die Adern deutlich hervortreten, hängt herab, in der Hand ein Kreuz und eine geöffnete Schriftrolle. In Kontrastbewegung zur Beinstellung wendet er den Oberkörper mit etwas hochgezogenen Schultern ein wenig nach rechts, den Kopf wieder etwas nach links und das Gesicht nach oben. Die Augen (gebohrte Pupillen) nehmen diese Blickrichtung verstärkt auf. Der Mund ist leicht geöffnet, Zähne und Zunge sind sichtbar. Zwei steile Falten an der Nasenwurzel dürften hier dem hohen Alter zuzurechnen sein. Die Andeutung der Augenbrauenhaare durch Vertikalstrichelung ist im Œuvre Leonhard Kerns äußerst selten, kommt aber gerade bei dem Wiener Anchises, dessen Zuschreibung durch uns (Grünenwald 1969, Nr. 105, Taf. 13) bestritten wird (Zoege v. Manteuffel 1970, Theuerkauff 1973, S. 165) wieder vor. Die reich gedrehten, tief unterschnittenen Lockensträhnen des zweigeteilten Bartes, in welchen der lange Lippenbart übergeht, stehen weit vom Körper ab. Bis auf einen Kranz von Ringellocken, die die Stirne frei lassen, aber in den Nacken fallen, ist der Schädel kahl. Das knitterfaltige Lendentuch wird von einem Band gehalten, es läßt die linke Hüfte frei. Die Enden fallen links frei herab, hinten stoßen sie auf dem Rücken des Löwen auf. Dieser, mit prächtiger großgelockter Mähne, sitzt mit hochgeschlagenem Schwanz hinter Hieronymus, dem Beschauer zugewandt. Er paßt sich der Rundung der Plinthe an, aber seine Vorderpfoten drohen über deren Rand hinabzugleiten.

Hermann Fillitz (1957, S. 218) und Lise Lotte Möller (1970, S. 38) datieren die Statuette zwischen das Ende des Italienaufenthaltes (1613/14) und die Nürnberger Rathausportalskulpturen (1617).

Wir möchten unsere seinerzeitige (1969) Datierung, um 1620–1625, beibehalten, denn die detaillierte Durchbildung des Greisenkörpers – hier: Faltengeschiebe in der Armbeuge und unter der Achsel, stark hervortretende Venen an den Arminnenseiten, Hochziehen der Schultern – rücken den Hieronymus eher in die Nähe des Wiener Holzkruzifixus, um 1625–1630 (Kat. Nr. 70) als in die Nähe der Nürnberger Skulpturen (1617).

Zur entwicklungsgeschichtlichen Stellung der Statuette siehe Claus Zoege v. Manteuffel (Kat. Nr. 93).

Ohne im einzelnen Vorbilder für den Hl. Hieronymus zu nennen, weist Hermann Fillitz (S. 218) auf den Einfluß des Manierismus venezianischer Prägung, namentlich auf Alessandro Vittoria (1525–1608), hin. Nachhaltiger noch scheint uns der Einfluß des in Venedig tätigen Jacopo Sansovino (1486–1570), gerade im Hinblick auf die biblischen Alten Kerns, gewesen zu sein, wenn man sie mit Sansovinos vier Evangelisten in San Marco in Venedig (Weihrauch Abb. 160) vergleicht. Venedig war eine der letzten Stationen Leonhard Kerns auf seiner Rückreise aus Italien, Neapel eine der ersten auf seiner Hinreise und für ihn offenbar sehr wichtig, wie man dem Nekrolog (Kat. Nr. 15) entnehmen muß. Christian Theuerkauff (1973, Anm. 18) weist nun auch auf den Einfluß des aus Florenz stammenden, aber in Neapel tätigen Bildhauers Michelangelo Naccherino (1550–1622) auf Leonhard Kerns Gewandfiguren hin.

Lit.: Scherer 1905, S. 52f., Abb. 45. – v. Schlosser 1910, Bd. 2, Taf. 41,1 m. Text. – Gradmann 1917, S. 121. – Planiscig-Kris 1935, S. 129. – Fillitz 1957, S. 218f., Abb. 242. – Dreier 1964, S. 99. – Theuerkauff 1968, S. 146, 149. – Grünenwald 1969, Nr. 118, Taf. 8. – Möller 1970, S. 38f., Abb. 13. – Theuerkauff 1973, Anm. 18.

68
Moses

Leonhard Kern
um 1625
Elfenbein; H. 28 cm
Wien, Kunsthistorisches Museum, Sammlung für Plastik und Kunstgewerbe, Inv. Nr. 4545

Unter den alttestamentlichen Gestalten Leonhard Kerns ist der Moses nach Auffassung und Erscheinung die monumentalste. Die Skulptur belegt unmittelbarer als alle anderen den Eindruck, den die Kunst Italiens – Michelangelos und der Michelangelo-Nachfolge – auf ihn gemacht hatte, und von wo aus »Kerns monumentale Auffassung der menschlichen Gestalt wohl auch abzuleiten ist« (H. Fillitz S. 218). Der berühmte Moses des Michelangelo am Juliusgrabmal in St. Peter in Rom (um 1513/1516) war ihm aus eigener Anschauung ebenso bekannt wie die vier Evangelisten Jacopo Sansovinos in San Marco in Venedig (Venturi X,2 Abb. 538–541; Weihrauch Abb. 160) und höchstwahrscheinlich auch der Moses Giovanni da Bolognas (Dhanens Abb. 181), dessen Nymphe (Kat. Nr. 40) er kopiert hatte (Kat. Nr. 57). Das mächtige Haupt des kernschen Moses mit der gefurchten Stirne, den stark ausgeprägten Augenwülsten und der »Unmutsfalte« (L. L. Möller) dazwischen, der ein Eigenleben führende gewaltige Bart, der muskulöse Arm mit den hervortretenden Adern und die kräftige, edel geformte Hand, mit welcher Moses die Gesetzestafeln hält, sowie sogar Details der Kleidung, wie die Sandalen und die fußfreien Gamaschen, sind unmittelbare Anleihen bei Michelangelo. Einiges davon hinterließ im Œuvre Leonhard Kerns dauernde Spuren.

Moses scheint ganz ruhig in beinahe lässiger Haltung dazustehen. Den linken Fuß setzt er auf einer Erdscholle und die Gesetzestafeln auf dem Oberschenkel auf. Diese hält er, dem Moses Michelangelos vergleichbar, mit ähnlich edler Geste fest. In der anderen, ebenfalls weit übergreifenden Hand hält er den Stab Gottes, von dem es in der Bibel heißt (2. Mose 4,17): *Und diesen Stab nimm in deine Hand, mit dem du die Zeichen tun sollst.* Der lange zweigeteilte prächtig gelockte Bart ist wie von einem starken Wind hochgehoben und am Rand übergeschlagen. Das kurzgeschnittene Haupthaar liegt dagegen in Ringellocken flach am Kopf an. Die zwei Lockentürmchen oberhalb der Stirne sind Reduktionen der beim Moses des Michelangelo urtümlichen Hörnergebilde. Die »Hörner« des Moses gehen auf die irrtümliche Auslegung einer Vulgata-Stelle (2. Mose 34,29) zurück. Diese besagt, daß zwei Strahlen – nicht Hörner! – von seiner Stirne ausgegangen seien. Im hebräischen Text dagegen bedeuten die einschlägigen Worte lediglich, daß sein Antlitz leuchtete (Meyers Konversationslexikon, 3. A. Leipzig 1877, Bd. 11, S. 755.).

Leonhard Kerns Moses trägt eine aufwendige Fantasiekleidung, halb orientalisch, halb antikisch: schuhähnliche Sandalen, Gamaschen, knielange Hose, kurzen Rock, kurzärmeliges Obergewand und einen togaähnlich drapierten Schultermantel, der in langen schweren Falten bis zum Boden reicht. Der auffallenden Zöpfchenborte begegnet man noch öfters bei Gewandfiguren Leonhard Kerns, so beim Nikodemus in der neunfigurigen Wiener Beweinung (Kat. Nr. 58), beim Stuttgarter Johannes (Kat. Nr. 78) und beim König David (Grünenwald 1969, Taf. 11).

Der Moses ist statuarisch streng aufgebaut auf der Kontrastwirkung von Vertikalen (Standbein, Mantelfall, Gesetzestafeln), Horizontalen (Plinthe, Gewandsäume, Gürtel, linke Hand) und vermittelnden Diagonalen (Spielbein, Stab, rechter Arm, Bart). Und doch ist er in sich bewegt durch seine Körperdrehung, welche die beiden Seitenansichten einschließt und welche mit der Frontal-Linkswendung des rechten Fußes beginnt und mit der Frontal-Rechtswendung des Hauptes endet.

Die Zuschreibung an Leonhard Kern geht auf J. v. Schlosser (1910), nach Vergleich mit dem signierten Hieronymus (Kat. Nr. 67), zurück.

Unsere seinerzeitige Datierung (1969) »um 1625« geschah in Anlehnung an die Datierung der drei Wiener Beweinungen (Kat. Nr. 58) und der dortigen Kreuzigungsgruppe durch Hermann Fillitz (1957, S. 219) in die 20er Jahre. Neuerdings setzte Lise Lotte Möller (1970, S. 35 f., Abb. 1–3, 15–17) die drei Beweinungsreliefs und den Moses (sowie weitere Wiener Statuetten) in die Jahre »um 1614–1617«. Dieser frühe Zeitansatz scheint sowohl durch die hier noch sehr deutlichen italienischen Erinnerungen als auch durch eine (einseitige) Auslegung der oftmals zitierten Anfrage des Nürnberger Rates vor Erteilung des bekannten Auftrages von 1617 an Leonhard Kern bedingt gewesen zu sein. Diese Anfrage des Nürnberger Rates bei Peter Carl in Heidelberg 1617, ob der in Nürnberg offenbar völlig unbekannte »fremde Bildhauer von Heidelberg« *ein kunstlicher Arbeiter* (sei) *und ob er auch mit großer Arbeit bestehe* (Gradmann 1917, S. 194 f., Belege 55b u. 55d) wird als Beweis dafür gewertet, daß Kern zwar durch zahlreiche »kleine« Arbeiten (Kleinfiguren) in den Jahren vor 1617 bereits bekannt gewesen sei, nicht aber durch »große« Arbeit

68

(Monumentalskulptur). Dann ist aber die Bezeichung Leonhard Kerns als »fremder Bildhauer von Heidelberg«, von dem man nicht einmal den Namen wußte, ebenso unverständlich wie die erste Frage des Rates, ob derselbe ein »kunstfertiger« Arbeiter, und wie die zweite (»auch«-Frage), ob er mit Monumentalskulptur bestehe.

Wir schließen daraus, daß Leonhard Kern vor 1617 sich als Klein-Bildhauer noch nicht profiliert hatte, einfach deshalb nicht, weil er zwischen der Rückkehr aus Italien und dem Nürnberger Auftrag mehr mit Arbeiten bei Carl in Heidelberg (s. Nekrolog Kat. Nr. 15) bzw. bei seinem Bruder Michael in Forchtenberg beschäftigt gewesen ist, ohne selbst öffentlich in Erscheinung zu treten. Mit kleinplastischen Arbeiten wird er sich höchstens – in sogenannter »Feierabendarbeit« befaßt haben.
Wir möchten bei unserer seinerzeitigen Datierung um 1625 bleiben, zumal für diese Zeit (1626) – das bedeutet: nach Eröffnung der eigenen Werkstatt in Hall (1620) – größere Lieferungen von »Bildern« (Statuetten) nach Wien belegt sind (Gradmann 1917, S. 200, Beleg 58), wozu man nicht unbedingt die heute in Wien befindlichen Elfenbein- und Alabasterfiguren zählen muß, sich aber Statuetten dieser Art vorstellen darf.

Lit.: v. Schlosser 1910, Bd. 2 Taf. 14,3 m. Text. – Scherer 1916, S. 310. – Gradmann 1917, S. 194 Beleg 55b, 55d, S. 199 Beleg 58. – Planiscig-Kris 1935, S. 129, Abb. 72. – Fillitz 1957, S. 216, Abb. 240. – Theuerkauff 1968, S. 146. – Grünenwald 1969, Nr. 120, Taf. 10. – Möller 1970, S. 35f. Abb. 9. – Himmelein 1986, Bd. 2, S. 572, Nr. I 38.

69
Anakreon

Leonhard Kern
um 1625–1630
Elfenbein; H. 32,4 cm
Wien, Kunsthistorisches Museum, Sammlung für Plastik und Kunstgewerbe, Inv. Nr. 4558

69

Mit einem ausgefranzten, löchrigen Lendentuch und mit Sandalen bekleidet schreitet der hagere Anakreon so rasch und rüstig vorwärts, daß sein rechter Fuß (Standbein) weit über die Plinthe hinausragt, der andere Fuß mit bereits abgehobener Ferse hart am rückwärtigen Rande der Plinthe absprungbereit steht. In rhythmischer Gegenbewegung zur Schrittstellung »rudert« er mit dem abgestreckten rechten Arm und instinktiv geschlossener Hand, den linken Arm hält er stark abgewinkelt in Brusthöhe und umfaßt krampfhaft das ehedem vorhandene Trinkhorn (s. Prodromus Taf. 29, hier Abb. S. 45). Im Gleichklang mit dem linken Arm wendet er den Oberkörper etwas nach links, den Kopf mit den großen wohlgebildeten Ohrmuscheln aber so stark, daß das Gesicht mit dem weitgeöffneten Mund – Zähne und Zunge sind sichtbar – mit der langen schmalen leicht gebogenen Nase, mit den kräftig gebildeten, hier aber nicht »gerunzelten« Augenbrauen – wiewohl die »Delle« an der Nasenwurzel beibehalten ist – im Profil erscheint. Die Augen (gebohrte Pupillen) wendet er einer imaginären Erscheinung von links oben zu. Des eiligen Schrittes wegen steht der lange, zweigeteilte, in gedrehten Lokkensträhnen fallende Bart wie »verweht« von Körper ab. Der Dichter Anakreon trägt über den flach anliegenden Ringellöckchen, die die tonsurähnlich kahle Mitte des Kopfes umgeben und in den Nacken fallen, einen vorne mit Rosen besteckten Kranz.

Links steht ein völlig nackter Knabe, einen Fuß auf ein antikes Gesimsstück aufstützend. Über seiner Schulter hängen zwei große Trauben, in der rechten Hand hält er drei Rosen. Auch er wendet seinen Kopf nach links, im Unterschied zum Anakreon blickt er zu Boden. Zwischen den Beinen Anakreons kniet rechts auf dem Boden ein jüngeres Kind. Mit dem Zeigefinger buchstabiert es auf einer Tafel vielleicht die Trinklieder des Dichters. Beide Kinder tragen kurzgeschnittene, flach am Kopf anliegende in sichelförmige Strähnen gelegte Haare.

Die Gruppe ist nicht nur auf eine Hauptansicht, frontal von vorne, sondern beinahe rundansichtig angelegt, indem Haltung und Bewegung der drei Figuren nicht zentriert, sondern nach außen gewendet sind, ausgehend von der Schrittstellung Anakreons rechts, über den knienden Knaben, über die Körperwendung Anakreons und des stehenden Knaben, gipfelnd in der Kopfwendung Anakreons.

An der Zuschreibung der Gruppe durch J. v. Schlosser (1910) an Leonhard Kern ist kein Zweifel möglich. Dafür spricht die hervorragende Körperbehandlung vergleichbar dem signierten Wiener Hl. Hieronymus mit dem Löwen (Kat. Nr. 67), beginnend mit Zehen und Zehengliedern, Muskeln und Sehnen an Beinen und Rücken, Rückgratknorpeln, Schulterblättern, Schlüsselbeinknochen, Halsansatz, Adamsapfel u. a. m. unter Berücksichtigung des Altersunterschiedes der beiden.

Die »Knitterfalten« am Lendentuch des Hl. Hieronymus erinnern noch an die – frühen – Wiener Beweinungen (Kat. Nr. 58), die, wenngleich noch teigigen, aber durchgehenden Faltenstege schon an die – späteren – Arbeiten, z. B. an den Londoner Abraham (Kat. Nr. 74). Wir möchten deshalb unsere seinerzeitige (1969) Datierung um 1625–1630 beibehalten.

Die Gruppe ist im Prodromus (Taf. 29, hier Abb. S. 45) spiegelbildlich abgebildet, woraus hervorgeht, daß Anakreon ein Trinkhorn in der Hand gehalten hatte. Sie ist auch im Inventar des Erzherzogs Leopold Wilhelm von Österreich 1659 (Berger S. 173, Nr. 250) aufgeführt: *Ein grosse Mahnspersohn mit zwey Kinder bey ihm, das eine stehet vnndt das andere siczet. Auff einem rundten Postament, alles von einem Stuckh.*

Anakreon war ein griechischer Lyriker des 6. Jahrhunderts v. Chr. Seine Lieder wurden zur geselligen Unterhaltung, in fröhlicher Gesellschaft bei Weingenuß und Tanz – deshalb die Attribute Trinkhorn (verloren), Weintrauben, Blumen im Haar und der (Gedichte?) buchstabierende Knabe – vorgetragen. Sein Ruhm als Dichter schützte Anakreon nicht vor dem Ruf eines ewigen Trinkers und eines liebestollen Alten. Die bildende Kunst der Antike griff das Motiv des trunkenen Dichters mehrfach auf.

Lit.: v. Schlosser 1910, Bd. 2, Taf. 43,1 m. Text. – Planiscig-Kris 1935, S. 129. – Grünenwald 1969, Nr. 104, Taf. 9.

70 Kruzifix

Farbtafel 7 (S. 202)

Leonhard Kern
um 1625–1630
Corpus: Nußbaumholz (?), Kreuz: Holz, schwarz gebeizt
Corpus H. 53,6 cm, Spannweite 53,3 cm
Wien, Kunsthistorisches Museum, Geistliche Schatzkammer, Inv. Nr. E 109

Christus ist in majestätischer Ruhe, vollendeter Harmonie und Symmetrie streng frontal dargestellt. Nur das Haupt ist etwas nach links geneigt und auf die Brust herabgesunken. Augen und Mund sind geschlossen, zwei steile Falten stehen zwischen den Augenbrauen, die Stirne ist glatt. Das gewellte mittelgescheitelte Haupthaar fällt, der Neigung des Hauptes entsprechend, in einer Lockensträhne auf seine rechte Schulter, alles übrige nach hinten in den Nacken. Der lang ausgezogene Lippenbart geht, wie bei allen bärtigen kernschen Männern, in den hier kurzen zweigeteilten gekräuselten Kinn-Backenbart über. Das von einem schmalen Bande festgehaltene »spätgotisch«-knittrige Lendentuch läßt die rechte Körperseite Christi frei, ist zwischen den Beinen durchgezogen und flattert nach links in Richtung auf den reuigen Schächer. Dies ist bisher einmalig unter den Leonhard Kern zugeschriebenen Kruzifixen und erinnert an spätgotische Vorbilder. Mit Rippen, Muskeln, Sehnen, Adern (Venen) und Hautfalten (rund um die Brustwarzen) ist der Körper Christi – selbst auf der durch den Kreuzesstamm teilweise verdeckten Rückseite – so sorgfältig und so naturalistisch durchgebildet, daß man nicht umhin kann, die bekannte Äußerung Leonhard Kerns aus dem Jahre 1626 wörtlich zu zitieren (Gradmann 1917, S. 199f., Beleg 58), daß er *neulich ein Kruzifix Model nach einem schönen woll gestalten lebendigen Man gebosirt, den ich auff gehenkt an ein Kreuz gebunden und nach solchem Model ein Kruzifix von Helffenbein 16 Zol groß gemacht* (ca. 40 cm).

Das Wiener Holzkruzifix steht dem Wiener Elfenbeinkruzifix (E 1), das Hermann Fillitz (1957, S. 209, Anm. 21) aus dem Œuvre Leonhard Kerns ausgeschieden, das Stefan Krenn (1987, Kat. Nr. 138) neuerdings mit guten Gründen wieder eingefügt hat, in Details, wie z. B. den Hautfalten rund um die Brustwarzen und der Zehenbildung, nahe. Was aber diesen Christus von den Gekreuzigten in Bonn und in Wien (E 1, E 45) unterscheidet, das ist die total andere Grundauffassung. Hier hat sich Christus bereits von der Welt gelöst, er blickt weder auf den reuigen Schächer, noch auch schmerzvoll oder resigniert nach oben zu Gott, sondern er hat die Augen geschlossen und sich in sich selbst zurückgezogen. Deshalb die völlig entspannten Gesichtszüge, der völlig entspannte Körper und der Friede, der auf diesem Antlitz liegt.

70

Mit seinen 53 cm ist das Wiener Holzkruzifix das bisher größte, doch erreichen auch die Elfenbeinkruzifixe Kerns im Hinblick auf die Beschränkung, die der Elfenbeinzahn setzt, beachtliche Größen: das Kruzifix in Bonn von Leonhard Kern (?) ist 44 cm groß (Theuerkauff 1973, Abb. 21, S. 167: »nach den 1620er Jahren«), das Elfenbeinkruzifix, welches Kern 1626 erwähnte, war ca. 40 cm groß. Die Elfenbeinkruzifixe in Wien (E 1) erreichen 43,3 cm (Krenn 1987, Kat. Nr. 138: »um 1626–1630«) und (E 45) 36,3 cm (Fillitz 1957, Abb. 224, S. 219: »Mitte der 20er Jahre«) und das Kruzifix in Hamburg 28 cm (Möller 1970, Abb. 1, S. 32: »um 1614–1617«).
Der Zuschreibung des Kruzifixes durch Manfred Leithe-Jasper an Leonhard Kern schließen wir uns an.
Hinsichtlich der Datierung des Kruzifixes hat M. Leithe-Jasper unausgesprochen die oben zitierte Äußerung Leonhard Kerns aus dem Jahre 1626 im Auge, wenn er schreibt: »Auch in der Art, wie die Details sorgfältig differenziert sind, schließt dieser Christus an Kerns frühere Werke an, was eine Entstehung um 1625/1630 wahrscheinlich macht«. Wir schließen uns dieser Datierung umso mehr an, als diese Argumente auch für den Hl. Hieronymus (Kat. Nr. 67) gelten, den wir (1969) – gegen H. Fillitz (1957) und L. L. Möller (1970), s. d. – um 1620–1625, und keinesfalls vor den Nürnberger Rathausportalfiguren (1617), ansetzten.

Lit.: Leithe-Jasper 1987, Kat. Nr. 4.

71
Kopf einer Caritas

Leonhard Kern
1630–32
Grünsandstein; H. 42 cm
Regensburg, Städtische Museen, Inv. Nr. K 1969/31

Der Kopf der »Liebe« gehört zu einer heute stark beschädigten überlebensgroßen Caritasgruppe (210 cm hoch) mit zwei, ursprünglich wahrscheinlich mit drei Kindern (Pfeiffer 1967, Abb. 6). Die sitzende Caritas wandte den Kopf (Pfeiffer Abb. 9) etwas nach links. Auf ihrem Schoß hatte sie zwei Kinder, das eine stand angelehnt an sie, das andere rutschte auf ihren Knien umher, das dritte stand vermutlich auf ihrer linken Seite. Die bisher bekannt gewordenen Caritasgruppen Leonhard Kerns in Frederiksborg (Theuerkauff 1973, Abb. 23) und in Neuenstein (Grünenwald 1969, Taf. 4) zeigen keine vergleichbare Komposition. Zusammen mit weiteren Sitzfiguren der Tugenden (Pfeiffer Abb. 1, 3, 4, 7): Gerechtigkeit (?), Hoffnung, Glaube, Klugheit und einer (verschollenen oder gar nicht gelieferten) Tugend, wurde die Caritas, wie Wolfgang Pfeiffer auf Grund der von ihm aufgefundenen Archivalien feststellen konnte, spätestens im Sommer 1630 bei Leonhard Kern bestellt,

71

in Schwäbisch Hall ausgeführt und wahrscheinlich im Sommer 1632 abgeliefert. Sie sollten als Gesimsfiguren auf den drei Portalen der 1631 eingeweihten protestantischen Dreieinigkeitskirche in Regensburg aufgestellt werden, wozu es aber nicht gekommen ist. Die Statuen stehen jetzt, mit Ausnahme der Caritas, im Hofe des Alten Rathauses in Regensburg.
Die Ausführung dieses Großauftrages in der Kernschen Werkstatt in Hall setzt die Mitarbeit der gesamten Belegschaft voraus. Auszuschließen sind davon ihres jugendlichen Alters wegen Johann Jakob Betzoldt (geb. 1621), Johann Georg Kern (geb. 1622) und Johann Jakob Kern (geb. 1625) sowie die damals schon nicht mehr in Hall tätigen Konrad Schmidt und Georg Pfründt. Dagegen könnten als Mitarbeiter in Frage kommen Bernhard Zweifel (belegt 1625 als Erwachsener) und andere unbekannte Gesellen.
Die Gesichtszüge der Caritas (1632) nehmen den später unverwechselbaren Leonhard Kernschen Frauengesichtstypus vorweg, vergleiche die Budapester Grazien (Kat. Nr. 100).

Lit.: Pfeiffer 1967, S. 99–101, Abb. 1–9. – Grünenwald 1969, Nr. 90.

72
Christus in der Ruhe

Leonhard Kern
um 1625–1635
weißer Alabaster, grau geädert; H. 25 cm
Wien, Kunsthistorisches Museum, Sammlung für Plastik und Kunstgewerbe, Inv. Nr. 4429

Dargestellt ist Christus vor der Kreuzigung, das Motiv enthält aber die Gesamtheit der Passion von der Geißelung bis zur Kreuzigung (Gert v. d. Osten, Reallexikon z. Dt. Kunstgesch. 3,644). Christus sitzt hier nicht zusammengesunken wie der Christus Dürers (Titelholzschnitt zur »Kleinen Passion« von 1511), sondern er sitzt aufrecht auf einem geschichteten Steinsockel, breitbeinig, einen Fuß auf zwei lose übereinanderliegende Steinplatten aufgestützt, den anderen beinahe im rechten Winkel dazu stark auswärts gerichtet auf der abfallenden Erdboden-Plinthe; dieser reicht mit den Zehen bis zum Rande der Plinthe. Das Gewandtuch, das Geschlecht bedeckend, stößt auf dem Boden auf. Es fällt in langfließenden, teigigen Falten vom rechten Oberschenkel diagonal herab, wird hinter dem linken Fuß wieder hochgezogen und endet in einem Bausch, festgehalten von der Hand Christi. Christus legt sein leicht nach vorne geneigtes dornengekröntes Haupt in die rechte Hand und stützt den Arm auf. Der feingezeichnete Mund ist geschlossen, die edel geschwungene leicht gebogene Nase ähnelt der des signierten Berliner Adam

72

(Kat. Nr. 83). Sein Blick geht zu Boden (keine Pupillenbohrungen), die kräftig ausgebildeten Augenbrauen sind schmerzlich zusammengezogen und bilden über der Nasenwurzel zwei steile Falten. Wie bei allen männlichen Gestalten Kerns ist auch hier der Unterkieferknochen bis zum Ohr hin stark ausgeprägt – Berliner Adam (s. o.), Stuttgarter Johannes d. T. (Kat. Nr. 78), Geldzähler (Kat. Nr. 77) – und das Ohrläppchen großformig ausgebildet. Die langen Enden des Lippenbartes gehen in dem kurzen kleingelockten Kinnbart auf. Die Haupthaare fallen in großen plastisch gebildeten Locken auf den Rücken.
Die Durchbildung des Körpers ist exzellent bis in Details wie z. B. die Ausarbeitung des Knies in der Verbindung von Knochen, Muskulatur und Sehnen. In diesem Zusammenhang wirkt die schematische und breitflächige Bildung des von vorne nicht sichtbaren Rückens der rechten Hand Christi befremdend. Ein entsprechendes Nebeneinander von natürlich-gelöster und unnatürlich-versteifter Darstellung der Hände bei ein und derselben Figur zeigen der gefesselte Jüngling in Wien (Grünenwald 1969, Nr. 117) und der »Verhungerte Mann« in Neuenstein (Kat. Nr. 107).
Die Skulptur ist auf eine Hauptansicht, frontal, angelegt,

trotzdem sind auch die beiden Seitenansichten von Bedeutung. Dem Thema entsprechend fehlt jede effektvolle Drehung des Körpers oder seiner Glieder, Parallelismen dominieren. Hauptachse der Komposition ist die verhaltene Diagonale des Rumpfes und der nach Masse und Umriß kompakt gestalteten rechten Körperseite Christi, verstärkt aufgenommen von der stark betonten, fallenden Diagonale des Gewandtuches. Das Gleichgewicht stellt die nach Masse und Umriß offene und mit räumlicher Wirkung konzipierte linke Körperseite Christi her.

Die monumentale Auffassung dieses Christus in der Ruhe durch Leonhard Kern reflektiert Erinnerungen an Italien und an Michelangelo. Das Stützmotiv, eine nicht als Quader wie bei Kerns früheren Arbeiten gestaltete, sondern natürlich geschichtete Steinsetzung, findet man nicht bei Dürer (Große und Kleine Passion), auch nicht, ihm folgend, bei Andriaen de Vries (Frankfurt 1981, Abb. S. 145), wohl aber bei Hans Leinbergers Christus im Elend um 1530/35 in Berlin (Frankfurt 1981, Abb. 59, S. 267). Unter den für die Skulptur gängigen Bezeichnungen: Christus im Elend, Christus in der Rast, Christus in der Ruhe scheint uns die letztere am besten der Auffassung Leonhard Kerns zu entsprechen. Wie sehr ihm Thema und Motivgestaltung am Herzen lagen, darf man wohl aus der sorgfältigen Auswahl des Materials, einem marmorähnlich hellen, grau geädertem Alabaster, schließen.

Die Skulptur ist im Prodromus (Taf. 29, hier Abb. S. 131) spiegelbildlich abgebildet und im Inventar des Erzherzogs Leopold Wilhelm von Österreich von 1659 zitiert (Berger S. 170, Nr. 138): *Ein Christus siczet in der Passion mit der Cron auf dem Haubt von Alabaster. Moderno. 1 Span 2 Finger hoch* (ca. 25 cm).

Manfred Leithe-Jasper erkannte darin ein eigenhändiges Werk von Leonhard Kern; ihm verdanken wir auch den Hinweis darauf. Die Zuschreibung steht außer Zweifel. Geht man von der teigigen Bildung der ungebrochenen Gewandfalten und von der souveränen Gestaltung des Sitzmotives aus, dann dürfte die Skulptur nach dem Hieronymus mit dem Löwen (Kat. Nr. 67) und vor den Tugenden in Regensburg (Pfeiffer Abb. 1–7; Grünenwald 1969, Taf. 36, 37), etwa um 1625–1635 entstanden sein.

Lit.: nicht veröffentlicht.

73
Abraham führt Isaak zur Opferung

Leonhard Kern
um 1630–1635
Elfenbein; H. 29 cm
London, Victoria & Albert-Museum, Inv. Nr. A 1–1953

Die Komposition entspricht formal in vielem der Düsseldorfer Fassung (Kat. Nr. 64). Der wesentliche Unterschied ist inhaltlicher Art, indem der Bildhauer einen früheren Zeitpunkt aus der biblischen Erzählung zur Darstellung ausgewählt hat: nicht die letzten Schritte der beiden allein zur Opferstätte, sondern den Weg dahin: ... *Abraham ... nahm ... seinen Sohn Isaak ... machte sich auf und ging hin an den Ort, von dem ihm Gott gesagt hatte. Am dritten Tage hob Abraham seine Augen auf und sah die Stätte von Ferne* ... (1. Mose 22,3–4). Noch tragen die Knechte das Holz zum Brandopfer, noch hatte Abraham das Waidmesserbesteck nicht umgegürtet, noch einmal ließ der Bildhauer Abraham zu Gott sich wenden und diese äußerste Anfechtung von sich weisen, denn anders sind Kopfwendung und Geste Abrahams nicht zu erklären. Isaak stützt sich noch mit beiden Armen auf den Oberschenkel des Vaters, da ihm noch nicht das Holzbündel aufgeladen ist, das er in der Düsseldorfer Fassung bereits mitträgt. Zu Thema und Komposition siehe Düsseldorf (Kat. Nr. 64).

Bei der Erstveröffentlichung (1954) hatte W. L. Hildburgh die Gruppe als »Deutsch, Anfang 17. Jahrhundert«

73

bezeichnet. Die Zuschreibung an Leonhard Kern geht auf Chr. Theuerkauff (1968), zurück. Er zählt die Gruppe zu den »späteren« Werken Kerns und datiert sie demzufolge »später als 1630« bzw. »ca. 1630–1635(?)« (S. 147). Dieser Datierung schlossen wir uns (1969) an. L. L. Möller (1970) setzt sie allerdings weit früher »um 1614–1617« an.

Lit.: Hildburgh 1954, S. 28, Abb. 25. – Theuerkauff 1968, S. 149, Abb. 46. – Grünenwald 1969, Nr. 55, Taf. 50. – Möller 1970, S. 38, Abb. 7.

74
Abraham vor der Opferung Isaaks

Leonhard Kern (bezeichnet LK ligiert).
um 1645
Elfenbein; H. 24,5 cm
London, Victoria & Albert-Museum, Inv. Nr. A 211–1946

Diese Fassung des Themas steht unter allen bisher bekanntgewordenen im Œuvre Leonhard Kerns einzigartig da. Erstens trägt die Gruppe die sowieso höchst seltene Künstlersignatur LK, woraus man auf eine besonders enge Bindung des Künstlers zu seinem Werk schließen muß. Zweitens ist hier Abraham in Begriff, wirklich in Aktion zu treten, indem er zum tödlichen Schnitt mit dem Messer (heute verloren) ausholt und der Künstler damit beinahe brutal bis an die Grenze des Darstellbaren geht, denn der rettende Engel, der auf Bildern in diesem Moment eingreift – wie z. B. auf den Rembrandt-Gemälden in Leningrad (1635) und in München (1636) – ist in die Skulptur kompositionell schwer einzufügen, und nur hier packt Abraham den Kopf des Sohnes und dreht ihn roh zur Seite, um die Kehle zum Schnitt freizulegen. Drittens ist Abraham nicht wie bisher als Greis dargestellt, sondern als ein Mann im besten Alter, voll Kraft und Energie, und – in Ergänzung dessen – Isaak nicht als Knabe, sondern als Jüngling. Viertens fehlt jede weitere Andeutung der Situation, z. B. das Holzbündel, alles ist auf das unbedingt Notwendige reduziert. Abraham steht breitbeinig, den linken Fuß zwischen die Knie Isaaks vorgestellt, das rechte Bein weit zurückgesetzt, nur so kann er in starkem Schwung von hinten her mit der Rechten zum tödlichen Schlag mit dem Messer auf die Kehle Isaaks ausholen, dessen Kopf er zur Seite gewendet festhält. Er ist mit einem Lendentuch bekleidet. Das kurze Haar fällt in Ringellocken in die Stirne. Der Anflug eines Backenbartes und der hängende Lippenbart geben dem Gesicht eine individuelle Note. Isaak sitzt zu seinen Füßen im Fersensitz, beide Hände zusammengelegt, den Oberkörper nach vorne,

74

den Kopf zur Seite gedreht. Der Mund ist leicht geöffnet, die Augen abgewandt, die Pupillen nach oben gerichtet. Sein kurzes lockiges Haar liegt flach am Kopfe an. Die achteckige Plinthe ist völlig ausgenützt, so daß die Füße bzw. die Zehen beider darüber hinausragen. Unter dem linken Fuß Abrahams ist sogar eine Art Konsole angebracht. Die Gruppe ist geradezu architektonisch aufgebaut: beide Figuren sind einander im rechten Winkel zugeordnet, an der Basis der unbewegt kniende Isaak, über ihm stehend der in heftiger Drehbewegung befindliche Abraham. Beide Figuren ergänzen sich in Masse und in Umriß und bilden ein geschlossenes Ganzes, bei welchem Frontal- und linke Seitenansicht gleichwertig geworden sind.
In der ganzen Dramatik und in Abrahams robustem Griff zum Kopfe Isaaks ähneln sich die Kernsche Skulptur und das Rembrandt-Gemälde von 1636 (München), wobei aber die Kenntnis des letzteren durch Leonhard Kern nicht unbedingt vorausgesetzt werden muß.

W. L. Hildburgh rechnete die von ihm erstmals (1954) veröffentlichte Gruppe dem Frühwerk Leonhard Kerns zu. Christian Theuerkauff (1968): um 1630–1640(?), derselbe (1973): »späte Londoner Adam-Isaak-Gruppe«. Lise Lotte Möller (1970): »wesentlich später als die [um 1614–1617 datierte] Düsseldorfer Gruppe.« Wir entschlossen uns (1969) zu einer Datierung in die 40er Jahre, um 1645.

Lit.: Hildburgh 1954, S. 28, Abb. 26. – Theuerkauff 1968, S. 149, Abb. 47. – Grünenwald 1969, Nr. 56, Taf. 51. – Möller 1970, Anm. 8. – Theuerkauff 1973, S. 167. – Fischer hier S. 56f.

75
Chronos(?) – oder Allegorie der Zeit(?)

Leonhard Kern (?)
um 1625
Bronze; H. 35 cm (mit Sockel)
Wien, Kunsthistorisches Museum, Sammlung für Plastik und Kunstgewerbe, Inv. Nr. 5897

Auf einer runden Plinthe, die in einen hohen, mit Palmetten ziselierten, konkav geschweiften Sockel eingelassen ist, steht frontal im klassischen Kontrapost, das rechte Bein (Spielbein) etwas vorgesetzt, beide Füße aber standfest und flach auf dem Boden, der mit einem Lendentuch bekleidete Chronos. Den Oberkörper wendet er stark nach links, den Kopf sogar bis ins Profil, und schaut nach oben. Seine linke Hand ballt er in Brusthöhe zur Faust und scheint einen heute verlorenen Gegenstand (?) gehalten zu haben. Mit der rechten Hand hält er in Höhe der Hüfte einen toten Knaben fest. Die Gesichtszüge des Mannes sind so bewegt gebildet – Stirnfalten, vorstehende Backenknochen – wie das s-förmig gelockte mittelgescheitelte Haupthaar und der abstehende Lockenbart, in den der Lippenbart übergeht. Die Ohrmuscheln dagegen sind klein, flach und ornamental stilisiert – nicht plastisch und nach der Natur modelliert. Dem Dargestellten fehlen die für Chronos einschlägigen Attribute wie Sense, Stundenglas, Kinder-Fressen. Ein echter, also kinderfressender Chronos ist im Prodromus Taf. 30 (hier Abb. S. 132) abgebildet, der aber nicht mit Kernschen Statuetten in Verbindung zu bringen ist.
Von vorne gesehen wirkt die Bronze sehr »kernisch«. In Haltung und Erscheinung gleicht sie dem Anakreon (Kat. Nr. 69) und (spiegelbildlich) dem Hl. Hieronymus mit der Schriftrolle (Grünenwald 1969, Nr. 119). Speziell im Hinblick auf die Bronzestatuetten Leonhard Kerns sind sich der Chronos und der Bildhauerjüngling (Kat. Nr. 63) in der summarischen Behandlung der Körpermuskulatur, der großen kräftigen Hände, der kräftigen Beine und der breiten Fesseln sehr ähnlich. Für eine Autorschaft Leonhard Kerns spricht überdies die gelegentliche Verwechslung Kernscher Bronzen mit italienischen, speziell venezianischen Arbeiten. Denn Leo Planiscig (1924) hatte die Bronze noch für venezianisch, Mitte des 16. Jahrhunderts, gehalten. Die Zuschreibung an Leonhard Kern geschah dann durch R. Berliner (1930): »alles ist nur abgeleitetes Italien, bis zu dem Sockel des 17. Jahrhunderts mit seinem Ornament«. Trotz der Bedenken von Lise Lotte Möller (1972, S. 253), »eine Zuschreibung, die Zweifel erweckt«, und von Christian Theuerkauff (1973, S. 165), »kaum eigenhändig«, behalten wir die Zuschreibung R. Berliners weiterhin bei.
Aus der stilistischen Nähe zum Anakreon und Hieronymus mit Schriftrolle ergibt sich eine versuchsweise Datierung um 1625.

Lit.: Planiscig 1924, Nr. 187 m. Abb. – Berliner 1930, S. 110, Abb. 73,1. – Planiscig-Kris 1935, S. 129. – Grünenwald 1969, Nr. 113, Taf. 16.

75

76
Galoppierendes Pferd

Leonhard Kern(?)
um 1630
Elfenbein; 11,8 × 17 cm
Wien, Kunsthistorisches Museum, Sammlung für Plastik und Kunstgewerbe, Inv. Nr. 4553

Das Pferd in vollem Galopp mit geblähten Nüstern, wehender Lockenmähne, die der Wind über der Stirne teilt, und hochgestelltem Schweif, ein Bild naturgewaltiger Kraft, wendet seinen Kopf dem Beschauer zu. Die sehr präzise und anatomisch vollendete Durchbildung des Tierkörpers, insbesondere bei Gelenken, Sehnen und Muskeln unterscheidet dieses Pferd beispielsweise von den See-Pferden auf dem Stuttgarter Prunkhorn (Kat. Nr. 131), dort ist alles das, was hier präzis und differenziert dargestellt ist, – selbst die Haare an den Fesseln! – verschwommen und gröber. Das Stuttgarter Prunkhorn (s. d.) schreibt Lise Lotte Möller dem Johann Georg Kern zu.
Auf die vermutete Zugehörigkeit zum Œuvre Leonhard Kerns wies erstmals Wilhelm German (Nachlaß German) hin. Die Zuschreibung wird gestützt durch den Vergleich mit den Pferden im Münchner Sintflutrelief (Kat. Nr. 103). Einer Zuweisung an Leonhard Kern steht, wie wir meinen, nichts im Wege. Das Inventar des Elias Brackenhoffer in Straßburg von 1672 belegt, daß sich Leonhard Kern mit der Modellierung von Pferden aus Wachs – Gußmodelle! – befaßt hatte. In diesem Kunstkammerinventar (Grünenwald 1969, Anm. 43) sind drei Pferde aus rotem Wachs, schreitend, springend und laufend (= galoppierend) aufgeführt, *verfertiget und verehrt von Leonhard Kernen, dem Bildschneider von Schwäbisch Hall.*
Gerade bei Pferden und anderen Tieren konnten grafische Blätter (Hendrik Goltzius u. a.) nicht mehr als eine allgemeine Anregung bieten, das Naturstudium mußte – wie beim Menschen – dazukommen. Offenbar trieb der Bildhauer auch Tier-Studien am lebenden Modell. Im Prodromus (Taf. 30, hier Abb. S. 132) sind vier Statuetten schreitender Pferde abgebildet, vermutlich aus Elfenbein, jedoch kein galoppierendes, das dem Wiener Stück ähnelt. Galoppierende Bronzepferde sind nicht selten unter den italienischen (Tacca) und den Nürnberger Bronzen. Selten sind allerdings Ausführungen in Elfenbein, weil die Wand des Elefantenzahnes sehr dick sein

76

77

mußte. Dieses Elfenbeinpferd beanspruchte einen Wanddurchmesser des Elefantenzahnes von mindestens 4,5 cm. Der ungleichen Verteilung des Gewichtes wegen sind solche Elfenbeinpferde gegen Beschädigungen sehr anfällig.
Die Datierung orientiert sich in etwa an der plastisch unterschnittenen Lockenpracht des Pferdes.

Lit.: Grünenwald 1969, Nr. 116, Taf. 72.

77
Geldzähler

Leonhard Kern
um 1635
Bronze; H. 22,8 cm
Bremen, Privatbesitz (ehem. Bad Homburg, Sammlung Dr. H. Jantzen)

»Auf meisterhaft abgestuften kubischen Formen« (H. R. Weihrauch) sitzt ein völlig nackter Mann. Er spreizt die Beine weit, beinahe im rechten Winkel, auseinander und setzt den linken Fuß weit zurück. Beide Füße stehen mit den Zehen über die Plinthe hinaus. Oberkörper, beide Arme und Kopf wendet er nach links. Die Hände, auf die Sitzplatte gestützt, halten einige Geldstücke fest. Das breitflächige Gesicht von beinahe quadratischer Form wird beherrscht von dem breiten Unterkiefer, den sich bis zu den Ohren deutlich abzeichnenden Unterkieferknochen, dem schmallippigen Mund, der ausgeprägten Adlernase, den vorstehenden Augenwülsten und den gekrümmten Brauen, die an der Nasenwurzel eine »Delle« bilden , der breiten gerunzelten Stirne und den relativ großen Ohrmuscheln mit meist verdicktem Ohrläppchen. Das sichellockige Haar liegt flach am Kopfe an. Der Bildhauer beweist seine umfassenden anatomischen Kenntnisse in der Verbindung von Knochengerüst, Sehnen, Muskeln und Weichteilen, insbesondere am Hals mit dem ausgeprägten Kehlkopf und dem modellierten oberen Ende des Brustbeines, am Brustkorb und am Rückgrat.
Die Frontalansicht ist hier nur noch eine unter mehreren im Bewegungsablauf von rechts unten, beginnend mit dem linken Fuß, nach links oben. Dieser schließt Vorder-Diagonal- und Seitenansichten ein. Nimmt man aber die beiden rückseitigen Diagonalansichten hinzu, dann sind von den acht guten Ansichten, die Cellini für eine Skulptur fordert, sieben erreicht. Der Bildhauer baute seine Figur – und nicht nur deren Sitzgelegenheit – streng tektonisch auf aus Vertikalen, Horizontalen und den vermittelnden Diagonalen. Die oben beschriebenen physiognomischen und körperlichen Besonderheiten wurden geradezu Identifizierungsmerkmale von Leonhard Kerns Statuetten. Aber auch die hier angedeuteten Kompositions- und Strukturprinzipien können als Kriterien für Zuschreibungen oder für Abschreibungen dienen – für das letztere bietet die Stuttgarter Gäa (Kat. Nr. 82), wie wir meinen, eine Art Paradebeispiel (siehe dort).
Die Zuschreibung der Bronze an Leonhard Kern geht auf Hans R. Weihrauch (1967, S. 340) zurück. Die von ihm angesprochenen und auch im Geldzähler zum Ausdruck kommenden Erinnerungen Kerns an seine Studien in Italien (1609–1613) sind durch Hinweise auf antike Bronzen in der Art eines sitzenden Merkur (römisch, 2. Jh. nach Chr.; Wien, Kunsthistorisches Museum), auf Michelangelos nackte Jünglinge in der Cappella Sixtina und auf dessen durch Stiche verbreiteten Zeichnung »Der Traum« (Th. 520) – spiegelbildliche Reproduktion im Prodromus Taf. 24 – sowie auf einen Satyr von Pietro Tacca (Planiscig 1930, Nr. 380, Taf. 224) zu präzisieren. Leonhard Kern hatte diese Erinnerungen bzw. Vorlagen durchaus eigenständig verarbeitet und hier so ausgereift, daß wir uns scheuen, den Geldzähler trotz des noch deutlichen Einflusses der italienischen Studien in die Frühzeit der Kernschen Bronzebildhauerei zu setzen, deren Beginn wir, gerade weil der Guß nach auswärts vergeben werden mußte, erst mit der Gründung einer ortsfesten Werkstatt (zur Vorbereitung der Modelle) 1620 in Hall in Verbindung bringen möchten.

Lit.: Weihrauch 1967, S. 340, Abb. 414. – Grünenwald 1969, Nr. 2, Taf. 18, 19.

78
Sitzender jugendlicher Johannes der Täufer

Leonhard Kern
um 1630–1635
Elfenbein; H. 13,5 cm mit Plinthe
Stuttgart, Württembergisches Landesmuseum, Inv. Nr. 1966/331

Das Motiv ist ungewöhnlich für Johannes den Täufer. Er ist hier in noch jugendlichem Alter und sitzend – nicht wie üblich als reifer Mann, stehend – dargestellt. Nur die Lehrgeste und die Attribute Fellgewand und Taufschale weisen auf seine kommende Bestimmung als Prediger und Täufer, der in der Wüste herangewachsen ist, hin. Johannes sitzt auf einer flachen »Erdboden«-Plinthe und auf seinem knittrig gebauschten Fellgewand, welches das Geschlecht bedeckt und über den linken Oberschenkel und hinter dem Gesäß herum geführt ist. Rechts vorne liegt der Schnallengürtel seines Fellgewandes. Er hat die Beine in einer Art »halbem Schneidersitz« stark angewinkelt, die Füße gekreuzt. Diese, mit Sandalen bekleidet, stehen weit über den Rand der Plinthe hinaus vor. In der herabhängenden linken Hand hält er die muschelförmige Taufschale. Die rechte Hand, auf das linke Knie gestützt, weist mit der Drei-Finger-Lehrgeste nach rechts. Dorthin ist auch der Kopf im Rechtsprofil gewandt. Die Augen, gebohrte Pupillen, schauen nach oben, die Augenbrauen sind zusammengezogen und bilden – hier Zeichen geistiger Konzentration und eindringlicher Redeweise – zwei steile Mittelfalten. Der Mund ist sprechend geöffnet. Das kurze mittelgescheitelte Haar fällt in plastisch ausgeführten Ringellocken in den Nacken und läßt die charakteristisch gebildeten Ohrmuscheln frei. Am Rücken treten die Schulterblätter und die Rückgratknorpel deutlich in Erscheinung.
In der Verbindung von Frontal- und Seitenansichten, von Bewegung und Gegenbewegung, Verschränkung und Parallelismus der Körperglieder, von diagonalen, horizontalen und vertikalen Richtungskontrasten, die zuweilen beinahe rechtwinkelig einander kreuzen, besitzt die Skulptur eine ausgewogene räumlich-plastische Wir-

78

kung. Leonhard Kern »baut« nicht nur seine Gruppen, er »baut« auch seine Einzelfiguren statuarisch auf. Dieses Grundprinzip des Bildhauers – und Architekten (siehe dazu Kossatz hier S. 67) – Leonhard Kern zeigt erst der Vergleich mit motivverwandten Figuren von anderen, aber seiner engeren Werkstatt zugehörigen Händen: wir meinen die Sitzstatuette eines ebenfalls jugendlichen Johannes d. T. auf dem Deckel eines Jungfrauenhumpens in Dresden, den wir seinerzeit (1969, Nr. 29) noch Leonhard Kern selbst, den aber jetzt mit Recht Lise Lotte Möller (hier S. 76, Abb. 5) dem Johann Georg Kern zuschreibt (Fassung vor 1661). Dessen Johannes »sitzt« nicht wie der Leonhard Kerns, sondern er »balanciert« auf seinem Sitz, beide Beine schräg zurückgenommen, die Füße frei in der Luft (!) schwebend. Dieses frei-»händige« Sitzmotiv ist dasselbe wie bei der Stuttgarter Holz-Gäa (Kat. Nr. 82), deren Zuschreibung an Leonhard Kern deshalb kaum aufrecht erhalten werden kann.

Hans Klaiber (1967) erkannte als erster die Zugehörigkeit des Stuttgarter Johannes zum eigenhändigen Œuvre Leonhard Kerns. Fritz Fischer (hier S. 58) weist als Vorlage für den sitzenden Johannes ein Gemälde von Angelo Bronzino um 1550 nach (hier Abb. 11).

Problematisch ist die Datierung. Hans Klaiber (1967) setzte die Statuette »um 1615«, Lise Lotte Möller (1970) »um 1620–1630«, Claus Zoege v. Manteuffel (1984) »um 1630–1635« an. Wir möchten unseren Datierungsvorschlag (1969) »um 1630–1635« beibehalten, denn der Johannes gehört, wie wir meinen, in die Nähe des Geldzählers (Kat. Nr. 77) und der Berliner Adam-Eva-Gruppe (Kat. Nr. 83), die wir ebenfalls in die 30er Jahre datieren.

Lit.: Klaiber 1967, S. 197, Nr. 148, Abb. S. 198. Theuerkauff 1968, S. 149, Anm. 18. Grünenwald 1969, Nr. 97, Taf. 12. Möller 1970, S. 39f., Abb. 14. Zoege v. Manteuffel 1984, S. 102, Nr. 82 m. Abb. Fischer hier S. 58; Möller hier S. 77.

79

Farbtafel 8 (S. 203)

Gäa mit Knabe und/oder Allegorie der Hungersnot (?), Personifikation der Menschenfresserin (?)

Leonhard Kern
um 1625–1630
Elfenbein; H. 20 cm, Plinthe längsoval 11,2 × 10 cm
Bremen, Galerie Neuse

Die Gruppe ist auf Frontalansicht (vordere Schmalseite der Plinthe) und auf zwei gleichwertige Seitenansichten (Breitseiten der Plinthe) hin angelegt, was dem ungewöhnlich stark längsovalen Querschnitt des Elefantenzahnes entspricht. Die alte Frau sitzt in betontem Kontrapost auf einem Baumstrunk, über welchen ein Tuch gebreitet ist, dessen hochgeschlagenes Ende die Blöße bedeckt. Sie stellt das linke Bein weit vor und setzt den Fuß mit ganzer Sohle fest auftretend auf einen Steinsockel, das rechte Bein nimmt sie seitlich des Sitzes weit zurück und setzt den Fuß nur mit den Zehen auf dem Boden auf. Mit beiden Händen hält sie ein menschliches linkes Bein fest und reißt mit den deutlich sichtbaren Zähnen ein Stück Fleisch vom Stumpf ab. Die Gesichtszüge, einschließlich der nach links oben schielenden Augen (gebohrte Pupillen) – gleichen denen der signierten Berliner Gäa (Kat. Nr. 80). Das mittelgescheitelte Haar ist am Hinterkopf hochgenommen und in einer Art Schleife zusammengebunden. Die Behandlung der Besonderheiten des alten weiblichen Körpers ist hier so virtuos wie bei der Berliner Gäa. Die bei dieser analysierten Kompositions- und Strukturprinzipien gelten genauso für die Bremer Elfenbein-Gäa. Die Komposition fällt aber insofern aus dem bisher bekannten Rahmen, als hier der Gäa ein Knabe zugesellt ist. Er liegt frontal, mit dem Rücken gegen den Baumstrunk-Sitz, die Beine unterschiedlich stark angezogen und aufgestellt, dreht den Oberkörper stark gegen rechts (außen) und stützt

sich mit den Händen auf dem Rand der Plinthe auf. Sein Gesicht wendet er, in Gegenbewegung dazu, frontal dem Beschauer zu. Mit den Augen schielt er nach oben zur Gäa. Die sichellockigen Haare liegen flach am Kopfe an. Zwischen seinen Händen liegt auf der als Erdboden gestalteten und mit Grasbüscheln reliefierten Plinthe ein fünfblättriges Gewächs. Die Einfügung des Knaben, seine Stellung und seine Körperwendung gegen rechts außen machen die rechte Breitseite der Komposition zu einer der Frontalansicht gleichwertigen Seitenansicht, so wie dies auf der linken Breitseite durch die gestufte Fuß- und Beinstellung der Gäa erreicht wird.
Die Frage, ob dem Knaben in Verbindung mit Gäa auch eine ikonografische Bedeutung zukommt, ist gerade deshalb schwer zu entscheiden, weil er hier kompositionell so wichtig ist. Die bislang bekannt gewordenen Gäa-Statuetten enthalten diese Beigabe nicht.
Zu Thema und Ikonographie der Gäa siehe die Berliner Version (Kat. Nr. 80).
Gesamtkomposition und Detailbehandlung – siehe die Berliner Gäa (Kat. Nr. 80) – erlauben es, die Gruppe zweifelsfrei Leonhard Kern selbst zuzuschreiben.
Als bisher älteste bekannte Darstellung des Themas dürfte die Gruppe um 1625–1630 entstanden sein.

Lit.: nicht veröffentlicht.

80
Gäa und/oder Allegorie der Hungersnot (?), Personifikation der Menschenfresserin (?)

Leonhard Kern (bezeichnet LK ligiert auf der Plinthe vorne links)
um 1640
Pflaumenbaumholz; H. 45 cm
Berlin, Staatliche Museen Preußischer Kulturbesitz, Skulpturengalerie, Inv. Nr. 8290

Die alte, aber muskulöse Frau sitzt auf einem Baumstrunk. Das rechte Bein auf dem Sockel, das linke auf einem Aststumpf abgestützt. Beide Füße treten mit der Sohle ganz auf. Das faltenreiche Tuch, auf dem sie sitzt, bedeckt gerade noch das Geschlecht. Mit beiden Händen hält sie in Brusthöhe ein linkes menschliches Bein und reißt mit den Zähnen Muskeln und Fleisch aus dessen Stumpf. Ihre Augen (gebohrte Pupillen!) schielen nach links oben. Die grobformigen Gesichtszüge, die gerunzelten Brauen, die gerunzelte Stirne und das glatt anliegende mittelgescheitelte Haar, das in einem Knoten am Hinterkopf endet, transponieren den bekannten Gesichtstypus der kernschen Frauen ins Unheimliche. Die Rücken- und Nackenwirbel zeichnen sich an dem mageren, aber muskulösen Körper deutlich ab. Die Statuette ist in beinahe architektonischem Sinne »gebaut«. Die Hauptansicht ist zwar frontal, doch zeigt schon die leichte Drehung nach rechts das kontrapostische Sitzmotiv in der Diagonalansicht voll entfaltet. Die Seitenansicht von links enthält keine verunklärenden Überschneidungen insbesondere der Beine. Die Rükkenansicht zeigt sogar einen leichten, beinahe graziösen S-Schwung. Die Seitenansicht von rechts ist die am wenigsten günstige. Die Mehransichtigkeit bei Einzelstatuetten und bei Gruppen ist im Œuvre Leonhard Kerns viel häufiger als vermutet. Dies und der strenge tektonische Aufbau seiner Skulpturen belegt die Qualitäten Leonhard Kerns als Bildhauer, der sich in Italien zugleich dem Studium der antiken und modernen Architektur zugewandt hatte.
Die Verwendung des naturalistisch gestalteten Baumstrunks deutet auf eine spätere Entstehungszeit hin als die mit Kuben (Sitz und Fußstütze) arbeitende Elfenbeinfassung im Bremer Kunsthandel (Kat. Nr. 79), so daß eine Datierung um 1640 vertretbar erscheint.
Die herkömmliche Bezeichnung dieser wie auch der Stuttgarter Holzstatuette (Kat. Nr. 82) ist »Avaritia« (Geiz), obwohl die üblichen Attribute der Avaritia ein Geldsäckchen (bei Cesare Ripa S. 31) oder offen liegende Münzen (bei Hendrik Goltzius, Strauß S. 173; B. 86) sind. Gelegentlich ist die Avaritia auch dargestellt als alte Frau, die einen beinahe schon fleischlosen Tierknochen noch immer abzunagen versucht. Der menschliche Fuß gilt im symbolischen Sinne als Sitz besonderer Macht, im magischen Sinne sogar als Sitz der Lebenskraft (Handwörterbuch des Aberglaubens 3, S. 224 ff.), beispielhaft im Kampfe des Herkules mit Antäus. Sooft Antäus im Ringkampf mit Herkules den Boden, d. h. die Erde (Gäa, Terra), seine Mutter berührte, gewann er neue Kräfte. Herkules hob ihn deshalb hoch und zerdrückte ihn in der Luft. Das Herkules-Antäus-Thema war Leonhard Kern bekannt (Grünenwald 1969, Nr. 82, Taf. 14). Ein Stich des Veneziano von 1533 (B. 316) nach Raffaello, verbreitet gleichzeitig durch Plaketten (Vöge 1910, Nr. 677), zeigt rechts zu Füßen der Kämpfergruppe ein auf dem Boden sitzendes altes nacktes Weib, Gäa (= Terra) die Mutter des Antäus, die nach links oben schauend dem Kampfe zusieht. Damit erklärt sich das Schielen der Kernschen Statuette ebenfalls nach links oben. Eine ähnliche Komposition, die Terra (Erde) aber links der Kämpfergruppe, stammt von Cornelis Cort 1583, Antwerpen (abgeb. Reallex. z. Dt. Kunstgesch. 5, Sp. 1090). Die Zufügung des menschlichen Beines und das Motiv des Bein-Fressens geht wohl auf Zutun Leonhard Kerns zurück. Betrachtet man von der Hauptansichtsseite aus die damals in zahlreichen Nachbildungen verbreitete Herkules-Antäusgruppe des Giovanni da Bologna (Weihrauch 1967, Abb. 255), dann bietet sich das von der Zehenspitze bis zum Knie als Silhouette frei im Raume stehende linke Bein des Antäus

geradezu aufdringlich an, als pars pro toto in die Hände der Gäa (Terra) gegeben zu werden. Das »Fress«-Motiv ist damit freilich auch nicht erklärt.
Auf einen anderen Aspekt machte uns freundlicherweise Konrad Hoffmann, Tübingen, aufmerksam, wonach es nicht auszuschließen sei, daß Kern vielleicht eine Personifikation der »Menschenfresserin« selbst, verbreitet durch Bildreportagen des Theodor de Bry (1594) von der »Neuen Welt«, gemeint haben könnte, in Verbindung mit Invidia (Neid, ein Herz fressend), verbreitet durch Flötner-Plaketten (Weber 1975, Taf. 14, Nr. 56,2) und Furor (Wut) u. a. nach Cesare Ripa. Als »Menschenfresserin« wird denn auch die Stuttgarter Holz-Gäa (Kat. Nr. 82) bezeichnet (s. dort). Ob und inwieweit Erinnerungen an die 1634/1635 in Hall herrschende Hungersnot mitgespielt haben, muß dahingestellt bleiben. Nachweislich fanden im Œuvre Leonhard Kerns Erinnerungen an Kriegsereignisse noch lange nach dem Ende des Dreißigjährigen Krieges (1648) ihren künstlerischen Ausdruck (Kat. Nrn. 106, 107).

Lit.: Scherer 1916, S. 305. – Baldaß 1923, S. 9, Taf. 7a–b. – Bange 1930, S. 92 m. Abb. – Fillitz 1957, S. 216 f. – Metz 1957, Nr. 375. – Grünenwald 1969, Nr. 11, Taf. 34.

80

81
Gäa und/oder Allegorie der Hungersnot (?), Personifikation der Menschenfresserin (?)

Leonhard Kern
um 1630–1635
Birnbaumholz (?); Arme und der zum Mund geführte Beinstumpf fehlen
H. 33,5 cm
Wien, Privatbesitz

81

Die Statuette ist auf Vorderansicht (frontal) und auf Diagonalansicht (von links) angelegt. Die Wendung der Beine nach links und die Gegenbewegung des Oberkörpers nach rechts entsprechen der Elfenbein-Gäa im Bremer Kunsthandel (Kat. Nr. 79). Stärker noch sind diese Bewegungskontraste beim Geldzähler (Kat. Nr. 77) ausgebildet und in der Monumentalskultpur bei den Tugenden (Hoffnung und Klugheit) in Regensburg, 1630–32 (Pfeiffer Abb. 3, 7).
Die alte Frau sitzt auf einem aus kubischen Elementen aufgebauten Sockel. Das linke Bein stellt sie vor und tritt mit dem Fuß fest und vollflächig auf, das rechte Bein hat sie so weit zurückgenommen, daß sie nur noch mit den Zehen auftreten kann und die hochgenommene Ferse bereits über den Rand der Plinthe hinaussteht. Das lässig über den Sitz geworfene Tuch mit gratiger Faltengebung bedeckt mit einem Ende ihre Blöße, das andere Ende hängt über den Sitz herab. Die Behandlung des gealterten Körpers ist wie bei allen bisher bekanntgewordenen Gäa-Statuetten Kerns – im Bremer Kunsthandel (Kat. Nr. 79), in Stuttgart (Kat. Nr. 82) und in Berlin signiert (Kat. Nr. 80) – unübertrefflich dargestellt: die Bauchfalten, die hängenden Brüste, die eingefallenen Partien an den Schlüsselbeinen, der sich der Magerkeit wegen deutlich abzeichnende Kehlkopf, die vorstehenden Augenwülste, die Faltendelle an der Nasenwurzel, die tiefliegenden Augen mit den Winkelfalten – die Pupillen sind gebohrt, der Blick auch hier nach links oben gerichtet – die Stirnfalten und schließlich am Rücken die stark hervortretenden Schulterblätter und Rückgratknorpel. Die Haltung der Arme mit dem Beinstumpf ist an den drei unbeschädigten Gäa-Statuetten abzulesen. Im weit geöffneten Mund ist die Anschlußstelle zum Beinstumpf sichtbar. Das mittelgescheitelte Haar ist glatt zurückgestrichen. Den Hinterkopf bedeckt eine Mütze, die das Nackenhaar einhält, nur hinter den Ohren treten einige kurze Locken hervor. Die Wendung der trotz des Alters muskulösen Beine und die Gegenwendung des Oberkörpers innervieren einen Bewegungsablauf, innerhalb dessen der Augenblick kurz vor dem Aufspringen von dem Sitz fixiert zu sein scheint. Dieser Eindruck wird nicht zuletzt dadurch verstärkt, daß die quer vor den Körper gehaltene Sperre, nämlich der menschliche Fuß, an welchem Gäa frißt und die Arme, die ihn halten, hier fehlen. Das nachgedunkelte Holz mit bronzeähnlicher Wirkung, das der Künstler gewiß nicht ohne Absicht gerade für diese Skulptur gewählt hat – die hellholzige Buchsbaum-Gäa in Stuttgart (Kat. Nr. 82, von Johann Georg Kern?) kommt der Wienerin in der Gesamtwirkung bei weitem nicht nahe – unterstreicht die bildhauerische Qualität der Statuette und ihre monumentale Auffassung, die nicht nur die Kenntnis, sondern auch das Verständnis Leonhard Kerns für die plastischen Schöpfungen eines Michelangelo beweist. Zum Sitzmotiv der Gäa siehe den Moses vom Juliusgrabmal und die nackten Jünglinge in der Cappella Sixtina. Zu Thema und Ikonografie der Gäa siehe die Berliner Gäa (Kat. Nr. 80).
Die Zuschreibung an Leonhard Kern stammt von Manfred Leithe-Jasper. Ihm verdanken wir auch den Hinweis auf die in Wiener Privatbesitz befindliche Statuette.
Die monumentale Auffassung und das souveräne, raumgreifende Sitzmotiv, welchem man im Œuvre Leonhard Kerns, abgewandelt oder auch reduziert, immer wieder begegnet – Geldzähler (Kat. Nr. 77), Berliner Adam-Eva-Gruppe, signiert (Kat. Nr. 83), Liebespaar (Kat. Nr. 87)

und Jesus-Johannes-Gruppe (Kat. Nr. 110) in Neuenstein – rücken die Wiener Gäa in die Nähe der Regensburger Tugenden von 1632, so daß wir an eine Datierung in die frühen 30er Jahre, 1630–1635, denken. Sie dürfte nach der Bremer Elfenbein-Gäa entstanden sein.

Lit.: nicht veröffentlicht.

82
Gäa und/oder Allegorie der Hungersnot (?), Personifikation der Menschenfresserin (?)

Johann Georg Kern (?), unter Mitarbeit von Johann Jakob Betzoldt (?)
nach Mitte des 17. Jahrhunderts
Buchsbaumholz; H. 19,7 cm
Stuttgart, Württembergisches Landesmuseum, Inv. Nr. E 799

Die völlig nackte alte Frau sitzt auf einem naturalistisch gestalteten Baumstrunk, dessen Wurzelwerk auf der Erdboden-Plinthe frei liegt. Diese ist mit Blumen, Blattgewächsen, Steinen, teils in Relief, teils rundplastisch besetzt, hinter dem rechten Fuß der Gäa ein Dreiblatt in Relief. In der Komposition, insbesondere in Sitz- und Armhaltung entspricht die Stuttgarter Gäa ihren Schwestern in Bremen (Kat. Nr. 79), Wien (Kat. Nr. 81) und Berlin, signiert, (Kat. Nr. 80), allerdings mit einem, aber einem grundlegenden, Unterschied: die Stuttgarter Gäa »sitzt« nicht, die Füße fest auf den Boden oder auf Quadersteine aufgestützt, sondern sie »balanciert« auf ihrem Sitz, die Füße freischwebend im Raume. Die Sohlen der Füße sind sorgfältig ausgearbeitet und tragen keine Spuren einer Befestigung; man muß davon ausgehen, daß sie nie aufgestützt waren. Das Knochen-, Sehnen- und Muskelgerüst ist hier wie bei der Bremer Gäa sorgfältig und kenntnisreich ausgebildet. Aber der Vergleich der beiden Rückenakte zeigt, daß trotz der Magerkeit der Körper und der sich abzeichnenden Rükkenwirbel und Schulterblättern die Bremer Gäa – wie auch die Wiener Gäa – die leichte S-Schwingung der jüngeren kernschen Frauenakte zeigt, die Stuttgarter Gäa dagegen ganz gerade mit versteiftem Rücken dasitzt. Hart sind auch die Übergänge von der Nackenlinie zu dem unnatürlich hoch liegenden Haaransatz, als ob der Nackenknoten abgebrochen wäre, doch dieser sitzt viel weiter oben, und unten gibt es keine Ansatzspuren für Haarteile, die an der Nackenlinie vermittelt hätten. Die Wiener Gäa besitzt einen vergleichsweise ebenfalls hoch liegenden Haaransatz, dieser ist aber dadurch legitimiert, daß sie eine Haube trägt, die das Haar fest umschließt. Nicht bewältigt ist die Verbindung von Mund und Beinstumpf, dieser ist ganz gerade abgeschnitten und bietet keine Anbeißstelle. Die Gesichtszüge tragen frontal die typisch kernschen Merkmale wie die übrigen Gäa-Statuetten. Die Augen mit den gebohrten Pupillen schielen nach oben. Im Profil aber fällt die ausgesprochene Hakennase der Stuttgarterin auf, wogegen die Nasen der drei anderen gerade geformt sind. Hände und Finger sind außerordentlich fein ausgeführt, die Fingerstellung am Bein ist geradezu preziös beim Vergleich mit dem festen Zupacken der Bremer Gäa. Die Fingerstellung, vor allem aber die Sitzhaltung mit den frei schwebenden Füßen und schließlich die naturalistische Gestaltung des Sockels – dies alles ist für eine eigenhändige Arbeit des Bildhauers Leonhard Kern, der seine Statuetten und seine Gruppen »gebaut« hat, dessen Geschöpfe fest auf dem Boden auftreten und fest auf ihren Sitzen sitzen, undenkbar. Bei der Stuttgarter Gäa zeigt schon die mangelhafte Verbindung von Gesäß und Baumstrunk, daß dieser womöglich erst später entstanden ist und von einer anderen Hand als die Statuette stammt. Der Bildhauer selbst, das zeigt die Statuette deutlich, muß zum engsten Kreis um Leonhard Kern gehört haben, denn dessen Gäa-Fassungen waren ihm genauestens bekannt. Seine eigene Leistung bestand in dem völlig andersartig strukturierten Sitzmotiv. Dieses

82

gleicht im Prinzip dem eines sitzenden Johannes d.T., Deckelbekrönung eines Jungfrauenhumpens in Dresden, den Lise Lotte Möller (hier S. 76, Abb. 5) einschließlich der Deckelfigur dem Johann Gecrg Kern (Fassung vor 1661) zuschreibt, wodurch die Motivverwandtschaft zwischen der Stuttgarter Gäa von Johann Georg Kern und deren Vorbildern in Bremen, in Wien und in Berlin geklärt ist. Das »Dreiblatt« auf der Rückseite der Plinthe könnte auf die Mitarbeit Johann Jakob Betzoldts, auch eines Kern-Schülers, hinweisen (zum Vierblatt, später Dreiblatt J. J. Betzoldts s. Möller hier S. 81).
Im Inventar des Herzogs Carl Rudolf von Württemberg-Neuenstadt von 1693 ist *ein Menschenfresser aus Holz geschnitten* im Werte von 3 Gulden verzeichnet (Fleischhauer 1974, S. 212). Im Zugangsinventar (Mitte 18. Jh.) des Herzogs Carl Eugen von Württemberg ist *eine Menschenfresserin* (Fleischhauer 1976, S. 124) erwähnt. Werner Fleischhauer (1974, Anm. 22) vermutet, daß diese beiden Nennungen auf die Stuttgarter Statuette zu beziehen sind.
Hans Klaiber brachte als erster (1967) die Stuttgarter Gäa in Verbindung mit dem Namen Kern. Er schrieb sie Leonhard Kern selbst zu, dieser Zuschreibung schlossen wir uns 1969 an. Die Kenntnis der beiden erst 1988 bekannt gewordenen Gäa-Statuetter in Bremen und Wien sowie die Forschungsergebnisse Lise Lotte Möllers zu Johann Georg Kern und Johann Jakob Betzoldt (s. Beitrag hier) veranlassen uns, unsere seinerzeitige Zuschreibung an Leonhard Kern aufzugeben zugunsten von Johann Georg Kern und die Mitarbeit Johann Jakob Betzoldts wahrscheinlich zu machen.
Für die Datierung bietet sich die Entstehungszeit des Dresdener Humpens »vor 1661« an, so daß die Stuttgarter Gäa bald nach der Mitte des 17. Jahrhunderts entstanden sein dürfte.
Zu Thema und Ikonografie der Gäa siehe Berlin (Kat. Nr. 80).

Lit.: Nürnberg 1952, Nr. P 90, Abb. S. 105. – Grünenwald 1969, Nr. 96, Taf. 35.

83
Farbtafel 9 (S. 204)

Adam und Eva – Sündenfall

Leonhard Kern (bezeichnet LK ligiert auf dem Felssockel hinter dem rechten Fuß Adams)
um 1635
Elfenbein; H. 23 cm
Berlin, Staatliche Museen Preußischer Kulturbesitz, Skulpturengalerie, Inv. Nr. 713

Adam sitzt aufrecht, ein wenig nach rechts gewendet, auf einem bewachsenen Felssockel. Das rechte Bein setzt er etwas zurück, mit den Zehen beider Füße stößt er bis zum Rande der als Erdboden mit Gras und Pflanzenbewuchs (Wegerich?) gestalteten Plinthe vor. Ein doppeltes Seerosenblatt verdeckt das Geschlecht. In der erhobenen rechten Hand hält er seinen Apfel, mit der Linken kost er ein hinter ihm sich duckendes Windspiel. Der gedrungene Hals, die kräftig gebildete Adlernase, die »Unmuts«falten über der Nasenwurzel, der schmallippige Mund – alles wie beim Geldzähler (Kat. Nr. 77) – nur der aufgezwirbelte Oberlippenbart und der Knebelbart geben dem Gesicht eine individuelle Note. Zwischen den Füßen Adams kriecht eine Schildkröte »zielstrebig«, wie Lise Lotte Möller (1983, S. 20) darlegte, auf Eva zu. Eva, gänzlich nackt, tritt (spiegelbildliche Schrittstellung!) von rechts zu Adam heran. Sie wendet sich ihm zu, den Mund sprechend geöffnet und scheint mit der Linken »seine Hand mit dem Apfel zum Mund schieben zu wollen« (Theuerkauff 1986, S. 151). Ihre rechte Hand mit ihrem eigenen Apfel liegt auf Adams Nacken. Die Gesichtszüge Evas weisen keine auch nur annähernd individuellen Besonderheiten auf. Ihr langes Haar fällt in drei plastisch gearbeiteten Lockensträhnen auf den Rükken. Auch sie stößt mit den Zehen bis zum Rande der Plinthe vor. Die Figurengruppe ist zwar auf eine Hauptansicht, frontal, konzipiert. Aber die Beinstellung Adams eröffnet von links her eine Diagonal- und sogar eine Seitenansicht und die Schrittstellung der Eva eröffnet diese zwei Ansichten von rechts her. Selbst die Rückenansicht wird durch die Beifügung des Hundes, der seinen Kopf dem Betrachter zuwendet, aufgewertet. Die beinahe Rundumansichtigkeit der Statuetten und Statuettengruppen Leonhard Kerns ist häufiger, als man vermutet.
Zur Komposition unserer Adam-Eva-Gruppe ist auf ein Paar (spiegelbildlich) in einer Badestube, Kupferstich des Virgil Solis nach einer verschollenen Zeichnung Heinrich Aldegrevers (B. 265. Kat. Nr. 52) und zu den prächtigen Lockensträhnen auf einen Sündenfall von 1540, ebenfalls von Aldegrever (B. 5. Hollstein 1954. Bd. 1. Abb. S. 7), zu verweisen. Für die anatomisch beispielhafte Darstellung des menschlichen Körpers überhaupt benötigte Leonhard Kern allerdings keine Vorlagen, denn Modellstudien waren für ihn seit seinem Italienaufenthalt selbstverständlich.
Innerhalb des Kernschen Œuvre kommt der Berliner Adam-Eva-Gruppe eine besondere Bedeutung zu: erstens ist sie signiert und damit als eigenhändig ausgewiesen, zweitens sollen – jüngeren Traditionen zufolge (siehe dazu Möller 1983, S. 17, Theuerkauff 1986, S. 153) – historisch faßbare Persönlichkeiten, nämlich Friedrich Wilhelm, Kurfürst von Brandenburg (1620–1688), der spätere »Große Kurfürst«, und seine Gemahlin Luise Henriette, Prinzessin von Oranien (vermählt 7. 12. 1646) dargestellt sein und drittens soll die

83

Gruppe eine biblisch-allegorische Sinndeutung der kurfürstlichen Eheschließung 1646 (Theuerkauff 1986, S. 151) enthalten haben, gegebenenfalls ein bestelltes Brautgeschenk 1646 (Möller 1983, S. 24) oder ein angefordertes bzw. freiwilliges Probestück des zum kurfürstlichen Hofbildhauer 1648 angenommenen Leonhard Kern gewesen sein.
Lise Lotte Möller (1983, S. 20) und Christian Theuerkauff (1986, S. 153) lassen die Frage nach der Porträthaftigkeit bzw. Porträtähnlichkeit Adams letztlich offen, zumal der Kurfürst zur Zeit seiner Eheschließung »keinen Bart« trug (Möller) und im Knebelbart sogar »eine Zutat Leonhard Kerns« zu vermuten ist (Theuerkauff). In der Tat zeigen viele Profil-Porträtmedaillen des Kurfürsten (s. Theuerkauff 1974, Abb. 19; ders. 1986, Abb. 16) nicht einmal die geringste Ähnlichkeit mit dem Profil Adams. Wir hatten deshalb schon 1969 – wie auch Edith Fründt (zit. bei Rasmussen 1977, S. 329) – dem Adam eine Porträthaftigkeit abgesprochen, denn sowohl der Geldzähler (Kat. Nr. 77), als auch der von Christian Theuerkauff (1986, Nr. 44) dem »näheren Umkreis Kerns« zugewiesene Simson mit dem Löwen (2. Drittel 17. Jh.) besitzen eine dem Adam höchst verwandte Nasenform. Außerdem muß man sich fragen, ob dieser Adam seinen Gesichtszügen nach, ganz zu schweigen von Körperbau und Körperhaltung, überhaupt einen erst 26jährigen darstellt. Und schließlich ist zu bedenken, daß im Verlassenschaftsinventar des Kurfürsten 1688 (Theuerkauff 1986, S. 151) nicht einmal andeutungsweise auf eine familiengeschichtliche Bedeutung des Kunstwerkes Bezug genommen ist.
Die für die Datierung der Gruppe unergiebige Bildnisfrage ersetzten Lise Lotte Möller (1983) und Christian Theuerkauff (1986) durch andere Überlegungen. Beide kommen auf dem Wege der Deutung des ikonografisch interessanten Beiwerkes (Hund, Schildkröte, Seerosenblätter) zu dem Schluß, daß das Kunstwerk trotz des biblischen Themas gerade dieser Beigaben wegen sich dediziert als Braut- und Hochzeitgeschenk angeboten habe, und daß darin eine Auftragsarbeit des Bildhauers zu sehen sei, abzuliefern entweder auf den Hochzeitstag (7. 12. 1646) in Den Haag (Möller 1983, S. 24) oder entstanden im Anschluß an diese Eheschließung und zugleich als Probestück für die am 1. 9. 1648 dekretierte probeweise Bestallung Leonhard Kerns auf ein Jahr als kurfürstlicher Hofbildhauer (Theuerkauff 1986, S. 156).
Zu der von Theuerkauff angeschnittenen Frage, ob die Gruppe vielleicht nicht doch erst in Kleve entstanden sei, ist zu bemerken, daß für Entwurf, Beratung und Ausführung eine Zeit von maximal nur 2 bis 2½ Monaten (Hin- und Rückreise, deren Termin und Dauer unbekannt sind, überschlagsweise abgerechnet) zur Verfügung standen (vgl. Grünenwald 1969, Anm. 41), was uns dafür zu knapp erscheint.
Zu der Symbolbedeutung des Seerosenblattes (statt eines Feigenblattes bei Adam) bzw. der Seerose, die nur im Wasser aufblühen kann, verweist Lise Lotte Möller (1983, S. 20) auf die darin liegende glückhafte Bedeutung für eine Ehe: »Auf Regen folgt Sonnenschein«. Die Symbolbedeutung von Hund: »Sinnbild von Ergebenheit und Treue«, von Wegerich: »Hinweis auf Fruchtbarkeit« und von Schildkröte: »Sinnbild der ... züchtigen Häuslichkeit der Frau« (Theuerkauff 1986, S. 156) liegt auf der Hand. Die Verbindung von Schildkröte und Ehe (Eheschließung) leuchtet ohne weiteres ein. In Verbindung mit einer Adam-Eva-Gruppe wie hier oder in einem Sündenfallgemälde des M. Coxie (16. Jh. Wien, Kunsthist. Museum, abgeb. Prodromus Taf. 23) dient sie als Hinweis auf die »Hochzeit im Paradies« (freundl. Mitteilung von Prof. Konrad Hoffmann, Tübingen) und als Hinweis auf die zahlreiche Nachkommenschaft des ersten Menschenpaares. Die Idee, der Berliner Adam-Eva-Gruppe als einziger eine Schildkröte, ein Seerosenblatt und einen Hund beizugeben, mag Leonhard Kern Emblembüchern von Alciati (1531 in Augsburg in deutscher Übersetzung erschienen) und Picinelli entnommen haben, worauf L. L. Möller hingewiesen hat. Dafür mußte jedoch ein ganz bestimmter Anlaß, nämlich eine Hochzeit, der für alle anderen Sündenfalldarstellungen Leonhard Kerns entfiel, den Ausschlag gegeben haben. Nachdem aber eine Porträthaftigkeit Adams als Großer Kurfürst nicht schlüssig zu belegen, hingegen ziemlich unwahrscheinlich ist, könnte die Gruppe ja auch für eine andere (fürstliche?) Hochzeit schon viel früher hergestellt, aber aus irgendwelchen Gründen nicht abgeliefert bzw. abgenommen worden sein, weshalb Leonhard Kern sie später anläßlich seiner Ernennung zum kurfürstlichen Hofbildhauer (1648) dem Kurfürsten, der damals erst zwei Jahre verheiratet war, überlassen hätte. Dem Hinweis Christian Theuerkauffs (1986, S. 157) auf das »in ziemlich dünnen Kapitälchen eingeritzte« Künstlermonogramm könnte man hinzufügen, daß dieses erst kurz vor der Übergabe an den Kurfürsten eilig und flüchtig angebracht worden sein könnte.
Die Münchner Sintflut (Kat. Nr. 103) belegt, daß Leonhard Kern Reproduktionsstiche Johannes Sadelers I (1550–ca. 1600) besessen hatte und unsere Berliner Adam-Eva-Gruppe bestätigt dies durch die Verwendung von J. Sadelers I Sündenfallstich nach Marten de Vos 1579 (W. 4. Hollstein 1980, Bd. 22, Abb. S. 102, Nr. 45). In beiden Fällen handelt es sich aber vorwiegend um die Vermittlung von Anregungen zum Motiv.
Eine Datierung der Gruppe um die Jahrhundertmitte – Lise Lotte Möller: 1646, Christian Theuerkauff: 1646, 1648 und Jörg Rasmussen: um 1645? – lassen sich im Hinblick auf die stark gestreckten Proportionen der 1657 entstandenen Kasseler Venus-Mars-Amor-Gruppe (Kat. Nr. 108) und der Stuttgarter Graziengruppe

(Kat. Nr. 101) kaum vertreten. Die Lockenpracht der Eva ist zwar ähnlich der einer Frau in der »Szene aus dem 30jährigen Krieg« (Kat. Nr. 106), entstanden nach 1656, aber deren Physiognomie schließt nicht an die der Berliner Eva an, sondern an die kernschen Frauentypen der 40er Jahre, z. B. an die Budapester Grazien (Kat. Nr. 100).
Unsere seinerzeitige (1969) Datierung »um 1635«, die wir beibehalten möchten, orientierte sich am Typus und an der Haarbehandlung der Frauen in den beiden Wiener Beweinungen (Kat. Nr. 58), welche H. Fillitz (1957, S. 219) in die Mitte der 20er Jahre, die L. L. Möller (1970, Abb. 15–17) jetzt sogar viel früher, »um 1614–1617«, ansetzt, und an Wiener Statuetten, wie Moses (Kat. Nr. 68) und Hl. Hieronymus (Kat. Nr. 67) einerseits und dem laut Nachweis von W. Pfeiffer (1967, S. 96ff) 1632–1637 entstandenen Regensburger Altarengel (Grünenwald 1969, Taf. 33) andererseits.

Lit.: Vöge 1902, Nr. 188, Taf. 42. – Scherer 1905, S. 52, Abb. 44. – Scherer 1916, S. 303, Abb. 1. – Gradmann 1917, S. 122. – Volbach 1923, S. 60f, Taf. 67. – Metz 1957, Nr. 377, Taf. 72. – Dreier 1964, S. 100. – Grünenwald 1969, Nr. 9, Taf. 27. – Rasmussen 1977, Barockplastik, Nr. 77, m. Abb. – Möller 1983, S. 17–26, Abb. 1–3. – Theuerkauff 1986, Nr. 40, S. 151–158, Abb. 40–40c (dort ältere Literaturangaben).

84
Eva – aus einer Vertreibung

Leonhard Kern (bezeichnet LK ligiert, fein eingeritzt auf der Plinthe)
um 1640
Birnbaumholz; H. 26 cm
Braunschweig, Herzog Anton Ulrich-Museum, Inv. Nr. Hol 8

Von dem Erzengel aus dem Paradies vertrieben flüchtet Eva eilends und mit entsetztem Gesichtsausdruck. Mit der linken Hand greift sie sich verzweifelt an den Kopf und rauft die Haare. Den rechten Arm streckt sie, um im schnellen Laufe das Gleichgewicht zu wahren, gleichsam rudernd nach hinten. Den Oberkörper wendet sie leicht, den Kopf stark nach links und schaut über die Schulter nach rückwärts und nach oben. Schreckensvoll öffnet sie den Mund so weit, daß die Zähne sichtbar werden und runzelt die Augenbrauen. Die mittelgescheitelten, am Kopfe flach anliegenden Haare sind im Nacken zusammengebunden und fallen in zwei lockigen Strähnen auf den Rücken. Die Füße stehen mit Zehen (Standbein) und mit Ferse (Spielbein) über die Plinthe hinaus. Das Angstmoment bei Eva (und das Verzweiflungsmoment bei Adam) kommt hier eindrucksvoller zur Wirkung als bei der Darmstädter und bei der Stuttgarter Eva (Kat. Nr. 85). Gesichtsform und Gesichtsausdruck ähneln der mittleren aus der Gruppe der Drei Klagenden Frauen in Hamburg (Kat. Nr. 97).
Für die beiden Statuetten Adam und Eva verwendete Leonhard Kern einen Stich des Hans Sebald Beham von 1543 (B. 7. Kat. Nr. 48), der letztlich auf die berühmte Vertreibungsgruppe Michelangelos im Sixtinafresko zurückgeht. Bei Michelangelo und bei Beham ringt Eva, bei Kern ringt Adam die Hände. Die Haargreifgeste der Eva entnahm Kern dem Michelangelofresko, die rudernde Armbewegung aber dem Behamstich.

84

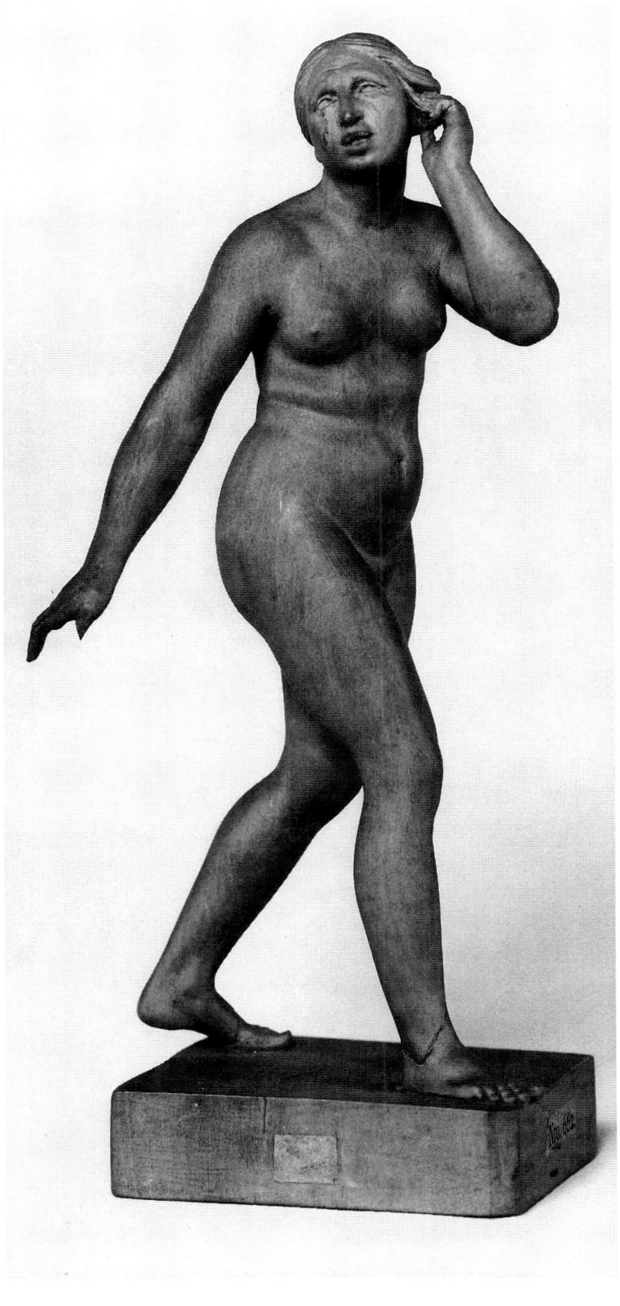

Das Übergreifen der Statuette über ihre Standplatte hinaus gehört offenbar zu den charakteristischen Merkmalen Kernscher Kunst, auch dann, wenn Preis oder Form des Materials nicht, wie z. B. beim kostbaren Elfenbein, zur Sparsamkeit zwingen.

Lit.: Scherer 1916, S. 306ff, Abb. 2–3. – Gradmann 1917, S. 122, Anm. 3. – Baldaß 1923, S. 10, Taf. 6a. – Fillitz 1957, S. 216. – Theuerkauff 1968, S. 149. – Grünenwald 1969, Nr. 20, Taf. 53. – Warschau, Ausstellung 1974, Nr. 108. – Hedergott 1975, Nr. 129, Abb. 50.

85
Adam und Eva – Vertreibung aus dem Paradies

engere Werkstatt Leonhard Kerns
um 1640–1645
Birnbaumholz. Beide Plinthen sind neu (lt. Museumsnotiz)
H. Adam 39,5 cm, Eva 38 cm (ohne Plinthen)
Stuttgart, Württembergisches Landesmuseum, Inv. Nr. 1928/16 und 17

Da wies ihn Gott der Herr aus dem Garten Eden, daß er die Erde bebaute, von der er genommen war. Und Er trieb den Menschen hinaus ... (1. Mose 3.23–24). Adam, gefolgt zu seiner Linken von Eva, beide völlig nackt, flüchten im Laufschritt aus dem Paradies. Obwohl Einzelstatuetten auf getrennten Plinthen, bilden sie, aufeinanderbezogen durch spiegelbildliche Laufstellung und Körperdrehung und durch gleichgerichtete Wendung des Kopfes, nur Arm- und Handhaltung unterscheiden sich, eine Zweiergruppe. Des Laufschrittes wegen treten sie, wie in Darmstadt (Fischer 1987, S. 11 m. Abb.; Sauerlandt 1924, Abb. 5–6), nur mit den Zehen auf dem Boden auf. Adam breitet, seine Unschuld beteuernd, beide Arme weit aus, den linken vor, den rechten zurück – in Gegenbewegung (Kontrastmotiv!) zur Schrittstellung. Die geöffneten Hände hält er schutz- und gnadeflehend hoch. Bei starker Wendung des Kopfes nach rechts schielt er, wie die gebohrten Pupillen zeigen, über seine linke Schulter ängstlich nach oben, wo die Erscheinung Gottes oder des Engels zu denken ist. Seine Physiognomie – und die Evas – mit dem »angestrengten« Gesichtsausdruck, mit der »Unmutsfalte« (Möller), mit dem »gerunzelten« Ansatz der Nase (Theuerkauff) und mit der gefurchten Stirne entspricht dem Ernst der Situation, ist aber nur eine Übersteigerung des für die Menschen Leonhard Kerns und seiner Mitarbeiter und Nachfolger charakteristischen – eben »kernschen« Gesichtsausdrucks. Das kurzgeschnittene, schematisch in Ringellocken gelegte Haar liegt flach am Kopf an. Es läßt peinlich genau die Ohrmuscheln frei. Diese sind

85

anatomiewidrig ungleich hoch, sind schräggestellt und mit grob verdicktem Ohrläppchen (rechtes Ohr!) versehen. Die Innenflächen beider Hände sind, trotz unterschiedlicher Behandlung, hart und schematisch (Handlinien, Fingergelenke, Fingerspitzen) bearbeitet, besonders bei der rechten Hand. Ähnliches gilt für die Behandlung des sehr muskulösen männlichen Körpers.
Eva ringt verzweifelt die Hände vor der Brust. Den Kopf nach rechts gewandt, wirft sie anklagende Blicke nach oben. Ihr Gesicht zeigt denselben »angestrengten« Ausdruck wie das Adams. Das in Locken gedrechselte, in den Nacken fallende mittelgescheitelte Haar weht nur auf der linken Körperseite, in Anlehnung an die Darmstädter Eva, des raschen Laufes wegen etwas zurück, ist aber immer noch wohlgeordnet. Ihre Armmuskulatur ist, des krampfhaften Händeringens wegen, kräftig ausgebildet.
Als mögliche Anregung für die Darstellung Adams verweist H. R. Weihrauch (1967, S. 292, Abb. 350) auf die Bronzestatuette eines von ihm dem Peter Flötner zugeschriebenen fliehenden Jünglings, welchen Leonhard Kern im Darmstädter Adam (der dem Stuttgarter Adam kompositionell sehr nahe steht) »kopiert« – wir meinen eher »abgewandelt« – habe. Für die Darstellung der händeringenden Eva wurde ein Stich Heinrich Aldegre-

85

vers von 1540 (B. 5) und – spiegelbildlich – ein Stich H. S. Behams von 1543 (B. 7 Kat. Nr. 48) verwendet. Der Behamstich geht auf das berühmte Fresko Michelangelos in der Sixtinischen Kapelle in Rom zurück.
Die Bearbeitung der genannten grafischen Vorlagen zwecks Umsetzung in die Skulptur und die Herstellung eines entsprechenden Modells oblag Leonhard Kern. Das belegen die beiden eigenhändigen und signierten Adam- und Eva-Statuetten in Darmstadt. Nach diesen oder nach den (vorauszusetzenden) Modellen Leonhard Kerns stellte ein Mitglied seiner engeren Werkstatt die Stuttgarter Wiederholungen her, kompositionell übereinstimmend, in der Darstellung etwas hart und trocken, in einigen Details – wie beschrieben – sogar mangelhaft. Unsere seinerzeitige (1969) Zuschreibung an Leonhard Kern, im Anschluß an die Zuschreibung lt. Museumskartei, ist damit berichtigt.
Die Datierung um 1620–1630 (Museumskartei) scheint uns der fülligen Körperformen der Eva wegen zu früh zu sein. Man wird die Stuttgarter Statuetten, den Vorbildern in Darmstadt nahestehend, um 1640–1645 datieren können.

Lit.: Nürnberg 1952, P. 85 (L. v. Wilckens). – Weihrauch 1967, S. 292. – Grünenwald 1969, Nr. 95, Taf. 52.

86
Adam und Eva einander erkennend

Leonhard Kern
um 1630–1635
Nußbaumholz; H. 24,2 cm
Berlin, Staatliche Museen Preußischer Kulturbesitz, Skulpturengalerie, Inv. Nr. 8359

Adam und Eva, beide völlig nackt, stehen im Winkel zueinander, er streng frontal, sie in reiner Seitenansicht. Adams Kontrapost ist allerdings kein Kontrapost im Sinne der Antike und Michelangelos, denn nicht die Hüfte des Standbeines ist hier betont, sondern – ganz unklassisch – die Hüfte des Spielbeines. Er setzt sein linkes Bein (Standbein) soweit vor, daß der fest und flach aufgesetzte Fuß über die Plinthe hinaussteht, und hebt die Ferse des rechten Fußes, der zum Linken beinahe rechtwinkelig steht, etwas an. Seinen Kopf wendet er Eva zu, er legt den linken Arm auf ihre Schulter und greift mit der Hand in ihr tief auf den Rücken fallendes Lockenhaar. Sein rechter Arm hängt entspannt herab. Die jugendlich-schlanke Eva, ebenfalls im Kontrapost, steht fest und sicher auf dem linken (Stand-)Bein, den rechten Fuß aber setzt sie etwas preziös nur mit den Zehen auf. Sie neigt ihren Oberkörper Adam zu und legt ihre linke Hand um seinen Hals. Ihr rechter Unterarm fehlt, er war gesondert angedübelt, die Hand hielt vielleicht den Apfel. Den Kopf leicht anhebend, sucht sie Adams Blick zu fassen.
E. F. Bange (1928) hatte schon auf die Verwendung des Dürerholzschnittes »Sündenfall« aus der Kleinen Passion (B. 17. Kat. Nr. 47) durch den Bildhauer hingewiesen, Bernhard Decker (1981) darauf, daß Adam in der Pose des David von Michelangelo wiedergegeben ist.
E. F. Bange (1930) bezeichnete die Gruppe als »süddeutsch (Nürnberg?) um 1600/10« und erkannte dieselbe Hand in dem Berliner Abrahamopfer (Grünenwald 1969, Nr. 7) und in der Weimarer Huckepackgruppe (Kat. Nr. 111) auf Grund einer Vermutung von R. Berliner.
Wir möchten unsere seinerzeitige (1969) Zuschreibung der Adam-Eva-Gruppe an Leonhard Kern aufrecht halten, obwohl diese Zuschreibung bei Lise Lotte Möller »Zweifel erweckt« (Möller 1972, S. 153). Den in der Berliner Gruppe zutage tretenden physiognomischen und körperlichen Besonderheiten begegnet man im Œuvre Leonhard Kerns auf Schritt und Tritt: um nur wenige Beispiele zu nennen bei dem signierten Darmstädter Adam (Grünenwald 1969, Nr. 24), bei dem Geldzähler (Kat. Nr. 77), bei dem Frankfurter Erlöserchristus (Kat. Nr. 62) und bei dem Wiener Kruzifixus (Kat. Nr. 70). Diese physiognomischen Merkmale sind: schmale,

86

gerade oder leicht gebogene Nase, kräftig ausgebildete Augenwülste und oftmals stark gerunzelte Augenbrauen. Die körperlichen Merkmale im ganzen bezeugen eine außerordentlich genaue Kenntnis der menschlichen Anatomie, des Knochengerüstes, des Zusammenspiels von Muskeln und Sehnen und des Verlaufes der Venen. Im einzelnen sind es das deutlich ausgebildete Brustbein am Halsansatz, der betonte Kehlkopf und die bis zu den Ohren hin hervortretenden Unterkieferknochen.
Hinzu kommen die bereits erwähnten kompositionellen Besonderheiten: das ausgesprochen tektonische Gefühl des Bildhauers für den statuarisch festen Aufbau seiner Einzelfiguren und Gruppen, das kontrastierende – rechtwinklige – Zueinander von Frontal- und Profilansichten, die beinahe rechtwinkelige Stellung der Füße zueinander, das Vorstehen der Füße über die Plinthe hinaus, die Vermeidung von Überschneidungen und deshalb die Ausbreitung der Figuren und der Komposition in der Fläche (vor allem in den Reliefs). Diese Leonhard Kernschen Besonderheiten sind zum Teil

schon in seinem ersten sicher belegten eigenhändigen Werk, in den beiden Altartafeln von 1613 in Maribor/ Jugoslawien (Kat. Nrn. 54, 55) ausgebildet.
Unsere Adam-Eva-Gruppe ist keine Werkstatt- oder Schülerarbeit – wie die Künzelsauer Adam-Eva-Gruppe (Kat. Nr. 139) – sondern eine reife Leistung, trotz der anatomisch nur mit Schwierigkeit nachvollziehbaren Arm- und Handhaltung Adams auf Schulter und Rücken Evas. Weil aber die Gruppe auf eine Hauptansicht hin, frontal, angelegt ist – hier kommen die Körperkonturen und die kontrastreiche Frontal-Profil-Stellung der beiden Gestalten am vorteilhaftesten zum Ausdruck – wird der Bildhauer über diese Schwachstelle hinweggesehen haben, zumal der heute fehlende rechte Arm Evas – der anatomisch ebenfalls problematisch gewesen sein mag – die Strukturen sowieso verunklärt haben dürfte.
Im Œuvre Leonhard Kerns kommen den biblischen Themen »Adam und Eva« (Sündenfall, Erkennung, Vertreibung, Verlorenes Paradies) und »Opfer Abrahams« vom Inhalt her – und deshalb auch die häufigen Wiederholungen – eine zentrale Bedeutung zu. Denn nur als Vorwand, um den unbekleideten Körper darzustellen, hätten Mythologie und Allegorie allein genügend Motive geliefert.

Lit.: Bange 1928, S. 96, Taf. 105. – Bange 1930, Nr. 8359 m. Abb. – Grünenwald 1969, Nr. 8, Taf. 23. – Decker 1981, S. 356, Nr. 223 m. 2 Abb.

87
Junges Liebespaar

Leonhard Kern
um 1640
Alabaster; H. 38,5 cm
Privatbesitz, NL 78

Die beiden jungen Leute sitzen nebeneinander auf einem mit Tuch drapierten Postament. Ein Tuchende bedeckt das Geschlecht des Mannes, die Frau ist völlig nackt. Er stellt das rechte Bein – ähnlich dem Berliner Adam (Kat. Nr. 83) und dem Dudelsackspieler (Kat. Nr. 114) – weit zurück, so daß die Ferse stark angehoben ist, die Zehen weit über die polsterartige Plinthe hinausstehen und der Fuß abzugleiten droht. Das andere Bein ist vorgestellt und der Fuß ist fest und mit voller Fläche aufgesetzt. Seinen Oberkörper wendet er der Gefährtin zu, den Kopf aber in einer Gegenbewegung etwas zur Seite. Eine Hand liegt auf ihrer Schulter, mit der anderen hält er ihr einladend einen Trinkpokal vor. An seinen Gesichtszügen fällt das rundliche Kinn, darüber der Ansatz eines Miniaturbartes und der herzförmige Mund mit den tiefliegenden Winkeln – ähnlich dem Dudelsackspieler – auf. Die junge Frau sitzt mit gekreuzten Füßen, ein bei Michelangelo häufiges Motiv, ihr großer Zeh steht ebenfalls über die Plinthe hinaus vor. Mit beiden Händen hält sie eine Pansflöte vor sich. Den Kopf und das vollrunde Gesicht wendet sie dem Partner zu. Ihr welliges mittelgescheiteltes Haar ist am Hinterkopf zusammengefaßt und fällt in drei Lockensträhnen auf den Rücken. Die übergreifende Armhaltung und die kontrapostische Beinstellung, des Mannes vor allem, welcher Träger von Bewegung und Gegenbewegung ist – die Frau ist augenfällig der mehr passive Teil – geben der Gruppe eine räumliche Wirkung.
Die Komposition beweist, daß der Bildhauer sowohl die antike Marmorgruppe Pan und Daphnis aus florentiner Bronzereduktionen des 16. Jahrhunderts (Hermann Abb. 41 u. 42), als auch den H. S. Beham-Stich »Jungbrunnen« (B. 165. Kat. Nr. 53), mit einem weintrinkenden Liebespaar am Bildrand links, gekannt und verwendet und doch etwas Eigenständiges geschaffen hatte. Die Gruppe lebt aus der Spannung von Bewegung (des

87

88

Mannes) und Statuarik (der Frau), von Vertikalen (Körperhaltung) und Horizontalen (Armhaltung), deren Strenge von sparsam eingefügten Diagonalen (Kopfhaltung, Beinstellung, Verlauf der Tuchdraperie) gemildert wird. Überschneidungen – und gar Verschränkungen – der Körperglieder vermied der Bildhauer tunlichst.
Das anspruchsvolle Kompositionssystem, die auf Modellstudien beruhende anatomiegerechte Körperbildung und die Detailbehandlung, z.B. die wie »abgeschnürt« scheinenden Fingeransätze, wie beim Frankfurter Jünglingsengel (Kat. Nr. 62) und bei der signierten Kasseler Venus (Kat. Nr. 88), die knorpeligen Zehenglieder oder die vergrößerten Zehenballen, wie beim Wiener Alabaster-Abraham (Kat. Nr. 66), geben Veranlassung, unsere seinerzeitige Zuschreibung (1969) an Leonhard Kern beizubehalten, trotz der Einwände von Christian Theuerkauff (1973, S. 165) »kaum eigenhändig« und (indirekt) von Lise Lotte Möller (1972, S. 253) wegen unseres Vergleichs mit dem Münchner Sebastian (Grünenwald 1969, Nr. 62, Taf. 44), weil dieser zu jenen Zuschreibungen gehöre, »die Zweifel erwecken«.
Die Gruppe ist erwähnt im Inventar der Kirchberger Kunstkammer von 1702: *ein nackend Manns- und Weibsbild nebeneinander sitzend auß Alabaster.* Sie gehörte sehr wahrscheinlich zu den *7 allabasterne Stück,* die im Kirchberger Kunstkammerinventar von 1684 genannt sind (v. Schweinitz S. 201).

Lit.: Grünenwald 1969, Nr. 69, Taf. 45. – Theuerkauff 1973, S. 165. – Fischer hier S. 61 f.

88
Venus und Amor

Leonhard Kern (bezeichnet LK ligiert auf der Oberseite der Plinthe hinter dem linken Oberarm der Venus)
um 1645
Specksteinkern (?) mit Gipsüberzug (?); L. 42 cm, B. 16 cm
Kassel, Staatliche Kunstsammlungen, Inv. Nr. A Ic,296

Die gänzlich unbekleidete Venus ruht in gelöster Haltung auf einem am Kopfende kissenförmig erhöhten Lager. Sie wendet ihre linke Körperseite, die Hauptansichtsseite, dem Beschauer zu. Ihren Oberkörper, unter dem sich das auf die Gegenseite verschobene Gewandtuch bauscht, hebt sie etwas an und stützt sich mit dem Unterarm auf. Die leicht angezogenen Beine weichen nach vorne aus, um dem über ihre gekreuzten Füße nach rückwärts kriechenden Amor Platz zu machen. Mit der Rechten ergreift sie Amors Hand und zieht ihn vollends herüber. Unter ihrem rechten Fuß liegt eine große Feige und Feigenblätter sind auf der Vorderseite des Lagers verstreut. Venus ist eine kräftig gebaute Frau mit kurzem dicken Hals, vollem Gesicht, aber mit strengem, beinahe männlichem, ja geradezu »klassischem« Profil. Das mittelgescheitelte gewellte Haar ist am Hinterkopf zusammengebunden, die Enden fallen in zwei gedrehten Lokkensträhnen in den Nacken. Amor kriecht über ihre Füße hinweg auf die andere Seite und ergreift ihre ausgestreckte Hand. Der kräftige ringellockige Knabe gehört

zu dem rundköpfigen Kindertypus Leonhard Kerns, wie er vor allem bei dem Oxforder Knaben (Kat. Nr. 112) und der Weimarer Huckepackgruppe (Kat. Nr. 111) anzutreffen ist.
Die Gruppe ist zwar auf eine Hauptansicht hin angelegt, aber die Schrägansichten von der Rückseite her zeigen, wie souverän Leonhard Kern die plastischen Massen gliederte und – durch die übergreifenden Bewegungsmotive – der Skulptur zu einer stark räumlichen Wirkung verhalf.
Hier, wie auch bei der Avaritia (Abundantia?), ehem. im Würzburger Kunsthandel (Grünenwald 1986, Abb. 21) – der Zuschreibung der Avaritia an Johann Georg Kern durch Lise Lotte Möller (hier S. 84, Anm. 20) können wir nicht beipflichten – lebten Leonhard Kerns Erinnerungen an seine Studien in Italien wieder auf, wie man ihnen 1613 in der Mariborer Anbetung (Kat. Nr. 54) schon einmal begegnet war. In dem Profil der Venus wirken entweder unmittelbar antike Juno-Büsten, oder mittelbar Nicolo Pisanos Mariendarstellungen an der Domkanzel in Pisa (Swarzenski 1926, Abb. 21), in der Liegefigur als solcher etruskische und römische weibliche Liegefiguren (Swarzenski 1926, Abb. 19, 26) nach.
Die Beigabe der Feige und der Feigenblätter kennzeichnet die Gruppe als Venus und Amor (E. M. Link), wiewohl nicht diese, sondern der Granatapfel das der Venus-Aphrodite mythologisch zugeordnete Fruchtbarkeitssymbol gewesen ist (Kl. Pauly 1, S. 430).
Eva Maria Link hat das Verdienst, 1964 (briefl. Mitt.) die bis dahin völlig übersehene Signatur LK (ligiert) entdeckt und identifiziert zu haben. Die Gruppe ermöglicht dadurch die Zuschreibung einer Reihe »kernscher« Frauen und Kinder (siehe oben) an Leonhard Kern. Charakteristische und hier exemplarisch versammelte Details sind zu Merkmalen eigenhändiger Arbeiten des Künstlers geworden, wie z. B. die stark ausgeprägten Augenwülste, die feingebildeten Ohrmuscheln mit den verdickten Ohrläppchen, die sich bis zum Ohr hin deutlich abzeichnenden Unterkieferknochen, die tief liegenden Mundwinkel und an den Händen die etwas dicklichen und wie abgeschnürt scheinenden Finger und die ausgearbeiteten Finger- und Fußnägel. Bei Amor sind es die weitgestellten, beinahe mandelförmigen Augen.
Die Bestimmung des Materials beruht auf den Vermutungen von Ekkehard Schmidberger (briefl. Mitt. v. 23. 6. 1988), es ist bisher einmalig im Œuvre Leonhard Kerns. Der Gipsüberzug über einem festen (Speckstein-)Kern erlaubte jederzeit nachträgliche Verbesserungen an der Modellierung. War die Gruppe als Modell zu einem Bronzeguß gedacht?

Lit.: Grünenwald 1969, Nr. 53, Taf. 62.

89
Schlafende Frau

Leonhard Kern
um 1645
rötlicher Alabaster (?); L. 29 cm
Stuttgart, Württembergisches Landesmuseum, Inv. Nr. KK grün 104

Die völlig nackte Frau liegt schlafend auf einer ungefähr segmentbogenförmige Plinthe mit Andeutung einer Erdbodenformation, über welche ein faltenreiches Tuch geworfen ist, das sich unter dem Kopf zu einer Art Kissen bauscht. Sie liegt mit dem Oberkörper auf dem Rücken, das Gesäß und die stark angezogenen, hochgestellten Beine sind nach links gewendet. Der linke Arm ist lässig gestreckt, die Hand greift in das Tuch. Der rechte Arm liegt über dem Kopf, die Hand beschattet das Gesicht der Schläferin. Ihre Gesichtszüge sind nicht entspannt, ihr Mund ist geschlossen. Eine lange Strähne des mittelgescheitelten Haares verläuft oberhalb des Ohres über den Hinterkopf. Das am Hinterkopf glatte und kurzgeschnittene Haar wird von einem zweimal um den Kopf geschlungenen Band, wie bei einer der Stuttgarter Grazienstatuetten (Kat. Nr. 101), hochgehalten. Die Körperhaltung der Schlafenden paßt sich der Form der Plinthe an und füllt diese in Länge und Breite bis zum Rand aus. Hauptansichtsseite der Skulptur ist die Langseite, die rechte Körperseite der Schlafenden.
Es fehlen mythologische oder allegorische Attribute, doch dürften Diana- oder Venusdarstellungen etwa in der Art Wenzel Hollars – schlafende Diana mit ähnlicher Armhaltung P. 277, die entsprechende Handzeichnung Hollars ist datiert 1633 – dem Bildhauer Leonhard Kern bekannt gewesen sein (vgl. Kat. Nr. 90).
Die Skulptur ist verzeichnet im Inventar der herzoglich württembergischen Kunstkammer von 1670: *Ein nakkendes liegendes Frauenbild, ein* [?] *Zoll lang, fleischfarbiger Marmor, soll von Rom kommen und antik sein* (zit. nach Fleischhauer 1976, S. 70. Bei der Maßangabe dürfte es sich um einen Schreib- oder Druckfehler handeln. Die Skulptur ist 29 cm lang, das sind ca. elf Zoll). Dieser Hinweis auf Italien (nicht auf die Antike) ist vom Motiv her verständlich, vgl. (spiegelbildlich) eine italienische (?) Bronze aus der 2. Hälfte des 16. Jahrhunderts (Braun Nr. 27a m. Abb.).
Für unsere Zuschreibung (1969) an Leonhard Kern spricht der Vergleich mit der Größeren Eva in Braunschweig (Grünenwald 1969, Taf. 61) und mit »Mortis Imago« in Amsterdam (Grünenwald 1969, Taf. 63), sowie allgemein die Vorliebe Leonhard Kerns für dieses rein zuständliche Motiv, das er mehrfach variierte, dazu kommen speziell einzelne charakteristische Züge. Zu diesen gehört die letztmögliche Ausnützung der Plin-

thenfläche, die natürliche Bildung des Halsansatzes mit dem »Grübchen« und dem Schlüsselbein, ähnlich bei der Giambologna-Nachbildung in Neuenstein (Kat. Nr. 57), die verdickten Ohrläppchen, die etwas fleischigen und am Ansatz wie abgeschnürt wirkenden Finger, ähnlich an der Hand der signierten Kasseler Venus (Kat. Nr. 88), die auffallende Krümmung des Zeigefingers, ähnlich bei der signierten Berliner Eva (Kat. Nr. 83) und bei der für Leonhard Kern belegten Zwei Knaben-Gruppe in Neuenstein (Kat. Nr. 110), die genau ausgearbeiteten Finger- und Zehennägel und die knorpeligen Zehenglieder, ähnlich bei der signierten Berliner Gäa (Kat. Nr. 80).
Stilistisch und zeitlich gehört die Skulptur in die Reihe der obengenannten Vergleichsstücke, für welche deshalb eine Datierung in die 40er Jahre angemessen scheint.

Lit.: Nürnberg 1952, Nr. P96. – Grünenwald 1969, Nr. 98, Taf. 58.

90
Schlafende Frau

Leonhard Kern (?)
um 1640–1650
Alabaster; L. 26 cm
Stuttgart, Württembergisches Landesmuseum, Inv. Nr. E 85

Auf einem schwellenden Polsterbett liegt schlafend eine nackte Frau, den Oberkörper in Rückenlage, das Gesäß, die angezogenen, etwas hochgestellten Beine und die gekreuzten Füße in Halb-Seitenlage. Ihre rechte Hand ruht auf dem Leib. Unter dem hochgeschlagenen linken Arm bauschen sich ein Kissen und ein reich gefälteltes Tuch, auf dem sie liegt und das zwischen ihren Beinen durchgezogen ist, ihren linken Oberschenkel bedeckt und dessen Ende unter ihrem rechten Fuß zusammengeschoben ist. Der Kopf ist im Schlafe etwas zurückgesunken, der Mund halb geöffnet. Die mittelgescheitelten Haare sind rechtsseitig ganz realistisch zwischen Kopf und Kissen zusammengedrückt. Die Skulptur ist auf eine Hauptansicht hin – rechte Körperseite der Schlafenden – angelegt. Das wird sehr deutlich bei der Daraufsicht auf die kompositionell wenig befriedigende, aber sehr realistisch erfaßte Beinstellung der Schlafenden. Dies und auch die für einen völlig entspannt schlafenden Menschen bezeichnende Öffnung des Mundes setzt eine genaue Beobachtung des Modells voraus, wie es bei Leonhard Kern nicht anders zu erwarten ist. Zahlreiche Detailformen, wie z. B. die knorpeligen Zehenglieder, die »geschwollenen« und wie abgeschnürt erscheinenden Finger, das große Ohrläppchen findet in Leonhard Kerns Œuvre vielfach Parallelen, so z. B. bei dem ähnlichen Motiv in Stuttgart aus rötlichem Alabaster (Kat. Nr. 89), und bei der schlafenden Frau in Neuenstein, nach Giambologna (Kat. Nr. 57). Wir möchten deshalb die Skulptur

89

90

letztlich doch nicht für eine Arbeit aus Leonhard Kerns engerer Werkstatt halten, sondern – entgegen eigenen früheren (1986) Ansichten – eher für eine eigenhändige, wenngleich schwächere Arbeit des Meisters. Dies würde auch die Wahl des ausgesucht schönen, marmorähnlichen Alabasterstückes erklären, wohingegen für die augenfällig aus Kerns Werkstatt stammende Replik in Neuenstein (Kat. Nr. 91) ein grauer, »lebloser« Alabaster verwendet wurde.
Man kann voraussetzen, daß Leonhard Kern seine Werksteine selbst ausgesucht hatte. Gerade die besten der ihm zugeschriebenen Alabasterarbeiten, die Pietà in Düsseldorf (Kat. Nr. 61), der Erlöserchristus in Frankfurt (Kat. Nr. 62), der Hl. Sebastian (Kat. Nr. 56) und der Dudelsackspieler (Kat. Nr. 114) beide in Hall, bestehen aus diesem feingeäderten, teilweise sehr hellen, marmorähnlichen Alabaster. Der gewöhnliche Alabaster ist wenig geädert und gräulich gefärbt.
Ob Leonhard Kern eine spezielle Vorlage oder nur ganz allgemein Stiche in der Art Wenzel Hollars (P. 277) oder anderer Stecher verwendet hatte, bleibt offen. Das von ihm so häufig variierte Thema der liegenden Frau (ruhend, schlafend, träumend), als Venus (mit und ohne Amor), als Nymphe, als Allegorie setzt bei ihm für das Motiv kaum mehr, für die Körperbildung angesichts seiner Modellstudien überhaupt keine Verwendung von Vorlagen voraus.

Die Figur dürfte dem Stil nach in die Nähe der größeren Eva in Braunschweig (Grünenwald 1969, Taf. 61), das heißt in die 40er Jahre, zu setzen sein.

Lit.: Grünenwald 1986, S. 98, o. Abb.

91
Schlafende Frau

Werkstatt des Leonhard Kern
gegen Mitte des 17. Jahrhunderts
Alabaster; L. 26 cm
Privatbesitz, NL 75

Die Schlafende ist eine vereinfachte und vergröberte Nachbildung der Stuttgarter Skulptur (Kat. Nr. 90, Beschreibung s. d.). Die Art der Körperbildung, die Bildung des breitflächigen Gesichtes mit den hier geschlossenen Augen, die Bildung der Hände, die trotz der Schlafhaltung geschönt dekorierte Frisur, die Vereinfachung der Faltengebung des Bettuches und des Polsterbettes – die dekorativen knopfartigen Abbindungen an den Ecken sind weggelassen – und schließlich die Wahl eines grauen, »leblosen« Alabasterstückes lassen hier die Hand eines Mitgliedes der Werkstatt Leonhard Kerns erkennen.

Lit.: Grünenwald 1969, Nr. 166.

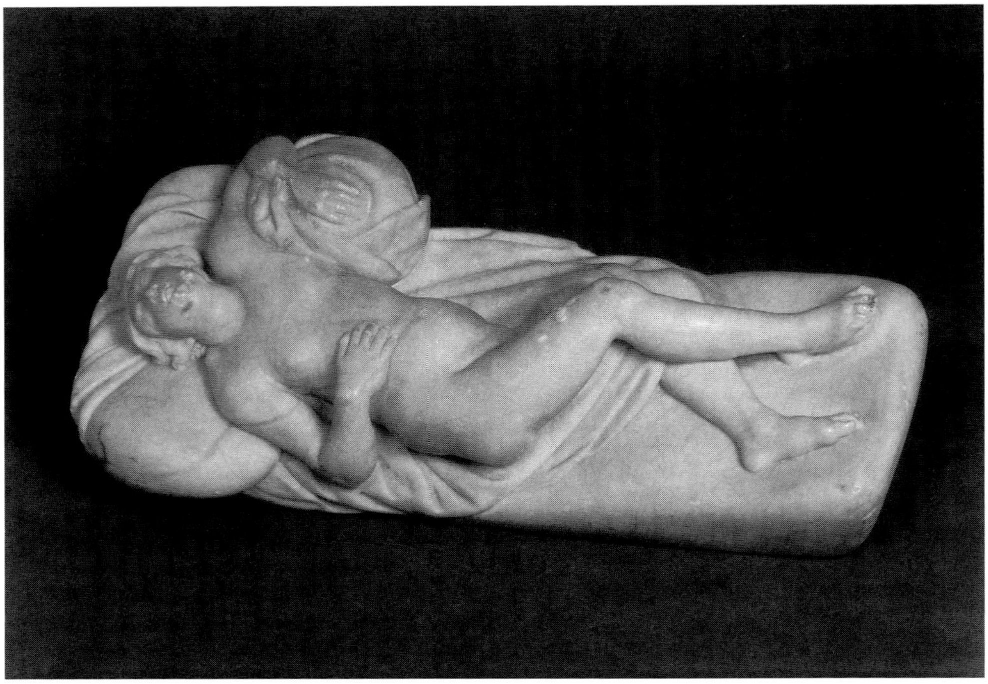

91

92
Abundantia-Pomona – Allegorie des Überflusses

Leonhard Kern (?)
um 1635–1640
Elfenbein (Walroß-Stoßzahn); H. 15,5 cm (Statuette), 37,7 cm (Gesamthöhe)
Wien, Kunsthistorisches Museum, Sammlung für Plastik und Kunstgewerbe, Inv. Nr. 4547

Die Spitze eines Walroßzahnes ist zu einer Statuette verschnitten, die Wurzel des Zahnes blieb als Sockel erhalten.
Die völlig nackte Frau steht in lockerem Kontrapost leicht nach links gewandt. Das Körpergewicht verlagert sie zum einen Teil auf das zurückgesetzte Standbein, zum anderen Teil auf das ebenfalls zurückgestellte Füllhorn, auf welches sie sich stützt, dazwischen vorgesetzt bis zum Rand des Sockels das unbelastete Spielbein. Der Ponderation wegen sind beide Füße ein wenig auswärts gestellt. Mit der linken Hand und etwas preziöser Fingerhaltung berührt sie leicht die Brust. Die rechte Hand mit den wie abgeschnürt wirkenden Fingern – zu beiden Händen vergleiche die signierte Kasseler Venus (Kat. Nr. 88) – faßt eine der Früchte. Die Gesichtszüge zeigen ein kleines spitzes Kinn, einen kleinen Mund, eine schmale gerade Nase, an der Ohrmuschel verdickte Ohrläppchen. Das gewellte mittelgescheitelte Haar ist am Hinterkopf in Form einer liegenden 8 – nun aber nicht wie üblich geflochten, sondern gedreht – aufgesteckt, in der Mitte darunter eine Zierrosette. Über der Stirne eine Art Diadem aus lanzettförmigen Blättern. Das Füllhorn steht selbsttragend auf der umgebogenen Spitze, auf dem Boden liegt Weinlaub.
Die Statuette samt Zahn ist im Prodromus (Taf. 30, hier Abb. S. 38) in einem vorne aufgeschnittenen Futteral abgebildet. Im Inventar des Erzherzogs Leopold Wilhelm von 1659 konnten wir sie nicht verzeichnet finden.
J. v. Schlosser (1910) wies als erster den Weg in Richtung des »Leonhard Kern nahestehenden Meisters« der Hebe-Temperantia in Berlin (Grünenwald 1969, Taf. 31). Die Zuschreibung an Leonhard Kern erfolgte dann durch L. Planiscig-E. Kris (1935), dieser schlossen wir uns (1969) an. Trotz der von Christian Theuerkauff (1986, S. 167) geäußerten Bedenken gegen die Zuschreibung: »schwerblütiger und massiger« wirkend als die – von ihm letztens (1986, Nr. 43 m. 2 Abb.) dem Leonhard Kern zugeschriebene – Hebe-Temperantia, möchten wir die Zuschreibung der Abundantia an Leonhard Kern vorläufig aufrechthalten, einmal der Ähnlichkeit wegen mit der ebenfalls untersetzt wirkenden Berliner bogenspannenden Diana (Grünenwald 1969, Taf. 32) und zum anderen der in der Beschreibung hervorgehobenen Details der Physiognomie wegen.
Die Abundantia auf dem Walroßzahn gehört zu den Objekten, wie sie im 16. und 17. Jahrhundert der Verbindung von Kunst (Statuette) und Natur (Walroßzahn) wegen in die Kunst-, Wunder- und Raritätenkammern Europas Eingang gefunden haben und zu deren Herstel-

92 

lung auch Künstler vom Range Leonhard Kerns beitrugen. Vgl. dazu den Beitrag von Johannes Zahlten (hier S. 35ff.).

Lit.: v. Schlosser 1910, Bd. 2, Taf. 45,3 m. Text. – Planiscig-Kris 1935, S. 129. – Grünenwald 1969, Nr. 102.

93
Stehende Frau einen Zopf um den Kopf legend

Leonhard Kern (bezeichnet LK ligiert hinten auf der Oberfläche der Plinthe)
um 1635–1640
Buchsholz; H. 24,4 cm (mit Plinthe)
Prag, Národní Galerie, Inv. Nr. P 4496

Die völlig nackte Frau steht lässig ponderiert auf einer knapp bemessenen runden Plinthe. Sie setzt das Spielbein nicht kontrapostisch vor, sondern entlastet es nur. Die ungewöhnlich starke Körperdrehung, eine Wendung gegen rechts, die dadurch Frontal- und Seitenansichten einbezieht, entspricht innerhalb des Kernschen Œuvre geradezu einer »figura serpentinata«. Die Füße bzw. die Fersen stehen in beinahe rechtem Winkel zueinander, Zehen und Fersen stoßen bis zum Rande der Plinthe vor. Diese immer wiederkehrenden Besonderheiten sind Teil des statuarischen Aufbaues der Einzelfiguren und der Figurengruppen Leonhard Kerns. Der linke Arm ist in Brusthöhe erhoben, möglicherweise hielt die Hand einen heute verlorenen Gegenstand (Spiegel?) oder aber den Zopf, bevor er von der anderen um den Kopf gelegt wurde (Kudlich, S. 150). Der rechte Arm liegt auf dem Kopf, die Hand faßt den Zopf, um ihn rund um den Kopf zu legen. Der »angestrengte« Gesichtsausdruck der reiferen kernschen Frauen mit dem »gerunzelten« Ansatz der Nase, bedingt durch das Zusammenziehen der Augenbrauen, ist hier vom Thema her nicht berechtigt. Unter den Frauenstatuetten Kerns steht die Pragerin einer Zopfflechterin in Hamburg (Grünenwald 1969, Nr. 42) stilistisch nahe, doch ist die Drehbewegung der Pragerin stärker und differenzierter. Zur entwicklungsgeschichtlichen Stellung der Prager Statuette, wie auch des Wiener Hieronymus (Kat. Nr. 67), stellte Claus Zoege von Manteuffel (1970) fest, daß Leonhard Kern »jedoch nicht nur ein eigenes, nicht-italienisches gelassenes Körpergefühl gewonnen hat, sondern auch einen selbständigen Schritt getan hat, den man als eine der Voraussetzungen des süddeutschen Barock des 18. Jahrhunderts bezeichnen könnte«, und daß in den genannten Statuetten »sogar bereits ein positiver Ansatz in dieser Richtung gegeben ist«.
Unter dem grafischen Vorlagenbestand Kerns, der sich vor allem aus Blättern der »Deutschen Kleinmeister« zusammensetzte, sei auf eine Badeszene, Stich des

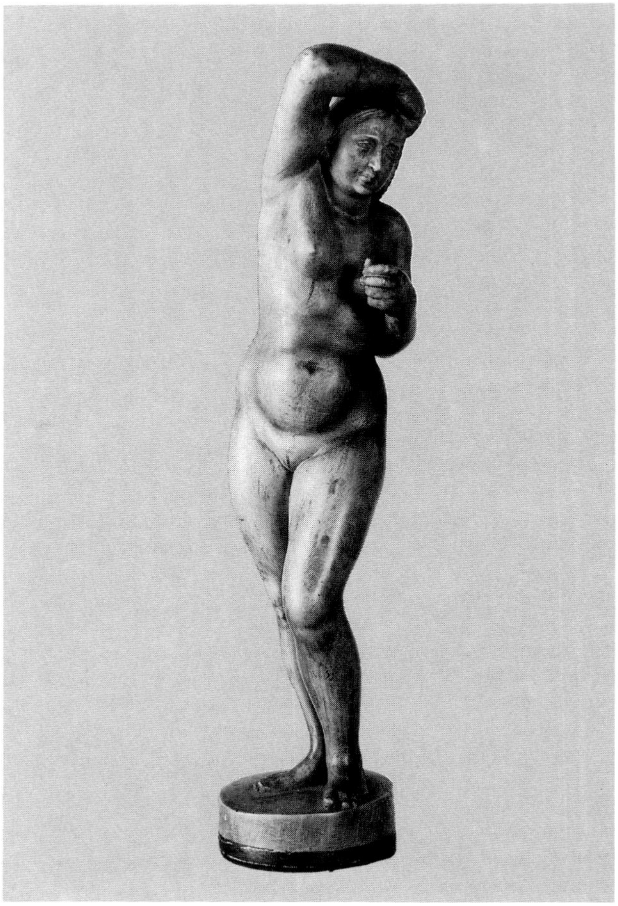

93

Virgil Solis nach Heinrich Aldegrever (B. 265. Kat. Nr. 52, sitzende Frau links am Fenster), auf den Marcus-Curtius-Stich von Aldegrever (B. 68. Kat. Nr. 50, eine der stehenden Frauen) und auf ein Parisurteil von demselben (B. 98, Venus) verwiesen. Vermutlich flossen auch italienische Erinnerungen Leonhard Kerns ein, etwa an Danti (vgl. Weihrauch 1967, Abb. 227) und an den Ammanati-Kreis (Weihrauch 1967, Abb. 234), doch verarbeitet, integriert und deshalb »kernisch«.
Zur Frage der Entstehungszeit schlägt W. Kudlich (1931) das »Ende der Frühzeit (?)« Leonhard Kerns vor, womit vermutlich die Anfangsjahre in Hall (ab 1620) gemeint sind. Christian Theuerkauff (1986, S. 167) setzt die Prager Statuette etwas früher an als die Berliner Hebe-Temperantia (diese »nach 1648?« S. 164), so daß dies einer Datierung um 1640 entsprechen würde. Der starken Körperdrehung wegen, die z. B. in den Budapester Grazien (Kat. Nr. 100) schon wieder aufgegeben ist, behalten wir unsere seinerzeitige (1969) Datierung um 1635–1640 bei.

Lit.: Kudlich 1931, S. 150ff, Abb. 1. – Grünenwald 1969, Nr. 89, Taf. 30.

6 Leonhard Kern, hl. Sebastian, um 1615–1620. Schwäbisch Hall, Hällisch-Fränkisches Museum (Kat. Nr. 56)

7 Leonhard Kern, Kruzifix, um 1625–1630. Wien, Kunsthistorisches Museum, Geistliche Schatzkammer (Kat. Nr. 70)

8 Leonhard Kern, Gäa mit Knabe, um 1625–1630. Bremen, Galerie Neuse (Kat. Nr. 79)

9 Leonhard Kern, Adam und Eva, um 1635. Berlin, Staatliche Museen Preußischer Kulturbesitz (Kat. Nr. 83)

10 Leonhard Kern, Drei Grazien, um 1640–1645. Budapest, Szépmüvészeti Múzeum (Kat. Nr. 100)

11 Leonhard Kern, Drei Grazien, um 1650. Stuttgart, Württembergisches Landesmuseum (Kat. Nr. 101)

12 Leonhard Kern, Szene aus dem Dreißigjährigen Krieg, zwischen 1656 (?) und 1659. Wien, Kunsthistorisches Museum (Kat. Nr. 106)

13 Leonhard Kern, Drei Grazien, kurz vor 1650. Künzelsau, Sammlung Würth (Kat. Nr. 102)

14 Leonhard Kern, Dudelsackspielender Knabe, um 1635–1645. Schwäbisch Hall, Hällisch-Fränkisches Museum, Dauerleihgabe des Landes Baden-Württemberg (Kat. Nr. 114)

94

94
Kauernde Fortuna

Leonhard Kern
um 1640–1645
Elfenbein; H. 14,8 cm
Kassel, Staatliche Kunstsammlungen, Inv. Nr. B VI. 177

Eine völlig nackte Frau, durch die Beigabe der Kugel als Fortuna (Das Glück) ausgewiesen, sitzt halb auf dieser Kugel und kniet halb auf dem Boden. Beide Füße stehen über die Plinthe hinaus vor. Das geblähte Segel, ein weiteres Attribut der Fortuna, fehlt, war aber sicher geplant, denn dafür spricht die stark zur Seite geneigte, ansonsten unerklärliche Körperhaltung. Leonhard Kern hatte das Segel trotz der Greifhaltung der Hände nie beigefügt, F. A. Dreier (1964, S. 102) belegt dies durch den Hinweis auf die Kopie der Kernschen Fortuna in einem Elfenbein- und einem Stahlrelief von dem Landgrafen Carl von Hessen-Kassel. Hauptansichtsseite ist die rechte Körperseite der Fortuna, denn hierher wendet sie den Oberkörper ein wenig, das Gesicht aber frontal. Der Mund ist leicht geöffnet, der Blick (gebohrte Pupillen) nach oben (zu dem hier zu denkenden Segel) gerichtet. Die voluminösen Lockenhaare sind am Hinterkopf hochgebunden, der Rest als Zopf rund um den Kopf gelegt.

Gesichtszüge und Haartracht scheinen etwas flau, jedenfalls nicht so präzise wie sonst bei Leonhard Kern, behandelt zu sein. Zweifel an der Eigenhändigkeit der Statuette dürften hierin ihre Ursache haben, sie sind aber dadurch widerlegt, daß diese Statuette 1672 im Verzeichnis der Brackenhofferschen Kunstkammer in Straßburg ausdrücklich als Arbeit Leonhard Kerns aufgeführt ist (Grünenwald 1969, Anm. 43): *Eine Fortuna nackend, auf einer Kugel, mit einem Fuß knieend von Leonhard Kernen, stehet auf einem gleichförmigen Postamentlein wie die Vorige. Hoch 5½ Zoll* (ein Zoll = ca. 2,67 cm). Die heute ebenfalls in Kassel befindliche Venus-Mars-Amor-Gruppe (Kat. Nr. 108) stammt auch aus der Brackenhofferschen Kunstkammer.

Die an die Aphrodite (Venus) des Doidalsas (um 250 v. Chr.) anknüpfenden Nach- und Umbildungen zu einer kauernden Venus – mit und ohne Segel, mit und ohne Schildkröte (!) – in Antike und italienischer Renaissance (Antico, Giambologna) hatte Leonhard Kern bereits in Italien (Rom, Florenz) kennengelernt (s. Dreier 1964, S. 100f.). Reproduktionsstiche (Marcantonio B. 313, Altdorfer B. 33) hielten die Erinnerungen daran wach. Die Kugel scheint jedoch eine eigene Zutat Kerns zu sein. Er übernahm zwar die Hauptansichtsseite seiner Vorbilder, blockierte aber die dort durch den stufenweisen Aufbau der Komposition erreichte Tiefenräumlichkeit durch den Wechsel der Beinstellung von vornherein ab. Noch deutlicher kommt dies bei der Verwendung desselben Motivs an dem Wiener Humpenmantel (Kat. Nr. 118) zum Ausdruck.

Wir halten diese Reduktion tiefenräumlicher Werte in der Skulptur und die »Vernachlässigung« der Seitenansichten für ein Merkmal relativ später Entstehungszeit, wie ja auch Lise Lotte Möller (1970, Anm. 50) die Figur »vermutlich ... Kerns Spätwerk« zuordnet. Den »tief unterschnittenen Locken«, für F. A. Dreier (S. 100) Indiz für eine frühere Entstehungszeit (Verweis auf die »frühen Arbeiten Kerns in Wien«), begegnet man noch in der zwischen 1656 und 1659 zu datierenden »Szene aus dem Dreißigjährigen Krieg« in Wien (Kat. Nr. 106, s. dort), wo angesichts dieser Situation verständlicherweise »die kunstvolle Komposition der Frisur ... [in der ebenfalls] die ältere Stilperiode nachklingt« (Dreier S. 100), wegfallen mußte.

Die Zuschreibung der Statuette durch Franz Anton Dreier (1964) ist – abgesehen von der Notiz im Brackenhofferschen Kunstinventar – begründet durch den Vergleich mit der signierten »kleineren« Eva in Braunschweig (Kat. Nr. 84). Abgewandelt und ohne Fortunakugel erscheint die Kniende (Venustyp) gleich zweimal in der Dreiergruppe mit Kind am Wiener Humpelmantel (Kat. Nr. 118) und im Berliner Ezechielrelief (Kat. Nr. 104).

Lit.: Dreier 1964, S. 100–103, Abb. 8, 9. – Grünenwald 1969, Nr. 50, Taf. 43. – Möller 1970, Anm. 50.

95
Amor mit einem Spiegel vor Venus, die sich kämmt (Allegorie der Eitelkeit?)

Leonhard Kern (?)
um 1630–1640
Elfenbein. Rechts oben ist die Platte abgebrochen
10,7 × 6,4 cm
Berlin, Staatliche Museen Preußischer Kulturbesitz, Skulpturengalerie, Inv. Nr. 2194

Die gänzlich nackte Venus neigt sich weit zur Seite und zu dem auf Zehenspitzen sich reckenden spiegelhaltenden Amorknaben herab. Mit einem doppelseitigen Kamm in der erhobenen rechten Hand strählt sie das lange, gewellte, in Ringeln endigende Haar. Die linke Hand greift in die Haarfülle. Rechts das herabgeglittene Gewand der Göttin, dessen Halteband um ihr linkes Bein geschlungen ist.

Für die Komposition setzt Christian Theuerkauff (1986, S. 314) ein genaues Vorbild voraus, das sowohl diesem Elfenbeinrelief als auch einem 1762 datierten Wachsrelief von Chr. Benj. Rauschner in Braunschweig – deshalb wohl Theuerkauffs versuchsweise Lokalisierung des Elfenbeinreliefs nach Norddeutschland – zugrunde lag.

95

Dieses gemeinsame Vorbild entstand nach Theuerkauff wahrscheinlich unter Verwendung einer Bronzeplakette von Andrea Riccio (1478–1532): »Venus züchtigt Amor«. W. F. Volbach (1923, S. 58) lokalisierte das Relief nach Süddeutschland, Mitte des 16. Jahrhunderts.
Als auffallende Stilmerkmale des Elfenbeinreliefs nennt Christian Theuerkauff (S. 314 f.): »die unräumliche Reliefauffassung, ... die flächenparallele Ausbreitung [der Frontalfigur der Venus und der Rückenfigur des Amor]; ... die füllig schwer wirkende Frauengestalt mit merkwürdig kleinem Kopf, zugespitzten Gesichtszügen und schmaler Brustpartie [ist] kaum durchmodelliert, ... die wie knochenlos wirkenden Arme mit breitem Handrücken, schmalen Fingern..., die kleinteilig dellenreichen Faltenformen der herabgeglittenen Draperie ..., die strähnig langen Haare, die in gelockten Ringeln enden«. All dies sind auch Stileigentümlichkeiten, denen man im Œuvre Leonhard Kerns immer wieder begegnet. Kompositionell sind zu Venus / Amor eine Frau mit Kind in dem signierten Frankfurter Baderelief (Grünenwald 1969, Taf. 54), zur Venus selbst die Frontalfigur einer Badenden auf dem Haller Humpenmantel (Kat. Nr. 119) und die Venus aus einem Parisurteil Aldegrevers von 1538 (B. 98), die mit beiden Händen in ihr Haar greift, zur Haarbehandlung des Amor sind die Knaben in dem Stuttgarter Kinderbacchanal (Kat. Nr. 109) zu vergleichen. Dies und die im Œuvre Leonhard Kerns mehrfach nachweisbare Kenntnis und Verwendung von Werken Andrea Riccios und Heinrich Aldegrevers sprechen für unsere Zuschreibung des Berliner Reliefs an Leonhard Kern.
Zur Datierung ist die Zeit um 1630–1640, etwa zeitgleich mit dem Stuttgarter Kinderbacchanal, aber älter als das Frankfurter Baderelief, in Vorschlag zu bringen.

Lit.: Vöge-Weisbach 1900, S. 85, Nr. 185. – Vöge 1902, S. 15, Taf. 41. – Volbach 1923, S. 58, Taf. 63. – Theuerkauff 1986, S. 314 f., Nr. 108 m. Abb.

96

96
Venus (?), im Begriff das Haar festzustecken

Leonhard Kern (?)
Mitte des 17. Jahrhunderts
Elfenbein; H. 21 cm
Berlin, Staatliche Museen Preußischer Kulturbesitz, Skulpturengalerie, Inv. Nr. 711

Die etwas hochbeinig-steife, völlig nackte junge Frau hält mit der linken Hand das Ende des am Hinterkopf schnekkenförmig aufgesteckten Zopfteiles fest. In der erhobenen Rechten hielt sie einstmals vermutlich den Griff eines Frisiergerätes (Kamm? Nadel?). Das mittelgescheitelte Haar fällt in Korkzieherlocken in die Stirne und über die Ohren. Standbein (rechtes Bein) und Spielbein (linkes Bein) sind voneinander kaum zu unterscheiden. Beide Füße stehen beinahe rechtwinklig zueinander, ein Standmotiv, das seiner Häufigkeit wegen geradezu eines der Erkennungsmerkmale Leonhard Kernscher Statuetten geworden ist. Auf dem fehlenden Sockelteil vermutet Christian Theuerkauff (1986) einstmals die Figur eines Amorknaben.
Die Zuschreibung der Venusstatuette durch Christian Theuerkauff (1986) an Leonhard Kern (mit Fragezeichen) überzeugt beim Vergleich mit der 1981 bekannt gewordenen Gruppe der Drei Grazien in Stuttgart (Kat. Nr. 101), insbesondere mit der links Stehenden: bei beiden fallen das Rundgesicht und die vertieften Mundwinkel auf. Die Hinweise Chr. Scherers (1905) und W. F. Volbachs (1923) auf die Art des Quellinus d. Ä. und unsere Ausscheidung (1969) aus dem Œuvre Leonhard Kerns sind deshalb zurückzunehmen.
Zeitlich und stilistisch steht die Berliner Venus den Stuttgarter Grazien wohl am nächsten und dürfte, wie Theuerkauff vorschlägt, um die Mitte des 17. Jahrhunderts entstanden sein.

Lit.: Scherer 1905, S. 34, Abb. 26. – Volbach 1923, S. 62 m. Abb. und Taf. 65. – Scherer 1931, Anm. in Nr. 38. – Theuerkauff 1968, S. 146, Anm. 8. – Grünenwald 1969, S. 50. – Theuerkauff 1986, Nr. 45 m. Abb. (dort weitere ältere Literaturangaben).

97
Drei klagende Frauen

Leonhard Kern (?), engere Werkstatt (?)
um 1645
Elfenbein (Höhlung eines Elefantenzahnes)
17,6 × 10,3 cm
Hamburg, Museum für Kunst und Gewerbe,
Inv. Nr. 1957,76

Die drei völlig nackten Frauen sind aus der halbrunden Innenseite eines aufgeschnittenen Elefantenzahnes herausgeschnitzt. Die mittlere steht frontal. Sie hebt beide Hände verzweifelt zum Himmel, öffnet klagend den Mund, legt die Stirne in Falten und richtet die Augen (gebohrte Pupillen) hilfesuchend nach oben. Die links stehende ist in Seitenansicht (Kontrastmotiv) dargestellt. Sie hält beide Hände in Brusthöhe und umfasst, als ob sie bei sich selbst Halt suchen wollte, mit der linken Hand das rechte Handgelenk. Ohne Erregung zu zeigen schaut sie vor sich hin. Die eingedrehten Seitensträhnen des sonst glatten, mittelgescheitelten Haares sind als Zopf schneckenförmig am Hinterkopf aufgerollt. Die rechts Stehende wendet sich bildeinwärts und ist als Beinahe-Rückenfigur dargestellt. Die rechte Hand, in der sie ein Tränentuch hält, legt sie, Erstaunen oder Erschrecken andeutend, auf Mund und Wange. Mit ihrer linken Hand greift sie quer über den Rücken und kratzt sich am rechten Schulterblatt. Sie trägt dieselbe Haartracht wie ihre Gefährtin links. Alle drei Frauen gehören nach Haltung, Körperformen und Gesichtszügen zu dem

97

bekannten Typus kernscher Frauen mittleren Alters aus der späteren Schaffensperiode Leonhard Kerns. Die unterschiedlichen Temperamentsäußerungen der drei Frauen – Verzweiflung, Ergebung (?), Erstaunen oder Erschrecken – sind differenziert wiedergegeben. Um so mehr irritieren die anatomisch nur sehr schwer nachvollziehbaren, auf jeden Fall merkwürdig ungewandt dargestellten Arm- und Handhaltungen der beiden Seitenfiguren. Dies könnte ein Grund sein, das Relief aus dem eigenhändigen Œuvre Leonhard Kerns auszuscheiden, obwohl an der Zuschreibung des Reliefs an Leonhard Kern durch das Museum Hamburg (1964), der wir uns 1969 angeschlossen hatten, bisher weder von Lise Lotte Möller (hier S. 84, Anm. 5), noch von Christian Theuerkauff (1968, Anm. 21) Zweifel geäußert worden sind.
Stilistisch und zeitlich stehen die drei klagenden Frauen der signierten Eva in Braunschweig (Kat. Nr. 84), der Abundantia in Nürnberg (Kat. Nr. 99) und der Schlafenden in Hamburg (Grünenwald 1969, Taf. 59) nahe, weshalb wir unsere seinerzeitige (1969) Datierung um 1645, welche Lise Lotte Möller (hier S. 84, Anm. 5) übernommen hatte, beibehalten. Die Einstufung »später als das Solnhofer Relief« (Drei Grazien in Hamburg, hier Abb. S. 75), im Hamburger Bilderführer (1964), leuchtet ein, wenn man das Elfenbeinrelief der etwas flauen Formgebung und der oben genannten anatomiewidrigen Mängel wegen aus dem Œuvre Leonhard Kerns ausscheidet und dem Œuvre Johann Georg Kerns einfügt, was nicht von der Hand zu weisen ist – vergleiche den Berliner Sieben Freie Künste-Humpenmantel (Kat. Nr. 129), insbesondere die Rhetorik (mit Buch), welchen L. L. Möller (hier S. 75) dem Johann Georg Kern zuschreibt.
Die Komposition scheint, mehr noch als die Budapester Grazien (Kat. Nr. 100), die Abwandlung einer – verschollenen – zentrierten Skulpturengruppe zu sein.

Lit.: Hamburg, Bilderführer 1964, Nr. 96 m. Abb. – Theuerkauff 1968, S. 149, Anm. 21. – Grünenwald 1969, Nr. 35. – Möller hier Anm. 5.

98
Die Gleichgewichtsprobe

engere Werkstatt des Leonhard Kern
um 1640–1645
Lindenholz; 25,3 × 36 cm
Hamburg, Museum für Kunst und Gewerbe, Inv. Nr. 1923. 754

Ein Mann, eine Frau und zwei Knaben, der eine als Satyrknabe ausgewiesen, alle gänzlich unbekleidet, vergnügen sich bei reichlichem Weingenuß. Der Mann, neben dem Weinfaß sitzend, führt gerade wieder die Weinflasche zum Mund, der kleine Satyrknabe füllt seine Trinkschale auf, der größere Knabe neben dem Weintrinker zwinkert diesem zu und weist mit ausgestrecktem Zeigefinger auf das Gesäß der vor ihnen sich zu Boden bückenden wohlbeleibten Frau. Diese versucht die nach

98

reichlichem Weingenuß schwierige Gleichgewichtsprobe zu bestehen, das heißt: sie versucht mit der linken Hand einen hohen zylindrischen Gegenstand, ein Stangenglas, so auf den Boden zu stellen, daß es nicht umfällt. Der Balance wegen und um selbst nicht umzukippen, hält sie den rechten Arm hoch, die Handinnenfläche merkwürdig nach außen verdreht. Die Figuren stehen auf einer schmalen Bildbühne vor einem neutralen Hintergrund.

Die Körperproportionen, die Körperbehandlung (Knochen, Muskeln, Sehnen), im einzelnen die knorpeligen Zehenglieder, Brustkorb, Halsansatz, dann die Gesichtszüge (schmale, leicht gebogene Nase bei Männern, vorstehende Augenwülste, »Unmutsfalten« über der Nasenwurzel, grob verdickte Ohrläppchen), die Haartracht – das alles ist »kernisch«, aber hier viel härter, geradezu »holzgeschnitzt«. Dem Weintrinker wäre – aber als eigenhändige Arbeit Leonhard Kerns – der Geldzähler (Kat. Nr. 77) gegenüberzustellen, dem Knaben die Stuttgarter Kinder-Bacchanten (Kat. Nr. 109), der gleichgewichtsprobenden Frau die Sinnende in Wien (Grünenwald 1969 Taf. 46).

Bei beiden Hauptfiguren fällt die dreimalige starke Körperdrehung von (Beinahe-)Seitenansicht über (Beinahe-)Frontalansicht zu (Beinahe-)Seitenansicht auf. Die Körpergröße der Frau ist beim Vergleich mit der des Mannes weit übersteigert, wenn man sich beide nebeneinander stehend vorstellt. Eine ähnliche Disproportion herrscht bei der nach vorn übergebeugten sich waschenden Frau am Wiener Humpenmantel (Kat. Nr. 118) und bei den Mittelgrundsfiguren im Münchner Sintflutrelief (Kat. Nr. 103).

Als erster schrieb Max Sauerlandt (1924) das Relief Leonhard Kern zu, dem wir (1969) folgten. Indessen halten wir nunmehr die Gleichgewichtsprobe für eine Arbeit aus der engeren Werkstatt Leonhard Kerns, wobei die Verwendung von Flötnerplaketten, einschlägigen Stichen der beiden Beham oder des Virgil Solis, die zum kernschen Vorlagenbestand gehörten, zu vermuten ist.

Lit.: Sauerlandt 1924, S. 55f. – Theuerkauff 1968, S. 146, Anm. 4. – Grünenwald 1969, Nr. 36.

99
Abundantia – Allegorie des Überflusses

Leonhard Kern
um 1645
Elfenbein; H. 11 cm
Nürnberg, Germanisches Nationalmuseum, Inv. Nr. PL O 789

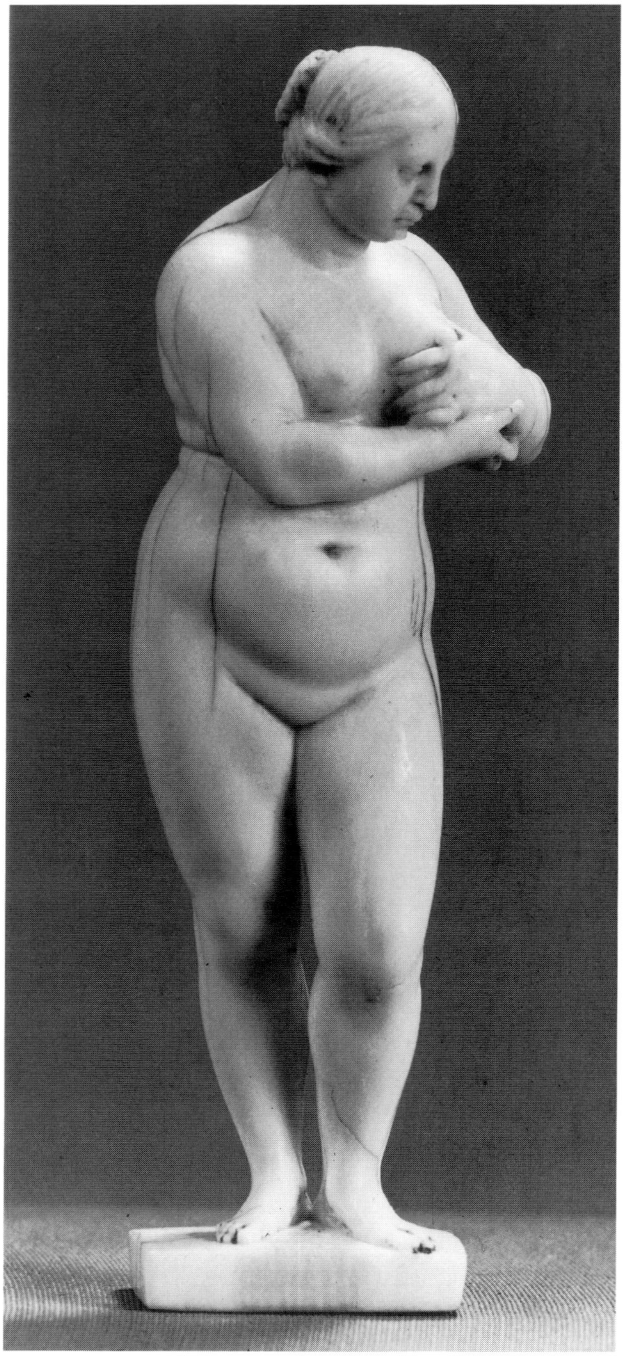

99

Die völlig nackte Frau stellt das linke Bein (Spielbein) nur wenig vor, doch so, daß sich die Fersen in beinahe rechtem Winkel berühren. Angesichts der Körperfülle scheint das Standmotiv auffallend eng, die Plinthe zu klein. Oberkörper und Kopf sind leicht nach rechts gewendet, der Kopf etwas gesenkt. Mit der linken Hand, gestützt von der rechten, preßt sie die linke Brust. Das mittelgescheitelte seitlich eingerollte Haar endet in einem Zopf, der am Hinterkopf zusammengerollt aufgesteckt ist. Die Physiognomie und auch der etwas kurze kräftige Hals entsprechen den kernschen Frauen der

40er Jahre: der signierten Kasseler Venus mit Amor (Kat. Nr. 88), der »größeren« Eva in Braunschweig (Grünenwald 1969, Taf. 61), »Mortis Imago« in Amsterdam (Grünenwald 1969, Taf. 63), um nur einige Beispiele zu nennen.
Das Attribut der Abundantia ist seit der Antike das von Früchten überquellende Füllhorn. In Oberdeutschland, u. a. in Nürnberg, war im 16. Jahrhundert ein neuer Typus entstanden: Abundantia als stehende nackte Frau, die mit der linken Hand ihr linke Brust zusammenpreßt und dazuhin in einigen Fällen in der rechten Hand ein Füllhorn hält (L. Freund, Abundantia. In: Reallexikon zur Deutschen Kunstgeschichte 1), wie sie in der Wiener Walroßzahn-Statuette (Kat. Nr. 92) dargestellt ist. Bei der Nürnberger Statuette könnte man deshalb zweifeln, ob sie wirklich eine Abundantia vorstellen sollte oder ob sie nicht einfach eine der vielen kernschen Frauenstatuetten ist, der haarkämmenden, der zöpfeflechtenden, die, oft nur spiegelbildlich wiederholt – wie die sich kämmende Frau in Berlin, von einem Mitarbeiter Leonhard Kerns (Theuerkauff 1986, Abb. 46) – und mit anderen Attributen versehen oder mit anderen Tätigkeiten beschäftigt, dargestellt worden sind.
Die etwas preziöse Hand- und Fingerhaltung, die deutlich sichtbare Krümmung der Zeigefinger – dazu wären trotz des Stil- und Zeitunterschiedes die Berliner Venus (Kat. Nr. 95), die Berliner Eva (Kat. Nr. 83) und die Stuttgarter Grazien (Kat. Nr. 101) zu vergleichen – sprechen für die Eigenhändigkeit.
Die Statuette, von W. Josephi (1910) noch als »nürnbergisch«, 1. Hälfte des 16. Jahrhunderts, bezeichnet, wurde von Christian Scherer (1916) erstmals Leonhard Kern zugeschrieben und in die letzte Schaffensperiode des Bildhauers verwiesen. Diese Zuschreibung übernahm Heinz Stafski (1962), allerdings, wie wir meinen, mit einem zu frühen Zeitansatz »um 1620«. Christian Theuerkauff (1986, S. 175) bestätigte die Zuschreibung und sah in der Statuette »eine Weiterführung der z. T. signierten Liegefiguren in Kassel (Kat. Nr. 88) und in der ehemaligen Sammlung Oelze (Grünenwald 1969, Taf. 63) ins Weich-Füllige«.

Lit.: Josephi 1910, S. 372, Nr. 651 m. Abb. – Scherer 1916, S. 313f. – Abb. 7. Stafski 1962, Barock, S. 113, Nr. C 4. – Grünenwald 1969, Nr. 84.

100
Drei Grazien

Farbtafel 10 (S. 205)

Leonhard Kern (bezeichnet LK ligiert vorne auf der Plinthe)
um 1640–1645
Lindenholz; H. 63 cm
Budapest, Szépmüvészeti Múzeum, Inv. Nr. 6145

Die drei völlig nackten Frauen stehen lässig in differenziert abgewandeltem klassischem Kontrapost nebeneinander auf schmaler langrechteckiger Plinthe. Die links stehende ist als Rückenfigur, die beiden anderen sind frontal dargestellt. Zwei übergreifende Armhaltungen (Rückseite!) verbinden die aus einer zentrierten Dreier-Gruppe in eine Dreier-Reihe projizierten Figuren kompositionell miteinander, ausklingend in der korrespondierenden Armhaltung der beiden Randfiguren. Trotzdem wirkt jede der Statuetten auch für sich allein, angefangen bei den drei unterschiedlichen Fußstellungen: lässig auftretend mit abgehobener Ferse wie die mittlere, standfest mit ganzer Sohle auftretend wie die beiden Randgestalten, wobei die Figur rechts außen ihren rechten Fuß so weit vorsetzt, daß der Bildhauer eine kleine Konsole anschnitzen mußte. Das Konsolmotiv – erstmals (?) bei den Tugenden in Regensburg 1632 – scheint später aufzutreten als das Motiv des Überstehens der Plinthe. Beide Motive könnte Leonhard Kern in Erinnerung an Michelangelos Mediceer-Gräber (Lorenzo de M. mit überstehendem Fuß, Giuliano de M. mit Konsole) aufgenommen haben (s. Fischer hier S. 9). Durch Gebärdensprache, Kopfneigung und Blickrichtung sind zwei der Grazien besonders eng miteinander verbunden, während die dritte rechts wenig Anteil an dieser Gemeinsamkeit nimmt. Im Gegenteil, sie richtet ihren Blick (gebohrte Pupillen) auf einen Punkt außerhalb der Gruppe nach rechts und nach oben. Diese Partnerschaft von zwei Personen und die »Isolierung« der dritten wiederholt Leonhard Kern in der Stuttgarter Graziengruppe (Kat. Nr. 101). Die Gruppe ist statuarisch »gebaut«, die Figuren sind standfest und doch bewegt innerhalb eines tektonisch-strengen Systems von Horizontalen und Vertikalen, von Parallel- und Kontrastmotiven.
Wie zu vermuten ist, entnahm Leonhard Kern seinen Vorlagen auch für die Budapester Gruppe entsprechende Anregungen. E. v. Ybl (1927) verwies auf die beiden Dürerstiche, »Vier nackte Frauen« von 1497 (B. 75. Kat. Nr. 45) und »Der Traum des Doktors« (B. 76), hinzuzufügen wäre ein »Parisurteil« von Virgil Solis (B. 110).
In ihrer Art sind die Budapester Grazien bisher einmalig im Œuvre Leonhard Kerns. Eigene Wiederholungen oder Nachbildungen durch Mitarbeiter sind bis jetzt nicht bekanntgeworden. Trotzdem vertreten sie, besonders deutlich in Gesichtsbildung und Frisur – hier der kompliziertere, ansonsten der vereinfachte Nackenknoten – exemplarisch den Typus der reifen Frauengestalt im Werke Leonhard Kerns (und seines Kreises) der 40er Jahre.
Unsere bisherige Datierung (1969) in der Zeit um 1640–1645 – oder wenig danach – möchten wir beibehalten.

Lit.: Meller 1926, Nr. 71. – v. Ybl 1927, S. 53ff. m. Abb. – Pigler 1956, S. 98, Abb. S. 99. – Ladendorf 1958, S. 202, Taf. 13/52. – Grünenwald 1966, S. 124. – Grünenwald 1969, Nr. 23, Taf. 49. – Balogh 1975, I. Nr. 34f. – Himmelein 1986, 2, S. 573, Nr. I41.

101 Drei Grazien

Farbtafel 11 (S. 206)

Leonhard Kern
Mitte des 17. Jahrhunderts
Elfenbein; H. 31,6 cm (ohne Holzsockel)
Stuttgart, Württembergisches Landesmuseum, Inv. Nr. 1981–5

Drei völlig nackte junge Frauen stehen im Halbkreis auf einer planierten, seitlich scharfkantigen Bruchsteinplinthe. Zwischen den Steinen sprießen zwei Blüten oder Blätter. Die Gruppe ist auf eine Hauptansicht, von vorne, angelegt. Dies bezeugen die Frontalstellung der mittleren und die Profilstellungen der beiden Seitenfiguren. Die Gruppe bietet überdies axial und diagonal mehrere Nebenansichten mit jeweils neuen künstlerischen Aspekten, denn keine der drei Frauen gleicht der anderen, weder in Haltung noch im Aussehen. Die mittlere weicht durch eine fein dosierte Gewichtsverlagerung nach links aus, dies kommt aber nicht bei der Frontalansicht, sondern nur auf der »Rückseite« der Gruppe in einer gerade bei ihr besonders anmutigen Silhouette zur Geltung. Sieht man von der – jeweils unterschiedlichen – Handhaltung ab, die die drei Frauen zu einer Gruppe verbindet, dann wirkt jede für sich und vollkommen auch als Einzelstatuette. Die »individuellen« Züge betreffen Körperhaltung, Fußstellung, Arm- und Handhaltung, Gesichtsform und Frisur.

Die mittlere stellt die Füße beinahe im rechten Winkel zueinander, die linke steht breitbeinig da, und die rechte schiebt ihren linken Fuß so weit zur Mitte der Plinthe vor, daß er über den festen Bruchsteinstandring hinaus auf die kreisrunde Einsatzplatte vorsteht (siehe Prodromus, Taf. 30; vgl. Kat. Nr. 36 u. Abb. S. 132).

In der Körperhaltung zeigt nur die mittlere die leise Andeutung eines klassischen Kontrapostes in der Art der Venus Medici, hier ausgehend vom rechten Bein, das aber als Standbein nicht zu unterscheiden ist vom Spielbein – weshalb man besser von einer Ponderation als von Kontrapost spricht – daher die Beschränkung auf den S-Schwung mit eingeknickter Hüfte, Senkung der rechten Schulter und Wendung des Kopfes zur Nachbarin links (von der Rückseite her besser zu erkennen!) Ihre Haltung ähnelt in vielem der der Berliner Hebe-Temperantia (Grünenwald 1969, Taf. 31, Theuerkauff 1986, Abb. 43a). Die weniger differenzierte, »geradlinige«, etwas steife Körperhaltung der beiden Seitenfiguren gleicht dagegen der einer das Haar feststeckenden »Venus« in Berlin (Kat. Nr. 95), welche Chr. Theuerkauff (1986, Nr. 45) versuchsweise Leonhard Kern zuschreibt. Als einzige senkt die mittlere beide Arme, denn die Gewichtsverlagerung läßt sich nur bei Entspannung und Entlastung des Oberkörpers und der Schulter anatomisch richtig darstellen. Das abwechslungsreiche Spiel der von drei Grundpositionen ausgehenden Arm-Handhaltungen entwickelt sich für den Beschauer auf allen anderen Seiten weit eindrucksvoller als von vorne, von der Hauptansichtseite her. Die bei einer Figurengruppe einprägsamsten »individuellen« Unterschiede beruhen auf Physiognomie und Haartracht.

Die mittlere hat ein feines, längsovales Gesicht mit schmaler gerader Nase und kleinem Mund, die links stehende dagegen ein rund-ovales volles Gesicht und einen größeren Mund. Die rechts stehende gleicht der vorigen, ihr Mund ist sprechend geöffnet. Zwei der Frauen schweigen und schauen gemeinsam auf einen in der Ferne sich abspielenden Vorgang, obwohl dem eigentlich die nach oben schielenden Augen (gebohrte Pupillen) widersprechen. Die dritte ist in diese Zweisamkeit nicht einbezogen, sie spricht, offenbar ohne Aufmerksamkeit und Ansprache zu finden.

Die Frisuren sind sehr abwechslungsreich, fantasievoll zusammengestellt und vor allem sehr exakt ausgeführt, sie wirken beinahe wie ziseliert. Die mittlere trägt die für die reiferen Frauen Leonhard Kerns, vergleiche die Budapester Grazien (Kat. Nr. 100), zur Norm gewordene mittelgescheitelte, wellig oder ganz glatt zurückgekämmte Frisur mit einem Nackenknoten, hier bereichert durch Außenwelle und umgelegten Zopfkranz. Die links stehende trägt Korkzieherlocken, die in die Stirne fallen, der Zopf ist am Hinterkopf kompliziert zusammengerollt. Die rechts stehende trägt eine ähnliche Korkzieherlokkenfrisur, den Zopf ist am Hinterkopf hoch aufgewickelt, ein zweimal um den Kopf gelegtes Band unterfängt die Frisur im Nacken. Eine ähnliche Haartracht zeigt die Berliner »Venus» (Kat. Nr. 95).

Man könnte vermuten, drei bereits vorhandene Einzelstatuetten, vergleiche die links stehende mit der Berliner »Venus« (Kat. Nr. 95), seien nachgebildet und zur Stuttgarter Gruppe zusammengestellt worden. Sie ist geradezu eine Mustersammlung für weibliche Aktfiguren, für Physiognomien und Frisuren. Auf jeden Fall ist dadurch das oft hinter der Ablehnung von Zuschreibungen stehende Vorurteil vom genormten Leonhard Kernschen Frauentyp widerlegt.

Die Stuttgarter Graziengruppe ist höchstwahrscheinlich eine Replik der im Prodromus Taf. 30 (Abb. S. 132) wie üblich spiegelbildlich abgebildeten und im erzherzoglichen Inventar von 1659 (Berger S. 171, Nr. 162) aufgeführten Elfenbeingruppe *drey nackhente Weibspildter in der Rundten, warundter 2 sich mit den Armben vmbfangen. Von einem Stuckh von Helffenpain. Auf einem schwartzen Postament, 1 Span 9 Finger hoch* (= 39,5 cm). Diese Wiener Grazien scheinen fülliger zu sein (möglicherweise lag dies am Zeichner oder am Stecher), und die Plinthe ist hier als glatter Kreisring gestaltet, aber die Fußstellung und die Handhaltung der drei Frauen entspricht denen der Stuttgarter Graziengruppe.

Auf die bei Leonhard Kern und seinen Mitarbeitern vorauszusetzende Kenntnis der »Venus Medici« wurde bei der mittleren der drei Stuttgarter Grazien hingewiesen. Diese Kenntnis, vermittelt durch Bronzereduktionen des 17. Jahrhunderts (Weihrauch Abb. 49, 50) und durch Stiche (spiegelbildliche Reproduktionsstiche von Perrier), ist durch eine Elfenbeinnachbildung aus dem Kreise Leonhard Kerns – laut Inventarnotiz von Johann Georg Kern in Öhringen, d. h nach 1650 entstanden – in Stuttgart (Kat. Nr. 121), zu belegen.

Das Motiv der drei Frauen, ältere und jüngere, als Grazien, Trauernde, Klagende, zentriert nach innen oder gewendet nach außen, isoliert oder sich an den Händen fassend – als Skulpturengruppe oder im Relief – das Motiv erscheint immer wieder, repliziert oder abgewandelt im eigenhändigen Œuvre Leonhard Kerns und bei seinen engeren Mitarbeitern: Beispiele Budapest (Kat. Nr. 100), Künzelsau (Kat. Nr. 102), Kopenhagen (Schmitz Nr. 838, Taf. 79), in einer ungenannten Privatsammlung (v. Philippowich Abb. 140), im Kunsthandel (Grünenwald 1986, S. 100, Abb. 18), zweimal in Hamburg (Kat. Nr. 97 und Möller hier S. 75), in Verbindung mit Serien auf Humpenwandungen in Karlsruhe (Möller hier S. 75, Abb. 4), in Stuttgart 1658 (Möller hier S. 3, Abb. 3) und in Hamburg 1659 (Möller hier S. 75). Allen gemeinsam – mit Ausnahme der Budapester Gruppe – ist die gesenkte Armhaltung, welche offenbar Leonhard Kern bei Verwendung des Rubensstiches nach dem Madrider Gemälde »Drei Grazien« (1638–1640) für das Hamburger Steinrelief (Möller, hier Abb. 2) selbst eingeführt und dann auch beibehalten hatte.

Der Zuschreibung der Graziengruppe an Leonhard Kern durch Claus Zoege v. Manteuffel (1982) schließen wir uns an.

Der Zeitansatz Zoege v. Manteuffels (1982) »um 1630–1635« scheint uns aber zu früh zu sein. Stilistisch (und zeitlich) bewegen sich die Stuttgarter Grazien, gleich wie die Berliner Venus (Kat. Nr. 95), wegen der stark gestreckten Körperproportionen, den relativ kleinen Köpfen und einem nur noch entfernt angedeuteten Kontrapost in Richtung auf die 1657 entstandene Kasseler Venus-Mars-Amor-Gruppe (Kat. Nr. 108). Die Berliner Hebe-Temperantia (Theuerkauff 1986, Nr. 43: nach 1648?, Grünenwald 1969, Nr. 14: um 1635–1640) dürfte, ihrer noch schmiegsameren Körperhaltung und ihrer noch weicheren, etwas fülligeren Körperformen wegen, noch vor den Stuttgarter Grazien entstanden sein, weshalb wir für diese eine Datierung Mitte des 17. Jahrhunderts vorschlagen.

Lit.: Zoege v. Manteuffel 1982, S. 200 f., Abb. 5. – Zoege v. Manteuffel 1984, Nr. 83 m. Abb.

102
Drei Grazien

Farbtafel 13 (S. 208)

Leonhard Kern
kurz vor 1650
Alabaster; 37 × 21,5 cm
Künzelsau, Sammlung Würth

Drei Mädchen, gänzlich nackt, stehen Hand in Hand im Gespräch begriffen. Die Dreiergruppe, einen dem Hintergrund zu offenen Halbkreis bildend, ist statuarisch fest aufgebaut, wobei das, was den Reiz einer Rundskulpturengruppe ausmacht, nämlich die Überschneidungen (und die deshalb immer wechselnden Ansichten), im Relief nur eingeschränkt möglich und hier geradezu bewußt vermieden ist. Trotzdem sind Kontrastmotive bildgestaltend: die mittlere, ein Rückenakt, schreitet bildeinwärts, der eine Arm hängt herab, der andere ist stark abgewinkelt erhoben. Das Mädchen links, frontal mit starker Wendung von Schulterpartie und Kopf ins Profil gegen rechts, steht, die Beine etwas gespreizt, ruhig da. Der Arm ist ebenfalls abgewinkelt und erhoben, die Hand faßt die der Nachbarin. Das Mädchen rechts ganz in Seitenansicht steht mit geschlossenen Beinen ruhig da. Die herabhängende linke Hand ergreift die der Nachbarin, die erhobene Rechte faßt (sehr wahrscheinlich) die Hand der gegenüberstehenden, wodurch der Halbkreis – analog der Stuttgarter Elfenbeingruppe (Kat. Nr. 101) – geschlossen wäre. Trotz der Ausbreitung in die Fläche eignet der Dreiergruppe durch die bildeinwärts und mittelpunktsbezogenen Körperbewegungen eine starke räumliche Wirkung, unterstützt durch die nach oben zunehmende Reliefhöhe bis zu den teilweise rundplastisch ausgeführten Köpfen der drei Mädchen. Die Durchbildung des weiblichen Körpers ist sehr einfühlsam, begünstigt durch die Wahl eines sehr schönen feinkörnigen Alabasterstückes, und verrät die jahrzehntelangen Modellstudien des Bildhauers. Außerordentlich fein und präzis sind die weitgehend übereinstimmenden Gesichtszüge der beiden Seitenfiguren, kleiner Mund und schmale gerade Nase, ausgeführt. Die Frisuren sind, zum Unterschied von den modisch-preziösen Haartrachten der Stuttgarter Grazien, vereinfacht und dem Material (Stein) entsprechend etwas summarischer behandelt.

Das Künzelsauer Grazienrelief ist eine veränderte Fassung des Hamburger Reliefs mit den drei matronalen Grazien (Möller hier Abb. S. 75), deren Positionen mit

jungen Mädchen besetzt sind. Es dürfte deshalb bald nachher entstanden sein. Seinerseits scheint es Vorbild für die Stuttgarter Rundskulptur mit den drei jüngeren Frauen geworden zu sein, wenn man deren rückseitige Ansicht (spiegelbildlich) mit dem Relief vergleicht. Technisch ist es nicht so goldschmiedehaft fein ausgeführt wie die Elfenbeingruppe, aber weit feiner als das Solnhofer Steinrelief.
Wir meinen, daß die Qualität der Arbeit, die Analyse der Komposition und der Vergleich mit ähnlichen Stücken, dem Hamburger und dem Stuttgarter, die Zuschreibung des Künzelsauer Grazienreliefs an Leonhard Kern selbst, nicht nur an seine engere Werkstatt, erlauben, und nehmen eine Stilentwicklung Hamburg–Künzelsau–Stuttgart an. Dem würde, unseren Datierungsversuchen nach, ein zeitliches Nacheinander: um 1645, vor 1650 und Mitte des 17. Jahrhunderts entsprechen.
Das Künzelsauer Relief dürfte auch deshalb kurz vor 1650 entstanden sein, weil es von einem Werkstattangehörigen – und damit vor Auflassung des Haller Betriebes 1650/1651 – vergröbert und verkleinert in Ton nachgebildet worden war (Kat. Nr. 140).
Zu Thema und Motiv der Drei Grazien s. Stuttgart (Kat. Nr. 101).

Lit.: Sotheby's-London, Aukt. Kat. 22. 4. 1982, Nr. 277 m. Abb. – Grünenwald 1986, S. 100, Abb. 19.

103
Sintflut

Leonhard Kern
um 1640–1645
Solnhoferstein; 38,5 × 65 cm
München, Bayerisches Nationalmuseum, Inv. Nr. R 1260

Wie in den Reliefs von Leonhard Kern üblich, spielt sich die Vordergrundsszene auf schmaler Bildbühne ab. Hier sind auch die wichtigsten und am sorgfältigsten ausgeführten Figuren, mit teils rundplastischen Körpergliedern, versammelt. Die Mittelgrundsszene steigt unmittelbar dahinter auf (rechte Bildhälfte). Der Hintergrund stellt sich nur noch als Ausblick zwischen den kahlen Felsen links und der baumbestandenen Höhe rechts dar. Er reicht beinahe bis zum oberen Bildrand. Die ungewöhnliche Tiefendimension der Landschaft ist vom Thema her bedingt – Flutwelle und unendliche Wasserwüste – und setzt die Verwendung von Vorlagen (Grafik, Plaketten) voraus. Wiederholungen des Sintflutthemas sind, zum Unterschied von den vielfachen Wiederholungen anderer biblischer Stoffe, bislang noch nicht bekanntgeworden.
Die Flutwelle, die das Bild diagonal-tiefenräumlich durchschneidet, trennt zwei höherliegende Landstücke voneinander, auf welche sich die Menschen zu retten versuchen. Noch im Wasser schwimmend oder auf dem Rücken seines Pferdes, wie der Reiter links, kämpfen Menschen und Tiere ums Überleben. Diejenigen, die bereits an Land sind, helfen den anderen, wie bei dem Paar vorne in der Mitte, sie danken Gott für ihre Rettung wie der Greis oder sie schauen nach weiteren Fluchtmöglichkeiten aus. Die Frau rechts am Bildrand entdeckt ein Paar, das sich in die Krone eines Baumes geflüchtet hatte, und weist den Mann neben sich darauf hin. Weiter hinten eine Frau mit zwei Kindern, eine alte Frau sitzt erschöpft dort. Auf der gegenüberliegenden Seite des Wassers dasselbe Bild. Auch zwei Pferde und ein Hund gehören zu den Geretteten. Zwei Männer auf einem Floß und eine Schwimmerin sind bedroht von zähnefletschenden Seeungeheuern. Ganz hinten die Arche Noah, dreigeschossig, denn Gott befahl dem Noah: *Mache dir einen Kasten von Tannenholz ... und er soll drei Stockwerke haben ...* (1. Mose 6.14–16). Leonhard Kern hatte deshalb nicht vergessen, links im Bild auch einige wenige Tannenbäume darzustellen, es ist der Rest dessen, was Noah nicht benötigt hatte.
Die Vordergrundsfiguren sind ungefähr einheitlich proportioniert, nur der betende Greis scheint, wenn er aufsteht, ein Riese zu sein, ähnlich wie Joseph von Arimathia in der 9-figurigen Wiener Beweinung (Kat. Nr. 58), auch in der zweiten Figurenreihe scheint die nackte Frau vergleichsweise zu groß zu sein. Auf der gegenüberliegenden Landseite betreffen die Disproportionen nicht nur Einzelfiguren, sondern auch ganze Gruppen, die ohne Rücksicht auf Größenperspektive verteilt sind. Der Bildhauer Leonhard Kern beherrschte zwar die Reliefperspektive – im Vordergrund rundplastisch gearbeitete Körperglieder, im Hintergrund flaches Relief –, aber nicht die Größenperspektive, besonders nicht bei einem solch tiefenräumlich angelegten Landschaftsbild. Für einen Bildhauer, der offenbar so einseitig auf die Skulptur – Einzelfigur oder Gruppe – fixiert war, mögen solche Schwachstellen erklärlich sein, sofern man nicht die Mitarbeit eines Werkstattangehörigen für diese »untergeordneten« Arbeiten annimmt – was zu vermuten ist. Leonhard Kerns Reliefs besitzen deshalb auch nur eine (Kinder-Bacchanal Kat. Nr. 109) oder zwei (Baderelief in Frankfurt) hintereinandergeschichtete schmale Bildbühnen, innerhalb deren es kaum Größenunterschiede zu beachten gab, oder aber er türmte den Vordergrund hoch auf und ließ ihn schlagartig, ohne Mittelgrund, in den Hintergrund übergehen (Ezechielrelief in Berlin, Kat. Nr. 104). Das Sintflutrelief ist der Landschaftstiefe wegen ein Sonderfall, und deshalb fällt das Nebeneinander und Hintereinander größenunterschiedlicher Gruppen – links am Bildrand eine kleine Zweiergruppe, dahinter (!) eine größer (!) dargestellte Dreiergruppe – besonders auf.

103

Dies führt zu einer zweiten für die Reliefs von Leonhard Kern gültigen Feststellung: Für seine vielfigurigen Darstellungen entnahm er Einzelfiguren oder Zweiergruppen fremden Vorlagen oder eigenen Modellen entweder wörtlich, oder er wandelte sie ab und stellte sie in einem neuen Zusammenhang zusammen. Diese additive Kompositionsweise tritt im Sintflutrelief besonders deutlich hervor, obwohl sich Leonhard Kern bemühte, durch Blicke oder durch sachliche Gegebenheiten zwischen den »Versatzstücken« eine Verbindung herzustellen. Reiter und Pferd könnte er einem Sintflutstich des Dirk Vellert von 1544 (B. 8) entnommen haben. Auf den Sintflutstich des Raphael Sadeler I (1560–1632. Hollstein 1980, Bd. 22, S. 184, Nr. 4) nach N. de Hoey gehen das junge Paar, der Greis und das Motiv der Baumkletterer mit der darauf hinzeigenden Frau (bei Sadeler ein Mann, spiegelbildlich) zurück, und auf den Sintflutstich des Johannes Sadeler I (1550–ca. 1600) nach einem Anonymus (Hollstein 1980, Bd. 22, S. 101, Nr. 42) gehen ebenfalls das junge Paar, die sitzende alte Frau (bei Sadeler eine Frau mit Kind im Schoße) und, auf dem gegenüberliegenden Ufer, die Figurengruppe vorne links zurück. Bei der Ausführung des weiblichen Rückenaktes hielt sich Kern wohl an eine Bronzereduktion Anticos nach der antiken Statue einer Venus Felix (Hermann Taf. 37). Dieselbe Frau erscheint wieder im Haller Ezechielrelief (hier Abb. S. 101) frontal am Bildrand links, der Greis ebenda am Bildrand rechts. Das Paar ist im Frankfurter Baderelief umfunktioniert, getrennt und als Randfiguren verwendet.

Die Zuschreibung des Reliefs an Leonhard Kern stammt von Gertrud Gradmann (1917). Ein Vergleich mit dem signierten und etwa gleichzeitigen Frankfurter Bad (Grünenwald 1969, Taf. 54) aus der späteren Schaffenszeit Leonhard Kerns bestätigt dies. Wir belassen es bei unserer seinerzeitigen (1969) Datierung in die 40er Jahre.

Lit.: Gradmann 1917, S. 131 f. – Grünenwald 1969, Nr. 63, Taf. 55.

104
Vision Ezechiels

Leonhard Kern
um 1640–50
Alabaster; 71,5 × 83 cm
Berlin, Staatliche Museen zu Berlin/DDR, Skulpturensammlung, Inv. Nr. 8482

Ezechiel: *Und ich weissagte, wie mir befohlen war. Und siehe, da rauschte es ... und siehe, es regte sich, und die Gebeine rückten zusammen, Gebein zu Gebein ... und siehe, es wuchsen Sehnen und Fleisch darauf, und sie wurden mit Haut überzogen; es war aber noch kein Odem in ihren.* Und weiter *Und ich weissagte, wie er mir befohlen hatte. Da kam Odem in sie, und sie wurden wieder lebendig und stellten sich auf ihre Füße, ein überaus großes Heer* (Hesekiel 37, 7–8, 10).
Das Bildfeld ist breitrechteckig. Der Bildhauer konnte deshalb die Komposition mittels dreier Fixpunkte verfestigen: oben Ezechiel, in der Mittelachse »schwebend«, links unten das Paar Adam und Eva nach dem Sündenfall, zu ihren Füßen ein Totenschädel, Hinweis auf die dadurch verhängte Sterblichkeit des Menschengeschlechtes, rechts Adam und Eva nach der Vertreibung aus dem Paradies, zu ihren Füßen zwei kleine Kinder, Hinweis auf die Vermehrung des Menschengeschlechtes. Leonhard Kern wandte hier den Kunstgriff renaissancezeitlicher Bildverfestigung durch mehr oder weniger unbeteiligte Randfiguren an, unbeteiligt nicht nur deshalb, weil sie nicht zu den Auferstehenden gehören, sondern auch weil sie ihnen den Rücken zuwenden und höchstens durch eine Handbewegung, wie Adam links, davon Notiz nehmen. Am oberen Bildrand die den göttlichen Atem blasenden Winde, watteähnliche Gebilde wie auf dem Haller Ezechielrelief (vgl. hier Abb. S. 101).
Die nach Größe und Reliefhöhe etwas abgestuft dargestellten Auferstehenden bevölkern den Vordergrund, der hoch ansteigend bis zu Ezechiel reicht, dann beginnt sofort der Hintergrund mit stark verkleinerten, flachreliefierten, teilweise noch halbskelettierten Gestalten. Deren überlange, stilisierte Körperformen und ihre fantasielose Zusammenstellung lassen an die Mitarbeit eines Schülers denken, wie wir dies schon für das Sintflutrelief (Kat. Nr. 103) vermutet hatten. Das Interesse des Bildhauers lag ausschließlich bei den Figuren des Vordergrundes. Es sind Männer und Frauen im besten Alter, nur ein Greis ist darunter, sowie kleine Kinder. Durch die perspektivisch komplizierten und gekünstelten Drehungen und Verrenkungen scheinen die Körper unauflöslich ineinander verflochten zu sein; bei genauem Hinsehen lassen sie sich aber leicht voneinander scheiden, denn trotz kühner Überschneidungen der Gliedmaßen ist jeder einzelne Körper anatomiegerecht erfaßt und bildhauerisch ehrlich dargestellt.
Die trotz des Gewimmels ins Auge fallende Gruppenbildung und die wie Versatzstücke behandelten Einzelfiguren sind für die Kompositionsweise Leonhard Kerns – wie an Hand des Sintflutreliefs (Kat. Nr. 103) ausgeführt – bezeichnend und prägen noch das Haller Ezechielrelief, das, wie Tilman Kossatz (hier S. 64f.) glaubhaft machen konnte, als Spätwerk Leonhard Kerns, um 1655, entstanden ist.
Man wird auch hier voraussetzen können, daß er Vorlagen verwendet und diese nach Bedarf abgeändert hatte. Die Frau mit dem kleinen Kind am Bildrand links oben dürfte als Venus mit Amor (vgl. Stiche Marcantonios (B. 245, B. 345) nach Raffaello), die Zweiergruppe knienden Frauen rechts von Ezechiel dürfte in einer Badeszene, vgl. den Humpenmantel in Wien (Kat. Nr. 118), Verwendung gefunden haben. Das erste Menschenpaar mit den Kindern könnte genausogut die Gruppe Venus, Mars und Amor darstellen. Der kniende bärtige Mann am Bildrand rechts oben erscheint auch unter den Geretteten im Sintflutrelief (Kat. Nr. 103).
Die Herkunft des Reliefs aus der kurfürstlich-brandenburgischen Kunstkammer (Fründt 1987, A 3, S. 45f.) läßt vermuten, daß es nie als Teil eines Grabmals Verwendung gefunden hatte, sondern der Kunstfertigkeit wegen immer als »Kunstkammerstück» betrachtet worden war, höchstens noch als eine Art protestantisches »Andachtsbild« gedient haben könnte.
Die Herkunft aus der kurfürstlichen Kunstkammer läßt vermuten, daß das Relief von Leonhard Kern in Verbindung mit seiner Tätigkeit als kurfürstlicher Hofbildhauer (1. 9. 1648, vgl. Grünenwald 1969, Anm. 41) nach Berlin geliefert worden war. Darauf beruht wohl auch die Datierung von Edith Fründt (S. 45) um 1650.
Im Gegensatz zu Edith Fründt (»Werkstatt Leonhard Kern«) halten wir das Relief für eine eigenhändige Arbeit Leonhard Kerns – mit einer Einschränkung: die Hintergrundsfiguren betreffend – denn selbst Details, wie z. B. die Ohrmuscheln, die Hände, sind außerordentlich fein ausgeführt.
In dieser Berliner wie auch in der Haller Ezechielvision fällt auf, daß unter den Auferstandenen auch Kinder dargestellt sind, obwohl der Akkord über das Haller Relief von 1655 (Gradmann 1917, Beleg 61a, S. 202) nur von Männern und Frauen handelt (s. Kossatz hier S. 64), die Münchner Ezechielvision (Kat. Nr. 105) dagegen enthält keine Kinderfiguren, was unter anderem gegen Leonhard Kern als Hersteller spricht.
Die Datierung von E. Fründt »um 1650« möchten wir zu »1640–1650« abändern.

Lit.: Fründt 1987, A 3, S. 45f. m. Abb.

104

105
Vision Ezechiels

Fränkisch unter Einfluß von Leonhard Kern (Georg Schweigger?)
Mitte bis 2. Hälfte des 17. Jahrhunderts
Alabaster; 56 × 31 cm
München, Bayerisches Nationalmuseum, Inv. Nr. R 2876

An Hand einer kleinen Gruppe von nur 13 Personen ist hier die Vision Ezechiels, wie *Israel, das Totenfeld durch Gottes Atem wieder lebendig wurde* (Hesekiel-Ezechiel 37, 1–14), eindrucksvoll dargestellt. Das vorgegebene Bildfeld ist schmal und hoch. Der Bildhauer ließ deshalb Ezechiel nicht in der Bildmitte stehen, wie im Berliner Alabasterrelief (Kat. Nr. 104) und im Haller Steinrelief (vgl. Abb. S. 101), sondern verschob ihn in die Bildhälfte rechts und läßt ihn hier auf einem hohen Felsen im Angesicht Gottes knien. Dieser erscheint als Halbfigur genau in der Bildachse, im Scheitelpunkt des Bogenschlusses, dirigiert mit ausgebreiteten Armen die Vier Winde, die Träger des göttlichen Atems, und gibt Ezechiel Anweisungen, wie er sprechen soll, daß die Totengebeine wieder lebendig werden.
Gerade dieser Augenblick des Lebendigwerdens der körperlich bereits vollständig regenerierten Menschen durch Teilhabe an dem Atem Gottes ist dargestellt. Die – in körperlichem und geistigem Sinne – Erwachten dehnen und strecken sich im Vollgefühl ihrer Körperhaftigkeit und wenden sich zugleich dem Lichte zu. Zwei Personen ganz vorne links liegen noch zu Boden, ein Dritter rechts ist eben im Begriff sich zu erheben, alle anderen stehen bereits in voller Größe. Eine einzige

105

Gestalt, eine Frau am Bildrand links, nimmt den Kontakt zum Beschauer auf und weist ihn mit erhobenem Arm und Zeigefinger auf das Geschehen hin, das als Versprechen Gottes auf die Gewißheit der Auferstehung im christlichen Sinne gedeutet werden soll. Im Hintergrund flachreliefiert die Masse der Auferstandenen, *ein überaus großes Heer* (Hesekiel 37, 10).

Trotz der steil ansteigenden Vordergrundsszenerie vermittelt das Relief den Eindruck einer gewissen Bildtiefe, dank der zum Teil rundplastisch ausgearbeiteten Körperglieder, der bildeinwärts gestellten Figuren und ihrer bildeinwärts weisenden Arm- und Handhaltungen, Kopfwendungen (darunter kein einziges Profil!) und Blickrichtungen und dank der fließenden Diagonalbewegung in Zick-Zack-Verlauf, die links unten bei dem sitzenden Mann beginnt, bei Ezechiel endet und durch Gesten vom einen zum anderen weitergegeben wird. Dieser Bewegungsfluß ist nur möglich durch den Verzicht auf Gruppenbildung und auf eine additive Kompositionsweise, wie wir sie im Sintflutrelief (Kat. Nr. 103) festgestellt und beschrieben haben.

Gerade dies gaben Leo Bruhns (1923, Anm. 749: »Komposition und Figuren viel zu leicht und bewegt«, weder Leonhard Kern noch Zacharias Juncker) und Tilman Kossatz (hier: S. 66: »ungleich fließendes komponiertes Relief«, viel eher Georg Schweigger) Veranlassung, die Zuschreibung von Gertrud Gradmann (1917, S. 132), der wir – allerdings unter Annahme eines »neuen Reliefstils« (S. 18) für Leonhard Kern – 1969 noch folgten, abzulehnen. Für einen neuen Reliefstil Kerns ließen sich in den letzten 20 Jahren der Kern-Forschung aber keine Belege finden, weshalb wir den Zweifeln von Bruhns und Kossatz zustimmen, ohne selbst andere Namen nennen zu können. Dem Hinweis von Tilman Kossatz (hier S. 66) auf Georg Schweigger sollte man nachgehen.

Andererseits zweifeln wir aber auch nicht daran, daß zwischen dem Bildhauer der Münchner Ezechielvision und Leonhard Kern künstlerische Beziehungen bestanden, wobei Kern – nicht für die Komposition, wohl aber für Einzelfiguren einschließlich Gebärdensprache und Mimik – der gebende Teil gewesen sein dürfte. Denn die »Anleihen« bei Leonhard Kerns Frankfurter Bad (Grünenwald 1969, Taf. 54), Münchner Sintflut (Kat. Nr. 103), Haller Ezechielrelief (hier Abb. S. 101), beiden Eva-Statuetten in Darmstadt (Grünenwald 1969, Nr. 24 u. 26; – Fischer 1987, Abb. S. 12) sind eklatant. Selbst die bei Leonhard Kern auffallende Bildung der langen Zehen, die Ausarbeitung der Zehenknochen und der Fußknöchel im Frankfurter Bad, in der Haller Ezechielvision und in der Münchener Sintflut findet man in der Münchner Ezechielvision bei dem weiblichen Rückenakt rechts und bei Ezechiel selbst.

Lit.: Gradmann 1917, S. 132. – Grünenwald 1969, Nr. 61, Taf. 41. Kossatz, hier S. 66.

106

Farbtafel 12 (S. 207)

Szene aus dem Dreißigjährigen Krieg

Leonhard Kern
zwischen 1656 (?) und 1659
Alabaster; 34,3 Plinthe ca. 21,5x12 cm
Wien, Kunsthistorisches Museum, Sammlung für Plastik und Kunstgewerbe, Inv. Nr. 4363

Kräftig ausschreitend, treibt ein militärisch gekleideter Soldat, ein Offizier, eine völlig nackte Frau vor sich her, indem er die Spitze seines Degen ihrem Rücken gefährlich nahebringt. Dabei schaut er aber nicht, wie zu erwarten wäre, auf sein Tun, sondern wendet seinen Blick ostentativ dem Beschauer zu, so als ob es sich hier nur um ein Schauspiel, um eine Geschicklichkeitsvorführung handeln würde. Sein Mund ist sprechend geöffnet. Beide bewegen sich auf einer hügeligen Erdboden-Plinthe, auf welcher das der Frau entrissene Gewand liegt. Der Offizier schreitet so energisch aus, daß die Ferse seines Stiefels über die Plinthe hinaussteht und die Spitze des anderen beinahe deren vorderen Rand erreicht. Mit der Rechten setzt er die Spitze seines Degens am Rücken der Frau an, mit der Linken hält er ihren grob auf den Rücken zurückgebogenen Arm fest. Eine kräftig gebogene Nase, sie gleicht der des Berliner Adam (Kat. Nr. 83), ein kleiner Mund, ein spitz geschnittener Knebelbart und ein aufgezwirbelter Schnurrbart prägen die Gesichtszüge des Mannes. Das reichgelockte Haar fällt bis auf die Schulter. Die Kleidung des Offiziers ist die aus der Zeit des Dreißigjährigen Krieges: hohe gespornte Lederstiefel, Lederhosen, Lederwams mit modisch geschlitzten Ärmeln. Der rechte Ärmel ist hinauf verschoben – durch Ringen mit der sich wehrenden Frau? –, darunter kommt der gefältelte Hemdsärmel zum Vorschein. Über die rechte Schulter verläuft der Riemen des Wehrgehänges mit der Degenscheide, über die linke Schulter ein Riemen mit anhängender (Proviant(?)-Tasche. Auch die Feldbinde liegt nicht vorschriftsmäßig schräg von Schulter zur Hüfte, sondern ist bis zum Hals hinauf verschoben und fällt über beide Schultern auf den Rücken. Den Hut schmückt eine kostbare Straußenfeder, deren Spitze in Konkurrenz zu den groß gedrehten Locken ebenfalls in den Nacken fällt. In dem Bestreben, der Degenspitze um Zentimeter zu entgehen, macht die Frau ein Hohlkreuz, daher die ungewöhnliche Körperhaltung und der zurückgelegte Kopf, rutscht aber dabei mit dem linken Fuß schräg abwärts bis zum Rande der Plinthe vor. Um das Gleichgewicht zu halten, setzt sie den rechten Fuß zurück. Ihr linker Arm ist gewaltsam auf den Rücken zurückgebogen, den rechten streckt sie aus und greift mit der Hand in die Degenmuschel, einem Stoß vorzubeugen. Hand- und Degenhaltung des Soldaten zeigen, daß er die Frau nur vor sich hertreiben, nicht aber töten will. Sie trägt die typischen Gesichtszüge der kernschen Frauen mittleren Alters. Ihre Augen sind geöffnet, sie schaut der Kopfhaltung entsprechend nach oben (keine Pupillenbohrungen). Das gewellte mittelgescheitelte Haar ist zurückgekämmt und in einer Art Haarschleife am Hinterkopf befestigt und fällt dann in einer prachtvollen Lockenkaskade – noch in den 50er Jahren bei Leonhard Kern! – auf den Rücken und mit den Enden sogar bis zur Degenmuschel.

Frontal-, Seiten- und Rückansichten der Gruppe sind beinahe gleichwertig in Bewegung, Gegenbewegung und Parallelismen der Körperglieder. Auf allen Seiten entwickelt sich die Komposition übersichtlich, Überschneidungen sind bewußt nach Möglichkeit vermieden. Am deutlichsten ist dies auf der Frontalansichtsseite: die beiden Gestalten gehen nicht axial, sondern versetzt hintereinander, so daß Überschneidungen auf das Mindestmaß reduziert sind. Die vordere Breitseite gibt sich dadurch als die Hauptansichtsseite zu erkennen, weil sich hier der Mann unmittelbar dem Beschauer zuwendet und sich in Pose setzt und weil hier die Kontrastierung der beiden Figuren, gipfelnd in der Kopfwendung, am reinsten zum Ausdruck kommt: Das Gesicht des Mannes ist frontal, das der Frau in reinem Profil dargestellt, dem entspricht andernorts die Rechtwinkelstellung der Körperglieder, insbesondere der Füße, worauf immer wieder hingewiesen wird. Die Gruppe zeigt, wie bewußt Leonhard Kern noch in hohem Alter – er war damals 68–71 Jahre alt – seine Figuren zu Gruppen »aufbaute«.

Als Anregung für Leonhard Kern zu dieser Komposition diente vermutlich eine grafische Vorlage, die wir in einem Blatt aus einer Folge von Radierungen des Augsburger Stechers Hans Ulrich Franck mit Motiven aus dem Dreißigjährigen Krieg, entstanden zwischen 1643 und 1656, ausfindig machen konnten. Das in Frage kommende Blatt »Der unerwartete Überfall« ist von Franck signiert und auf den 27. Mai 1656 (Haemmerle Abb. 15) datiert (Abb. S. 11). Auf dem Bild sieht man einen Soldaten, der im Laufschritt einen flüchtenden Mann verfolgt, dessen Hemd, die einzige Bekleidung, hochzieht und mit dem Degen zum Stoß auf dessen Gesäß ansetzt, rechts davon flüchtet entsetzt dessen Frau, völlig nackt. Leonhard Kern mußte die Gruppe bei der Umsetzung in die Skulptur räumlich zusammendrängen und reduzierte deshalb das Bewegungsmotiv. Den Mann wechselte er gegen die nackte Frau aus.

Die Zuschreibung an Leonhard Kern, der wir uns anschließen, stammt von Manfred Leithe-Jasper, dem wir auch den Hinweis auf diese Gruppe verdanken. Seine Datierung: »um 1640«.

Setzt man jedoch die Verwendung der Franckschen Radierung voraus, bedeutet dies, daß die Alabastergruppe frühestens im Jahre 1656 entstanden sein kann. Im Jahre 1659 taucht sie bereits im Inventar des Erzherzogs Leopold Wilhelm von Österreich auf (Berger S. 170, Nr. 141). Der Eintrag lautet: *Ein nackhentes Weibspildt, welche von einem Soldaten hinderwerts mit einem Degen durchstochen wirdt. Von Allabaster, moderno. 1 Span 6 Finger hoch* (ca. 33,3 cm). Ab 1750 ist die Gruppe in der kaiserlichen Schatzkammer nachweisbar (freundl. Mitt. von M. Leithe-Jasper). Sie gehört demnach zum alten Kunstkammerbestand und ist deshalb mit dem Wiener Exponat identisch.

In Malerei und Grafik wurden Ereignisse aus dem Dreißigjährigen Krieg häufig dargestellt, selten jedoch in der Bildhauerkunst. Die Aufnahme dieses Themas rund zehn Jahre nach dem Ende des Großen Krieges muß bei

Leonhard Kern ebensowenig überraschen wie bei Hans Ulrich Franck.
Dem Figurenstil nach entspricht die langbeinige schlanke Frauengestalt mit der sparsamen Modellierung des wie von innen heraus gespannten Körpers durchaus der von uns in die Mitte des 17. Jahrhunderts datierten Kasseler Caritas (Grünenwald 1969, Taf. 68), der Münchner Venus aus einem Parisurteil (Grünenwald 1969, Taf. 69) und der Venus aus der Kasseler Venus-Mars-Gruppe von 1657 (Kat. Nr. 108). In diesem Zusammenhang irritiert nur die aufwendige Haartracht der Frau, die bei keiner der Vergleichspersonen zu finden ist – diese tragen eine mehr oder wenig einfache kurze Knotenfrisur –, denn die vergleichbare signierte Berliner Eva (Kat. Nr. 83) hatten wir nicht um 1646/1648, sondern früher, um 1635, datiert. Des Rätsels Lösung ist, daß Leonhard Kern hier eine, wenn auch nicht dem Motiv, so doch dem Thema nach historische Szene darstellen wollte und deshalb die ihm wohlbekannte Offizierstracht einschließlich der modischen Haartracht nachbildete und aus künstlerischen Gründen Haarbehandlung und Haartracht der Frau anglich.

Lit.: nicht veröffentlicht.

107
Verhungerter Mann (»Toter Mann«)

Leonhard Kern
um 1656
Elfenbein; L. 12,8 cm, B. 4,2 cm (Platte)
Privatbesitz, NL 84

Auf einem faltig zusammengeschobenen Tuch liegt nackt, nur mit einer Mütze bekleidet, ein bis auf Haut und Knochen abgemagerter toter Mann. Er liegt halb auf dem Rücken, halb auf der linken Körperseite. Die Beine sind leicht angewinkelt, die Arme über dem Kopf gekreuzt, die linke Hand umkrallt noch fest den rechten Unterarm, die rechte Hand ist mit geöffneter Handfläche im Todeskampf erstarrt. Die Augen sind geschlossen, der Unterkiefer heruntergefallen, der Mund deshalb weit geöffnet, die Zunge liegt vorne. »Gewürm«, hier eine Schlange, umringelt ihn, Kröte und Eidechse nähern sich ihm.
Ganz erstaunlich ist die von geradezu wissenschaftlicher Akribie zeugende Darstellung des Knochen-, Muskel- und Sehnengerüstes eines Verhungerten und der Physiognomie eines Sterbenden und Toten. Sie belegt die lebenslange Beschäftigung Leonhard Kerns mit Studien nach dem lebenden – und hier gewiß auch nach dem toten – Modell, wie dies den Äußerungen des 38jährigen im Jahre 1626 (Grünenwald 1969, Anm. 110) und noch des 67jährigen im Jahre 1655 (ebd., Anm. 176) zu entnehmen ist.
Unsere Zuschreibung (1969) an Leonhard Kern können wir nicht nur durch die bereits in seinen frühen Werken – Wiener Beweinungen, (Kat. Nr. 58), Düsseldorfer Pietà (Kat. Nr. 61), Frankfurter Erlöser-Christus (Kat. Nr. 62) – und mittleren Werken – Wiener Kruzifixus (Kat. Nr. 70) – dokumentierten anatomischen Kenntnisse belegen, sondern auch durch auffallende Details, wie z. B. die knorpeligen Zehenglieder, das verdickte Ohrläppchen, die merkwürdige Versteifung der rechten Hand (Innenhand!), z. B. bei einer der Hamburger klagenden Frauen (Kat. Nr. 97), beim Stuttgarter Adam (Kat. Nr. 85), beim Gefesselten Jüngling in Wien (Grünenwald 1969, Nr. 117), und schließlich wegen der von ihm innerhalb kurzer Zeit nachweislich noch in einem zweiten zweifelsfreien Fall – »Szene aus dem Dreißigjährigen Krieg« (Kat. Nr. 106) – als Vorlagen benützten Radierungen des Augsburger Stechers Hans Ulrich Franck, dessen Serie zum Dreißigjährigen Krieg Leonhard Kern gekannt oder gar besessen haben mußte (vgl. Abb. S. 11).
Unsere seinerzeitige (1969) Zuschreibung des Toten Mannes an Leonhard Kern wurde von Claus Zoege v. Manteuffel (1970) bezweifelt, von Christian Theuerkauff (1973) abgelehnt, weil »abweichend von Kerns gesicherten Arbeiten«. Direkte Vergleichsstücke fehlen allerdings, und die Halbskelette in der Haller Vision Ezechiels (Abb. S. 101) sind der Größe und des Materials (Stein) wegen erklärlicherweise summarischer und gröber ausgeführt.
Als Vorlage für den »Verhungerten Mann« diente mit hoher Wahrscheinlichkeit das letzte undatierte Blatt der zwischen 1643 und 1656 entstandenen Radierfolge über den Dreißigjährigen Krieg von Hans Ulrich Franck, »Des Reiters Ende« (Haemmerle Abb. 25). Laut freundlicher Auskunft von Rolf Biedermann (Städt. Kunstsammlungen Augsburg) muß das Blatt in den 50er Jahren entstanden sein und kann aus Stilgründen keinesfalls zu den Blättern der 40er Jahre gerechnet werden. Vor einer Landschaft liegt im Vordergrund auf der linken Körperseite ein großenteils bereits skelettierter Mann, der Schädel ruht auf dem ausgestreckten linken Arm, die rechte Hand auf dem Leib. Er ist nur noch mit Hemd und Strümpfen bekleidet, die ihm die Leichenfledderer gelassen haben. Auch unser Toter trägt nur noch seine Mütze. Das Pferd des Reiters ist ebenfalls teilweise skelettiert. Raben fliegen um die Gruppe. Bei der Umsetzung in die Skulptur interessierte Leonhard Kern mehr die Anatomie eines abgemagerten Toten als eines mit Hemd bekleideten Skelettes.
Die »Szene aus dem Dreißigjährigen Krieg« in Wien (Kat. Nr. 106) entstand zwischen 1656 und 1659, man wird den »Verhungerten Mann« in dieselbe Zeit, zwischen 1656 und dem 1662 erfolgten Tod Kerns, datieren können.

Lit.: Grünenwald 1969, Nr. 73, Taf. 39. – Zoege v. Manteuffel 1970. – Theuerkauff 1973, Anm. 45.

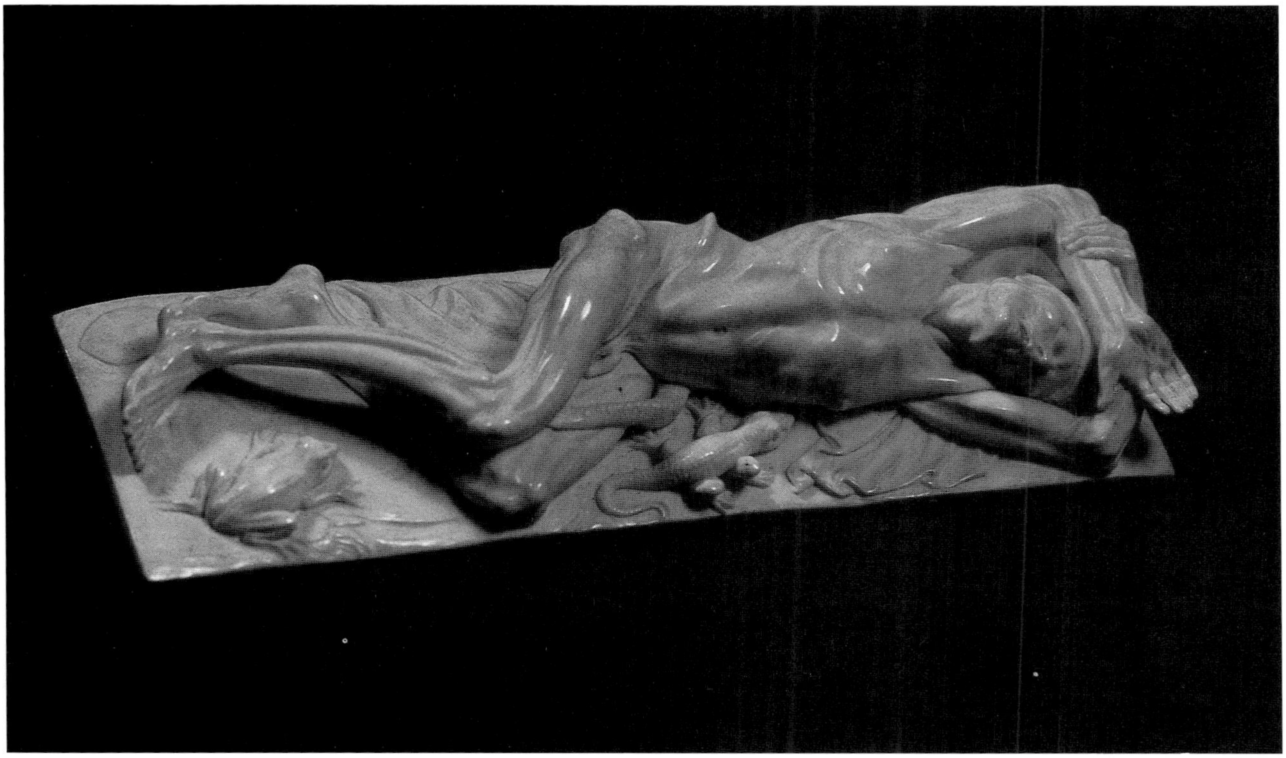

107

108
Venus, Mars und Amor

Leonhard Kern
1657
Elfenbein; H. 25 cm
Kassel, Staatliche Kunstsammlungen, Inv. Nr. B VI 287

Die Gruppe steht auf einer achteckigen Plinthe, die ursprünglich auf ein sechs(!)-eckiges Postament montiert war. Venus und Mars stehen in Körper- und Armhaltung, in Schritt- und Fußstellung spiegelbildlich einander zugewandt. Der Unterschied liegt nur darin, daß Mars seinen rechten Fuß auf einen Aststrunk aufstellt, um Haltung und Bewegung des notwendigerweise hier eingefügten Amor – der »friedliche« Aspekt des Mars, Pendant zum rückseitig abgelegten Brustpanzer als dessen »kriegerischer« Aspekt – zu motivieren. Die Füße beider, jeweils beinahe rechtwinkelig zueinander gestellt, stoßen mit den Zehen bis an den Rand der Plinthe vor – Charakteristika im Œuvre Leonhard Kerns, – vom Frankfurter Erlöser-Christus (Kat. Nr. 62) und Düsseldorfer Abrahamsopfer (Kat. Nr. 64) bis zu unserer Venus-Mars-Gruppe und zur »Szene aus dem Dreißigjährigen Krieg« in Wien (Kat. Nr. 106), d. h. von den Früh- bis zu den Spätwerken des Bildhauers. Mars hält in seiner rechten Hand, die auf der Schulter der Venus ruht, ein Gebinde aus Blüten und Ähren, Attribute seines friedlichen Aspektes als Frühlingsgott und Gott des Ackerbaues (Preller S. 318 f.). Mit seiner Linken greift er vorne über, im Begriff, das Gewandtuch der Venus, dessen Ende über seinem Geschlecht liegt, hochzuheben. Sie antwortet mit einer kompositionell parallelen Arm- und Handbewegung, einer ebenso bedeutungsvollen und intensivierten Geste, indem sie ihm ein – ihr – Herz entgegen hält. Ihr linker Arm hängt herab, sie scheint ehemals einem zum Mars-Panzer gehörigen Gegenstand in der Hand gehalten zu haben. Die fein und präzis geschnittenen Gesichtszüge beider – spitze gerade Nase, kleiner Mund, zierliches Kinn, verdicktes Ohrläppchen – hatten schon die frühen Wiener Beweinungen (Kat. Nr. 58) und die von uns um die Jahrhundertmitte datierten Stuttgarter Grazien (Kat. Nr. 101) und die beiden Caritas-Darstellungen in Kassel und in München (Grünenwald 1969, Taf. 68, Taf. 70) ausgezeichnet. Das mittelgescheitelte gewellte Kurzhaar der Venus liegt in einem Kranz von s-förmigen Lockenenden perückenartig um ihren Kopf, das Langhaar ist am Hinterkopf in einem geflochtenen Zopf schneckenförmig aufgesteckt. Mars trägt einen vorne mit einer Löwenmaske (?), hinten mit einer menschlichen (?) Maske verzierten Helm. Amor, das Bein des Mars umfassend und festhaltend, kopiert in Schrittstellung und Armhaltung spielerisch die

108

Gesten der Erwachsenen. Die räumliche Wirkung der Gruppe und damit auch ihre Beinahe-Rundumansichtigkeit beruht (frontal) auf der gegenseitigen symmetrischen Zuwendung und der parallel-übergreifenden Armhaltung des Paares, worauf A. Dreier (1964, S. 99) hinweist, sie beruht (diagonal und seitlich) auf der geöffneten Schrittstellung beider und auf der raumgreifenden Schrägstellung des Amor auf der Vorderseite und der entsprechenden Schrägstellung des Brustpanzers auf der Rückseite. In seiner Spätzeit, 1657 war Leonhard Kern 69 Jahre alt, nahm er zwar den Figurenstil – stark gestreckte Proportionen, relativ kleine Köpfe, feine und präzis geschnittene Gesichtszüge – der 40 Jahre früher entstandenen Wiener Beweinungsreliefs wieder auf (Kat. Nr. 58), die inzwischen entwickelten raumgreifenden Kompositionselemente bei Einzelstatuetten und Gruppen wurden jedoch nicht zurückgebildet.

Die Zuschreibung der Gruppe durch Franz Anton Dreier (1964) konnten wir durch die Nennung im Brackenhofferschen Kunstinventar von 1672 (Grünenwald 1969, Anm. 43) belegen. Dort heißt es: *Venus und Mars nackend, wie auch Cupido, alle 3 aufrecht stehend, von obgedachtem Leonhard Kernen Anno 1657 geschnitten, stehet auf einem sechseckigen nußbäumenen, mit Gold gezierten Postament, hoch 10 Zoll.* Das 6-eckige Postament, Unterbau der 8-eckigen Plinthe, fehlt heute, deshalb stimmen die Maßangaben nicht überein (1 Zoll ca. 2,67 cm). Die Zweifel Christian Theuerkauffs (1973, Anm. 23): »... die Mars-Venus-Cupido-Gruppe (?) nicht von Leonhard K.?« dürften behoben sein, weil Leonhard Kern seit 1651 (Umzug nach Tullau) keine Mitarbeiter mehr beschäftigt hatte, sondern für sich allein in einem Einmannbetrieb arbeitete. Wir meinen, daß der Eintrag im Brackenhofferschen Inventar eindeutig zugunsten Leonhard Kerns als Urheber der Statuettengruppe spricht.

Lit.: Dreier 1964, S. 98f., Abb. 3. – Theuerkauff 1968, Anm. 8. – Grünenwald 1969, Nr. 52, Taf. 71. – Möller 1972, S. 253. – Theuerkauff 1973, Anm. 23. – Rasmussen 1977, Barockplastik, Nr. 79, Abb. S. 334.

109
Kinderbacchanal

Leonhard Kern (bezeichnet LK ligiert links am Rande)
um 1635–1640
Buchsbaumholz; 10,2 × 17,8 cm
Stuttgart, Württembergisches Landesmuseum, Inv. Nr. 1924/22

Fünf Kinder feiern ein Weinfest. Das mittlere, ein mit Weinlaub und Trauben bekränzter Kinder-Bacchus, sitzt angelehnt an ein Weinfaß, stützt sich mit einem Arm darauf und reicht mit der anderen Hand einem Kinder-Satyr (Bockshörner, Bocksohren!) eine Schale mit Wein, den dieser schlürft. In der Mitte zwischen beiden etwas zurückgesetzt ein drittes Kind. Eine Hand liegt auf der Schulter des Bacchusknaben, die andere streckt es jubelnd in die Höhe, sein rechtes Bein liegt quer über dem Rücken eines vierten. Dieses beugt sich über eine Brüstung, auf welcher eine Amphore steht, und übergibt sich völlig betrunken. Sein Trinkpokal liegt vor ihm auf dem Boden. Das fünfte rechts außen hatte kurz zuvor den Spund des Fasses herausgenommen und läßt nun den Wein in einen Holzbottich laufen. Links unten in der Bildecke liegt ein »Vierblatt«-Gebilde (zum Vierblatt s. L. L. Möller hier S. 81). Der Hintergrund ist glatt geschliffen und völlig neutral.

Die Komposition entwickelt sich in lebhafter Bewegung und Gegenbewegung, in Verschränkung und Parallelismus der Körperglieder. Hauptstück ist die Dreiergruppe in der Bildmitte, die räumlich angelegt ist und innerhalb deren die Bewegungsströme kreisen. Erst die Zufügung der beiden Randfiguren bindet die Mittelgruppe in die bildbeherrschende Diagonale von links unten nach rechts oben ein.

Das Stuttgarter Kinderbacchanal ist des fröhlichen Motivs, dann aber auch der Details wegen, wie z. B. die »flockigen« und wie »verwehten« Haarschöpfe, im Œuvre Leonhard Kerns bis jetzt einmalig, vielleicht auch etwas fremdartig. Diese Art der Haarbehandlung erscheint viel häufiger in Reliefs an Humpenmänteln, die Lise Lotte Möller (hier S. 78) dem Johann Georg Kern zuschreibt, so den Neuensteiner Humpen (Kat. Nr. 128), einen Humpenmantel in Baden-Baden (Möller hier Abb. 8), und von anderer Hand an einem Humpenmantel in Darmstadt (Möller hier S. 81, Abb. 13). Eine Erklärung dafür bietet wohl nur eine bei Leonhard Kern nicht übliche, hier aber besonders enge Anlehnung (oder gar Nachbildung?) an die im 2. Viertel des 17. Jahrhunderts durch Plaketten (Weber 1975, Nr. 1014, 1015, Taf. 290) weit verbreiteten Kompositionen des Duquesnoy mit balgenden, traubenessenden, weintrinkenden Kindern – am bekanntesten wurde »Der schlafende Silen«, um 1630 (Städel-Jahrbuch 1967, Abb. 19) – hier auch die Motive der trunken gemachten und der sich übergebenden Knaben. Ähnliche motivische und stilistische Anregungen mögen von Werken Opstals (»verwehte« Frisuren) und Faid'herbes (M. H. Bernath), vom Rubens- und vom Avont-Hollar-Kreis in den 30er Jahren ausgegangen sein.

Die Zuschreibung an Leonhard Kern wurde der Signatur wegen nie in Zweifel gezogen, obwohl, trotz der gewandten additiven Komposition und der hervorragenden technischen Ausführung, Schwachstellen nicht zu übersehen und schwer zu erklären sind. Diese betreffen das Kind in der Bildmitte: Sein Körper ist (noch?) ohne Modellierung, ist gänzlich glatt und flach behandelt, die

109

Verbindung zwischen Rumpf und ausgestrecktem normal modelliertem rechtem Fuß ist anatomisch fragwürdig, und dessen scheinbares »Herauswachsen« aus der Schulterpartie des Satyrknaben ist ein Kompositionsfehler. Der Oberschenkelansatz beim Satyrknaben ist ebenfalls (noch?) nicht ausgearbeitet. Man wird die Beteiligung einer Mitarbeiterhand an diesem Relief vermuten müssen.
Unsere Datierung (1969) in die zweite Hälfte der 30er Jahre dürfte dem Zeitansatz von Christian Theuerkauff (1973, S. 166) in die »mittlere Schaffenszeit« Leonhard Kerns entsprechen.

Lit.: Bernath 1926, S. 1 ff., Abb. 2. – Grünenwald 1969, Nr. 99, Taf. 57. – v. Philippowich 1982, S. 166.

110
Jesusknabe und Johannesknabe einander umarmend

Leonhard Kern
um 1635 (?)
Elfenbein; H. 17,3 cm
Privatbesitz, NL 83

Auf einer Steinlagen-Plinthe sind zwei völlig nackte kleine Knaben einander beinahe rechtwinklig zugeordnet, der eine frontal, der andere im Profil. Der sitzende ist deutlich als der ältere und schon etwas größere ausgewiesen, denn seine Frontalität bestimmt die Hauptansichtsseite, nur er darf sitzen, auf einem fellbedeckten (Innenseite!) unregelmäßig aufgeschichteten Steinsockel, nur er darf seinen Fuß aufstützen, auf einen unregelmäßig behauenen Stein oder auf einen stilisierten Baumstrunk, seine Lockenpracht ist aufwendiger als die des kleineren Gefährten, und er legt seinen Arm schützend um den Jüngeren. Seine linke Hand ruht überkreuzend auf dem rechten Knie. Der andere Knabe tritt ganz nahe heran, und doch steht er mit den Fersen schon am Rande der Plinthe. Mit seinem rechten Fuß tritt er kräftig auf den Schwanz einer am Steinsitz hochzüngelnden Schlange. Seine linke Hand liegt auf dem Rücken des sitzenden, mit der rechten Hand und ausgestrecktem Zeigefinger weist er auf ihn und stupst ihn auf der Herzseite an die Brust. Beide Knaben gehören zu dem rundgesichtigen Kindertypus Leonhard Kerns – signierter Kasseler Amor (Kat. Nr. 88), Oxforder Knabe (Kat. Nr. 112), Weimarer Huckepackgruppe (Kat. Nr. 111) – die Pupillen sind gebohrt, der schmallippige Mund ist etwas groß, die großen Ohrmuscheln sind naturgetreu durchgebildet, das Ohrläppchen ist etwas verdickt. Bei beiden fallen die gekrümmten Zeigefinger auf, ähnlich bei der Berliner Eva (Kat. Nr. 83), und an den Adam erinnert die perückenartige Lockenfrisur mit ringel- und s-förmigen Locken. Die Schrägstellung der beiden Figuren, das Übergreifen der

Arme, das kontrapostische Sitzmotiv geben der Gruppe eine räumliche Wirkung. Betrachtet man die Gruppe als Ganzes, und zwar spiegelbildlich, dann ist sie eine Art Kinder-Ausgabe der signierten Berliner Adam-Eva-Gruppe.
Unsere Zuschreibung der Jesus-Johannes-Knabengruppe an Leonhard Kern bedarf nach dem Gesagten keiner weiteren Begründung. Sie wird auch durch die Überlieferung bestätigt (s. unten).
Die Datierung hat sich an der so nahe verwandten Adam-Eva-Gruppe zu orientieren, deren Zeitstellung freilich sehr umstritten ist (um 1635 oder um 1646–48).
Dargestellt sind mit ziemlicher Wahrscheinlichkeit der Johannesknabe, auf dem Fell, seinem Attribut, sitzend, als der ältere, und der Jesusknabe, die Schlange zertretend, wie es im Psalm heißt (91.90.13): *Über Schlange und Basilisk wirst du hinwegschreiten, den Löwen und den Drachen zertreten.* Verständlicherweise konnte der Bildhauer der Kindergruppe keinen Löwen oder Drachen zugesellen, die kleine Schlange genügte vollkommen.

110

Es ist denkbar, daß der Bildhauer die Anregung zu seiner Gruppe einer Vorlage entnommen hatte. Das liebevolle Nebeneinander der beiden Kinder läßt an eine (grafische) Vorlage aus dem Kreis um Guido Reni denken, zumal eines der beiden Jesus-Johannes-Knaben-Reliefs in Wien, welche Stefan Krenn (1987, Nr. 139 m. Abb. und Nr. 140 m. Abb.) dem Leonhard Kern zuschreibt und um 1614–1620 datiert, in enger Anlehnung an eine Radierung Guido Renis entstanden ist.
Die Knabengruppe ist erwähnt im Inventar der Kirchberger Kunstkammer von 1684: *2 Kinder von Helfenbein künstlich erphunden vom althen Kern zu Hall* (v. Schweinitz 1987, S. 198) und im Inventar von 1702: *zwey nackete Knäblein von Elfenbein, welche einander umarmen. Vom alten Kern zu Hall.* Der Verfasser des Inventars von 1684 hatte den 1662 im Alter von 74 Jahren verstorbenen Leonhard Kern wahrscheinlich noch persönlich als »alten« Mann erlebt. Der Eintrag erlaubt freilich keine Rückschlüsse auf Entstehungszeit oder auf den Zeitpunkt des Ankaufs der Skulptur für die Kunstkammer.
Die Elfenbeingruppe Leonhard Kerns fand durch einen seiner ehemaligen Mitarbeiter bzw. Nachfolger eine vergröberte und physiognomisch veränderte Nachbildung in Holz (H. 17,2 cm. Würzburg, Kunsthandel A. Neuhaus. Berlin, Orangerie '84, Kat. Abb. S. 39. Grünenwald 1986, Abb. 17), jedoch nicht mehr als Jesus-Johannes-Gruppe, sondern als Genre-Gruppe. Die Schlange entfiel und wurde durch ein 4- oder 5-Blattgebilde ersetzt, die Steinlagenplinthe wurde in eine dicht mit Gras bewachsene Erdbodenformation umgewandelt. Zu den mehrblättrigen Gebilden auf Reliefs von Johann Jakob Betzoldt s. L. L. Möller hier S. 81.

Lit.: Grünenwald 1969, Nr. 77, Taf. 29. – Gradmann 1917, S. 122, Anm. 4.

111
Huckepackgruppe

Leonhard Kern
um 1635–1645
Buchsbaumholz; H. 14,8 cm
Weimar, Nationale Forschungs- und Gedenkstätten der klassischen deutschen Literatur in Weimar, Inv. Nr. GH, BV 1956/905. Aus Goethes Kunstsammlung.

Ein größerer Knabe trägt einen kleineren auf dem Rükken huckepack. Der Träger schreitet so kräftig aus, daß sein linker Fuß mit den Zehen bereits über die Plinthe hinaussteht. Mit dem rechten Fuß, den er des sicheren Standes wegen stark auswärts (beinahe im rechten Winkel) gestellt hat, drückt er sich vom Boden ab. Den linken Arm hat er unter das Gesäß des Gefährten

111

geschoben – ähnlich auf der Gmünder »Mustertafel« (Kat. Nr. 122) –, mit der rechten Hand aber, und das ist eine neue Variante des Tragemotivs, hält und stützt er dessen weit nach vorne gezogenen Fuß. Seine Gesichtszüge zeigen die bekannten Charakteristika des Leonhard Kernschen Kindertypus, den wir gegenüber dem des Johann Georg Kern abzugrenzen versucht haben (s. Kat. Nr. 117): Das Gesicht ist voll und rund, Nase und Stirne zeigen kindliche, aber nicht »infantile« Formen, die kurzgeschnittenen Haare liegen in Ringellocken und in s-förmigen Locken wohlgeordnet am Kopfe an. Der kleinere Knabe balanciert mit gespreizten Beinen auf dem Rücken des Trägers, das rechte schiebt er über dessen Schulter weit nach vorne, das linke nimmt er weit zurück. Die Bewegung seiner Arme ist übers Kreuz gewechselt: Mit der vorgeschobenen linken Hand hält er sich in den Haaren seines Trägers fest, seine Rechte hat er zurückgenommen. In einer Gegenbewegung dreht er seinen Kopf nach links. In Gesichtstyp und Haarbehandlung gleichen sich die beiden Knaben.

Die Gruppe ist auf drei gleichwertige Ansichten hin angelegt. Die Frontalansicht versteht sich von selbst, die divergierenden Körper- und Kopfwendungen leiten zu den Seitenansichten über, wobei sich beide Seiten im Tragemotiv unterscheiden. Die linke Körperseite zeigt eine Variante des konventionellen Tragemotivs – vergl. die »Mustertafel« – und präsentiert einen kompakten plastischen Körper und einen »geschlossenen« Umriß, die rechte Körperseite dagegen zeigt die bereits beschriebene neuartige Hand-Fuß-Haltung und erzielt durch ihren »offenen« Umriß, dank Schrittstellung des Trägers und dank Armhaltung des Getragenen, eine räumliche Wirkung. Die bildhauerische Qualität der Gruppe zeigt sich in ihrem Aufbau aus den Kontrasten von Bewegung und Gegenbewegung, von Verschränkung und Parallelismus und in der differenzierten Durchbildung des kindlichen Körpers. Keine der bisher bekanntgewordenen Huckepackgruppen ist so erfindungsreich und durchdacht konzipiert und geht weit hinaus über die Anregungen, welche die Stiche der »Deutschen Kleinmeister«, z. B. Aldegrever, vermitteln konnten (Kat. Nr. 51).

Die Zuschreibung an Leonhard Kern durch Max Sauerlandt (1924) erfolgte deshalb zu Recht, sie ist überdies zu belegen durch Vergleich mit anderen rundgesichtigen Kernschen Kindern: z. B. mit dem signierten Kasseler Amor (Kat. Nr. 88) und mit dem Oxforder Knaben (Kat. Nr. 112).

Die Datierungsversuche weichen voneinander ab: M. Sauerlandt (1924): um 1650, Th. Müller (1963): um 1640, H. R. Weihrauch (1967) zu erschließen: vor der Jahrhundertmitte, unsere seinerzeitige (1969) Datierung: um 1635–1645. Wir möchten diese beibehalten, denn das »Barocke« (soweit man bei Leonhard Kern davon sprechen kann) und das »Flämische« scheinen hier deutlich durch.

Die Huckepackgruppe gehörte zur Sammlung Goethes, die dieser, nach seinen eigenen Worten, »nicht nach Laune und Willkür, sondern jedesmal mit Plan und Absicht« und zu seiner »eigenen folgerechten Bildung« zusammengetragen hatte. Der Künstler, Dichter und Philosoph Goethe muß die künstlerische Qualität und die Phantasie im Motiv erkannt und um die symbolische Bedeutung »des Kindes an sich« gewußt haben; wir möchten deshalb annehmen, daß er auch die Huckepackgruppe »mit Plan und Absicht« erworben hatte.

Lit.: Sauerlandt 1924, S. 55. – Sauerlandt 1927, S. 102f., Abb. 102, 103. – Bange 1930, S. 87. – Feulner-Müller 1953, Abb. 401. – Müller 1963, S. 20 m. Abb. – Legner 1967, S. 258. – Weihrauch 1967, S. 340. – Theuerkauff 1968, S. 146 (Anm. 7). – Grünenwald 1969, Nr. 100.

112
Knabe mit Hündchen im Arm

Leonhard Kern
um 1635–1645
Bronze; H. 8,7 cm
Oxford, The Ashmolean Museum, ohne Inv. Nr.

Auf einem erhöhten Baumstrunk (?) sitzt ein völlig nackter Knabe, stark nach links ausweichend, als ob er den kleinen Hund, den er mit beiden Armen fest an sich drückt, fröhlich dem Zugriff eines von rechts her kommenden Spielgefährten entziehen wollte. Breitbeinig, aber mit fein differenzierten und ausgewogenen Bewegungen und Gegenbewegungen, sitzt er da: sein linkes Bein weit vorgestellt und mit den Zehen nur leicht den Boden berührend, konform mit Kopfwendung und Blickrichtung, sein rechtes Bein stark angezogen und den Fuß fest auf den Boden aufsetzend, entsprechend der Gewichtsverlagerung durch den Hund. Augenblicksimpressionen und Bewegungskontraste sind so spontan erfaßt wie in dem signierten Stuttgarter Puttenbacchanal-Relief (Kat. Nr. 109). Der kindliche Körper ist einfühlsam modelliert, nicht glatt und wie von innen her gespannt wie bei den vielen Huckepackgruppen aus Bronze. Der ringellockige Knabe gehört zu dem rundgesichtigen Kindertypus Leonhard Kerns und steht dem signierten Kasseler Amor mit Venus (Kat. Nr. 88) nahe.

Die Zuschreibung der Bronze – früher Peter Vischer d. J. – durch H. R. Weihrauch (1967) an Leonhard Kern ist nicht zu bezweifeln. Die Datierung Weihrauchs (»Mitte

112

des 17. Jahrhunderts«) dürfte wohl zu spät sein, man darf voraussetzen, daß Leonhard Kern sich im letzten Lebensjahrzehnt kaum mehr mit den Schwierigkeiten, die ein Bronzeguß auswärts mit sich brachte, befaßt hatte. Wir setzen den Oxforder Knaben zeitlich in die Nähe der Weimarer Huckepackgruppe (Kat. Nr. 111) um 1635–1645.
Die Oxforder Bronze ist ausschnittweise eine wörtliche Übernahme der antiken Gruppe »Knabe mit Hündin und zwei Welpen« (Reinach 1897, Bd. 2,2. Nr. 6, Abb. S. 463), die er vielleicht durch eine Bronzenachbildung Riccios kennengelernt hatte. Die Oxforder Bronze verrät aber auch die Kenntnis der berühmten kleinen Gruppe Peter Vischers d. J. am Nürnberger Sebaldusgrabmal (Stafski 1962, Abb. 42), die Leonhard Kern »ins Barocke« übersetzt habe (Weihrauch). Vielleicht besaß er selbst Bronzerepliken der Vischer-Gruppe (Bange 1949, Nr. 49 m. Abb.) und/oder motivähnliche Stiche von H. S. Beham (B. 211) und B. Beham (B. 30) oder Plaketten in Art einer Caritas-Plakette (süddeutsch, Ende 16./ Anfang 17. Jh. Weber 1975, Nr. 873, Taf. 238), worauf u. a. auch ein Knabe mit Hündchen abgebildet ist. Bedenkenswert ist, daß diese Plakette als Vorlage für ein (Elfenbein- oder Alabaster-?)Relief gedient hatte, das im Prodromus Taf. 29 abgebildet ist und sich, wie mehrere Arbeiten von Leonhard Kern, im kaiserlichen Besitz in Wien befunden hatte.

Lit.: Weihrauch 1967, S. 340. – Grünenwald 1969, Nr. 85, Taf. 21.

113
Mädchen, seine Notdurft verrichtend

Leonhard Kern
um 1635
Elfenbein; H. 13,5 cm (ohne Sockel)
Schwäbisch Hall, Hällisch-Fränkisches Museum, Inv. Nr. 1480

Auf einer sehr kleinen Plinthe, so daß die Zehen bis zum Rande bzw. sogar darüber hinaus reichen, steht ein kleines Mädchen, gänzlich nackt, frontal, die Beine gespreizt. Den rechten Fuß stützt sie auf eine Bodenerhebung und hebt dazuhin die Ferse an, um sich das stilpfannenähnliche Töpfchen von hinten her unterzuhalten. In der erhobenen linken Hand hielt sie einstens vielleicht ein Spielzeug. Die Gesichtsform ist rund und voll, die Stirne breit und hoch. Um den schmallippigen Mund mit den vertieften Winkeln liegt ein leichtes Lächeln wie beim Oxforder Knaben (Kat. Nr. 112) und dem Neuensteiner Johannesknaben (Kat. Nr. 110). Die Augen sind merkwürdig mandelförmig, ohne Andeutung von Pupillen. Die etwas zu groß geratenen Ohrmuscheln sind naturgetreu gestaltet. Auffallend ist die Haarbehandlung. Die s- und ringelförmigen Locken liegen perückenartig am Kopfe an, genau wie bei dem Neuensteiner Jesus- und Johannes-Knabenpaar (Kat. Nr. 110) und bei dem signierten Berliner Adam (Kat. Nr. 83). In der Physiognomie des Mädchens ist trotz des Lächelns ein gewisser ernsthafter, sogar altkluger Zug nicht zu übersehen. Er tritt, verstärkt, beim Neuensteiner Knabenpaar auf.

113

Trotz mündlich geäußerter Einwände gegen eine eigenhändige Arbeit Leonhard Kerns und für einen Elfenbeinschnitzer aus Leonhard Kerns engster Umgebung – in den von Lise Lotte Möller dem Johann Georg Kern zugeschriebenen Humpenwandungen (z.B. Kat. Nrn. 126, 128, 130), konnten wir allerdings keine Parallelen entdecken – und wegen der Nähe zu dem für Leonhard Kern chronikalisch gesicherten Knabenpaar in Neuenstein können wir uns vorläufig noch nicht gegen Leonhard Kern bzw. für einen Mitarbeiter aus seinem engsten Werkstattkreis entscheiden.
Die Datierung muß sich an der Berliner Adam-Eva-Elfenbeingruppe (Kat. Nr. 83) orientieren, weshalb wir vorläufig auch den Zeitansatz um 1635 beibehalten.

Lit.: Weinmüller München. Aukt. 1960, Kat. 83, Nr. 225, Taf. 34. – Grünenwald 1969, Nr. 93, Taf. 28. – Grünenwald 1986, S. 76.

114
Farbtafel 14 (S. 208)

Dudelsackspielender Knabe

Leonhard Kern
um 1635–1645
Alabaster; honigfarben, feingeädert
H. 17 cm, Plinthe 5,5 x 6,2 cm
Schwäbisch Hall, Hällisch-Fränkisches Museum, Inv. Nr. 87/01 (Dauerleihgabe des Landes Baden-Württemberg).

Ein kleiner Knabe sitzt, seinen Dudelsack im Arm, auf einem volutenverzierten, niederen Postament. Ein Bein stellt er so weit vor, daß der Fuß über die viel zu kleine Plinthe hinaussteht und deshalb von einer angearbeiteten Konsole unterstützt wird. Das andere Bein nimmt er entlang des Sitzes so weit zurück, daß der Fuß zur Hälfte über den Plinthenrand hinabgerutscht ist. In energischer Gegenbewegung zu der linkslastigen Beinstellung wendet der Knabe den Oberkörper und sein großformiges Instrument, ein Gegengewicht bildend, nach rechts. Die Spielpfeife, auf das Knie aufstützend, hält er mit den Händen fest, die Finger greifen in Spielstellung. Den Blasebalg bedient er mit dem linken Arm, pressend und wieder loslassend. Seinen Kopf wendet er vom Blasrohr weg nach links und läßt kurze Zeit, weil der Blasebalg prall gefüllt ist, davon ab. Das Instrument ist völlig eingebunden in Haltung und Bewegung des Kindes: die Spielpfeife steht parallel des Körpers, das Blasrohr wiederholt die Horizontale des Armes, und die beiden Bordunpfeifen begleiten die Neigung des Kopfes. Das Gesicht des Knaben ist rund und vollwangig, die Augen sind in Hingabe an das Spiel halb geschlossen, die Nase ist wie häufig bei kleineren Kindern noch etwas breit und wenig geformt, der Mund dagegen mit dem ausgeprägten Amorbogen fein und präzise geschnitten, ähnlich wie bei einem Todesgenius (Grünenwald 1969, Taf. 38). Flach gedrückte Ringellocken kommen unter der Kopfbedeckung hervor. Diese stellt eine fantasievolle Kreuzung zwischen Turban und Zipfelmütze dar. Die feine Gravierung auf dem Wulst soll wohl den Eindruck von Pelzwerk vermitteln. Das Sitzpostament ist auf der Rückseite ornamental reliefiert mit einer Fratze. Voluten und C-Bögen bilden Augen und Nase, den Mund bilden quallige und teigige Formen im Stil des Adam van Vianen.
Für unsere Zuschreibung an Leonhard Kern sprechen die plastisch-räumliche Gestaltung der Skulptur, die Fast-Rundumansichtigkeit und der Reichtum an Bewegungs-Parallelismen und -Kontrasten. Im einzelnen sind es die kontrapostische Beinstellung – vergleiche den Geldzähler (Kat. Nr. 77), den Berliner Adam (Kat. Nr. 83) und ähnliche Motive auf dem Donaueschinger Humpen (Kat. Nr. 120), das Überstehen der Zehen bzw. des Fußes über die Plinthe hinaus und (gegebenenfalls) das Konsol-Stützmotiv, wie bei der Budapester Grazien-gruppe (Kat. Nr. 100) oder die am Ansatz wie abgeschnürt wirkenden Finger, wie bei der signierten Kasseler Venus mit Amor (Kat. Nr. 88). Nicht zuletzt spricht für Leonhard Kern die einfühlsame Behandlung des kindlichen Körpers. Das Material ist ein ausgesucht schönes Stück Alabaster, wie es nachweislich für künstlerisch hervorragende Arbeiten – die Pietà in Düsseldorf (Kat. Nr. 61), den Erlöser-Christus in Frankfurt (Kat. Nr. 62), den Christus in Wien (Kat. Nr. 72) – verwendet wurde.
Es ist anzunehmen, daß Leonhard Kern die Anregung zu Thema und Motiv einer Bronze der Susini nach Giovanni Bologna (Frankfurt 1986, S. 183, Nr. 22 m. Abb.) entnommen hatte. Er wandelte aber nicht nur den dudelsackspielenden Jungen Bolognas in einen seiner Kinderknaben um, sondern setzte dessen vergleichsweise einfache Sitzhaltung mit gekreuzten Füßen in ein eigenständiges, weit komplizierteres Sitzen mit dem zurückgesetzten Bein um. Zur Verwendung von Bologna-Bronzen durch Leonhard Kern siehe auch Kat. Nr. 57.
Der Vergleich des Dudelsackspielers von Leonhard Kern mit den wappenhaltenden Knaben Michael Kerns am Erbachgrabmal in Öhringen (1609) und mit den wappenhaltenden Kindern Achilles Kerns am Hatzfeldgrabmal in Laudenbach (1659–1663) deutet das Verbindende – und das Trennende – zwischen den drei bedeutendsten Bildhauern aus dieser Familie an.
Der Dudelsackspieler dürfte in die Blütezeit der Kernschen Kinder-Statuetten und -Reliefs fallen, in die Zeit des Oxforder Knaben (Kat. Nr. 112) und des Stuttgarter Kinderbacchanals (Kat. Nr. 109), in die Zeit um 1635–1645.

Lit.: nicht veröffentlicht. – Vgl. Huelsmann-Hamburg, Weltkunst 1986, Nr. 11, Abb. S. 1534.

115
Zwei musizierende Kinder (Mädchen mit lautenähnlichem Instrument, Knabe mit Dudelsack)

Johann Georg Kern (?)
Mitte des 17. Jahrhunderts
Holz; H. ca. 7,5 cm
Paris, Musée du Louvre, Départment des Objets d'art, Inv. Nr. TH 185, 186

Die beiden Statuetten gehören vermutlich zu einer Serie von musizierenden Kindern. Das Mädchen spielt ein lautenähnliches Instrument, der Knabe den Dudelsack. Beide sind gänzlich nackt. Sie stehen frontal, das Spielbein vorgestellt, die Füße in Schrittstellung (Mädchen) bzw. in beinahe rechtem Winkel zueinander (Knabe), Zehen bzw. Fersen stoßen an den Rand der sehr kleinen Plinthe. Die Kinder gehören zu dem »langgesichtigen« kernschen Kindertyp, der unter dem Einfluß der Kinderstatuetten und -reliefs von Opstal und Duquesnoy von den jüngeren Mitarbeitern Leonhard Kerns (Johann Georg Kern, Johann Jakob Betzoldt, s. Lise Lotte Möller hier S. 81) aufgenommen und verarbeitet wurde, während Leonhard Kern selbst den älteren (vgl. Peter Vischer d. J., Sebaldusgrabmal) rundgesichtigen Kindertyp bevorzugte: Amor in Kassel (Kat. Nr. 88), Stuttgarter Kinderbacchanal (Kat. Nr. 109), Knabe in Oxford (Kat. Nr. 112), Weimarer Huckepackgruppe (Kat. Nr. 111) u. a. m. Als Anregung bzw. als Vorlagen mögen Stiche Wenzel Hollars nach Pieter van Avont – z. B. 14 Blätter mit Kinderspielen aus den 40er Jahren u. a. in der Art von dessen »Engelkonzert auf der Erde« (P. 501) – und/oder Statuetten und Reliefs des Duquesnoy gedient haben. Max Sauerlandt (1927) hatte die Statuetten als »Art des Leonhard Kern« veröffentlicht. Nachdem Lise Lotte Möller in ihrem Beitrag mehrere Reliefs auf Humpenmänteln, die die Kenntnis entsprechender Motive Pieter von Avonts (1600–1652) voraussetzen, aus dem Œuvre Leonhard Kerns ausgeschieden und dem Œuvre von dessen Neffen Johann Georg Kern zugewiesen hat, wird man auch die beiden musizierenden Kinder Johann Georg Kern zuschreiben müssen. Allerdings stehen diese noch stark in der Tradition Leonhard Kerns, z. B. Standmotiv, Haarbehandlung, weshalb die Statuetten um oder bald nach der Mitte des 17. Jahrhunderts und nicht erst in der zweiten Jahrhunderthälfte entstanden sein dürften, wie z. B. der Haller Flötenspieler (Kat. Nr. 116).
Damit entfällt unsere seinerzeitige (1969) Zuschreibung an Leonhard Kern.

Lit.: Sauerlandt 1927, S. 100 m. Abb. – Grünenwald 1969, Nr. 86.

115a

115b

116
Flötenspieler-Knabe

Johann Georg Kern
2. Hälfte des 17. Jahrhunderts
Elfenbein; H. 9,8 cm
Schwäbisch Hall, Hällisch-Fränkisches Museum, Inv. Nr. 81/14

Auf einem reich geschnitzten Postament aus dunkel gebeiztem Holz (Anfang 18. Jh.) steht der kleine Flötenspieler. Er setzt sein linkes Bein ein wenig vor, tritt aber mit den beinahe parallel und nahe beieinander stehenden Füßen ganz auf. Mit beiden Händen und differenziertem Fingeransatz hält er die Querflöte und ist im Begriff, sie an den Mund zu setzen, weshalb er Arme und Schultern etwas nach rechts wendet. Sein Blick (gebohrte Pupillen) geht geradeaus. Bezeichnend für die etwas infantil wirkende Physiognomie dieses Kindes (Duquesnoy-Typus) sind die hohe vorgewölbte Stirne, die tiefliegenden Augen, die Stupsnase, die Pausbacken und der kleine vollippige Mund. Die Ohrmuscheln sind nicht so detailliert ausgeführt wie bei dem Haller Mädchen (Kat. Nr. 113), das wir Leonhard Kern selbst zuschreiben. Die kurzgeschnittenen, sichellockigen Haare liegen flach am Kopf an, eine einzelne Mittellocke fällt in den Nacken.

Der Flötenspieler steht den Kindertypen auf den zwei Neuensteiner Humpen mit einem Kinder-Bacchanal (Kat. Nr. 126) und einem Zug von Meergötter-Kindern (Kat. Nr. 128) nahe, welche Lise Lotte Möller (hier S. 79f.) dem Johann Georg Kern zuschreibt. Auf zwei Humpenmänteln von geringerer Qualität und von zwei verschiedenen Händen in Baden-Baden (Grünenwald 1969, Nr. 130, mit Dreiblatt!) und in München (Möller hier, S. 81: Betzoldt-Werkstatt) begegnet man ebenfalls dem Flötenspieler (spiegelbildlich). Zu den von L. L. Möller vermuteten Arbeitsbeziehungen zwischen Johann Georg Kern und Johann Jakob Betzoldt um 1680 siehe hier S. 81.

Die Physiognomie des Haller Flötenspielers ist nicht denkbar ohne den Einfluß des François Duquesnoy (1594–1643), eines Flamen, der in Rom arbeitete und in Elfenbein und Bronze (Weihrauch Abb. 447) die Kinder der Natur so ähnlich nachbildete, *daher dann jedermann dergleichen posierte Kinder verlangt hatte, die er vielfältig gar hurtig und geschwind gemacht*, wie Joachim von Sandrart 1675 bewundernd schrieb.

Auch in Hall mußte man sich dem Publikumsgeschmack anpassen. Leonhard Kern selbst hatte erst spät neben dem bekannten rundgesichtigen Kindertyp – Oxforder Knabe (Kat. Nr. 112), Amor in Kassel (Kat. Nr. 88), um nur einige zu nennen, den neuen rund-lang-gesichtigen in sein Werk eingeführt – Haller Huckepackträger (Kat. Nr. 117) –, seine einstigen Mitarbeiter aber, Johann Georg Kern in Öhringen und Johann Jakob Betzoldt in Hall, wandten sich sukzessive dem lang-gesichtigen Duquesnoy-Typ zu, wie ihn der Flötenspieler von Johann Georg Kern vertritt.

116

Das Fehlen einer Plinthe und die enge Fußstellung könnten darauf hindeuten, daß der Flötenspieler, trotz seiner Größe von ca. 10 cm, als Bekrönung eines Dekkelhumpens gedient hatte.

Auf Grund der Forschungsergebnisse von Lise Lotte Möller (Beitrag hier) ist unsere seinerzeitige (1986) Zuschreibung des Flötenspielers an Leonhard Kern zugunsten von Johann Georg Kern zu berichtigen.

Lit.: Grünenwald 1986, S. 76, Abb. 3.

E. G.

117
Huckepackgruppe

Leonhard Kern
Mitte des 17. Jahrhunderts
Bronze; H. 11,5 cm (ohne Sockel), 15,7 cm (mit Sockel)
Schwäbisch Hall, Hällisch-Fränkisches Museum, Inv. Nr. 85/60

Auf einer rechteckigen Plinthe steht in Schrittstellung ein nackter Knabe, der einen ebenfalls nackten kleineren Knaben an den Händen festhält und ihn Rücken gegen Rücken trägt. Er schreitet energisch aus, setzt den rechten Fuß fest auf den Boden auf und ist im Begriff, den linken, den er des Gleichgewichtes wegen stark auswärts gesetzt hat, abzuheben. Der Kleinere stützt sich mit dem linken Fuß am Kreuz seines Trägers ab, sein rechtes Bein ist seitlich abgerutscht. Die plastischen Spirallocken des einen und die anliegenden, fein ziselierten Sichelhaare des anderen gehören zu den konventionellen Frisuren kernscher Kinder. Die Ohrmuscheln sind ornamental stilisiert, so daß sie sich von den Locken kaum abheben. Haartracht und Gesichtszügen nach sind sie, wie Anton Legner (1967, S. 258) schon festgestellt hatte, den Caritas-Kindern in Kassel (Grünenwald 1969, Taf. 68) wie Zwillinge verwandt. In der Bronze sind jedoch deren spezielle Merkmale – rund-längliche Gesichtsform, Doppelkinn, Pausbacken, die schon unmittelbar unterhalb der Augen ansetzen, tief eingesattelte Nasenwurzel, Stupsnase, stark vorgewölbte Stirne – übertrieben ausgeformt. Dadurch unterscheiden sie sich von dem älteren rundgesichtigen Kindertypus Leonhard Kerns, wie ihn der signierte Amor in Kassel (Kat. Nr. 88), der Oxforder Knabe (Kat. Nr. 112), die Weimarer Huckepackknaben (Kat. Nr. 111), der Hamburger (Hamburger Jahrbuch 1970, Abb. S. 324) und Frankfurter (Legner 1967, S. 261, Abb. 23) Marschierer vertreten.
Vielleicht muß man den Übergang von dem rund-gesichtigen zu einem rund-langgesichtigen Kindertypus, der offenbar erst in Leonhard Kerns Spätzeit gegen die Jahrhundertmitte einsetzte – Kasseler Caritas um 1650 (s. o.) –, mit einem wachsenden Einfluß des mit ihm in Werkstattgemeinschaft (bis 1650) arbeitenden, damals etwa 25–30jährigen Johann Georg Kern in Verbindung bringen. Denn dieser machte sich in starkem Maße die Stilmerkmale des Duquesnoy-Kindertypus zu eigen und drängte damit die Leonhard Kernschen Stilmerkmale laufend zurück: Musizierende Kinder in Paris (Kat. Nr. 115), Humpenmäntel in Baden-Baden (Möller hier Abb. 8), in Berlin (Möller hier Abb. 11) und in Neuenstein (Kat. Nr. 126, 128), welche alle vier L. L. Möller dem Johann Georg Kern zuschreibt, und zuletzt der Haller Flötenspieler (Kat. Nr. 116).

117

Diese Huckepack-Bronzen, Rücken an Rücken, gehen alle auf ein einziges Modell zurück, denn sie gleichen sich bis in Einzelheiten vollständig. Unterschiedlich ist nur die Form der Plinthe (rechteckig, quadratisch, rund). Weitere Serienstücke sind in Baltimore (Grünenwald 1969, Nr. 4), in Frankfurt (1969, Nr. 33), in Hamburg (1969, Taf. 20), in Stuttgart (Grünenwald 1986, S. 77, Abb. 12), im Münchener Kunsthandel (Grünenwald 1986, S. 77) und wohl auch noch anderwärts nachzuweisen.

Lit.: Grünenwald 1986, S. 77, Abb. 4.

118
Badeszenen

Leonhard Kern
um 1640–1645
Elfenbein-Humpenmantel
H. 29,6 cm, Dm. oben 11,2x9,7 cm, unten 15,5x13,5 cm
Wien, Kunsthistorisches Museum, Sammlung für Plastik und Kunstgewerbe, Inv. Nr. 4494

Der Elfenbeinmantel ist im Grundriß langoval und besitzt deshalb zwei Breitseiten und zwei Schmalseiten. Die Verteilung der vier Gruppen mit insgesamt 19 Figuren nimmt in etwa darauf Rücksicht, indem die Gruppen an den Schmalseiten etwas zusammengedrängt und mit Steh-Figuren besetzt sind. Die Stelle der Henkelmontierung plante der Bildhauer auf der hinteren Schmalseite bei der Dreiergruppe der Weintrinker, und zwar genau bei der einzigen Rückenfigur des Mantels, wo die Überschneidung der Szene am wenigsten störte, ganz bewußt ein. Den Elfenbeinmantel bedeckt nicht ein richtungsorientierter Figuren-Fries, wie auf dem Stuttgarter Tritonen-Humpen (Kat. Nr. 130) von Johann Georg Kern, sondern hier sind die Gruppen additiv gereiht, und nur die Figurenfülle und das bewußte Verzahnen der einzelnen Gruppen verschleifen ein wenig die gegenseitige Abgrenzung, die auch hier durch die Rücken gegen Rücken stehenden Randfiguren der einzelnen Szenen markiert wird. Die Gruppen selbst sind in sich zentriert und auf eine Hauptperson ausgerichtet. Die Figuren bewegen sich auf schmaler Bildbühne in zwei Relief- oder Tiefenschichten. Der dritten, flachsten Reliefschicht gehören nur zwei Figuren an, eine Frau im Profil und einer der Weintrinker. Beide verstärken die Tiefenillusion vor dem durch die verschiedensten Laubbäume angedeuteten Landschaftshintergrund.
Auf der vorderen Schmalseite ist das »Bad« eines Mannes dargestellt. Dieser steht, die Arme über die Brust gekreuzt, in der Mitte der Gruppe. Eine Frau begießt seinen Rücken mit Wasser, eine andere ist im Begriff, sein Lendentuch zu lüften. Vorne ein wasserpanschendes, grinsendes Mädchen, links oben ein Knabe, ganz rechts (Flachrelief) eine Frau, beide schauen der Szene zu.
Auf der Breitseite links: das »Bad« eines Säuglings. Zwei auf dem Boden kniende Frauen sind im Begriff, das Kind in ein Badetuch zu hüllen. Darüber bzw. dahinter flächenfüllend bis zum oberen Rande des Humpenmantels – auf der Gegenseite entspricht dem die geplante Henkelmontierung – eine zweite Gruppe, mit der ersten durch die Tuchdraperie verbunden, eine (Wasser-) Trinkszene. Auf einem sorgfältig aufgeführten Mauerstück steht die Brunnenfigur in Gestalt eines wasserspeienden Knaben. Links und rechts sitzen ein Jüngling und ein Mädchen, die das Wasser in einem Becher bzw. in der hohlen Hand auffangen.
Auf der Breitseite rechts: das »Bad« einer wohlbeleibten Frau. Sie beugt sich tief herab, eine Gehilfin gießt Wasser auf ihren Rücken, eine zweite verteilt es, und eine dritte schaut zu.
Auf der hinteren Schmalseite (Henkelansatz der Humpenfassung): eine (Wein-)Trinkszene, zwei Männer und eine Frau. Diese will dem Weintrinker das Glas wegnehmen und weist ihn gleichzeitig mit erhobener Rechter und mahnend ausgestrecktem Zeigefinger auf das wassertrinkende Paar hin. Der Weintrinker dagegen hält sein Glas fest und macht mit seiner linken Hand eine Geste der Abwehr und des Bedauerns über diese Zumutung. Der andere Mann (Flachrelief) schaut mit zweifelndem und mißmutigem Gesichtsausdruck zu.
Zwei Stiche von Hans Sebald Beham – Blick in ein Frauenbad (B. 167) und eine Frau beim Fußbad (B. 207) – lieferten einzelne Motive zu den Badeszenen des Wiener Humpenmantels. Sie gehörten offenbar zum festen Vorlagenbestand Leonhard Kerns und seiner Werkstatt, denn mehrere Bade-Kompositionen – Humpen in Donaueschingen (Kat. Nr. 120), Humpenwandung in Hall (Kat. Nr. 119) – profitierten davon. Aus dem Stich B. 167 stammen das Fußstützmotiv auf dem Zuberrand – desgleichen auf dem Haller und dem Donaueschinger Humpen – und das wasserpanschende Mädchen und das Haarwaschmotiv – desgleichen auf dem

118,1

118,2

Donaueschinger Humpen und in dem Londoner Badeszenen-Relief (Mustertafel. Grünenwald 1969, Nr. 156), umfunktioniert in der Hamburger Gleichgewichtsprobe (Kat. Nr. 98). Aus dem Behamstich B. 207 stammt das Beinaufstützmotiv des Jünglings am Brunnen – desgleichen auf dem Haller und Donaueschinger Humpen. Die zwei knienden Frauen sind Nachbildungen bzw. Abwandlungen der Kasseler Fortuna (Kat. Nr. 94).
Aus dem Inventar der Brackenhofferschen Kunstkammer (Grünenwald 1969, Anm. 43) geht hervor, daß Leonhard Kern noch 1657, also im Alter von etwa 70 Jahren, vielfigurige (15 *nackende Bilder*) Badeszenen auf Humpenmäntel geschnitzt hatte. Offenbar ist die Figurenfülle – und die »Verschränkung« der einzelnen Gruppen – wie auch in Donaueschingen – ein Kompositionsmerkmal seiner »Spätwerke«. Bei der Wiener Humpenwandung weisen nicht nur die Wiederholung einzelner Motive, sondern auch gewisse Detailformen auf, wie wir meinen, eine eigenhändige Arbeit Leonhard Kerns hin. Dazu gehören die gelegentlich »abgebundenen« Finger, die teils preziöse, teils schematische Handhaltung (steif ausgebreitete Innenhand!), das verdickte Ohrläppchen, die verkrümmte kleine Zehe und nicht zuletzt die Sammlung von Frisuren von der Frühzeit bis in die Spätzeit Leonhard Kerns. Schließlich ist es das »moralische« und das »lehrhafte« Moment, das hier in den Gegensatzpaaren Weintrinker – Wassertrinker und in dem mahnend erhobenen Zeigefinger zum Ausdruck kommt. Diesem lehrhaften Zug begegnet man auch in dem (in Berlin verschollenen) signierten Bildnis eines Mannes – gleichgültig ob es sich um ein Selbstbildnis Leonhard Kerns (im Alter von 55 Jahren, d. h. um 1643) handelt oder nicht –, der »den rechten Zeigefinger wie im ernsten Gespräche erhebt« (Kugler S. 255).
Inhalt, Motive und formale Details – alles zusammen – sprechen, wie wir meinen, für die Eigenhändigkeit des Wiener Humpenmantels. Max Sauerlandt (1924) hatte als erster die Forschung in Richtung Kern und Kern-Werkstatt gewiesen. Die Zuschreibung an Leonhard Kern geht auf Leo Planiscig–E. Kris (1935) zurück, ihnen folgten Christian Theuerkauff (1968), wir (1969) und Lise Lotte Möller (hier S. 76). Julius v. Schlosser (1901) hatte die Arbeit als »flämisch« eingeordnet.
Die Datierung von Chr. Theuerkauff (1968) »um 1620–1630 (?)« erscheint uns zu früh angesichts der gestreckten Körperproportionen aller Figuren, mit Ausnahme der »flämisch« wohlbeleibten nackten Frau, und angesichts der Motiv-Nähe zur Kasseler Fortuna (Kat. Nr. 94), in welcher auch Lise Lotte Möller (1970, Anm. 50) ein Spätwerk Leonhard Kerns sieht. Wir meinen, es bei unserer Datierung (1969) um 1640–1645 belassen zu können.

Lit.: v. Schlosser 1901, S. 28, Taf. 43. – Sauerlandt 1924, S. 56. – Planiscig–Kris 1935, S. 129. – Theuerkauff 1968, Anm. 21. – Grünenwald 1969, Nr. 108, Taf. 42. – Möller hier S. 76.

119
Badeszenen

Leonhard Kern (?)
um 1635–1640
Elfenbein-Humpenmantel
H. 14,1 cm. Oval, oberer Durchmesser 10x9 cm
Schwäbisch Hall, Hällisch-Fränkisches Museum, Inv. Nr. 84/130

Der Mantel zeigt drei Szenen, eine Dreiergruppe und zwei Zweiergruppen, mit Badeverrichtungen beschäftigter unbekleideter junger Frauen. Die einzelnen »Bilder« sind kompositionell in sich geschlossen und dadurch

getrennt, daß jeweils die Randfiguren, von denen die eine sitzt, die andere steht, einander den Rücken zukehren. Gemeinsam ist ihnen der Hintergrund, eine etwas ruinöse antikische Arkadenarchitektur mit Ausblick auf einen Röhrenbrunnen und eine angedeutete Parklandschaft. Die Dreier-Mittelgruppe stellt eine Fußwäsche, die Zweiergruppe links davon eine Haarwäsche und die Zweiergruppe rechts davon ein Abtrocknen nach dem Bade dar.
Die drei sitzenden Frauen der Fußwäsche bilden eine symmetrisch aufgebaute Dreieckskomposition. In der Mitte sitzt erhöht und streng frontal die Badende, einen Fuß bereits im Wasser, den anderen auf den Rand der Wanne aufgestellt. Rechts und links sitzen auf niederen kubisch gebauten Steinsockeln, streng im Profil einander gegenüber, zwei Frauen, ihre Beinstellung ist ähnlich und ergänzt sich spiegelbildlich. Zwei der Frauen sind im Gespräch, die rechts Sitzende hört zu.
Links von der Dreier-Mittelgruppe schließt die Zweiergruppe mit einer Haarwäsche an. Eine von rechts herantretende Frau gießt Wasser über das Haar der Gefährtin. Diese sitzt mit starker Körperwendung – die Beine in Linksprofil, Oberkörper und Arme in Beinahe-Rechtsprofil –, das rechte Bein stark angewinkelt, den Fuß auf die Sitzfläche gestellt – ähnlich dem Jüngling auf der Wiener Humpenwandung (Kat. Nr. 118) und ähnlich zwei

119,2

119,1

Figuren auf dem Donaueschinger Humpen (Kat. Nr. 120) – und knüllt das Ende des Badetuches zusammen. Die Vertikalen von Mauervorsprung und Brunnen dienen der Sitzenden als Gegengewicht zur stehenden Partnerin.
Rechts von der Dreier-Mittelgruppe die Zweiergruppe mit der Szene des Abtrocknens. Eine diesmal von links herantretende Frau reicht der Sitzenden das Ende eines Badetuches, mit welchem diese ihr Gesicht abtrocknet. Hier dient der Sitzenden die Vertikale des Brunnenstokkes als Gegengewicht zur stehenden Partnerin.
Jede dieser drei Szenen ist »aufgebaut« auf Kontrasten und Parallelismen in Körperhaltung – Stehen und Sitzen, Frontal- und Profil- (Halbprofil-)ansichten – und in der Bewegung der Körperglieder (Armhaltungen und Beinstellungen). Jede Komposition ist in sich geschlossen und den anderen gegenüber selbständig. Die zahlenmäßige Beschränkung der Figuren auf jeweils zwei oder drei ermöglicht ihre Plazierung auf einer einzigen Bildbühne – zum Unterschied zu den Humpen in Donaueschingen (15 Figuren, Kat. Nr. 120) und in Wien (19 Figuren, Kat. Nr. 118) mit zwei bzw. sogar drei figürlichen Reliefschichten. Der Verzicht auf Überschneidungen fällt beim Haller Humpen freilich leicht, dieselbe Tendenz aber ist auch auf den eben genannten vielfigurigen Humpen zu erkennen. Dagegen sind auf dem nur 9-figurigen Stuttgarter Humpen (Kat. Nr. 130) die zahlrei-

chen Überschneidungen bewußt motiviert, diesen schreibt Lise Lotte Möller (hier S. 80) mit Recht Johann Georg Kern zu und nicht Leonhard Kern.
Der ausgesprochen tektonische Aufbau der Gruppen, einschließlich der kubischen Sockelsitze und der Fußbank einerseits und der Hintergrundsarchitektur andererseits, dann aber auch einzelne Figurenmotive, denen man bei den Statuetten Leonhard Kerns – signierte Berliner Eva (Kat. Nr. 83), Berliner Evastatuette (Theuerkauff 1986, Nr. 42 m. Abb.), Berliner Hebe-Temperantia (Theuerkauff 1986, Nr. 43, m. Abb. Grünenwald 1969, Taf. 31), Kasseler Fortuna (Kat. Nr. 94) – und in seinen Reliefs – Donaueschinger und Wiener Humpen – begegnet, veranlassen uns, trotz einiger Bedenken, vorläufig bei unserer Zuschreibung (1986) an Leonhard Kern zu bleiben, abweichend von Lise Lotte Möller (hier S. 76), welche den Haller Humpenmantel dem Johann Georg Kern zuschreibt und in die »fünfziger Jahre« datiert. Unsere Bedenken betreffen die Disproportionen zwischen Figuren und Hintergrundsarchitektur, ähnliche Disproportionen aber auch im Mittelgrund des Münchner Sintflutreliefs (Kat. Nr. 103), dann die etwas flaue Durchbildung der Gesichtszüge, der Lockenhaare und der Faltengebung, ähnlich bei der Kasseler Fortuna und (Faltengebung) bei dem Londoner Abraham (Kat. Nr. 73).
Leonhard Kerns künstlerische und bildhauerische Begabung äußerte sich – abgesehen von den Alabaster- und Elfenbeinreliefs seiner Frühzeit – in der Skulptur und weniger in seinen Reliefs.
Im Hinblick auf die Vergleichs-Beispiele (s. o.) setzen wir den Haller Humpenmantel zeitlich früher an als den Donaueschinger und den Wiener Bade-Humpen, etwa um 1635–1640.

Lit.: Grünenwald 1986, S. 79, Abb. 7. – Möller hier S. 76.

120
Badeszenen

Leonhard Kern (?)
um 1645–1650
Elfenbein-Humpenmantel. Fassung silbervergoldet. Beschaumarke undeutlich (T ? = Torgau oder Thorn). Meistermarke undeutlich (ET ? Nicht bei Rosenberg)
H. 18,3 cm (Mantel)
Donaueschingen, Fürstlich Fürstenbergische Sammlungen, o. Inv. Nr.

Vor einem aus glatten und rustizierten Steinquadern aufgeführten Mauerhintergrund sind elf Erwachsene und vier Kinder mit Badeverrichtungen beschäftigt. Die Mehrzahl von ihnen ist völlig nackt, nur zwei ältere

120

Frauen in den beiden mehrfigurigen Szenen auf den Breitseiten des Humpenmantels sind etwas bekleidet. Die Figuren sind in Hochrelief, einzelne Körperglieder sind sogar rundplastisch ausgearbeitet. Drei in sich geschlossene und voneinander durch gegenstehende Rückenakte getrennte Szenen sind zu unterscheiden.
Die erste Gruppe auf der Breitseite links der vorderen Mitte stellt eine Haarwaschszene dar. Beteiligt sind fünf Erwachsene: Eine Frau (Rückenfigur) kniet bildeinwärts auf dem Boden, eine zweite wäscht ihr die Haare, eine dritte gießt Wasser zu, eine vierte mit dem ausgestreckten Zeigefinger der rechten Hand erteilt gute Ratschläge, mit der linken setzt sie einem vor ihr sitzenden Mann, der wohl wartet, zwischenzeitlich ein Weinglas an die Lippen.
Die zweite Szene auf der vorderen Schmalseite des im Grundriß ovalen Humpenmantels besteht aus nur drei Personen: Eine Frau trocknet dem neben ihr stehenden Mann Haare und Gesicht ab, ein kleiner Knabe – man erinnere sich an den spiegelhaltenden Amor vor der Berliner Venus (Kat. Nr. 95) – hält einen Wasserkübel hoch, in welchem der Mann seine Hände wäscht.

Die dritte Gruppe auf der gegenüberliegenden Breitseite des Humpenmantels stellt eine 7-figurige Fußwaschszene dar: Hauptperson ist der sitzende Mann, der seinen linken Fuß in eine auf dem Boden stehende Wanne eintaucht und dessen rechtes, stark angewinkeltes und hochgestelltes Bein eine dahinterstehende Frau mit Wasser begießt. Diese kämmt mit der anderen Hand ihr Haar – ein Motiv, das an die Berliner Venus (Kat. Nr. 95) und an die sitzende Frau rechts von Ezechiel (Berlin Kat. Nr. 104) erinnert. Dem Manne gegenüber eine schreibende Frau in ähnlicher Sitzhaltung. Zu Füßen des Mannes zwei Kinder, die einem dritten beim Bade in einem Zuber helfen. Unmittelbar unter dem Henkel eine flachreliefierte weibliche Hintergrundsfigur, frontal dargestellt, einen undefinierbaren beutelförmigen Gegenstand in der erhobenen Hand. Sie sollte wohl als Füllfigur zwischen den beiden gegenstehenden Rückenakten der ersten und der dritten Gruppe dienen.

Die Reihenfolge der drei Szenen ist vom Inhalt her sinnvoll: Haarwäsche – Haartrocknen mit Handwäsche – Fußwäsche. Kompositionell jedoch sind sie nicht miteinander verbunden, denn die Randfiguren jeder Gruppe stehen Rücken gegen Rücken. Dieser deutlich additiven Kompositionsweise – Aneinanderreihung mehrerer in sich geschlossener Einzelszenen – begegnet man auch am Wiener (Kat. Nr. 118) und am Haller (Kat. Nr. 119) Humpen. Aber selbst diese »geschlossenen« Einzelszenen bestehen, teilweise wenigstens, aus Anleihen beim eigenen Œuvre: Der Weintrinker ist ein (spiegelbildlicher) Abkömmling des Geldzählers (Kat. Nr. 77), die dreifigurige Haarwaschgruppe ist undenkbar ohne das signierte Frankfurter Baderelief (Grünenwald 1969, Taf. 54), das Sitzmotiv mit dem abgewinkelt-angezogenen Bein ist ähnlich im Wiener und im Haller Humpenrelief (Kat. Nrn. 118, 119) verwendet und geht entweder auf einen im Reproduktionsstich (Marcantonio) verbreiteten Entwurf Raffaellos »Venus zieht einen Dorn aus ihrem Fuß« oder auf einen H. S. Beham-Stich (B. 207) zurück. Für die Haarwaschgruppe ist ebenfalls auf einen H. S. Behamstich (B. 167) zu verweisen.

Die Frage der Zuschreibung des Donaueschinger Humpenmantels: Leonhard Kern (?) – engere Werkstatt Leonhard Kerns (?) – Johann Georg Kern (?) ist noch nicht ausdiskutiert. Christian Theuerkauff (1973) ist, soweit ich sehe, der einzige, der sich zur Urheberschaft geäußert hatte: »kaum eigenhändig«. Gelegentliche mündliche Äußerungen Dritter lauten: »engere Werkstatt«. Die Auswahl ist hierfür nicht groß. Der Stil Johann Georg Kerns, so wie er sich heute nach den Untersuchungen von Lise Lotte Möller (hier S. 73 ff.) darstellt, ist es nicht, der Stil Johann Jakob Betzoldts ist es noch weniger.

Wir übernahmen 1969 die Zuschreibung Altgraf Salms (1967) an Leonhard Kern, und wir möchten von dieser Zuschreibung auch heute nicht abgehen: Es sind die wohlbekannten Details wie die ausgeprägten Unterkieferknochen, die differenzierte Behandlung des Brustbeinansatzes am Hals besonders bei den Männern, die feinen Gesichtszüge der Frauen mit oft leicht geöffnetem Mund – zur haarwaschenden Frau (beim Henkelansatz) vergleiche die Berliner Hebe (Grünenwald 1969, Taf. 31), welche Christian Theuerkauff (1986, Nr. 43) entgegen eigenen früheren Bedenken (1973) jetzt als Arbeit Leonhard Kerns anspricht –, es ist aber auch das kühle seelische Klima, das hier herrscht wie im signierten Frankfurter Baderelief.

Leonhard Kern stellte nachweislich noch im Alter von 69 Jahren vielfigurige Humpenmäntel her, so beispielsweise 1657 für den Straßburger Sammler Elias Brackenhoffer eine elfenbeinerne Kanne mit einem *Baadt, in welchem 15 nackende Bilder* (Grünenwald 1969, Anm. 43). Ohne jedoch den Donaueschinger Humpen mit dem Straßburger Stück identifizieren zu wollen, soll diese Überlieferung festgehalten werden, zumal der Donaueschinger Humpenmantel genau 15 Figuren (einschließlich der Kinder) enthält und in den Abmessungen beider Humpen keine gravierenden Unterschiede bestehen.

Lit.: Stucker-Bern, Ausst. November 1954. – Salm 1967, S. 176 m. Abb. – Bregenz 1967, S. 47f. – Abb. 124. – Grünenwald 1969, Nr. 28, Taf. 65.

E. G.

121
Venus Medici

Johann Georg Kern
um 1651/1652
Elfenbein; H. 21,8 cm
Stuttgart, Württembergisches Landesmuseum, Inv. Nr. KK blau 36

Auf einer flachen, etwas flau behandelten Bruchsteinplinthe steht Venus, frontal in klassischem Kontrapost, das linke Bein (Spielbein) mit abgehobener Ferse etwas zurückgesetzt. Sie ist vollständig nackt, hält eine Hand vor die Blöße, die andere vor die Brust. Der Kopf mit der geraden, aber auffallend kurzen Nase ist stark gegen links gewendet. Die aus der Stirne gekämmten, mittelgescheitelten Haare sind in langen Seitensträhnen zum Teil oben auf dem Kopf in einer »Schleife« zusammengefaßt, zum Teil am Hinterkopf zu einem lockeren Knoten geschlungen, der Rest fällt in Locken in den Nacken. Venus trägt ein Diadem, dessen Lochung auf Edelsteinbesatz (bei der Vorbild-Statuette?) hinweisen könnte. Zu ihren Füßen links ein Delphin im Wasser. Auf seinem Kopf reitet ein Putto, ein zweiter ist im Begriff, den hochgestellten Schwanz des Tieres zu erklettern.

Die Elfenbeinstatuette ist eine spiegelbildliche Nachbildung der römischen Marmorkopie einer im 3. Jahrhundert v. Chr. entstandenen Venusstatue, die 1570 an das Haus Medici (Florenz) gelangt war. Zum Spiegelbild kam es, weil der Elfenbeinschnitzer weder nach der antiken Statue (Weihrauch 1967, Abb. 49) noch nach einer der weit verbreiteten Bronzereproduktionen des 17. Jahrhunderts (Weihrauch 1967, Abb. 50), sondern nach einem (spiegelbildlichen) Reproduktionsstich arbeitete. Solche sind unter anderen bekannt von François Perrier 1638 (Frankfurt 1986, Abb. S. 129) mit und ohne Delphin und von Wenzel Hollar ohne Delphin (P. 1760). Wahrscheinlich diente der Perrier-Stich als Vorlage. Dessen – und des Originals – lockeren Kontrapost »versteifte« der Elfenbeinschnitzer stilistisch in Richtung der Stuttgarter Graziengruppe von Leonhard Kern (Kat. Nr. 101), indem er, im Gegensatz zu seiner Vorlage, welche der antiken Statue und deren Bronzereduktionen folgte, die Ferse des Spielbeines nur ganz wenig vom Boden abhob. Dies und die Ähnlichkeit der beiden Bruchsteinplinthen läßt vermuten, daß der Elfenbeinschnitzer unter den engsten ehemaligen Mitarbeitern Leonhard Kerns zu suchen ist. Dessen Aufgabe bestand darin, eine möglichst treue Kopie herzustellen, denn das Profil und die etwas kurze gerade Nase sind nicht »kernisch«. Andererseits sind bestimmte kernische Charakteristika, die Leonhard Kern weitergegeben hatte, nicht zu übersehen: die im ganzen ein wenig steife Körperhaltung, die Art der Rückenbehandlung, das verdickte Ohrläppchen, die knorpeligen Zehenglieder. Die Behandlung der Haartracht und des Bruchsteinsockels ist auffallend flau, gerade zum Unterschied von der schnitztechnischen Präzision dieser Details in Leonhard Kerns Stuttgarter Graziengruppe (Kat. Nr. 101), die dem Urheber der Venus Medici-Nachbildung bekannt gewesen sein mußte.
Hans Klaiber (Museumskartei) vermutete, daß die Venus-Statuette »vom gleichen Schnitzer, von dem auch der Elfenbeinmantel mit den Putten (KK 38) stammt«, hergestellt worden war. Diese Dosenwandung (KK 38) schreibt Lise Lotte Möller (hier S. 83) wegen des dortigen Dreiblatt-Gebildes dem Johann Jakob Betzoldt zu. Die Elfenbein-Venus ist technisch sehr gewandt, wenngleich etwas zu glatt gearbeitet, so daß wir uns aus Stilgründen unter den damaligen bzw. ehemaligen engsten Mitarbeitern Leonhard Kerns nur für Johann Georg Kern als Urheber der Venus Medici, nicht aber für Betzoldt entscheiden können. Christian Theuerkauff (1974, S. 82, u. Anm. 138) denkt an eine Herkunft der Venus-Statuette aus dem Umkreis des Georg Pfründt. Dieser, ehemals Schüler von Leonhard Kern, scheint noch längere Zeit »Kernsche Stilelemente« (Theuerkauff 1974, S. 83) beibehalten zu haben (s. a. Kat. Nr. 142).
Die historische Überlieferung könnte unsere Ansicht

121

122

bestätigen. Werner Fleischhauer (1976, S. 66, Anm. 179) identifizierte die im Inventar der herzoglich-württembergischen Kunstkammer von 1669 erwähnte Venus mit der Inventarnummer KK36 des Württembergischen Landesmuseums, d.h. mit unserer Venus Medici, und vermerkt hierzu: *gekauft 1651/52 von Hans Jerg Kern in Öhringen (1622–1698), Neffe von Leonhard Kern.* Diese Herkunft würde die »kernschen« Besonderheiten an der Statuette hinreichend erklären.
Die Venus Medici dürfte deshalb um die Mitte des 17. Jahrhunderts datiert werden und ist vielleicht schon in Öhringen entstanden, wohin Johann Georg Kern 1650 übergesiedelt war. Ihre stilistische Nähe zu der Stuttgarter Graziengruppe von Leonhard Kern (Kat. Nr. 101) kann unsere (1986, S. 97) für dieselbe in Vorschlag gebrachte Datierung »um/nach 1650« stützen.
Es wird Aufgabe der künftigen Kern-Forschung sein, diese Zuschreibung von dritter Seite her zu bestätigen und, wenn das gelingt, an Hand dieser dann authentischen Arbeit von Johann Georg Kern dessen Statuetten von den übrigen Werkstattarbeiten abzusondern.

Lit.: Nicht veröffentlicht. Klaiber (Museumskartei KK36).

122
Spielende Kinder

Johann Georg Kern
2. Hälfte des 17. Jahrhunderts
Alabaster; 20 × 26 cm
Schwäbisch Gmünd, Städtisches Museum, Inv. Nr. 4947

Auf einer Art Mustertafel sind sechs Kinder, Mädchen und Knaben, dargestellt. Drei führen einen Kindertanz vor, von rechts her kommt ein Huckepackträger (eine Huckepackträgerin?), der die Hand des bildeinwärts tanzenden Kindes ergreift. Dazwischen liegt rücklings auf dem Boden ein strampelnder Knabe. Die zwei Gruppen mit dem Kindertanz bzw. dem Huckepacktragen sind ohne kompositionellen Anspruch zu einer mannigfach variablen und auswechselbaren Beispielsammlung zusammengefügt. Die Reliefplatte hatte »Modellwert ... für Kinderbacchanal-Geschirre von [Leonhard] Kerns Nachfolgern« (Möller hier S. 76f.): die Huckepackgruppe erscheint – abgewandelt – auf zwei Humpenmänteln, die Lise Lotte Möller (hier S. 79) dem Johann Georg Kern zuschreibt, in Neuenstein und in Berlin

(Möller hier Abb. 11) und auf einem dritten Humpenmantel, in Berlin, den L. L. Möller (hier S. 81) dem Johann Jakob Betzoldt (Vierblattgebilde!) zuweist (Kat. Nr. 135), sowie auf Werkstattarbeiten: Humpenmäntel in Berlin (Grünenwald 1969, Nr. 132) und in München (Grünenwald 1969, Nr. 162).
Lise Lotte Möller (hier S. 76) äußert über den Urheber der Mustertafel keine Vermutungen, es liegt aber nahe, an Johann Georg Kern selbst zu denken. Da dieser mit seiner Übersiedelung nach Öhringen (1650) eine eigene Werkstatt eröffnete, dürfte die Mustertafel erst nach der Mitte des 17. Jahrhunderts entstanden sein. Die »Arbeitsbeziehung« zwischen Johann Georg Kern und Johann Jakob Betzoldt noch um 1680 – worauf L. L. Möller (hier S. 81) hinweist – erklärt die Verwendung von einzelnen »Mustertafel«-Motiven durch Betzoldt.
Unsere (1986) und Hermann Kisslings (1979) Zuschreibung der Tafel an Leonhard Kern wie auch unsere Datierung (um 1635/45) sind damit hinfällig.

Lit.: Kissling 1979, S. 67. – Grünenwald 1986, S. 99, Abb. 15. – Möller hier S. 76, 81.

123
Schlafender Amor

Nachfolger des Leonhard Kern (Johann Georg Kern?)
2. Hälfte des 17. Jahrhunderts
weißer Alabaster, geädert; L. 22,8 cm
Wien, Kunsthistorisches Museum, Sammlung für Plastik und Kunstgewerbe, Inv. Nr. 4438

Der völlig nackte geflügelte Knabe liegt in tiefem Schlafe auf dem Rücken auf einer Erdbodenplinthe mit geringem Grasbewuchs. Die Füße sind gekreuzt, die Zehen des rechten Fußes berühren eine vollplastisch ausgearbeitete, aus dem Boden herauswachsende Blume. Der linke Arm liegt auf der Sehne seines Bogen, der rechte Arm ist über den Kopf gelegt, die Hand greift in das volle Lockenhaar. Auf seiner rechten Seite liegt der mit einem Halteriemen befestigte, mit Pfeilen gefüllte Köcher. Der Mund des tief schlafenden Knaben ist leicht geöffnet, Zähne und Zunge sind sichtbar. Die plastisch ausgeführten Ringellocken fallen bis auf die Schulter und rahmen das stark pausbäckige, runde Kindergesicht. Seine kindlich-breite Nase ähnelt denen der Huckepackknaben. Zu Häupten und Füßen des Schlafenden liegen Blumen und Blätter in Relief. Unter ihnen, zu Füßen des Knaben links, ein »Dreiblattgebilde«, das, wie wir meinen, hier noch nicht, wohl aber später zusammen mit den »Vierblattgebilden« – siehe den Beitrag von Lise Lotte Möller (hier S. 81 u. 83, Abb. 16) – zu einem »Markenzeichen« der Betzoldt-Werkstatt (Möller) geworden ist, erklärbar aus einer »Arbeitsbeziehung« zwischen Johann Georg Kern

123

und Johann Jakob Betzoldt (Möller hier S. 81). Ungewöhnlich ist die Einfügung der zwischen den reliefierten Pflanzen statuarisch aufwachsenden Blume. Bei motivgleichen Darstellungen, die aber ikonographisch als Allegorien des Todes ausgewiesen sind, steht genau an dieser Stelle ein der Pflanze formähnliches Stundenglas (Flötnerplaketten! Weber Abb. 50!), bei anderen Fassungen ein Totenschädel (Kat. Nr. 124).
Die Skulptur ist – wie der Knabe in Neuenstein (Kat. Nr. 125), Betzoldt(?) oder Betzoldt-Werkstatt(?), und der Knabe in Wien (Kat. Nr. 124), Betzoldt(?) – einem Nachfolger Leonhard Kerns zuzuschreiben, der weicheren, summarischen, großzügigeren(?) Körperbehandlung wegen – trotz des »Dreiblattes« (s. o.) – möglicherweise dem Johann Georg Kern. Die Verwendung des ausgesucht marmorähnlichen Alabasterstückes weist auf einen seines Ranges bewußten Bildhauer-Künstler hin. Ob die beiden, einander formal sehr ähnlichen Wiener Stücke (Kat. Nr. 123, 124) auf eine »Urfassung« Leonhard Kerns zurückgehen, wird vielleicht die fortschreitende Forschung ergeben.
Möglicherweise gehört der Amor zu den im Inventar Erzherzog Leopold Wilhelms von 1659 (Berger S. 170,

Nr. 142) erwähnten *drey schlaffente kleine Cupidines von Allabaster, ain grosses, mitters vnd kleiners. Moderno. Der grosse 1 Span genaw (20,8 cm), der mittere 9 Span dico Finger (18,7 cm) vnd der klainiste 8 Finger (16,6 cm) hoch.* Im Prodromus ist keiner der Wiener Knaben abgebildet.
Zu Thema und Motiv siehe Kat. Nr. 125.
Den Hinweis auf die Skulptur verdanken wir Manfred Leithe-Jasper.

Lit.: nicht veröffentlicht.

124
Schlafender Knabe mit Buch und Totenschädel – Allegorie des Todes

Nachfolger des Leonhard Kern (Johann Jakob Betzoldt?)
2. Hälfte des 17. Jahrhunderts
grauer Alabaster, geädert; L. 21 cm
Wien, Kunsthistorisches Museum, Sammlung für Plastik und Kunstgewerbe, Inv. Nr. 4436

Der völlig nackte Knabe liegt in tiefem Schlafe auf dem Rücken auf einem Polster, das von einem faltenreichen Tuch bedeckt ist. Der Kopf ruht auf einem Tuchbausch. Die Füße sind gekreuzt, zwischen ihnen liegt ein Totenschädel. Der linke Arm ist gestreckt, die Hand liegt auf einem aufgeschlagenen Buch, der rechte Arm ist über den Kopf geschlagen. Das Kind hat in tiefem Schlafe den Mund etwas geöffnet, so daß Zunge und Zähne sichtbar werden. Die kleingeringelten Locken liegen flach am Kopfe an und rahmen das pausbäckige, mehr ovale als runde Kindergesicht. Das Liegemotiv entspricht dem des schlafenden Amor (Kat. Nr. 123) ziemlich genau. Die Ausführung aber ist von einer anderen Hand, im ganzen präziser, auch härter, aber in Einzelheiten – rechte Hand, Partie unter dem Oberschenkel, Finger- und Zehennägel – viel sorgfältiger, obwohl das Material, hier grauer Alabaster, mit dem ausgesuchten weißen Alabaster des Amor nicht zu vergleichen ist.
Das Buch trägt keine Inschrift. Der eventuell einst aufgemalte Text könnte an Hand eines ähnlichen Stückes, das im Kirchberger Kunstkammer-Inventar von 1702 aufgeführt ist, erschlossen werden. Es ist dort beschrieben *mit einem offenen Buch, worauf geschrieben ist: dies mortis est dies vitae piis* – Der Tag des Todes ist für die Frommen der Tag des Lebens.
Das »Kernische« ist hier nicht zu übersehen, weder in der Komposition – vergleiche den Knaben mit Totenschädel in Neuenstein (Kat. Nr. 125) – noch in Einzelheiten – vergleiche die etwas breite Nasenform auch bei dem Huckepackknaben, den gekrümmten Zeigefinger bei dem Johannesknaben in Neuenstein (Kat. Nr. 110) sowie die exakt ausgeführten Finger- und Zehennägel. Vielleicht wird später einmal auf Grund der Untersuchungen von Lise Lotte Möller (hier S. 73ff., spez. S. 81, Abb. 12) in Verbindung mit dieser Skulptur der Name Betzoldt genannt werden.
Zu Thema und Motiv siehe Kat. Nr. 125.
Den Hinweis auf die Skulptur verdanken wir Manfred Leithe-Jasper.

Lit.: nicht veröffentlicht.

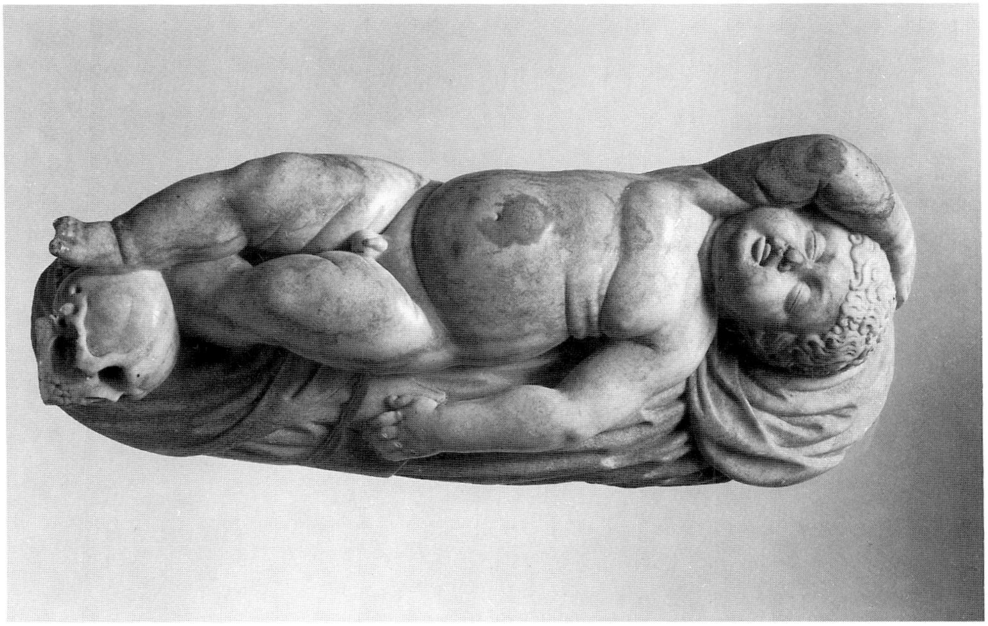

124

125

125
Schlafender Knabe mit Totenschädel – Allegorie des Todes

Nachfolger des Leonhard Kern (Johann Jakob Betzoldt oder Betzoldtwerkstatt)
2. Hälfte des 17. Jahrhunderts
grauer Alabaster; L. 22,5 cm
Privatbesitz, NL 74

Auf einer flachen Plinthe, über welche ein Tuch geworfen ist, liegt ein völlig nackter Knabe in kindlicher Schlafstellung, den Körper in Rechtsseitenlage, die Beine etwas angezogen. Der Kopf, der auf einem Totenschädel statt auf einem Kissen ruht, ist ziemlich gewaltsam frontal bis zur Schulter gedreht. Der linke Arm liegt quer über der Brust, die Hand greift in das Tuch. Der rechte Arm liegt unter Tuch und Kopf. In dem runden pausbäckigen Gesicht sind die Augen geschlossen, der Mund leicht geöffnet. Die sichelförmigen Locken liegen flach am Kopf an und lassen die etwas zu großen Ohren frei. Die Zehen des Kleinen sind ebenfalls zu groß geraten.
Als Vorlage könnten Stiche B. Behams (B. 28, B. 31) oder Wenzel Hollars (spiegelbildlich P. 1736) und Bronzen des Duquesnoy gedient haben, die einen Tuchbausch anstatt des Totenschädels zeigen.
Die Skulptur muß aus dem eigenhändigen Œuvre Leonhard Kerns, dem wir sie 1969 noch zugerechnet hatten, ausgeschieden werden. Dafür sprechen das nicht bewältigte Liegemotiv des Kindes und die Verwendung des gewöhnlichen, grauen Alabasters.
Die Hand Johann Georg Kerns ist, wenn man die Zuschreibungen von L. L. Möller (hier S. 78ff.) in Betracht zieht, ebenfalls auszuschließen. Man könnte an Johann Jakob Betzoldt bzw. an seine Werkstatt denken. Vielleicht ist der Knabe identisch mit dem im Kirchberger Inventar von 1702 erwähnten *Knäblein auf einem Stöcklein* [Postament] *liegend und uf einem Todtenkopf.*
Das Thema »Schlaf und Tod« war im 16. und im 17. Jahrhundert in der bildenden Kunst als Memento Mori häufig dargestellt worden, ausführlich äußerte sich dazu Lise Lotte Möller (Schlaf und Tod, 1957). Leonhard Kern selbst hatte das Thema in seine Kinderwelt eingeführt (Grünenwald 1969, Taf. 38), seine Mitarbeiter übernahmen es. Wahrscheinlich unter Verwendung der in der kernschen Werkstatt vorhandenen Flötnerplaketten (Weber 1975, Nr. 48–50 mit Abb.) wiederholten und variierten sie das Motiv (Kat. Nr. 123–125). Leonhard Kern selbst fand in »Mortis Imago«, einer seiner ruhenden Frauengestalten, seine gültige Fassung (Möller 1957, S. 243ff., Abb. 5. Grünenwald 1969, S. 27, Taf. 63).

Lit.: Grünenwald 1969, Nr. 75.

126
Kinderbacchanal

Johann Georg Kern
Mitte bis 2. Hälfte des 17. Jahrhunderts
Elfenbein-Humpen Fassung silbervergoldet. Nürnberg. Meistermarke $\overset{\mathrm{P}}{\mathrm{V}}$ (nicht bei Rosenberg)
H. 22,5 cm. Elfenbeinmantel H. 12,5 cm. Dm oben 11,1 × 10,2 cm
Privatbesitz, NL 35

Das Kinderbacchanal besteht aus fünf einzelnen, additiv aneinandergereihten Motivgruppen, die beliebig auswechselbar sind und deshalb hin und wieder in anderem szenischen Zusammenhang auftreten. Die einzelnen Gruppen sind deutlich voneinander zu scheiden. Die fehlende kompositionelle Verbindung zwischen ihnen wird durch eine formale Verbindung, nämlich durch Überschneidungen bei den Randfiguren der einzelnen Gruppen – z. B. Amphoren-Knabe und Ziegenbock – und durch dichte Aufeinanderfolge der Gruppen – z. B. bei der Huckepackgruppe – erreicht. Auf der vorderen Mitte des im Grundriß ovalen Elfenbeinmantels sind die Hauptpersonen, der Bacchusknabe mit seinem Gefährten, dargestellt, auf der Breitseite links folgen zwei kleine Weintrinker hinter einem prächtigen Früchtekorb – ähnlich dem am Stuttgarter Humpenmantel (Kat. Nr. 130) – und zwei Kinder beim Spiel mit einem ruhenden Ziegenbock. Auf der anderen Breitseite: ein Mädchen, das einen weinlaubfressenden Ziegenbock führt, und eine Huckepackgruppe. Der Henkel setzt gerade an der richtigen Stelle an, ohne eine der Szenen zu überschneiden. Der Hintergrund ist mit Baumkronen reliefiert. Die übliche Wiederverwendung einzelner Szenen oder auch von Ausschnitten davon (Früchtekorb!) sei am Beispiel der Huckepackgruppe aufgezeigt. Man findet diese an einem Berliner Humpen spiegelbildlich (Grünenwald 1969, Nr. 5), den Lise Lotte Möller neuerdings (hier S. 80f., Abb. 11) dem Johann Georg Kern, an einem Berliner Humpenmantel (Grünenwald 1969, Nr. 132), den sie Johann Jakob Betzoldt (hier S. 81, Abb. 12), und schließlich an einem Humpenmantel in München (Grünenwald 1969, Nr. 162), den sie (hier S. 81) einem Mitarbeiter Betzoldts zuschreibt.

126

Die Zuschreibung des Neuensteiner Humpens durch Lise Lotte Möller (hier S. 79) an Johann Georg Kern fordert die Berichtigung unserer seinerzeitigen Datierung und Zuschreibung (1969) an Leonhard Kern.
Wie üblich, kann man auch hier die Verwendung von Stichvorlagen beispielsweise in der Art des Pieter van Avont (gestochen von Wenzel Hollar) voraussetzen. Zur Weiterverwendung in der Werkstatt wurden solche Neufassungen der Dauerhaftigkeit wegen ins Relief auf eine Art Musterplatte übertragen, wie eine solche vermutungsweise in dem Schwäbisch Gmünder Alabasterrelief (Kat. Nr. 122) vorliegt, welche eine (variierte) Huckepackgruppe enthält.
Der Humpen ist im Kirchberger Kunstkammer-Inventar von 1684 (v. Schweinitz S. 198) nur indirekt erwähnt unter den *vier helfenbeinerne Kanthen mit Figuren und in Silber vergüld gefaßt*, im Inventar von 1702 dagegen ist er mit Sicherheit zu identifizieren: *eine helfenbeinerne Kannen mit einem silbern und vergülten Deckel, Handhaben und Fuß von getriebener Arbeit, allerdings ein Maß halttend.*

Lit.: Grünenwald 1969, Nr. 74. Möller hier S. 79f.

127
Die Fünf Sinne und die Tribulatio Cordis oder Natura

Johann Georg Kern
um 1660–1670
Elfenbein-Humpenmantel; H. 20,5 cm
Stuttgart, Württembergisches Landesmuseum, Inv. Nr. 1976–37

Die sechs Frauen – Personifikationen der Fünf Sinne und Personifikation des »Herzeleides« (Tribulatio Cordis) oder der »Natur« – sind teils völlig nackt, teils mit Tüchern sparsam bekleidet. Als einzige trägt die Tribulatio Cordis/Natura ein bodenlanges, den Oberkörper aber freilassendes Gewand. Die Figuren bilden keine Gruppen, sie bewegen sich auch nicht hintereinander in ein und derselben Richtung, sondern Frontal-, Seiten- und Rückenansichten wechseln ohne erkennbares System. Von den sechs Gestalten heben sich jedoch zwei, nämlich die Tribulatio Cordis und, auf ihrer Gegenseite, das »Gesicht«, insofern ab, weil beide als einzige frontal ruhig darstehen, keine Blickkontakte zu den anderen aufnehmen, sondern die Augen der einen in die Nähe auf den Boden, die Augen der anderen in die Ferne zum Himmel gerichtet sind. Die Tribulatio Cordis ist überdies als Zentralfigur hervorgehoben, weil sich vier der Frauen, beiderseits je zwei, auf sie zubewegen, ihre Gegenfigur auf der anderen Mantelseite, das »Gesicht« aber isoliert zwischen zwei ihr den Rücken zuwendenden und sich überdies wegbewegenden Frauen steht. Nur bei dem »Gesicht«, dem Außerirdischen zugewandt, war diese »Isolierung« nach Thema und Motiv sinnvoll zu verdeutlichen.

Die Tribulatio Cordis, ein matronaler Typ, schaut mit »kernisch« angestrengt gerunzelter Stirne zu Boden, kreuzt die Arme über die Brust und preßt mit einer Hand die Brust auf der Herzseite. Auf der Schulter trägt sie einen Amboß, auf welchem ein Hammer liegt. Zu ihren Füßen liegt ein abgebrochener zweiblättriger Zweig. Links stehen drei Bücher auf einem niederen Podest.

Rechts von ihr sieht man den »Geruch«: eine Frau an einem Blumenstrauß riechend und von dem Hund begleitet, einem Tier, dessen Geruchssinn stark entwikkelt ist, ihr folgt der »Geschmack«: eine Frau, Früchte in den Händen haltend, nach denen der Affe greift, ein Tier, dessen Geschmackssinn besonders differenziert ist. Links der Tribulatio Cordis das »Gefühl«: eine Frau bei einem Schlangenbiß aufschreiend, neben ihr die Schildkröte, ein Tier, das bei der geringsten Berührung sich unter den Panzer zurückzieht. Ihr folgt das »Gehör«: eine Frau, ein lautenähnliches Instrument stimmend, begleitet von dem Reh, einem Tier, das besonders gut hört. Auf der Gegenseite des Mantels das »Gesicht«: eine Frau mit Fernglas, bei ihr der Adler, dessen scharfes Auge sprichwörtlich ist. Den Hintergrund füllen die Kronen von Laubbäumen und Palmen aus.

Die Deutung der Gewandfigur mit Amboß und Hammer – Sinnbild der »Herzensschmiede« – als Tribulatio Cordis geht auf Lise Lotte Möller (hier S. 78) zurück: »Mit ihrer Anwesenheit in dem Sinne-Zyklus wird die ... Überzeugung zum Ausdruck gebracht, daß der Mensch durch die Sinne, die ihn verführen, gequält wird«. Hans Klaiber (1978) dagegen sieht in der Gewandfigur die Personifikation der »Natur«, der Schöpferin der Sinne, der sich Geruch, Geschmack, Gehör und Gefühl zuwenden. Amboß und Hammer führt er »auf mittelalterliche szenische Darstellungen der Natur« in ihrer Schmiede im »Roman de la Rose« zurück und nimmt für die komplizierte Allegorie insgesamt die Konzeption eines Gelehrten an, denn die kompositionelle Verbindung der »Natur« und der »Fünf Sinne« sei bisher einmalig.

127

Den Humpenmantel, ein »meisterliches Stück«, schreibt Lise Lotte Möller dem Johann Georg Kern zu (hier S. 77) und datiert ihn um 1660 bzw. um 1670. Zwei Repliken, in Dresden (Sponsel 1932, 4, Taf. 17c; Grünenwald 1969, S. 50) und im Schweizer Kunsthandel, weist sie Mitarbeitern des Johann Georg Kern zu (hier S. 77). Unsere Zuschreibung (1986, S. 98) an Leonhard Kerns Werkstatt ist damit präzisiert, unsere seinerzeitige (1986) Datierung (ca. 1645) ist entsprechend zu berichtigen.

Lit.: Klaiber 1978, S. 224f., Abb. 14. – Grünenwald 1986, S. 98, Abb. 14. – Möller hier S. 77f.

128
Meergötter-Kinder und geflügelte Genien (Tritonen- und Nereidenputten)

Johann Georg Kern
Mitte bis 2. Hälfte des 17. Jahrhunderts
Elfenbein-Humpen. Fassung silbervergoldet. Crailsheim. Meistermarke I V (in Herzschild). Rosenberg 1485 (nicht aufgelöst) = Jobst Vögelein, 1635 Bürger in Crailsheim
H. 22,5 cm. Elfenbeinmantel H. 10 cm. Dm oben 7 × 6,1 cm
Privatbesitz, NL 33

Wie bei dem Kinderbacchanal (Kat. Nr. 126), so sind auch hier mehrere selbständige Figurengruppen unter ähnlichen kompositionellen und formalen Voraussetzungen aneinandergereiht. Auf der vorderen Mitte ist, der starken Mantel-Krümmung wegen, eine Einzelfigur angebracht, ein Neptunknabe mit Dreizack auf einer Seeschildkröte stehend, dann auf der Breitseite links eine Dreiergruppe mit Fangnetz und Seeungeheuer und zwei flankierenden Kindern, einem Serpentbläser auf einer Kugel und einem weinglashaltenden Mädchen. Auf der Breitseite rechts zwei in einer Muschelschale segelnde Kinder. Von den insgesamt acht Kindern sind zwei als Genien geflügelt dargestellt. Der Hintergrund ist mit Schilf flach reliefiert. Hier überschneidet der Henkelgriff eine Szene (Fangnetzgruppe).

128

Von dem Neuensteiner Humpen sind mehrere Repliken von verschiedenen Händen bekannt (s. L. L. Möller hier Anm. 35). Die Gruppe der Muschelboot-Segler verwendete derselbe Elfenbeinschnitzer, Johann Georg Kern, als Deckelmedaillon auf dem Stuttgarter Tritonen- und Nereidenhumpen (Kat. Nr. 130).
Die Zuschreibung des Humpenmantels an Johann Georg Kern erfolgte durch Lise Lotte Möller (hier S. 80). Damit ist unsere seinerzeitige (1969) Zuschreibung an Leonhard Kern und unsere Datierung hinfällig.
Der Humpen ist im Kirchberger Kunstkammer-Inventar von 1684 nur indirekt unter vier elfenbeinernen Kannen erwähnt (vgl. Kat. Nr. 126), im Inventar von 1702 dagegen genau beschrieben als *eine* [erg.: elfenbeinerne Kanne] *von kleinerer Gattung mit vergultem Silber beschlagen, uf deßen Deckel ein Greif mit einem Schwerd.*
Lise Lotte Möller (hier S. 79 u. Anm. 34) bezog unsere Quellennotiz über die Lieferung einer elfenbeinernen Kanne u. a. m. zum Preis von 15 fl 50 x durch Johann Georg Kern an das Haus Hohenlohe-Kirchberg im Jahre 1673 (Fürstl. Hohenl. Zentralarchiv Neuenstein, Abt. Kirchberg, Rechnungen 1673/74, Beleg 52) irrtümlich auf den oben beschriebenen Humpen mit einem schwerthaltenden Greif als Deckelaufsatz. Die Kanne von 1673 ist (Beleg 52) jedoch eindeutig beschrieben als *helfenbeinerne Kannten und zwei uff den Deckel gehörige Bilder,* d. h., der Deckelaufsatz bestand nicht aus einer Goldschmiedearbeit (Greif), sondern aus zwei Elfenbeinfigürchen. Die entsprechende Beschreibung im Kunstkammer-Inventar von 1702 lautet: *noch ein andere* [erg.: elfenbeinerne Kanne] *von erstbemelter Gattung* [d. h. 1 Maß haltend), *hat auf dem Deckel zwey helfenbeinerne Figuren, von Mann und Weib* (verschollen).

Lit.: Grünenwald 1969, Nr. 76. – Möller hier S. 80.

129
Die Sieben Freien Künste

Johann Georg Kern
2. Hälfte des 17. Jahrhunderts
Elfenbein-Humpenmantel; H. 17 cm
Berlin, Staatliche Museen Preußischer Kulturbesitz, Kunstgewerbemuseum, Inv. Nr. K 3128

Die sieben Frauengestalten sind durch ihre Attribute als die Personifikationen der Sieben Freien Künste ausgewiesen. In der Mehrzahl sind sie völlig nackt, nur die Geometrie trägt ein wie naß an dem Körper anliegendes Gewand, Dialektik und Rhetorik tragen Tuchdraperien. Auf dem Boden läuft rundum eine Rebe mit Weintrauben und Blättern. Im Hintergrund stehen Laubbäume. Die Figuren sind einander paarweise zugeordnet und wechseln unsystematisch Vorderansicht, Seitenansicht und Rückenansicht. Nur die Arithmetik (Zahlentafel) ist ohne Partnerin und eröffnet somit gegen rechts die Reihe. Es folgen Geometrie (Zirkel, Winkel, Meßlatte) und Astronomie (Kugel, Zirkel), Grammatik (Schlüssel, Buchstabentafel) und Dialektik (Waage, Schriftrolle), Musik (ohne Attribut) und Rhetorik (Buch). Die Reihenfolge ist eher zufällig und nicht streng zusammengefaßt zum Trivium (Arithmetik, Geometrie, Grammatik) und Quadrivium (Astronomie, Dialektik, Musik, Rhetorik).
Zu den Gewandfiguren (Parallelfaltenstil, wie naß angeklebter Stoff unter Hervorhebung der Körperformen) verweist Lise Lotte Möller (hier S. 75) auf den (bewußten?) Rückgriff Johann Georg Kerns auf Peter Flötner, d.h. auf die Kunst des 16. Jahrhunderts, eine Erscheinung, die aus dem Œuvre Leonhard Kerns wohlbekannt ist.

129

Den von uns seinerzeit (1969) aus dem eigenhändigen Werk Leonhard Kerns ausgeschiedenen und unter Werkstattarbeiten verzeichneten Humpenmantel schreibt Lise Lotte Möller (hier S. 75) mit Recht dem Johann Georg Kern (1622–1698), Neffen, Schüler und Mitarbeiter Leonhard Kerns in Hall bis 1650, zu.

Lit.: Volbach 1923, S. 82 m. Abb. – Theuerkauff 1968, S. 149, Anm. 21. – Grünenwald 1969, Nr. 131. – Möller hier S. 75.

130
Tritonen und Nereiden

Johann Georg Kern
vor 1657
Elfenbein-Humpen. Fassung silbervergoldet. Nürnberg, Meistermarke I·F. Rosenberg 4211 = wahrscheinlich Jeremias Frenckin(g), Meister 1634, gest. 1657
H. 13,3 cm (Mantel), H. 24,5 cm (mit Fassung), Dm. oben 11,7 × 10 cm (oval). Deckelmedaillon 10 × 9 cm
Stuttgart, Württembergisches Landesmuseum, Inv. Nr. 1976–223

Die Wandung ist dicht besetzt mit Tritonen, Nereiden und deren Kindern beim lebhaften Spiel auf den Meereswellen im Vordergrund und vor einer Schilfwand im Hintergrund. Trotz der Figurenfülle sind die einzelnen Szenen durch gegenstehende Rückenfiguren deutlich gegeneinander abgesetzt. Darin zeigt sich die additive Kompositionsweise des Elfenbeinschnitzers. Auf der Breitseite rechts der vorderen Mitte liegt die im Bildgefüge brutalste Zäsur. Im allgemeinen versuchte man Nahtstellen dieser Art an die hintere Schmalseite des im Grundriß ovalen Elfenbeinmantels (Elefantenzahn), d.h. unter den Henkel, zu verlegen. Dies ist hier nicht geschehen.
Drei Szenen (Figurengruppen) sind zu unterscheiden (von der vorderen Mitte nach rechts): Erstens ein Triton-Nereidenpaar, begleitet von zwei ein Horn blasenden Kindern. Der Mann schultert eine faunsmaskenverzierte Amphore und weicht, des drückenden Gewichtes wegen, nach links aus. Die Frau greift lässig und mehr der Form halber an Henkel und Standring der Amphore mit an. Der Amphorenträger erscheint in anderem szenischen Zusammenhang auf dem Stuttgarter Prunkhorn (Kat. Nr. 131), das von derselben Hand stammt. Zwischen dieser ersten und der rechts anschließenden zweiten Szene fällt die Zäsur, der gegenstehenden Rückenfiguren wegen, am stärksten auf: Ein pferdeleibiger Triton sucht eine widerstrebende Nereide gewaltsam festzuhalten. Sie wendet sich hilfesuchend einer Gefährtin rechts zu und stellt auf diese Weise, nicht ohne anatomiewidrige Verrenkungen, die formale Verbindung zu der anschließenden dritten Szene her. Diese belegt vollständig die andere Breitseite des Humpenmantels:

130

Zwei Nereiden halten einen Früchtekorb in die Höhe. Die eine, links, berührt ihn mehr der Form halber, als daß sie ihn stützt (wie beim Amphoren-Paar!), wogegen die andere der Last halber gegen rechts zu dem ebenfalls schwerarbeitenden Amphorentriton ausweicht. Zwischen beiden Nereiden sitzt im Wasser auf eine Kugel gestützt ein geflügelter Putto. Die formale Verbindung zum Triton-Nereiden-Paar stellen – ergänzend zur Armhaltung der widerstrebenden Nereide – das segelartig geblähte Gewandtuch der Früchtekorbnereide, zur Amphorengruppe rechts der wellenpeitschende Fischschwanz und das flatternde Gewandtuch der anderen Früchtekorbnereide her.

Die Früchtekorb- und die Amphorengruppe weist Lise Lotte Möller (hier S. 80, Abb. 10) auf einem Elfenbein-Trinkgeschirr in Dresden nach; beide Reliefs dürften auf dieselbe grafische Vorlage zurückgehen. Das Triton-Nereidenpaar scheint dagegen eine Erfindung(?) oder anderweitige Nachbildung(?) Johann Georg Kerns zu sein, obgleich die Armhaltung der Nereide im Dresdener Trinkgeschirr (und wohl auch in der Vorlage dazu) bei einem Putto vorgegeben ist.

In den Deckel des Humpens ist ein Elfenbeinmedaillon eingelassen mit zwei muschelfahrenden Kindern, das eine Wein trinkend, das andere das Segel haltend. Als geflügelte Genien erscheinen sie in anderem szenischen Zusammenhang auf einem Neuensteiner Humpenmantel (Kat. Nr. 128) von Johann Georg Kern (Möller hier S. 80).

Den Triton-Nereiden-Humpen schreibt Lise Lotte Möller (hier S. 80) mit Recht Johann Georg Kern zu – und nicht dem Leonhard Kern, wie Hans Klaiber (1976) und wir seinerzeit (1986, S. 80) vermuteten. Dagegen müßte die Datierung von L. L. Möller (»erste Hälfte des achten Jahrzehnts«) revidiert werden, denn das Todesjahr 1657 des Goldschmieds Jeremias Frenckin(g) gibt den terminus ante quem für die Herstellung der Fassung und damit auch für die Entstehung des Elfenbeinmantels.

Lit.: Klaiber 1976 (Museumskartei). – Grünenwald 1986, S. 79f., Abb. 8 und 9. – Möller hier S. 80.

131
Prunkhorn in Gestalt eines Riesenfisches

Johann Georg Kern
Mitte des 17. Jahrhunderts
Elfenbein. Vollständiger Elefantenzahn. Die Augen der Tiere sind noch zum Teil mit Amethysten und Saphiren eingelegt. Der originale vierseitige Quastenschwanz ist durch eine gravierte moderne Spitze aus vergoldetem Silber ersetzt.
L. ca. 96 cm
Stuttgart, Württembergisches Landesmuseum, Inv. Nr. 1979–197

Der Fisch hat einen delphinähnlichen Kopf, die Augen sind mit Amethysten eingelegt, das weitgeöffnete Maul ist mit vierzehn spitzen Zähnen bestückt. Beide Seiten des Fischleibes zeigen einen Fries aus Tritonen, Nereiden, einem delphinreitenden geflügelten Amor mit Fakkel, Walfisch, Delphin und Schildkröte und zahlreichen tierköpfigen maritimen Fabelwesen wie See-Elefant, -Einhorn, -Eber, -Stier, -Leopard, -Pferde, -Hund, -Ente und -Gans, die sich alle im Wasser tummeln. Als Anführer fungieren auf der rechten Körperseite des Riesenfisches ein Triton mit einer großen Amphore im Arm, wie auf dem Stuttgarter Humpenmantel (Kat. Nr. 130), und auf der linken Körperseite eine matronale Nereide, die Wasser aus einer Muschel gießt. Der Hintergrund ist mit Schilf belegt.

Die Bewegung der Figuren und der Tiere geht nicht ungebrochen in eine einzige Richtung vom Schwanz bis zum Kopf des Fisches, sondern es sind immer wieder gegengerichtete, bewegungshemmende Gestalten oder Tiere dazwischengeschaltet, ohne daß sich Gruppen bilden.

Lise Lotte Möller (hier S. 80, Abb. 10) verweist auf eine zweite Trinkschale in Dresden mit einem Seepferdchen als Aufsatz, auf welcher sich ähnliche maritime Fabelwesen tummeln. Den Reliefs auf Trinkschale und Prunkhorn dürften ähnliche oder gar dieselben grafischen Vorlagen zugrunde liegen.

Das Stuttgarter Prunkhorn war ehemals (1866) in der Sammlung des Freiherrn Anselm v. Rothschild in Wien (Schestag S. 12, Nr. 66 m. Abb.). Es war im 17. Jahrhundert als reines Schaustück und Kunstkammerobjekt und weder als Trinkhorn noch als Waldhorn hergestellt worden. Im Kirchberger Kunstkammerinventar von 1684 wird ein sicherlich ähnliches Stück, nämlich ein *Elephanten Zahn, worauf allerhand Figuren und Thieren sehr künstlich geschnitten* bzw. dasselbe ein *Elephanten Zahn mit Figuren geschnitten* (v. Schweinitz S. 198), leider ohne Namensnennung des Elfenbeinschnitzers, erwähnt. Dieses, nämlich »das im Kirchberger Kunstkabinett aufbewahrte Stück, ging leider 1945 verloren« (K. Schumm in: Hohenloher Chronik 1956, Nr. 5, S. 2). Ein anderer Elefantenzahn, den der Bildhauer Johann Jakob Betzoldt für den Grafen Joachim Albrecht von

131

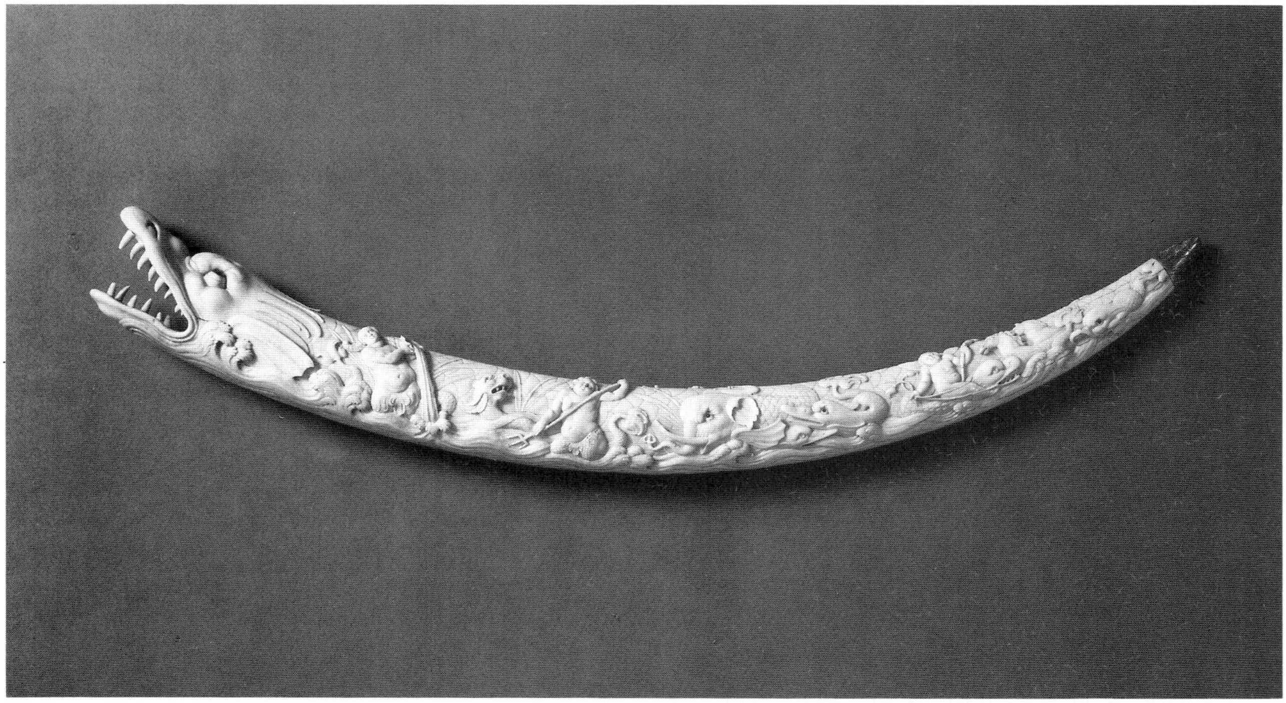

132

Hohenlohe-Kirchberg laut Vertrag vom 30. 5. 1671 um 10 Gulden entweder zu einem *Trinckgeschirr* oder zu einem *Waldthorn* zurichten sollte (v. Schweinitz S. 192), diente praktischen Zwecken und war gewiß nicht so reich reliefiert wie das Stuttgarter Prunkstück.
Dieses steht dem Stuttgarter Tritonen- und Nereidenhumpen (Kat. Nr. 130) stilistisch (und zeitlich) so nahe, daß man auf denselben Künstler schließen muß. Nachdem Lise Lotte Möller die Autorschaft des Johann Georg Kern für den Humpen einleuchtend gemacht hat (s. d.), steht nichts im Wege, nunmehr auch das Prunkhorn dem Johann Georg Kern zuzuschreiben (Möller hier S. 80) und es in dieselbe Zeit zu datieren. Damit ist die Zuschreibung an Leonhard Kern durch Hans Klaiber wie auch unsere Zuschreibung (1986) hinfällig.

Lit.: Schestag 1866, S. 12, Taf. zu Kat. Nr. 66. – Klaiber 1980, S. 329f., Abb. 19a–b. – Grünenwald 1986, S. 80, Abb. 10. – Möller hier S. 80.

132
Die Sieben Freien Künste als Kinder

Kreis des Johann Georg Kern
2. Hälfte des 17. Jahrhunderts
Elfenbein-Humpenmantel; H. 14 cm
Darmstadt, Hessisches Landesmuseum, Inv. Nr. Kg 52:104

Die lebhaft agierenden, völlig nackten Kinder – meist Mädchen – sind durch ihre Attribute als die Personifikationen der Sieben Freien Künste ausgewiesen. Der Boden ist mit Gras bewachsen, den Hintergrund bilden Laubbäume. Die Kinder sind einander paarweise zugeordnet und im Wechsel von Frontal- und Seitenansicht wiedergegeben. Nur die Astronomie ist ohne Partnerin und eröffnet die Reihe gegen rechts. Ihre Attribute sind der Zirkel in der rechten und die Kugel in der linken Hand. Es folgen Grammatik (Schlüssel, Buchstabentafel) und Dialektik (Schriftrolle, Waage), Musik (Finger auf dem Mund, geschlossenes Buch) und Rhetorik (dozierende Handgeste, aufgeschlagenes Buch), Arithmetik (Zahlentafel) und Geometrie (Zirkel, Winkel, Meßlatte). Auch hier (vergleiche den Sieben Freie Künste-Humpenmantel in Berlin. Kat. Nr. 129) sind die Künste nicht streng zusammengestellt zum Trivium (Arithmetik, Geometrie, Grammatik) und Quadrivium (Astronomie, Dialektik, Musik, Rhetorik).

133

Unsere seinerzeitige (1969) Zuweisung des Humpenmantels zu den Werkstattarbeiten konnte Lise Lotte Möller (hier S. 75) präzisieren. Sie schreibt den Mantel einem »unbekannten Bildschnitzer« zu, »der vermutlich ein Mitarbeiter Johann Georg Kerns war«, von dem aber »weitere Arbeiten nicht bekannt sind«. Dieser »vortreffliche Schnitzer« nahm typische Stilmerkmale sowohl von Leonhard Kern auf, L. L. Möller verweist auf den »stupsnasigen Kindertypus Leonhard Kerns« – vergleiche den Oxforder Knaben (Kat. Nr. 112) –, als auch von Johann Georg Kern, so »die Bäume mit Laubkronen nach J. G. Kerns Manier«. Letzteres ist zu belegen durch den Vergleich mit dem Berliner Humpenmantel der Sieben Freien Künste (Frauen) (Kat. Nr. 129), den L. L. Möller (hier S. 75) dem Johann Georg Kern selbst zuschreibt. Dem Bildschnitzer dürften die Werke Leonhard und Johann Georg Kerns, dann auch die in der Werkstatt vorhandenen Mustertafeln in der Art der Gmünder Tafel (Kat. Nr. 122), Reliefs in der Art des François Duquesnoy und Stiche nach Pieter van Avont (1600–1652) als Anregung gedient haben.
Der Humpenmantel wird, gleichzeitig wie die eigenhändigen Arbeiten Johann Georg Kerns, in der 2. Hälfte des 17. Jahrhunderts entstanden sein.
Von derselben Hand stammt der Humpen in Pforzheim (Kat. Nr. 133).

Lit.: Dreier 1964, S. 105, Anm. 10. – Grünenwald 1969, Nr. 144. – Möller hier S. 75.

133
Die Vier Elemente

Werkstatt(?) des Johann Georg Kern. Johann Georg Kern(?)
2. Hälfte des 17. Jahrhunderts
Elfenbein-Humpen. Fassung teilvergoldet. Nürnberg, Johann Jakob Wolrab (1633–1690, Meister 1662) (Rosenberg 4247)
H. 25 cm (Mantel)
Pforzheim, Kunsthandlung Krings

Die vier Knaben sind dank der ihnen beigegebenen Attribute als die Personifikationen der vier Elemente – Luft, Feuer, Wasser, Erde – ausgewiesen. Großblättrige Laubbäume trennen die einzelnen Bilder. »Luft« und »Feuer«, die beiden ersten in der Reihe der vier Elemente, sind zu einer Zweiergruppe zusammengestellt und kennzeichnen dadurch diese Seite als die Hauptansichtsseite (Vorderseite) des henkellosen Humpens, links und rechts davon die Einzelfiguren »Wasser« und »Erde«. Die zwei Kinder sind einander zugewandt, zwischen ihnen der Herd mit dem offenen Feuer. Der Knabe links schürt als »Luft« mit einem Handblasebalg das Feuer, der Knabe rechts sitzt so nahe am Herd, daß er sich eigentlich Hände und Füße ansengen müßte, wenn er nicht selbst »das Feuer« wäre. Links der Zweiergruppe sitzt ein Knabe auf dem Boden, gestützt auf eine Urne, aus welcher »Wasser« fließt, rechts der Gruppe ein Knabe auf einer »Erd«-Kugel, er hält sein Füllhorn mit den Früchten umgekehrt und schüttet so den Erntesegen »auf die Erde«. Es muß offen bleiben, ob der Elfenbeinschnitzer mit dem gestürzten Füllhorn eine Symbolbedeutung verband oder ob nicht einfach kompositionelle Gründe – Flächenfüllung! – Veranlassung dazu gegeben haben. Die Umkehrung des Füllhorns ist nicht ungewöhnlich, wie die beiden Ceres-Abundantia-Statuetten in Darmstadt (Dreier Abb. 5) und in London (Dreier Abb. 7) aus der Leonhard Kern-Werkstatt beweisen. Der auf dem Deckel mit gekreuzten Füßen sitzende Knabe hält ebenfalls Früchte in den Händen. Er unterscheidet sich aber physiognomisch so sehr von den Elemente-Kindern, daß er von einer anderen Hand stammen muß. Er scheint dem knienden Trauben-Knaben auf einem Berliner Humpen (Grünenwald 1969, Nr. 5) nahe verwandt zu sein, den Lise Lotte Möller (hier S. 15, Abb. 23) als einen »echt Augsburger Traubenputto« bezeichnet.

Die vier Elemente-Knaben sind so dargestellt, wie sie Sandrart (S. 232) im Hinblick auf die Kinder des François Duquesnoy so köstlich beschrieben hatte, nämlich: *feißt- und dickbacketе Milchmäuler mit Grüblen auf den Knien, Elenbogen und Fingern.* Bei den Elemente-Kindern fallen unter anderem die kugelige Form der Nasenspitze, die spitz zulaufenden Finger und die Fersen-Speckfalten auf; bei den Bäumen die astlöcherigen Stämme, sowie die verstreuten Grasbüschel. Wir glauben diese Besonderheiten an dem Darmstädter Humpenmantel (Kat. Nr. 132) mit den Sieben-Freie-Künste-Kindern, den Lise Lotte Möller (hier S. 75, 79) »einem unbekannten Bildschnitzer, der vermutlich ein Mitarbeiter Johann Georg Kerns war«, zuschreibt, wiederzufinden. Dieser, »der vortreffliche Schnitzer, von dem weitere Arbeiten nicht bekannt sind, folgt in den Physiognomien mehr einem stupsnasigen Kindertypus Leonhard Kerns als dem J. G. Kerns« (Möller hier S. 75f.). Die Sichelhaarfrisur ist auch noch ganz die Art Leonhard Kerns.

Dieser unbekannte Mitarbeiter Johann Georg Kerns gehört dann schon in die Öhringer Zeit (nach 1650). Die Nürnberger Fassung von J. J. Wolrab stimmt zeitlich gut damit überein.

Als Vorlage konnten wir eine Stichfolge »Die Vier Elemente« von Pieter van Avont (1600–1652) ausfindig machen (Hollstein 1949, Bd. 1, S. 48, Nr. 29–32), dessen spielende Kinder bei Leonhard, noch mehr bei Johann Georg Kern in immer neuen Varianten erscheinen. Unser begabter Schnitzer – sofern er nicht doch mit Johann Georg Kern identisch ist – entnahm der Stichfolge nur die Kindergestalten samt Attributen sowie die Bäume zur Trennung der Bildfelder voneinander. Die bei Avont auf Wolken sitzende »Luft« versetzte der Schnitzer auf die Erde und gab ihr statt eines Papageienvogels einen Blasebalg in die Hand, das »Feuer« nahm er aus der Schmiede heraus, den Amboß funktionierte er zum offenen Herd um, und dem Schmied nahm er das Werkzeug weg. Der »Erde« stülpte er das Füllhorn um, nur das »Wasser« wurde kaum verändert. Im ganzen setzte er die Bilder nicht gleichwertig nebeneinander, sondern faßte zwei Figuren zu einer Mittelgruppe auf der Vorderseite des Humpens zusammen und rhythmisierte die Abfolge durch den Wechsel von stehenden und sitzenden Figuren (in diesem Sinne der alternierenden Kopfhöhe »steht« der »Erde«-Knabe).

Lit.: nicht veröffentlicht.

134
Die Sieben Freien Künste

Werkstatt des Johann Georg Kern
um 1660
Elfenbein-Humpenmantel; H. 17 cm
Schwäbisch Hall, Hällisch-Fränkisches Museum, Inv. Nr. 86/2

Die sieben Frauen, durch ihre Attribute als die Personifikationen der Sieben Freien Künste ausgewiesen, sind gänzlich unbekleidet. Fünf von ihnen sind frontal, eine ist in Profil und eine als Rückenfigur dargestellt. Bis auf wenige Ausnahmen halten sie sich an den Händen. Eine engere kompositionelle Verbindung besteht zwischen der Dreiergruppe Musik, Geometrie und Rhetorik (Frontal-, Rücken- und Profil-Figur). Den Hintergrund bildet eine dreimal geraffte Tuchdraperie, die unbewegt abhängt und vor welcher je zwei Figuren ruhig stehen. Nur am Zusammenstoß weht die Drapierung weit auf, davor die einzige der Frauen, die sich in Schreitbewegung nach rechts befindet. Sie eröffnet die Reihe der Künste als Personifikation der Grammatik, zu ihren Füßen die Buchstabentafel mit dem Anfang des Alphabetes ABC und den Buchstaben I[ohann] L[udwig] G[raf] Z[u] Y[senburg] V[nd] B[üdingen], es folgt die Arithmetik mit der Zahlentafel, darauf die Ziffern 1, 2 und 3 und ein gekröntes Wappen, das wir als Wappen der Grafen von

134

Isenburg, Schild geteilt von zwei Balken (Alberti 1889, 1, S. 380), identifizieren konnten, woraus sich dann der Zeit entsprechend die Auflösung der Initialen ergab. Es schließen an nach rechts die Astronomie (Fernrohr, Buch), Musik (Buch), Geometrie (Kugel, Zirkel), Rhetorik (Doziergeste, Buch) und als siebte die Dialektik (Doziergeste, Buch).

Die Dreiergruppe ist kompositionell abzuleiten von einer Gruppe der Drei Grazien, wie sie Leonhard Kern als reife, etwas füllige Frauen im Hamburger Solnhoferstein-Relief (Möller hier S. 75) geschnitten und wie sie Johann Georg Kern selbst (Zuschreibung L. L. Möller hier S. 75, Abb. 4) unter Streckung der Körperproportionen und unter Abänderung der Haartrachten auf dem Karlsruher Humpenmantel mit sechs weiblichen Akten dargestellt hatte und wie sie schließlich im Anschluß daran drei(?) Werkstattgenossen (s. S. 147) Johann Georg Kerns auf Humpenmänteln mit den Sieben Freien Künsten in Stuttgart 1658 (Möller hier S. 75) mit walzenförmigem Halsansatz, dann in Hamburg 1659 (Sauerlandt 1924, Abb. 8.; Möller hier S. 75) mit Grübchen am Halsansatz und hier in Hall mit fülligeren Körperformen und untersetzteren Körperproportionen als bei den zwei vorgenannten verwendet hatten. Alle drei Elfenbeinschnitzer reduzierten den bei Johann Georg Kern (Karlsruher Humpenmantel) noch einigermaßen naturalistisch gebildeten Nabel zu einem rein geometrischen Dreiecksnabel.

In dem Grafen Johann Ludwig von Isenburg-Büdingen (Offenbach-Birsteiner Linie) (geb. 14. 2. 1622, gest. 23. 2. 1685, reg. ab ca. 1645) darf man den Besteller des Haller Humpenmantels sehen. Wahrscheinlich wurden solche Humpenmäntel im Vorrat angefertigt und erst beim Verkauf die Initialen des Käufers (auf der Buchstabentafel der Grammatik) und das Wappen des Käufers oder auch nur das Herstellungsjahr auf der Zahlentafel der Arithmetik hinzugefügt.

Unsere Zuschreibung des Humpenmantels an einen Mitarbeiter Johann Georg Kerns beruht auf den Forschungen von Lise Lotte Möller und insbesondere auf ihrer Zuschreibung des Karlsruher Humpenmantels an Johann Georg Kern (hier S. 75, Abb. 4).

Für die Datierung des Haller Humpenmantels gibt die Eröffnung der Johann Georg Kern-Werkstatt in Öhringen 1650 einen terminus post quem, das Todesjahr des Grafen Johann Ludwig 1685 einen terminus ante quem. Der stilistischen und kompositionellen Nähe wegen zu den beiden datierten Stücken von 1658 und 1659 wird man den Haller Humpenmantel in dieselbe Zeit, um 1660, datieren dürfen.

Lit.: nicht veröffentlicht.

135
Kinderbacchanal

Johann Jakob Betzoldt
2. Hälfte des 17. Jahrhunderts
Elfenbein-Humpenmantel. Fassung silbervergoldet, ohne Silberstempel; H. 20 cm
Berlin, Staatliche Museen Preußischer Kulturbesitz, Kunstgewerbemuseum, Inv. Nr. K 3122

Drei Gruppen mit je drei Kindern, dazu ein einzelnes Kind als Füllfigur unter dem Henkel belegen den Humpenmantel. Vorne in der Mitte tanzt ein Pärchen Rücken gegen Rücken unter einem von beiden Kindern festgehaltenen Tuchbogen, hinter ihnen sitzt ein drittes Kind auf dem Boden, in den Händen Trauben und Weinlaub. Die Dreiergruppe links davon zeigt ein Pärchen Hand in Hand, auf dem Boden hinter ihm liegt ein schlafendes Kind. Die Dreiergruppe rechts ist die aufwendigste Komposition. Auf dem Rücken eines zu Boden gegangenen Esels sitzt ein Kind, das mit einer Weinberghape in einen traubenbehangenen Weinstock greift, das andere Kind stützt dessen erhobenen Arm, und das dritte beugt sich über den Hals des Esels zu dem mit seinen Trauben beschäftigten Kind aus der Mittelgruppe. Unter dem Henkel steht ein Serpentbläser als Füllfigur. Die Einfü-

135

gung von Einzel-Füllfiguren wird notwendig, wenn bei der Zusammensetzung mehrerer, aus Vorlagen übernommener Figurengruppen die Bildfläche nicht mehr ausreicht für eine weitere Zweifigurengruppe. Als Hintergrund der Szenen dient dichtes, stark vereinfachtes baumähnliches, traubenbehangenes Rebwerk. Auch auf dem Boden liegt Weinlaub, und dazuhin zu Füßen des Tuchbogen-Tänzers links ein Vierblattgebilde. Das Vierblatt, wie auch das jüngere Dreiblatt, spricht Lise Lotte Möller (hier S. 81) als »ein Erkennungszeichen an Arbeiten von Johann Jacob Betzoldt und seiner Werkstatt« an und schreibt deshalb das respektable Trinkgefäß dem Johann Jakob Betzoldt (1621–1707) selbst zu. Ein sehr ähnlicher Humpenmantel in Berlin (Kunstgewerbemuseum Inv. Nr. 3121. Grünenwald 1969, Nr. 5), den L. L. Möller (hier S. 80 f.) dem Johann Georg Kern zuschreibt – die Kindergruppe mit dem Esel ist hier durch eine Huckepackgruppe und eine Gruppe von drei sich balgenden Kindern ersetzt –, dürfte von Betzoldt als Teilvorlage benützt worden sein. Möglicherweise lag beiden Berliner Humpen ein gemeinsames Urbild zugrunde.

Unsere seinerzeitige (1969) Zuschreibung des Humpens an Leonhard Kern ist damit hinfällig.

Lit.: Volbach 1923, S. 85. – Grünenwald 1969, Nr. 6. – Theuerkauff 1973, S. 6. – Möller hier S. 81.

136

136
Kinderbacchanal

Johann Jakob Betzoldt(?)
2. Hälfte des 17. Jahrhunderts
Elfenbein-Humpenmantel; H. 16,5 cm
Babenhausen, Fürstlich Fugger-Babenhausensche Kunstsammlung, Inv. Nr. 108/1961

Der Figurenfries verläuft – ungewöhnlicherweise – von rechts nach links. Auf dem von einem Pferde-Vierer-Gespann gezogenen Prunkwagen liegt der weinlaubbekränzte Bacchusknabe, in der Hand ein Trinkgefäß, einen Kuttrolf. Drei Kinder begleiten das Gespann: das erste geht unter einem Tuchbogen, ihm folgen ein Hornbläser und ein Serpentbläser. Den Anfang vor (bzw. den Beschluß hinter) dem Prunkwagen macht ein hornblasender Knabe, in der Hand eine große Traube. Auf dem Boden liegen Weinlaub, Trauben und mehrere Sorten von Früchten. Im Hintergrund die Kronen von Laubbäumen.
Der von uns (1969) unter Werkstattarbeiten verzeichnete Humpenmantel kann nunmehr auf Grund des Beitrages von Lise Lotte Möller (hier S. 73 ff.) versuchsweise dem Johann Jakob Betzoldt (1621–1707) zugeschrieben werden, obwohl das Vier- bzw. Dreiblatt – »Erkennungszeichen« von Betzoldt und seiner Werkstatt (Möller hier S. 81) – fehlt. Der Humpen scheint dem Braunschweiger Humpenmantel, ebenfalls mit einem Kinderbacchanal, kompositionell und stilistisch nahezustehen, den Lise Lotte Möller dem J. J. Betzoldt zuschreibt (Möller hier S. 81, Abb. 14). Für die Hand Johann Georg Kerns halten wir die Figuren für etwas zu steif.

Lit.: Grünenwald 1969, Nr. 124.

137
Beweinung und Salbung Christi mit 11 Assistenzfiguren

Werkstatt des Peter (II) Kern(?)
um 1620/1638(?)
Alabaster; 24,9 × 39,9 cm
Trier, Städtisches Museum, Inv. Nr. 1946

Das Trierer Alabasterrelief hatte Lise Lotte Möller (1972) als Nachbildung von Leonhard Kerns eigenhändigem elffigurigem Elfenbeinrelief »Beweinung und Salbung Christi« in Wien (Grünenwald 1969, Nr. 111; Fillitz 1957, Abb. 227; Möller 1970, Abb. 16) erkannt. Diese elffigurige Beweinung Leonhards ist eine veränderte Fassung seiner nur wenig älteren neunfigurigen Beweinung (Kat. Nr. 58), ebenfalls in Wien. Beide sind zum Vergleich nebeneinander abgebildet bei H. Fillitz Abb. 226 und 227 und bei L. L. Möller 1970, Abb. 16 und 17.
Auf dem Trierer Alabasterrelief der elffigurigen Beweinung knien Joseph von Arimathia und seine Gefährtin zu Füßen Christi, wogegen Maria Magdalena betend hinter Christus steht.
Das Alabasterrelief ist kompositionell zwar eine treue Nachbildung von Leonhard Kerns Elfenbeinrelief, in den Einzelheiten aber hart, trocken, ungewandt. Dies betrifft vor allem die Behandlung der Gesichtszüge, die nur noch entfernt Anklänge an die Vorlage aufweisen. Daraus ist zu schließen, daß der Bildhauer des Alabasterreliefs zwar in enger persönlicher Beziehung zu Leonhard Kern gestanden sein mußte, anders ist die Überlassung der Vorlage – sei es Leonhard Kerns Modell oder gar die Elfenbeinausführung – nicht zu erklären, daß er aber spezieller Stileigentümlichkeiten halber (Gesichtszüge!) nicht zur Werkstattgemeinschaft Leonhard Kerns gehört haben konnte.
Diese Voraussetzungen waren jedoch bei Peter (II) Kern (1594–1638), einem jüngeren Bruder Leonhard Kerns und Vater des Johann Georg Kern, erfüllt. Gustav Gelichsheimer (1984, S. 113–137) handelte erstmals ausführlich über den bereits bekannten »Koblenzer Bildhauer Peter Kern«, identifizierte ihn als Bruder Leonhard Kerns und belegte seine Anwesenheit in Koblenz von

1616/1617 bis zu seinem Tode 1638. In Andernach hatte Peter Kern den Hochaltar des Mariendomes mit Alabasterreliefs auszustatten (1620–1622; Gellichsheimer Abb. 1–6) und in Koblenz für St. Kastor eine Kanzel – ähnlich der Forchtenberger Kanzel von Michael Kern – zu liefern (1625; Gellichsheimer Abb. 7, 9–11). Die Großaufträge setzen auch für Peter Kern einen Werkstattbetrieb voraus. Weil aber die Andernacher Reliefs künstlerisch sehr gewandt ausgeführt sind, wiewohl sicher auch hier nach Vorlagen gearbeitet wurde, scheint uns für die Herstellung des Trierer Alabasterreliefs weniger Peter Kern selbst als einer seiner Mitarbeiter in Frage zu kommen. Nach 1625 (Gellichsheimer S. 136) scheint Peter Kern aufgrund des Dreißigjährigen Krieges keine Großaufträge mehr bekommen zu haben, vermutlich verlegte er sich deshalb auf Herstellung kleinformatiger Kunstwerke, wobei ihm der Vorlagen- und Modellbestand seines Bruders Leonhard Kern – wie das Beispiel zeigt – zur Hilfe kam. Bei Gelegenheit der Reisen Peter Kerns von Koblenz nach Forchtenberg – beispielsweise belegt für das Jahr 1622 – zur laufenden Beschaffung von Alabaster könnte er die Vorlage für die elffigurige Beweinung mit nach Koblenz genommen haben. Damit ließe sich der Fundort Trier zwanglos erklären.

Das Alabasterrelief könnte demnach zwischen 1616/1617 (Ankunftsjahr und Werkstattgründung Peter Kerns in Koblenz) und 1638 (Todesjahr und Auflösung der Werkstatt) in Peter Kerns Koblenzer Werkstatt entstanden sein. Die Vorlage, das Wiener Elfenbeinrelief Leonhard Kerns, wird von L. L. Möller (1970, S. 42) um 1614–1617, von uns (1969, Nr. 111) um 1615–1620) von H. Fillitz (1957, S. 219) in die Mitte der 20er Jahre datiert, weshalb wir für das Trierer Relief eine Entstehung in den 20er- oder 30er Jahren annehmen.

Lit.: Möller 1972, S. 254. – Grünenwald 1986, S. 74f.

138
Adam und Eva – Sündenfall

Werkstatt Leonhard Kern
1. Viertel des 17. Jahrhunderts
Alabaster; 25 × 20 cm
Berlin, Staatliche Museen zu Berlin/DDR, Kunstgewerbemuseum, Schloß Köpenick, Inv. Nr. 1 75/47

In einer hochrechteckigen, profilgerahmten Nische sind Adam und Eva unter dem Feigenbaum dargestellt. Adam sitzt auf einer fellbedeckten Felsenbank, leicht bildein-

137

138

wärts gewendet, das rechte Bein zurück-, das linke weit vorgesetzt. Er blickt zu Eva auf, die zwischen seinen Beinen steht, faßt sie mit dem Arm um die Hüfte und ist im Begriff, sie herabzuziehen, um sie auf seinem Oberschenkel sitzen zu lassen. Mit der rechten Hand, an welcher die langen, dünnen, steifen Finger auffallen, stützt er sich auf die Bank. Seine – für einen Mann etwas femininen – Gesichtszüge ähneln denen Evas: spitzes Kinn, kleiner Mund, schmale gerade Nase, offensichtlich fein ausgearbeitete Ohrmuscheln. Sein Haar fällt in großen gerollten Locken in den Nacken, in der Mitte über der Stirne bilden sie eine Tolle. Eva tritt von rechts heran, sie beugt sich Adam zu und sieht deshalb nicht, daß die Frucht, eine Feige, nach der sie mit der Hand greift, um sie zu pflücken, von der hilfsbereiten Schlange, die sich um den Ast schlingt, bereits abgebissen ist und daß diese den Stiel zwischen den Zähnen hält. Den anderen Arm legt Eva um die Schultern Adams, ihre Hand kopiert die Pose des David von Michelangelo. Evas Finger sind nicht so steif wie die Adams, im Gegenteil, sie krümmt sie so geziert wie das Handgelenk. Mittelgescheiteltes, welliges Haar rahmt das schmale Gesicht. Die Haare fallen in langen gerollten Strähnen tief auf den Rücken hinab. Vier Tiere, abgesehen von der obligaten

Schlange, umgeben die beiden. Links unten sitzt ein Hase, links oben auf einem Ast ein Papagei, rechts unten ein Hund, und hinter ihm steht ein Hirsch. Es fällt auf, daß drei der Tiere, mit Ausnahme des Hirsches, der seinen Kopf dem Paar zuwendet, diesem die Rücken zukehren. Bei Dürer wendet sich der Hase, ein Gottessymbol, entsetzt ab, als Eva den Apfel nimmt, auch dieser Hase hier schaut demonstrativ zu Boden. Der Papagei ist Symbol für Maria als Überwinderin der Sünde, weil er AVE sagen kann, in der Umkehrung lautet der Engelsgruß dann EVA, die in Maria ihre Entsündigung erfährt. Der Hund ist der Wächter, doch hier schaut er weg. Der Hirsch, ein Symbol Christi, bedeutet neben Eva stehend Christus, der sie erlösen wird von den noch nicht begangenen Sünden, denn *ehe sie rufen, will ich antworten* (Jesaja 65, 24) (nach K. Lipfert, Symbolfibel, 1957). Die Zuwendung des Hirsches bedeutet die Zusicherung Gottes zum Erlösungswerk.
Der Bildhauer versuchte, den männlichen Körper mit Knochen, Muskeln, Sehnen – an Knie, Brustkorb, Hals – wohl nach einer Vorlage, nicht nach der Natur zu modellieren, allerdings mit wenig Erfolg. Adams rechter Arm ist, trotz des Aufstützens, merkwürdig schlaff und muskellos dargestellt.
Den unbekannten Künstler wird man im Umkreis Leonhard Kerns – oder im Umkreis der beiden Brüder Michael und Leonhard, sofern man zwischen der Rückkehr aus Italien und dem Umzug nach Hall eine gelegentliche Werkstattgemeinschaft der Brüder voraussetzt – zu suchen haben. Trotz der unterschiedlichen Qualität ist ein Vergleich des Köpenicker Reliefs mit den Klosterneuburger Reliefs (Kat.Nr. 59, 60), die wir für eigenhändige Werke Leonhard Kerns halten, angezeigt. Vergleichbar sind die Kompositionsprinzipien: schmale Bildbühne, Ausbreitung der Figuren in die Fläche und weitgehende Flächenfüllung durch das figürliche Element, der Reliefstil: teilweise vollrund ausgearbeitete Körperglieder, die versuchsweise naturalistische Körperbehandlung und Details, wie z. B. die Schneckenlokken Adams – ähnlich, aber feiner ausgeführt, bei den Engeln Michael Kerns am Erbachgrabmal in Öhringen (1609) und bei dem Engel Leonhard Kerns an der Rückseite des Ruhebettes der Schlafenden in Neuenstein (Kat.Nr. 57) – und die abgespreizten großen Zehen oder das Laubwerk des Baumes. Trotzdem können wir der Vermutung Christian Theuerkauffs (1986, S. 157), bei dem Köpenicker Relief könnte es sich um »ein Frühwerk Leonhard Kerns, um 1620? entstanden«, nicht beipflichten. Um 1620 hatte Leonhard Kern bereits die Dreißig überschritten und einen Stil – und eine Qualität – gefunden, wie ihn die Wiener Beweinungen (Kat.Nr. 58) und die Flucht nach Ägypten (Grünenwald 1969, Taf. 3), welche Christian Theuerkauff zum Vergleich heranzieht (1986, S. 158, Anm. 32), beweisen.

Gewiß lag der Komposition eine (grafische?) Vorlage zugrunde, schon der komplizierten ikonografischen Bezüge wegen. Es ist nicht auszuschließen, daß diese Vorlage, die zum Bestand der Kern-Werkstatt gehörte, immer wieder verwendet wurde und abgeändert noch viel später die Komposition der Künzelsauer Adam-Eva-Gruppe (Kat.Nr. 139) mitbestimmt hat.

Lit.: Theuerkauff 1986, S. 157.

139
Adam und Eva – Sündenfall

Engere Werkstatt des Leonhard Kern
um 1630–1635(?)
Obstbaumholz (Pflaumenbaum?), stark nachgedunkelt; H. 32,5 cm
Künzelsau, Hohenlohekreis, Landratsamt

Adam sitzt auf einem aus Blöcken aufgeschichteten Sockel, breitbeinig, das linke Bein (Spielbein) lässig und weit zurückgenommen, das rechte standfest seitlich vorgestellt, so daß die Füße in der Diagonale der Plinthe von Rand zu Rand reichen. Eva sitzt nicht, wie üblich, neben Adam auf einer Bank, sondern auf seinem Oberschenkel. Dieser ist deshalb anatomiewidrig verlängert. Er wendet ihr den Oberkörper zu, den Kopf sogar im Profil, stützt sie mit dem Arm im Rücken, um sie vor dem Abrutschen zu bewahren, und legt die andere, ungewöhnlich grob und groß gebildete Hand auf ihre Knie. Eva lehnt sich, auf diese Weise gehalten, nach links ausweichend zurück und schafft sich so einigermaßen Bewegungsfreiheit für ihren trotzdem noch stark abgewinkelten Arm und für die Hand, mit der sie Adam den (verlorenen) Apfel präsentiert, genauer, ihm diesen vor die Nase hält, wie um ihn daran riechen zu lassen. Ihr Gesicht wendet sie beinahe frontal dem Beschauer zu – Kontrastmotiv zu dem Linksprofil Adams! –, nur ihre Augen (gebohrte Pupillen) sind (schielend) auf Adam gerichtet. Ihren rechten Arm stellt sie weit aus, die Handfläche nach unten, die zierlichen Finger gespreizt, entweder um das Gleichgewicht bei dieser unstatischen Sitzweise zu halten – denn Beine und Füße sind eng zusammengestellt –, oder weil der Bildhauer in diesem Falle seine Vorlage, nach welcher sich Eva mit der Hand auf einer Bank abgestützt haben könnte, mißverstanden hatte. Es sind keine Ansatzspuren vorhanden, welche auf eine abgegangene Stütze oder auf einen zweiten abgegangenen Apfel, den Apfel Evas – vergleiche die Einzelstatuette der Berliner Eva (Grünenwald 1969, Taf. 26) – hinweisen könnten. Der muskulöse Körper Adams ist am Hals (Halsadern!), an Brust und am Rücken (Rückenmuskulatur, -wirbel) kräftig durchmodelliert – weniger nach der Natur als nach einem Musterstück –,

der Körper Evas ist von fraulicher Fülle. Die ausdrucksvollen Gesichtszüge der beiden zeigen die unverwechselbaren physiognomischen Eigenheiten der kernschen Männer und Frauen, bis hin zu den etwas groß geratenen Ohrmuscheln mit den grob verdickten Ohrläppchen – wie beim Geldzähler (Kat. Nr. 77) – und zu den perükkenartig am Kopf anliegenden Frisuren, bei Adam in Kringeln, bei Eva in S-förmigen Locken.
Die Komposition der Gruppe ist ebenfalls »kernisch«. Im ganzen ist es das kontrastreiche Zueinander von Frontalität und Profilansicht, besonders bei der Kopfwendung – und diese Stellung bestimmt auch die Hauptansichtsseite der Gruppe – wie schon in der Mariborer Anbetung (Kat. Nr. 54) und dann besonders prägnant in der Berliner Gruppe, »Adam und Eva einander erkennend« (Kat. Nr. 86). Im ganzen sind es die Bewegungen und Gegenbewegungen, die Parallelismen und die Richtungskontraste von Horizontalen, Vertikalen und Diagonalen und die räumliche Wirkung der Gruppe durch die übergreifenden Arme Adams und dem zwischen beiden vorgreifenden linken Arm Evas. Im einzelnen ist es dann das spezielle Sitzmotiv und die Gestaltung des Sockels, wie beim Geldzähler (Kat. Nr. 77) oder bei der Wiener Gäa (Kat. Nr. 81) oder bei den Regensburger Tugenden

139

(Grünenwald 1969, Taf. 36, 37), von Leonhard Kern selbst mannigfach abgewandelt – Berliner Adam-Eva-Gruppe (Kat. Nr. 83), Neuensteiner Jesus- und Johannes-Gruppe (Kat. Nr. 110) und Liebespaargruppe (Kat. Nr. 87) –, das letztlich auf den Moses Michelangelos vom Juliusgrabmal in Rom zurückgeht, den Leonhard Kern aus eigener Anschauung gekannt haben mußte.
Schwachstellen der Komposition liegen in deren mangelhaftem tektonischen, ja anatomiewidrigen Aufbau, wie er bereits beschrieben ist. Im einzelnen befremdet das Nebeneinander übertrieben fein gebildeter Hände (Eva) und übertrieben grob geformter Hände (Adam).
Die Zuschreibung der Gruppe durch Christie's London (1982, Nr. 160) an Leonhard Kern selbst orientierte sich an dem unbestreitbar »Kernischen« daran. Die offenkundigen Schwachstellen verbieten aber eine Zuschreibung der Skulptur an Leonhard Kern selbst (wie wir noch 1986, trotz gewisser Bedenken), andererseits gebietet der Vergleich mit den obengenannten eigenhändigen Arbeiten Leonhard Kerns die Herkunft der Künzelsauer Adam-Eva-Gruppe aus dem engeren Bereich der Kernschen Werkstatt zu erschließen, möglicherweise nach einem (verlorenen) Original des Meisters, dessen genaue Nachbildung nicht gelungen ist. Die Verwendung des seiner bronzeähnlichen Verfärbung wegen von Leonhard Kern selbst bevorzugten Pflaumenbaumholzes (Gäa in Wien, Kat. Nr. 81; Gäa in Berlin, Kat. Nr. 80; Sinnende(?) in Wien) weist ebenfalls auf eine Entstehung im engeren Kreis um Leonhard Kern hin.
Mit Sicherheit darf man die Verwendung einer Vorlage für die »Original-Fassung« der Gruppe voraussetzen, etwa in der Art eines Reproduktionsstiches »Adam und Eva im Paradies« (Prodromus Taf. 5) mit ähnlicher Sitz- und Handhaltung, die auf antike Themen wie Mars und Venus, Adonis und Venus und Bacchantenpaare zurückgehen.
Nach Entstehungszeit und Stil wäre die Künzelsauer Gruppe in die Nähe des Geldzählers (Kat. Nr. 77) und der Wiener Gäa (Kat. Nr. 81) zu setzen, um 1630–1635(?).

Lit.: Christie's-London 15.XII. 1982, Kat. Nr. 160 m. 2 Abb. u. Farbtafel. – Weltkunst 1982, Heft 23, S. 3513 m. Abb. – Grünenwald 1986, S. 75f., Abb. 1. – Theuerkauff 1986, S. 157.

140
Drei Grazien

Werkstatt des Leonhard Kern
kurz vor 1650
Ton; 24,8 × 15,3 cm
Schwäbisch Hall, Hällisch-Fränkisches Museum, Inv. Nr. 3444

140

Das Tonrelief der Drei Grazien ist eine verkleinerte und ziemlich grobe Nachbildung des Künzelsauer Alabasterreliefs (Kat. Nr. 102), welches wir Leonhard Kern zugeschrieben haben. Die Ton-Nachbildung stammt von der Hand eines Werkstattgenossen. Sie könnte sowohl ein Modell für die Ausführung in Holz, Stein oder gar Elfenbein als auch eine Modellierübung gewesen sein. Sehr wahrscheinlich brachte Leonhard Kern selbst seine Naturstudien und Entwürfe nie zu Papier (Bildhauerzeichnung), sondern modellierte sie in Wachs oder Ton (Bildhauermodell), wofür seine bekannte Äußerung aus dem Jahre 1626 bezüglich der Arbeit an einem Kruzifix spricht (s. Wiener Kruzifix, Kat. Nr. 70). Vermutlich wird er dies auch von seinen Schülern gefordert haben. In der Brackenhofferschen Kunstkammer in Straßburg befanden sich neben Ankäufen von Werken Leonhard Kerns 1657 auch drei Pferde aus rotem Wachs, eigenhändige Arbeiten, als Geschenke des Künstlers (Grünenwald 1969, Anm. 43). Von diesen (Guß-)Modellen hatte er sich wohl in Anbetracht seines Alters und auch im Hinblick darauf, daß er keine Bronzegüsse mehr herstellen ließ, getrennt.

Dies gibt zu der Vermutung Anlaß, daß er schon zu Lebzeiten, d. h. nach Schließung des Haller Betriebes, seine Modelle seinem Neffen Johann Georg Kern überlassen oder ihm diese später vermacht hatte, obwohl sein Testament von 1648 darüber keine Bestimmungen enthält und aus der Verlassenschaft des Ehepaares Leonhard und Amalia Kern nach deren Tode der Sohn, Pfarrer Heinrich Kern, als einziger etwas aus dem väterlichen Betrieb erhielt, was noch vorhanden war, nämlich *1 Pferdform in Blei gegossen.* (vgl. Kat. Nr. 17).

Im übrigen siehe Künzelsau (Kat. Nr. 102) und Stuttgart (Kat. Nr. 101).

Lit.: Grünenwald 1986, S. 100f., Abb. 20.

141
Kabinettschrank

2. Hälfte des 17. Jahrhunderts
Holz, schwarz gebeizt; H. 176 cm, B. 108 cm, T. 54,5 cm
Nischenfigur: Marienstatuette mit Jesuskind
Elfenbein; H. 12 cm
Schwäbisch Hall, Hällisch-Fränkisches Museum, Inv. Nr. 83/16.

Zweiflügeliger Kabinettschrank mit Schubladenaufsatz auf Wandkonsoltisch. Innen Schubladenfront mit Ädikula-Mittelstück. Stirnseiten der Schubladen und Flügelinnenseiten belegt mit sehr qualitätvollem Knorpelwerkornament.

In die Ädikula-Nische ist eine Marienstatuette mit Jesuskind eingefügt. Maria steht auf der Mondsichel, auf dem linken Arm hält sie das Kind, in der rechten Hand das Szepter. Ihre Gesichtszüge – breite Stirne, kleiner Mund, spitzes Kinn – und Haartracht verraten den Einfluß kernscher Kunst im weitesten Sinne auf den unbekannten, künstlerisch wenig anspruchsvollen Elfenbeinschnitzer, den man im Raume Schwäbisch Hall-Ellwangen zu suchen haben wird.

Wichtig ist in diesem Falle der Nachweis für die Verwendung von Elfenbeinstatuetten dieser Größe an Möbeln, und nicht nur für die Ausstattung von Studiolos und Kunstkammern, was wohl für eine Vielzahl von Einzelstatuetten unterschiedlicher Qualität und Herkunft – auch von Leonhard Kern selbst – gelten dürfte.

Lit.: Grünenwald 1986, S. 78, Abb. 5 (nur Marienstatuette).

141,1

141,2

142
Allegorie des »Gefühls« (aus einer Reihe der Fünf Sinne)

Georg Pfründt (bezeichnet GP ligiert und datiert 1636 auf der Rückseite)
1636
Ton; 14,9 x 10,9 cm
Harburg, Fürstlich Oettingen-Wallensteinische Kunstsammlungen, Inv. Nr. 221

Zwei Männer, Dreiviertelfiguren, verkörpern die Allegorie des »Gefühls«. Der eine, ein Feldscher, steht hinter dem Patienten und führt eine offensichtlich sehr schmerzhafte Untersuchung an dessen Kopf rechtsseitig aus. Dieser sitzt, den Körper etwas nach rechts gewendet, vornübergeneigt, den Kopf gesenkt hinter einem Tisch. Mit seiner rechten Hand stützt er sich so schwer auf die Tischplatte, Halt suchend und den Schmerz ableitend, daß Muskeln und Adern an Arm und Hand der Anstrengung wegen deutlich hervortreten. Sein linker Arm hängt herab, mit der Hand stützt er sich wahrscheinlich ebenfalls irgendwo auf. Schmerzverzerrt sein Gesicht, der Mund steht ganz schief, denn mit den deutlich sichtbaren Zähnen beißt er sich in seine Unterlippe, so daß sein Mund zur Seite klafft. Die Augen sind geöffnet, Augenbrauen und Stirne gerunzelt. Das Haar fällt in Locken auf seine linke Schulter, auf der anderen Seite scheint es der Untersuchung wegen zum Teil abrasiert zu sein. Die Modellierung des schmerzgekrümmten schlanken Körpers mit den in der Anspannung sich abzeichnenden Rippen des Brustkorbes und Knorpeln des Brustbeines und mit den Bauchquerfalten beruht auf eingehendem Naturstudium ebenso wie die hervorragende Gestaltung der schmerzverzerrten Physiognomie. Ganz anders der Feldscher. Dieser ist die Gelassenheit selbst. Mit sachlichem Interesse widmet er sich der Untersuchung. Den Kopf etwas geneigt, blickt er auf den Patienten herab, weshalb seine Augen wie halbgeschlossen scheinen. Sein Mund ist im Eifer ein wenig geöffnet. Mit der linken Hand hält er den Kopf des Patienten in der notwendigen Haltung und Entfernung und tastet mit zwei Fingern der rechten Hand die wunde Stelle ab. In der Physiognomie der beiden Männer fallen die großgeformten, breitrückigen Nasen auf, die des Feldschers ist spitz, die des Patienten eher etwas stumpf.

In diesem und auch in den anderen Tonreliefs von Georg Pfründt vermutete Max Sauerland (1924, S. 52) Modellstudien zur Ausführung in Holz oder in Elfenbein durch den Meister selbst oder in seiner Werkstatt. Auch aus der Leonhard Kernschen Werkstatt ist ein solches Tonrelief, die Drei Grazien (Kat. Nr. 140), modelliert als Übungsstück (?) nach der Alabasterausführung Kerns (Kat. Nr. 102), erhalten.

Als einziger berichtet Doppelmayr 1730 (S. 229), daß Georg Pfründt bei Leonhard Kern *das Bildhauen* erlernt habe, er schreibt aber nicht wo und wann, scheint jedoch an Nürnberg gedacht zu haben. Dafür käme das Jahr 1617 in Frage, als Leonhard Kern an den Rathausportalfiguren arbeitete (Theuerkauff 1974, S. 62). Setzt man aber eine regel-entsprechende Bildhauerlehre von 3–4 Jahren voraus, dann kämen die ersten Jahre in Hall (ab 1620) bis zu Pfründts Abwanderung nach Mergentheim (vor 1626/1627) in Frage (Rasmussen 1977, S. 111).

Was verbindet nun Pfründts Tonrelief mit dem Werk Leonhard Kerns, seines Lehrers? Es sind nicht physiognomische Details, wie sie z. B. die Zuschreibungen an Leonhard Kern begründen. Hierzu bietet das Œuvre Pfründts nichts »Kernisches«. Sondern es ist erstens der Reliefstil Pfründts, der von dem Leonhard Kerns abhängig ist, worauf Christian Theuerkauff (1974, S. 58) und Jörg Rasmussen (1977, S. 110) hinweisen. Nämlich die Projektion scharf konturierter Figuren in die Fläche und auf einen neutralen Reliefgrund (ohne Andeutung eines Hintergrundes), wie dies die Düsseldorfer Pietà (Kat. Nr. 61), der Frankfurter Erlöser-Christus (Kat. Nr. 62), die Wiener Beweinungen (Kat. Nr. 58), später die Künzelsauer Grazien (Kat. Nr. 102) und die Hamburger klagenden Frauen (Kat. Nr. 97) – und als Werkstattarbeit die Gleichgewichtsprobe (Kat. Nr. 98) – zeigen. Und es ist zweitens der ausgesprochene Naturalismus in der Auffassung und Darstellung der Figuren und der dadurch gegebenenfalls bedingte »angestrengte« Gesichtsausdruck, was sich bis in die Körperhaltung hinein, ja bis zu der »angestrengt« hervortretenden Muskulatur und dem Geäder an Armen und Beinen, hier des Patienten, auswirkt. Bei den gesicherten Arbeiten Georg Pfründts, und das sind die späteren, ist der Einfluß Leonhard Kerns »nur noch von ferne wahrzunehmen« (Rasmussen 1977, S. 110).

Viel näher steht dem Stil Kerns ein von Jörg Rasmussen 1977 im New Yorker Kunsthandel aufgefundenes Holzrelief »Kain erschlägt Abel«, das er Pfründt zuschreibt (Rasmussen 1977, S. 109f., Abb. 4). Er datiert es in die »erste Hälfte der zwanziger Jahre« (S. 111) bzw. »um 1625(?)« (S. 109) und setzt seine Entstehung damit in die Lehrjahre Pfründts bei Leonhard Kern in Hall, vor Pfründts Abwanderung nach Mergentheim (vor 1626/1627). Als auffallende Merkmale des Holzreliefs nennt er »eine drastische Betonung knorpelig-muskulöser Strukturen« (S. 110) und »das mit trockener Akribie angegebene Geäder an den Unterarmen und die fast gleichmäßig s-förmigen, dicken Locken mit den eingerollten Spitzen« (S. 109). – Im Hinblick darauf wird man wohl eines Tages die Zuschreibung der Abraham-Isaak-Gruppe (Walnußholz) in Berlin an Leonhard Kern (Theuerkauff 1968, S. 147, Abb. 43, Grünenwald 1969, Nr. 7), wogegen Lise Lotte Möller mehrfach Einwände erhoben hatte (1970, S. 44, Anm. 8 und 1972, S. 253), neu überdenken müssen.

Lit.: Nürnberg 1952, S. 86, K 76. – Theuerkauff 1974, S. 58ff., Abb. 3. – Rasmussen 1977, S. 108ff., Abb. 5.

142

Verzeichnis der abgekürzten Literatur

Alberti	Alberti, O. v., Württembergisches Adels- und Wappenbuch. Bd. 1. Stuttgart 1889
B.ill.	The illustrated Bartsch. W. L. Strauß (Hg.), Bd. 1 ff. New York 1978 ff.
B.	Bartsch, A., Le Peintre Graveur. Würzburg 1920 ff. (Nachdruck)
Baldaß	Baldaß, L., Zum Werke des Leonhard Kern. Belvedere 3. 1923
Balogh	Balogh, J., Katalog der ausländischen Bildwerke des Museums der Bildenden Künste. Bd. 1. Budapest 1975
Bange 1928	Bange, E. F., Die Kleinplastik der deutschen Renaissance in Holz und Stein. München 1928
Bange 1930	Ders., Die Bildwerke in Holz, Stein und Ton. Kleinplastik. Die Bildwerke des Deutschen Museums Bd. 4. Berlin 1930
Bange 1949	Ders., Die deutschen Bronzestatuetten des 16. Jahrhunderts. Berlin 1949
Beck	Beck, H., Erwerbungsberichte. Städel-Jahrbuch NF. 10, 1985
Berger	Berger, A. (Hg.), Inventar der Kunstsammlung des Erzherzogs Leopold Wilhelm von Österreich [von 1659]. Jahrbuch der Kunsthistorischen Sammlungen des allerhöchsten Kaiserhauses in Wien. 1883
Berlin, Orangerie 84	Deutscher Kunsthandel im Schloß Charlottenburg. Katalog
Berliner	Berliner, R., Über einige Kleinplastiken. Belvedere 9. 1930.
Bernath	Bernath, M. H., Zu Leonhard Kern. Belvedere 9./10. 1926
Braun	Braun, E. W., Die Bronzen der Sammlung Guido v. Rhò. Wien 1908
Bregenz 1967	Meisterwerke der Plastik aus Privatsammlungen im Bodenseegebiet. Ausstellung Bregenz 1967
Brinckmann	Brinckmann, A. E., Barockskulptur. 3. Auflage
Brinckmann 1925	Ders., Spätwerke großer Meister. Frankfurt 1925
Bruhns	Bruhns, L., Würzburger Bildhauer der Renaissance und des werdenden Barock 1540–1650. München 1923
Cevc	Cevc, E., Der Bildhauer Leonhard Kern und seine Arbeit in Slowenien in den Jahren 1612–1613. In: Academia Scientiarum et Artium Slovenica. I. Historia et Sociologia. Ljubljana 1986. (Slowenisch. Deutsche Zusammenfassung S. 59–67)
Decker	Decker, B., Dürers Verwandlung in der Skulptur zwischen Renaissance und Barock. Liebieghaus. Museum alter Plastik. Frankfurt a. M. Ausstellung 1981/1982
Dhanens	Dhanens, E., Jean Boulogne. Brüssel 1956
Doppelmayr	Doppelmayr, J. G., Historische Nachricht von den Nürnbergischen Mathematicis und Künstlern... Nürnberg 1730
Dreier	Dreier, F. A., Unbekannte Elfenbeinarbeiten von Leonhard Kern und zwei Reliefs aus der Drehbank des Landgrafen Carl von Hessen. Pantheon Bd. 22. 1964
Feulner – Müller	Feulner, A. – Müller, Th., Geschichte der deutschen Plastik. München 1953 (Renaissance und Barock von Th. Müller)

Fillitz	Fillitz, H., Zu Leonhard Kern. Neu gefundene Werke seiner Hand. Jahrbuch der Kunsthistorischen Sammlungen in Wien. Bd. 53. 1957
Fischer	Fischer, F., Informationen aus dem Hessischen Landes-Museum 2. 1987
Fleischhauer 1974	Fleischhauer, W., Die Kunstsammlungen der Herzöge von Württemberg-Neuenstadt. Jahrbuch des Historischen Vereins für Württembergisch-Franken Bd. 58. 1974
Fleischhauer 1976	Ders., Die Geschichte der Kunstkammer der Herzöge von Württemberg in Stuttgart. Veröffentlichungen der Kommission für geschichtliche Landeskunde in Baden-Württemberg. Reihe B. Forschungen. Bd. 87. 1976
Frankfurt 1981	Dürers Verwandlung in der Skulptur zwischen Renaissance und Barock. Liebieghaus. Museum alter Plastik. Frankfurt a. M. Ausstellung 1981/1982
Frankfurt 1986	Die Bronzen der Fürstlichen Sammlung Liechtenstein. Eine Ausstellung des Liebieghauses. Museum alter Plastik. In der Schirn Kunsthalle. Frankfurt a. M. Ausstellung 1986
Fründt	Fründt, E., Kunst in Berlin 1648–1987. Ausstellung Staatliche Museen zu Berlin. Berlin 1987
Gellichsheimer	Gellichsheimer, Gg., Der Koblenzer Bildhauer Peter Kern 1594–1638. Jahrbuch des Historischen Vereins für Württembergisch-Franken. Bd. 68, 1984
Gradmann 1907	Gradmann, E., Die Kunst- und Altertums-Denkmale der Stadt und des Oberamtes Schwäbisch-Hall, Esslingen 1907
Gradmann 1917	Gradmann, G., Die Monumentalwerke der Bildhauerfamilie Kern. Straßburg 1917
Grünenwald 1956	Grünenwald, E., Leonhard Kern. Bildhauer zu Schwäbisch Hall. Schwäbische Heimat Heft 3/4. 1956
Grünenwald 1966	Dies., Ein Beitrag zum Werk Leonhard Kerns. Zeitschrift des Historischen Vereins für Württembergisch-Franken. Bd. 50. 1966
Grünenwald 1969	Dies., Leonhard Kern. Ein Bildhauer des Barock. Schwäbisch Hall 1969
Grünenwald 1986	Dies., Leonhard Kern. Ein Bericht über neue Forschungen zu seinem Werk. Jahrbuch des Historischen Vereins für Württembergisch-Franken. Bd. 70. 1987
Haemmerle	Haemmerle, A., Die Radierungen des Hanns Ulrich Franckh. Augsburg 1923
Hamburg, Bilderführer 1964	Hamburg, Museum für Kunst und Gewerbe. Bilderführer II. Ausgewählte Werke aus den Erwerbungen während der Jahre 1948–1961. Hamburg 1964
Hamburger Jahrbuch 1970	Jahrbuch der Hamburger Kunstsammlungen. Bd. 14/15. Hamburg 1970
Hedergott	Hedergott, B., Deutsche Kunst des Barock. Braunschweig 1975
Hermann	Hermann, H. J., Pier Jacopo Alari-Bonacolsi gen. Antico. Jahrbuch der Kunsthistorischen Sammlungen des allerhöchsten Kaiserhauses in Wien, Bd. 28. 1909
Hildburgh	Hildburgh, W. L., Museum Aquisitions (Victoria and Albert Museum). The Burlington Magazine 96. 1954. Nr. 610
Himmelein	Himmelein, V., Die Renaissance im deutschen Südwesten zwischen Reformation und Dreißigjährigem Krieg. Ausstellung Heidelberg 1986. Bd. 2. Skulpturen I
Hollstein 1949	Hollstein, F. W. H., Dutch and flemish etchings, engravings and woodcuts ca. 1450–1700. Bd. 1. Amsterdam 1949
Hollstein 1954	Ders., German engravings, etchings and woodcuts ca. 1400–1700. Bd. 1. Amsterdam 1954
Hollstein 1980	Ders., Dutch and flemish etchings, engravings and woodcuts ca. 1450–1700. Bd. 21 u. 22. Amsterdam 1980. Hg. K. G. Boon
Josephi	Josephi, W., Die Werke plastischer Kunst. Kataloge des Germanischen Nationalmuseums. Nürnberg 1910
Kissling	Kissling, H., Kunst im Städtischen Museum Schwäbisch Gmünd. Katalog 1979

Klaiber 1967	Klaiber, H., Erwerbungsberichte. Jahrbuch der Staatlichen Museen in Baden-Württemberg. Bd. 4. 1967
Klaiber 1978	Ders., Erwerbungsberichte... Bd. 15. 1978
Klaiber 1980	Ders., Erwerbungsberichte... Bd. 17. 1980
Klosterneuburg	Stiftsmuseum. Katalog 1889
Kl. Pauly	Der Kleine Pauly. Lexikon der Antike. Bd. 1 ff. Stuttgart 1964 ff.
Kossatz 1988	Johann Philipp Preuß (1605–ca. 1687). Ein Beitrag zur Genese barocker Bildkunst in Franken, I und II. Mainfränkische Studien Bd. 42. Würzburg 1988
Krenn	Krenn, St., Weltliche und geistliche Schatzkammer. Kunsthistorisches Museum Wien. Bilderführer. Bearbeitet von St. Krenn. Wien 1987
Kudlich	Kudlich, W., Eine signierte Arbeit Leonhard Kerns. Jahrbuch des Verbandes der deutschen Museen in der Tschechoslowakischen Republik. 1. 1931
Kugler	Kugler, Fr., Beschreibung der in der Königlichen Kunstkammer zu Berlin vorhandenen Kunstsammlung. Berlin 1838
Ladendorf	Ladendorf, H., Antikenstudium und Antikenkopie. Berlin 1958
Legner	Legner, A., Neuerwerbungen der Frankfurter Museen. Liebieghaus. Museum alter Plastik 1945–1966. Städel-Jahrbuch NF. 1. 1967
Leithe-Jasper	Leithe-Jasper, M., Weltliche und geistliche Schatzkammer. Kunsthistorisches Museum Wien. Bilderführer. Bearbeitet von St. Krenn. Wien 1987
Meller	Meller, S., Die deutschen Bronzestatuetten der Renaissance. München 1926
Metz	Metz, P., Europäische Bildwerke von der Spätantike bis zum Rokoko. München 1957
Möller 1957	Möller, L. L., Schlaf und Tod. Überlegungen zu zwei Liegefiguren des 17. Jahrhunderts. Festschrift für Erich Meyer zum 60. Geburtstag. Hamburg 1957
Möller 1970	Dies., Zur Frühzeit Leonhard Kerns. Pantheon Bd. 28/1. 1970
Möller 1972	Dies., Rezension Grünenwald, E. Leonhard Kern. 1969. Pantheon Bd. 30/3. 1972
Möller 1983	Dies., Leonhard Kerns Berliner Adam- und Eva-Gruppe aus Elfenbein, Brautgeschenk des Kurfürsten Friedrich Wilhelm 1646. Jahrbuch des Museums für Kunst und Gewerbe Hamburg. Bd. 2 1983
Müller	Müller, Th., Deutsche Plastik der Renaissance bis zum Dreißigjährigen Krieg. Königstein 1963
Nürnberg 1952	Aufgang der Neuzeit. Ausstellung im Germanischen Nationalmuseum Nürnberg 1952. Katalog (L. v. Wilkens)
Oertel	Oertel, E., Stammliste der Bildhauerfamilie Kern aus Forchtenberg. Nachrichten der Familie Schleissing. Archivstelle Hanau. Heft 42. 1957
P.	Parthey, G., Wenzel Hollar. Beschreibendes Verzeichnis seiner Kupferstiche. Berlin 1853 (Nachdruck 1963)
Pauli	Pauli, G., Hans Sebald Beham. Ein kritisches Verzeichnis seiner Kupferstiche, Radierungen und Holzschnitte. Studien zur deutschen Kunstgeschichte 33. Heft. Straßburg 1901
Pfeiffer	Pfeiffer, W., Addenda zur Ausstattung der Dreieinigkeitskirche in Regensburg. Verhandlungen des Historischen Vereins für Oberpfalz und Regensburg Bd. 107, 1967
Philippowich	Philippowich, E. v., Elfenbein. Bibliothek für Kunst- und Antiquitätenfreunde. Bd. 17. 2.A. München 1982
Pigler	Pigler, A., Barockthemen. Bd. 2. Budapest 1956
Planiscig 1924	Planiscig, L., Die Bronzeplastiken, Statuetten, Reliefs, Geräte und Plaketten. Kunsthistorisches Museum Wien. Kataloge der Sammlung für Plastik und Kunstgewerbe. Bd. 4. Wien 1924

Planiscig 1930	Ders., Piccoli bronzi italiani del Rinascimento. Milano 1930
Planiscig-Kris 1935	Ders. – Kris, E., Katalog der Sammlung für Plastik und Kunstgewerbe. Wien 1935
Preller	Preller, L., Römische Mythologie. Berlin 1858
Prodromus	Stampart, F. v. – Prenner, A. v., Prodromus zum Theatrum Artis Pictoriae. Wien 1735 (Nachdruck im Jahrbuch der Kunsthistorischen Sammlungen des allerhöchsten Kaiserhauses in Wien. 7. 1888)
Rasmussen 1977	Rasmussen, J., Unbekannte Frühwerke von Leonhard Kern und Georg Pfründt. Anzeiger des Germanischen Nationalmuseums Nürnberg 1977
Rasmussen 1977, Barockplastik	Ders., Barockplastik in Norddeutschland. Museum für Kunst und Gewerbe Hamburg. Ausstellung 1977. Mainz 1977
Reinach	Reinach, S., Répertoire de la statuaire grecque et romaine. Bd. 1–6. Paris 1897ff.
Ricke 1977	Ricke, H., Kunstmuseum Düsseldorf. Katalog 4. Plastik und Kunstgewerbe. Düsseldorf 1977
Ricke 1985	Ders., Kunstmuseum Düsseldorf. Führer durch die Sammlungen 1. Alte Kunst. Düsseldorf 1985
Ripa	Ripa, C., Iconologia. (Nachdruck. Hildesheim 1970)
Rosenberg	Rosenberg, M., Der Goldschmiede Merkzeichen. 3. Auflage. Frankfurt 1922
Salm	Salm, Chr. Altgraf v., Die Fürsten zu Fürstenberg. Große Familiensammlungen. München-Zürich 1967
Sandrart	Sandrart, J. v., Academie der Bau-, Bild- und Mahlerey-Künste von 1675. Hg. R. A. Peltzer. München 1925
Sauerlandt 1924	Sauerlandt, M., Unveröffentlichte Arbeiten von Leonhard Kern und seiner Schule. Belvedere 5. 1924
Sauerlandt 1927	Ders., Kleinplastik der deutschen Renaissance. Königstein 1927
Schauffele	Konrad Schauffele, Verzeichnis der Sammlungen des Historischen Vereins für das württemb. Franken. O. O. (1898)
Scherer 1905	Scherer, Chr., Elfenbeinplastik seit der Renaissance. Leipzig 1905
Scherer 1916	Ders., Leonhard Kern als Kleinplastiker. Jahrbuch der Preußischen Kunstsammlungen. Bd. 37. 1916
Scherer 1931	Die Braunschweiger Elfenbeinsammlung. Katalog der Elfenbeinbildwerke des Herzog Anton Ulrich-Museums in Braunschweig. Leipzig 1931
Schestag	Schestag, F., Katalog der Kunstsammlung des Freiherrn Anselm v. Rothschild in Wien. Wien 1866
Schlosser 1901	Schlosser, J. v., Album ausgewählter Gegenstände der kunstindustriellen Sammlung des allerhöchsten Kaiserhauses. Wien 1901
Schlosser 1910	Ders., Bildwerke in Holz, Wachs und Elfenbein. Werke der Kleinplastik in der Skulpturensammlung des allerhöchsten Kaiserhauses. Bd. 2. Wien 1910.
Schmitz	Schmitz, H., Ole Olsens Kunstsammlungen in Kopenhagen. München 1924
Schumm	Schumm, K., Hohenlohe und die Reichsstadt Schwäbisch Hall. Hohenloher Chronik. 1956. Nr. 5. S. 2.
Schweinitz	Schweinitz, A. F. v., Die Kirchberger Kunstkammer in Schloß Neuenstein. Jahrbuch des Historischen Vereins für Württembergisch-Franken. Bd. 71. 1987
Sponsel	Sponsel, J. L., Das Grüne Gewölbe in Dresden. Bd. 4. Gefäße und Bildwerke aus Elfenbein, Horn und anderen Werkstoffen … Leipzig 1932
Stafski 1962	Stafski, H., Der jüngere Peter Vischer. Nürnberg 1962
Stafski 1962, Barock	Barock in Nürnberg 1600–1750. Ausstellung Nürnberg 1962. Katalog. Abt. Plastik

Strauß	Strauß, W. L., Hendrik Goltzius. The complete engravings and woodcuts. Bd. 1. New York 1977
Swarzenski	Swarzenski, G., Nicolo Pisano. Frankfurt 1926
Th.	Thode, H., Michelangelo. Kritische Untersuchung über seine Werke. Bd. 3. Berlin 1913
Theuerkauff 1966	Theuerkauff, Chr., Bildwerke des Barock. Bildhefte des Kunstmuseums Düsseldorf. Heft 2. Düsseldorf 1966
Theuerkauff 1968	Ders., Some works of Leonhard Kern. The Burlington Magazine 1968. Nr. 780 (März)
Theuerkauff 1973	Ders., Notes on the work of the sculptor Leonhard Kern. The Burlington Magazine 1973. Nr. 840 (März)
Theuerkauff 1974	Ders., Zu Georg Pfründt. Anzeiger des Germanischen Nationalmuseums Nürnberg 1974
Theuerkauff 1986	Ders., Die Bildwerke in Elfenbein des 16.–19. Jahrhunderts. Bildwerke der Skulpturengalerie. Bd. 2. Staatliche Museen. Preußischer Kulturbesitz. Berlin 1986
Venturi	Venturi, A., Storia dell'Arte Italiana X. La scultura del Cinquecento II. Milano 1936
Vöge 1902	Vöge, W., Die Elfenbeinbildwerke. Beschreibung der Bildwerke der christlichen Epochen. Königliche Museen Berlin. Berlin 1902
Vöge 1910	Ders., Die deutschen Bildwerke und die der anderen cisalpinen Länder. Königliche Museen Berlin. Bd. 4. Berlin 1910
Vöge-Weisbach	Beschreibung der Bildwerke der christlichen Epochen (2. Auflage). Die Elfenbeinbildwerke. Königliche Museen zu Berlin. Berlin 1900. (Werke der Renaissance und des Barock bearb. von W. Weisbach).
Volbach	Volbach, W. F., Die Elfenbeinbildwerke. Die Bildwerke des Deutschen Museums Berlin. Bd. 1. Berlin 1923
W.	Wurzbach, A. v., Niederländisches Künstlerlexikon. Bd. 1–3. Wien 1906–1911
Warschau 1974	Ausstellung 1974
Weber	Weber, J., Deutsche, niederländische und französische Renaissanceplaketten 1500–1650. Bd. 1 u. 2. München 1975
Weihrauch	Weihrauch, H. R., Europäische Bronzestatuetten 15.–18. Jahrhundert. Braunschweig 1967
Wunder	Wunder, Gerd, Die Bürger von Hall. Sozialgeschichte einer Reichsstadt 1216–1802. Sigmaringen 1980
Ybl	Ybl, E. v., Leonhard Kerns bisher unbekanntes Meisterwerk im Museum der Schönen Künste zu Budapest. Jahrbuch der Preußischen Kunstsammlungen Bd. 48. 1927
Zoege v. Manteuffel 1970	Leonhard Kern. Ein Bildhauer des Barock? Rezension Grünenwald, E. Leonhard Kern. 1969. Neue Züricher Zeitung. Fernausgabe. 29. 3. 1970. Nr. 86. S. 52
Zoege v. Manteuffel 1982	Ders., Erwerbungsberichte. Jahrbuch der Staatlichen Museen in Baden-Württemberg. Bd. 19. 1982
Zoege v. Manteuffel 1984	Ders., 250 Meisterwerke. 25 Jahre Toto-Lotto-Erwerbungen in Baden-Württemberg. 1984

Bildnachweis

Augsburg, Staats- und Stadtbibliothek: S. 38 (Abb. 4), 45, 147
Baden-Baden, Foto Kühn: S. 79 (Abb. 8)
Baldham b. München, R. Braunmüller: S. 83 (Abb. 15)
Berlin, Jörg P. Anders: S. 37, Nrn. 40, 80, 83, 86, 95, 96, 129, 135, Farbtafel 11
Braunschweig, Museumsfoto B. P. Keiser: S. 35, Nr. 84, Farbtafel 5
Bremen, Galerie Neuse: Farbtafel 8
Donaueschingen, Georg Goerlipp: Nr. 120
Düsseldorf, Walter Klein: Nr. 64
Florenz, Alinari: S. 58 (Abb. 8), S. 59 (Abb. 10), S. 60 (Abb. 11, 12), S. 61 (Abb. 15)
Florenz, Bazzecchi: S. 57 (Abb. 6)
Hamburg, E. Hagenbeck: S. 82 (Abb. 14)
Klosterneuburg, Inge Kitlitschka-Strempel: Nrn. 59, 60
New York, John D. Schiff: S. 76
Nördlingen, Photohaus Hirsch: Nr. 142
Nürnberg, Germanisches Nationalmuseum: S. 15
Repros: S. 38 (Abb. 3), S. 40, 41, 44, 54, 55, 56, 58 (Abb. 7), S. 59 (Abb. 9), Nr. 9
Rom, Brogi: S. 57 (Abb. 5), S. 62
Schwäbisch Hall, Kern-Atelier: S. 16, 18, 19, 21, 22, 65, 68, 70, 71, Nrn. 1, 2, 7, 10, 13, 14, 21, 22, 24–31, 57, 78, 87, 91, 107, 110, 113, 116, 117, 119, 125, 126, 128, 133, 134, 140, 141, Farbtafeln 1, 6, 14
Schwäbisch Hall, Stadtarchiv: S. 66, 67
Schwäbisch Hall, Foto Weller: Farbtafel 2
Singen, Otto Kasper: S. 69
Stuttgart, Peter E. Frankenstein: Farbtafel 11, Umschlagabbildungen
Ulm, Ingeborg Schmatz: Farbtafel 4
Wien, Marianne Haller: Farbtafeln 7, 12

Die übrigen Bildvorlagen wurden dankenswerter Weise von den jeweils genannten Eigentümern zur Verfügung gestellt.